Der Anthropos im Anthropozän

Der Anthropos im Anthropozän

Die Wiederkehr des Menschen im Moment seiner vermeintlich endgültigen Verabschiedung

Herausgegeben von
Hannes Bajohr

DE GRUYTER

ISBN 978-3-11-099543-5
e-ISBN (PDF) 978-3-11-066855-1
e-ISBN (EPUB) 978-3-11-066547-5

Library of Congress Control Number: 2020930903

Bibliografische Information der Deutschen Nationalbibliothek
Die Deutsche Nationalbibliothek verzeichnet diese Publikation in der Deutschen Nationalbibliografie; detaillierte bibliografische Angaben sind im Internet über http://dnb.dnb.de abrufbar.

© 2022 Walter de Gruyter GmbH, Berlin/Boston
Dieser Band ist text- und seitenidentisch mit der 2020 erschienenen gebundenen Ausgabe.
Druck und Bindung: CPI books GmbH, Leck
Coverabbildung: Niels Kalk: *Flow* (2015)

www.degruyter.com

Inhalt

Hannes Bajohr
Keine Quallen: Anthropozän und Negative Anthropologie —— 1

Teil I: Philosophische Anthropologie im Anthropozän

Joachim Fischer
Der Anthropos des Anthropozän: Zur positiven und negativen Doppelfunktion der Philosophischen Anthropologie —— 19

Marc Rölli
Anthropologie im Anthropozän? —— 41

Daniel Chernilo
Die Frage nach dem Menschen in der Anthropozändebatte —— 55

Katharina Block
Humandezentrierung im Anthropozän —— 77

Teil II: „Anthropos", Mensch, Spezies

Frederike Felcht
Spezies Mensch: Theorien der Menschheit in Biopolitik und Anthropozän —— 97

Philip Hüpkes
Der Anthropos als Skalenproblem —— 115

Sebastian Edinger
Dialektik der Aufklärung im tellurischen Maßstab? Zur Bedeutung des Verhältnisses von tellurischer und planetarischer Politik für den Anthropozän-Diskurs —— 131

Mariaenrica Giannuzzi
***Anthropos* und Mensch: Naturalismen der Nichtunterscheidung bei Tsing und Malabou** —— 153

Teil III: Negative Anthropologien des Anthropozän

Christian Dries/Marie-Helen Hägele
Die Stellung des Menschen im Anthropozän: Ein Brückenschlag zwischen Posthumanismus und Philosophischer Anthropologie —— 173

Arantzazu Saratxaga Arregi
Immunitas im Zeitalter des Neganthropozän: Die Kompensationslogik in der Weltoffenheit —— 191

Stefan Färber
Dogmatische und rationale Analyse selbsterhaltender Vernunft —— 211

Dipesh Chakrabarty
Die Zukunft der Geisteswissenschaften im Zeitalter des Menschen: Eine Notiz —— 233

Autoreninformationen —— 239

Index —— 241

Hannes Bajohr
Keine Quallen

Anthropozän und Negative Anthropologie

Allen anderslautenden Verkündungen zum Trotz leben wir noch immer nicht im Anthropozän. Zwar liegt der International Commission on Stratigraphy seit August 2016 endlich die offizielle Empfehlung vor, in ihre erdgeschichtliche Periodisierung eine neue geologische Epoche einzuführen, in der der Einfluss des Menschen im Erdstratum ablesbar geworden ist. Zuletzt hatte sich abgezeichnet, dass ihr Beginn wohl auf die jüngste Vergangenheit festgesetzt werden würde – etwa auf die *great acceleration*, die industrielle Beschleunigung der Nachkriegszeit (Zalasiewicz et al. 2017) oder auf das Jahr 1945, genauer, auf den 16. Juli: Mit dem ersten Atombombentest in der Wüste New Mexicos wäre der Mensch, eine Spezies, die nur 0,01 Prozent irdischen Lebens ausmacht, zu einem geologischen Faktor geworden, dessen Existenz sich auch noch Jahrmillionen später chronostratigrafisch identifizieren ließe (Waters et al. 2015).

Bislang aber ist das Anthropozän noch kein formalisierter Bestandteil des geologischen Begriffsarsenals. Stattdessen, und zum Ärger vieler (Meyer 2018), führte die Kommission im Juli 2018 eine genauere Unterteilung des Holozäns ein, also jener gegenwärtigen Epoche, die das Anthropozän entweder ersetzen oder dem es nachfolgen sollte. Neben dem Grönlandium und dem Northgrippium gibt es auch der Zeit der letzten 4250 Jahre einen Namen: Herzlich Willkommen, Sie leben nun im Meghalayum (Leinfelder 2018)! Damit ist die Frage um die Einführung des Anthropozän natürlich nicht ersetzt, sondern höchstens aufgeschoben. Bis wann, ist unklar, denn Geologen denken auch bürokratisch in anderen Zeiträumen: Es dauerte, vom Begriffsvorschlag gerechnet, nicht weniger als 102 Jahre, bis das Holozän formalisiert war.

Diese Omnikompetenz des Begriffs verweist auf seine Vagheit. Gerade ihr verdankt er seine Popularität, vor allem der Unbestimmtheit seiner normativen und epistemischen Konsequenzen. Denn das Anthropozän lässt durchaus gegensätzliche Anschlussmöglichkeiten zu. Es sprengt, wie Dipesh Chakrabarty bereits vor zehn Jahren gezeigt hat, die klassische Trennung der Temporalitäten

---

Dieser Essay diente als Eröffnungsvortrag zur Tagung „Der Anthropos im Anthropozän" am Leibniz-Zentrum für Literatur- und Kulturforschung, Berlin (24.–26.1.2019) und erschien unter diesem Titel in leicht veränderter Form zuerst in *Merkur* 73.5 (2019), 63–74 und auf Englisch als „Anthropocene and Negative Anthropology" in *Public Seminar*, 29. Juli 2019, http://www.publicseminar.org/2019/07/anthropocene-and-negative-anthropology (16. Oktober 2019).

https://doi.org/10.1515/9783110668551-001

von *res naturae* und *res humanae*, von Natur- und Menschheitsgeschichte – aber gibt damit nicht schon selbst zweifelsfrei ein neues Leitschema vor (Chakrabarty 2009). Das zeigt sich daran, dass aus dem Anthropozän sowohl posthumanistische wie auch neohumanistische Konsequenzen gezogen worden sind. Der Kollaps der Mensch-Natur-Differenz kann so einerseits als *Ermächtigung* oder andererseits als weitere *Dezentrierung* des Menschen verstanden werden. Am Begriff des Anthropozän und des Anthropos in ihm vollzieht sich so ein Deutungskampf um die diskursive Wiederkehr des Menschen.

1 Er nun wieder: Die Wiederkehr des Menschen im Anthropozän

Dass ausgerecht die Rede vom *Menschen* wiederkehren sollte, hätte man sich lange nicht träumen lassen, steht sie doch quer zum weitgehend dominanten Antihumanismus der letzten etwa vierzig Jahre. Schon der Name selbst ist ein Problemanzeiger, setzt schließlich ein Anthropozän konstitutiv einen Anthropos voraus und hypostasiert „den" Menschen zum Akteur in planetarischem Maßstab. Die Rede vom Menschen mit bestimmtem Artikel hat gerade in den Kulturwissenschaften einen Ruch, und der Verweis auf den berühmten Schlusssatz in Michel Foucaults *Ordnung der Dinge*, dass der Mensch verschwinden werde „wie am Meeresufer ein Gesicht im Sand", nimmt eine Stellung ein irgendwo zwischen unbefragter Seminarbinse und missverstandenem Schlachtruf (Foucault 1974, 462).

Auch wenn Foucault lediglich vom Menschen als epistemischer Zentralfigur der neuzeitlichen *sciences humaines* sprach (Gehring 2015), konnte sich das Bild des schwinden Menschenantlitzes mit anderen Richtungen zu so etwas wie einem antihumanistischen Konsens zusammenschließen (siehe zum Folgenden Rölli 2015): In Frankreich mit Louis Althussers Lesart der Marx'schen Lehre als einem „theoretischen Antihumanismus" (Althusser 2011, 292), mit Jacques Lacans Einspruch gegen Cogito-Philosophien mit einer Reduktion auf die Sprache (z.B. Lacan 2015), mit Jacques Derridas weitergeführter Humanismuskritik Heideggers (Derrida 1999), mit Gilles Deleuzes und Félix Guattaris Prozessdenken (Deleuze und Guattari 1992); in Deutschland fand sich eine Parallele in Adornos „Veto gegen jegliche" Anthropologie (Adorno 1966, 128), in Friedrich Kittlers selbst so titulierter „berüchtigter Unmenschlichkeit" des medientechnischen Apriori (Kittler 2002, 30) und in Niklas Luhmanns Ausbürgerung des Menschen aus dem System in dessen theoretisch unadressierbare Umwelt (Luhmann 2004, 31). In der Akademie jedenfalls blieb an Gegenpositionen nicht viel übrig. Selbst der in die Neurowissenschaften vernarrte analytische Naturalismus hat für gewöhnlich keinen starken Begriff des Menschen (aber: Kronfeldner 2018). Allein die Philosophische Anthropologie, stets der Reaktion verdächtig, hielt zu „dem" Menschen – auch wenn ihr zu später Popularität gelangter Protagonist Helmuth Plessner auf der Historizität und prinzipiellen „Unergründlichkeit" seines Gegenstands beharrte (Plessner 1981, 175–85).

All diese Strömungen, so unterschiedlich sie in Motivation und Durchführung auch waren, richteten sich in ihrer Anthropologiekritik gegen einen Humanismus, der, in der klassischen Definition Kate Sopers, „appeals (positively) to the notion of a core humanity or common essential features in terms of which human beings can be defined and understood" (Soper, 1986, 11–12). Synthetisiert wurde diese Aversion gegen eine essentielle Kernhumanität seit Mitte der Neunzigerjahre im Posthumanismus, der feministische, postkoloniale und prozessontologische Argumente zusammenbringt. Hier wird, in Rosi Braidottis Worten, „der universale ‚Mensch' [...] als männlicher weißer Stadtbewohner, Sprecher einer Standardsprache, heterosexuelles Glied einer Reproduktionseinheit und vollwertiger Bürger eines anerkannten Gemeinwesens" entlarvt (Braidotti 2014, 70) und – jedenfalls im „kritischen Posthumanismus" (Loh 2018) – an seiner „Überwindung" gearbeitet.

Angesichts dieses Konsenses ist es nicht erstaunlich, dass das Anthropozän als Begriffsschöpfung der Naturwissenschaft von außen in den geisteswissenschaftlichen Diskurs hineingetragen worden ist, vielleicht sogar werden musste (zur Begriffsgeschichte Horn und Bergthaller 2019). Wie sehr sie aller antihumanistischen Skrupel ledig sind, erkennt man, sobald Naturwissenschaftler selbst zu Philosophen werden und normative und ethische Konsequenzen zu ziehen beginnen. Solche naturwissenschaftlichen Anthropozäntheorien haben oft ein geringes Problembewusstsein für anthropologische Annahmen, die dann, meist implizit und manchmal ausdrücklich, auch fröhlich gemacht werden. Im Großteil der Fälle laufen sie auf die eine oder andere Version eines prometheischen, eines *homo faber*-Menschenbilds hinaus.

Ist das Anthropozän die Epoche, in der der Mensch selbst zur Naturgewalt wird, dann, so der Gedanke, realisiert er nur, was er ohnehin schon immer gewesen ist. Insofern hier eine Prometheus-Anthropologie zugrunde gelegt wird, ist diese Diagnose nicht zwangsläufig pessimistisch, denn die Möglichkeit der Selbstauslöschung muss nicht Schwäche, sondern kann weiteres Zeugnis menschlicher Macht sein, die sich positiv wenden lässt. Die praktische Konsequenz dieser Theorien ist das Modell des *stewardship*: Seine Machtfülle überantwortet dem Menschen die Vormundschaft für die gesamte Erde. So spricht Paul Crutzen, der zusammen mit Eugene Stoermer den Begriff des Anthropozän popularisierte (Crutzen und Stoermer 2000), von einem *Age of Man*, das positiv anzunehmen sei: „[W]e should shift our mission from crusade to management, so we can steer nature's course symbiotically instead of enslaving the formerly natural world." Freilich ist das Steuern allem Anspruch auf tatsächliche Symbiose entgegengesetzt, gemeint ist eher technische Gestaltungsmacht als Ausweg aus der Klimakatastrophe. Geoengineering wird hier zum Imperativ des Risikomanagements. Und wenn Crutzen die Menschen definiert „as rebels against a superpower we call ‚Nature'", dann ist die Veränderung der Erde nur die technische Umsetzung dessen, was philosophisch bereits vorgedacht war (Crutzen und Schwägerl 2011).

Zur Forderung ist das in der Strömung des *Ecomodernism* erhoben,[1] die ein „gutes Anthropozän" imaginiert und darin eine Chance für den Menschen sieht, die begonnene Erdumwandlung selbstbestimmt und zu seinem Vorteil fortzusetzen. Einer ihrer Vertreter, der Geologe Erle C. Ellis, spricht daher auch von einer „second Copernican Revolution", die Mensch und Erde gewissermaßen erneut zum Zentrum des Universums werden lässt (Ellis 2018, 31). Dasselbe Bild verwenden die Geografen Simon L. Lewis und Mark A. Maslin. Auch für sie ist das Anthropozän nicht weniger als die Umkehrung jener modernen Dezentrierung des Menschen, sie erkennen darin sowohl Pflicht als auch Zeichen der Freiheit des Menschen. Wo Kopernikus und Darwin (von Freud ist nicht die Rede) dem Menschen seines aus der Natur herausgehobenen Status beraubten, „Adopting the Anthropocene may reverse this trend by asserting that humans are not passive observers of Earth's functioning. [...] Yet, the power that humans wield is unlike any other force of nature, because it is reflexive and therefore can be used, withdrawn or modified." (Lewis und Maslin 2015, 178)

In dieser Sichtweise ist, wie auch Bruno Latour in seinen Gaia-Vorlesungen vermerkt, mit dem Anthropozän die Erzählung von der Selbstbehauptung des Menschen in der Moderne, die Hans Blumenberg in seiner *Legitimität der Neuzeit* entwickelt hat, zur naturwissenschaftlich messbaren Wirklichkeit geworden (Latour 2017, 195). Hinzu kommt nun noch die Aufforderung, die Selbstbehauptung nicht auf Kosten der Selbsterhaltung zu betreiben. Die Mittel für beide bleiben dem naturwissenschaftlichen Neohumanismus aber gleich: Der Anthropos ist auch hier noch Prometheus.

---

[1] Siehe die Website *An Ecomodernist Manifesto* (www.ecomodernism.org).

2 *We're fucked*: Neo- und posthumanistische Reaktionen

Motiviert durch die naturwissenschaftliche Popularisierungsleistung und Schlagworte wie dem der „Menschenzeit" (Manemann 2014, 11), müssen sich die Geisteswissenschaften zur diskursiven Wiederkehr des Menschen verhalten – ganz gleich, ob sie ihrem Charakter nach post- oder neohumanistisch sind.

Für die Neohumanisten, die nun ihre Zeit gekommen sehen, wird das Anthropozän zum finalen Beweis einer Sonderstellung des Menschen. Der eher philosophisch als technokratisch inspirierte Neohumanismus kann dem Optimismus der *Ecomodernists* nichts abgewinnen. Eher setzt er auf die Meditation der Ausweglosigkeit als ethische Haltung. Roy Scranton bringt das auf die handliche Formel: „We're fucked" (Scranton 2015, 16). Sei eine Umkehr des Klimawandels nicht mehr möglich, gehe es nun darum, „im Anthropozän das Sterben zu lernen". Aus dieser seit Sokrates, Cicero und Montaigne erzphilosophischen Aufgabe erwächst für ihn dann auch wieder die Wichtigkeit der Geisteswissenschaften, denn „we will need a way of thinking our collective existence. We need a vision of who ‚we' are. We need a new humanism" (Scranton 2015, 19).

Mit weniger Pathos plädiert auch der australische Philosoph Clive Hamilton für einen „new anthropocentrism", der ‚uns' in die Verantwortung nimmt (Hamilton 2017, 36). Statt auf *technofixes* zu setzen – in denen Hamilton eine hochmütige Überschätzung der Fähigkeit sieht, das komplexe und chaotische Erdsystem zu manipulieren –, nimmt er eine kantische Wendung: Statt die Sonderstellung des Menschen zu *setzen*, um daraus Herrschaftsansprüche abzuleiten, sei nun die Sonderstellung faktisch *erwiesen*, woraus eine ethische Verantwortung für die Erde folge. Weil diese Verantwortung bisher ausgeschlagen wurde, sind wir für Hamilton schlicht noch nicht anthropozentrisch *genug*. Er interpretiert so das Anthropozän als Geschichtszeichen und konstruiert eine kontrafaktische Teleologie, die der Existenz der Menschheit einen Sinn gibt. Hamilton nennt das „a kind of negative of teleological anthropocentrism" (Hamilton 2017, 54): Kraft seiner Zerstörungsmacht hat der Mensch nun die *Bestimmung*, die Erde, für die er verantwortlich ist, zu retten – aber eher durch Enthaltsamkeit und Konsumverzicht als durch künstliche Atmosphärenveränderung.[2]

Im Lager, das die Erbschaft des Antihumanismus verwaltet, hat der Begriff des Anthropozän dagegen eher gemischte Reaktionen gezeigt, wie der Philo-

---

[2] Neu ist dieses kantisch inspirierte Argument freilich nicht, findet es sich doch an zentraler Stelle bereits bei Hans Jonas (1984).

soph Timothy Morton vermerkt: „The term has arisen at a most inconvenient moment. *Anthropocene* might sound to post-humanists like an anthropocentric symptom of a sclerotic era." Mit dem anthropogenen Klimawandel aber erlange der Mensch doch unleugbare Evidenz, und mit dem steigenden Meeresspiegel deute sich Foucaults Bild vom Gesicht im Sand neu, ziele nun auf die drohende Vernichtung der Spezies: „the human returns at a far deeper geological level than mere sand." (Morton 2014, 258)

Bei Morton sieht man gut, wie sich die Hinwendung zum Konzept des Anthropozän mit einer Bewegung gegen Konstruktivismen und für Neue Realismen zusammenschließt: Das Anthropozän sei eine „unbequeme Wahrheit für Intellektuelle, die davon überzeugt sind, dass jegliche Rede von Wirklichkeit bereits nach reaktionären Fantasien klingt". Stattdessen vertritt Morton eine Rhetorik des Antiskeptizismus das im schlagenden Faktum der menschengemachten Atmosphärenveränderung gefunden wird: „The Sixth Mass Extinction Event, caused by humans – not jellyfish, not dolphins, not coral." (Morton 2014, 258)

Auch die Kulturtheoretikerin Claire Colebrook, als Deleuze-Interpretin aller Parteinahme für eine Kernhumanität unverdächtig, folgt dieser Logik einer unbestreitbaren Evidenz des Menschen in seiner Zerstörungsmacht. „First, the notion that there is no such thing as the human (either by way of our difference from animals or because of intrahuman differences in culture and history) must give way to a sense of the human as defined by destructive impact. [...] One effect of the Anthropocene has been a new form of difference: it now makes sense to talk of humans as such, both because of the damage ‚we' cause and because of the myopia that allowed us to think of the world as so much matter or ‚standing reserve.'" (Colebrook 2017, 6–7) Und in diesem Sinne gesteht selbst Rosi Braidotti zu, dass das Anthropozän eine „negative Form kosmopolitischer Verbundenheit [...] durch ein panhumanes Band der Vulnerabilität" darstellt (Braidotti 2014, 68).[3]

Für Colebrook, Braidotti und Morton folgt daraus aber nicht die Notwendigkeit eines neuen Anthropozentrismus, auch wenn sie den Begriff des Menschen wieder ernst zu nehmen bestrebt sind. Das wird vor allem bei Morton deutlich, der rhetorisch raffiniert für die Neudefinition von Menschheit selbst plädiert: Mag der Mensch auch für den Klimawandel verantwortlich sein – es müsse nun darum gehen, die Idee von Solidarität, die sich im Begriff der „Menschheit" verstecke, auch auf *nichtmenschliche* Spezies und die Erde selbst auszuweiten. Das jedenfalls ist die Pointe von Mortons Buch, das provokativ *Humankind* betitelt ist

---

3 Natürlich will Braidotti darüber hinaus und argumentiert, Morton nicht unähnlich, für „many recompositions of the human and new ways of becoming-world together." (Braidotti 2017, 41)

(Morton 2017). Wie bei Colebrook ist der Ausgangspunkt eine „flache Ontologie", mit deren Hilfe Morton dem Marxismus den Anthropozentrismus auszutreiben sucht. Das beinhaltet nicht weniger als die Revision der gesamten Philosophiegeschichte, denn sowohl Besitzbegriffe wie der Begriff selbst gehen auf die *agrilogics* zurück, die neolithische Ontologie von Sesshaftigkeit, Eigentum, Grenzziehung und Speziesdifferenzen (Morton 2017, 23). Gegen diese an Adorno erinnernde Konzeption von einem in die Menschheitsgeschichte eingeschriebenen Identitätszwang will Morton einen „weird essentialism" etablieren, indem er „Menschheit" als ontologische Reduktionsgröße definiert: Wenn alle Entitäten, wie es flache Ontologien nahelegen, stets Verweise auf und Komposita aus unzähligen anderen sind, dann ist die Entität „Menschheit" in Wirklichkeit *kleiner* als jedes einzelne wirkliche Subjekt, das darin auftaucht (Morton 2017, 101–120). Indem aus der Menschheit mit diesem „implosive holism" (Morton 2017, 104) derart die Luft und, so die Idee, der schlechte Essentialismus herausgelassen ist, kann die Kategorie auch auf Tiere und Dinge ausgeweitet werden: Menschheit soll alles meinen können. Warum das aber etwas wesentlich anderes sein soll als der Personenbegriff, wie ihn schon lange die Tierethik verwendet, ist ebenso unklar wie die Konsequenzen im Praktischen: Auch Morton setzt seine Hoffnungen weiterhin in kollektive Aktion – und die Adressaten aller Handlungsforderungen sind nun einmal nicht Quallen, Korallen oder Delfine, sondern Menschen.

3 Spezies Mensch: Kollektiv-, Reduktions- oder Skalierungsgröße

Die Schwierigkeit, ontologische und ethische Fragen zu koordinieren, zeichnet die posthumanistischen Reaktionen auf das Anthropozän weithin aus. Bestes Beispiel ist etwa Donna Haraway, die aus ähnlichen Beweggründen wie Morton eine umgekehrte Strategie verfolgt und den Begriff des Anthropozän ablehnt, da er in seiner Menschenzentriertheit bereits der Unschärfe von Individuengrenzen keine Rechnung trage. Stattdessen schlägt sie gegen das Anthropozän eine Vielzahl von Neologismen vor. Ihre populärste Eigenkreation ist das „Chthuluzän": Es ist nicht mehr Zeitalter und nicht mehr menschlich segmentierte Zeit, sondern die Bezeichnung für die „tentakuläre" Allverbundenheit aller Lebewesen, vom Mikrobiom zur *companion species* (Haraway 2018, 49–50). Indem Haraway aber Menschen in unabschließbare Assemblagen auflöst und sich überzeugt dem Pessimusmus der *We're-fucked*-Anthropozäniker entgegenstellt, beginnt sie am Ende ganz zu bezweifeln, dass die Verursacher des Anthropozän überhaupt zu ermitteln sind: Weil Menschen immer schon in interdependenten Beziehungsgeflechten zu anderen Lebewesen stehen, ist das Anthropozän dann kein „human species act" mehr und gerade Fragen der Verantwortung und der Handlungsmacht drohen dabei, wie bei Morton, aus dem Blick zu schwinden (Haraway 2018, 56; siehe dazu Dürbeck 2018).

Eine ähnliche Kritik am Anthropozänbegriff wird auch von marxistischer Seite vorgebracht, freilich weniger mit ontologischer als sozioökonomischer Stoßrichtung. An die sechste Feuerbachthese anschließend, die vom Menschen als dem „ensemble der gesellschaftlichen Verhältnisse" spricht (Marx 1998, 20), geht die Linie über Antonio Gramscis Kritik der Ideologie „des" Menschen als Kollektivsingular (Gramsci 2012, 6:1338–41), die nun in Bezug auf das Anthropozän fruchtbar gemacht wird. Direkt an Gramsci anschließend argumentieren der Ökonom Geoff Mann und der Geograph Joel Wainwright

> the term ‚Anthropocene' is unhelpful because climate change also makes it clear that there is no such thing as a universal ‚human' agent that precipitated this new era in planetary history, and no such thing as a common vantage point from which ‚we all' understand and experience it. There are, rather, only different human communities and ways of reasoning our way through our time. (Wainwright und Mann 2018, x)

Auch für den Historiker Andreas Malm und den Ökologen Alf Hornborg verwischt „Menschheit" als Kollektiv die ungleich verteilte Verantwortung zwischen dem globalen Norden und Süden an den Ökopathologien des Kapitalismus. Zudem werde mit einem der Spezies Mensch zugeschriebenen Prozess der Klimawandel einerseits *de*naturalisiert, indem er als menschengemacht erkannt wird, gleichzeitig aber wieder *re*naturalisiert, da er als Ergebnis inhärenter menschlicher Eigenschaften statt als Effekt ökonomischer Vorgänge erscheint (Malm und Hornborg 2014; Bonneuil und Fressoz 2016, 65 sprechen von einer „undifferentiated humanity"). Mit ihrem Gegenentwurf eines „Kapitalozäns" – den auch Donna Haraway spielerisch und Jason Moore bitterernst verteidigen (Haraway 2018; Moore 2016) – widersprechen Malm und Hornborg der Annahme, das Anthropozän sei ein Phänomen, das in seiner Erklärbarkeit über die Auswirkungen des Kapitalismus hinausgehe (siehe weiterhin Schmieder 2013; Giannuzzi 2016).

Hierin aber scheint ein Grundproblem aller antihumanistischen Kritik am Anthropozänbegriff zu liegen, sei sie marxistisch oder relationistisch. Zwar hat die Auflösung von philosophischen Scheinproblemen und -entitäten – hier: der Mensch – eine ehrenvolle Tradition. Methodisch aber ist andersherum zu fragen, ob mit der Reduktion des Terms nicht auch eine Reduktion an Erklärungskraft einhergeht. Anders formuliert: Welche Phänomene beschreibt das Anthropozän, die sich nicht, oder nicht allein, aus kapitalistischen Dynamiken erklären lassen? Dipesh Chakrabarty hat gegen Malm und Hornborg vorgebracht, das Anthropozän lasse sich deshalb nicht auf Kapitalismus herunterbrechen, da „climate change, potentially, has to do with changes in the boundary conditions needed for the sustenance of human and many other forms of life". Davon sind auf lange Sicht ausnahmslos alle Menschen berührt, ob arm oder reich, weshalb „a politics of even broader solidarity than simply solidarity of the poor is called for" – Solidarität, mit anderen Worten, unter Menschen *als solchen* (Chakrabarty 2017, 31).

Bei Chakrabarty macht sich also die Wiederkehr des Menschen gerade an einer Menschheit fest, die undifferenziert sein *muss*, weil es ihr ums nackte Leben geht. Dabei sollen die Lektionen des Postkolonialismus und der marxistischen Kritik freilich nicht vergessen, müssen aber auf ihre jeweiligen Erklärungsebenen verwiesen werden. Er setzt drei Menschenbilder parallel, ohne sie aufeinander reduzieren zu wollen: „Mensch" als Subjekt der Aufklärung, das heißt als überall gleicher Rechteträger, der gerade in Menschenrechten noch angerufen werden können muss; „Mensch" als postkoloniales Subjekt, das entlang der Achsen *class, race, gender, ability* etc. differenziert ist; und „Mensch" als Subjekt des Anthropozän, als jene Kollektivgröße, die nur qua Kollektivität ihre Bedeutung erhält (Chakrabarty 2012).

Diese Unterscheidung ist insofern hilfreich, als sie den Status des Anthropos als Skalierungsbegriff betont: Er legt emergente Qualitäten an den Tag, die sowohl über die bloße Aufsummierung aller Einzelindividuen hinausgehen als auch über die Konstitutionsbedingungen des Menschen, die die philosophische Anthropologie beschreibt. Das ist ein Problem, das das von Hannah Arendt inkriminierte Manko überschreitet, die politische Philosophie habe Pluralität nicht denken können (Arendt 2005, 9, 1994, 213). Denn die Pluralität, die sich aus Skalensprüngen ergeben, ist eine gänzlich andere als die der Vielen auf der Agora – sie betrifft sowohl die Tiefenzeit, in die dieser plurale Anthropos fortgedacht werden muss, die beschränkte kollektive Handlungsfähigkeit des Ganzen und schließlich die begrenzte individuelle Vorstellbarkeit durch seine Teile. Seine Auswirkungen sind dem Anthropos nur durch die Daten, Diagramme und Visualisierungen der Wissenschaft darstellbar (Hüpkes 2019). „Der Mensch" als Skalierungsbegriff ist daher für die philosophische Anthropologie eine noch ungelöste Herausforderung.

Tatsächlich wahrnehmen kann man sich, schreibt Chakrabarty, als Speziesmitglied nicht. Diese Identifikation des Anthropos mit der Spezies ist für ihn freilich tentativ: Einerseits soll damit eine Kontinuität zur Beschreibungsarbeit der Naturwissenschaften gewährleistet sein, andererseits aber kommt der Spezies die Funktion eines Desideratums zukünftiger Orientierungsnarrative zu. In einer Benjamin'sch angehauchten Passage schreibt Chakrabarty: „Species may indeed be the name of a placeholder for an emergent, new universal history of humans that flashes up in the moment of the danger that is climate change." (Chakrabarty 2009, 221) Zumindest als Platzhalter also muss „der Mensch" noch dienen.

4 In der Schwebe: Die Negative Anthropologie des Anthropozän

Ganz gleich, auf welcher Seite man sich in der Auseinandersetzung um den Anthropos im Anthropozän wiederfindet – sie zeigt, dass der Mensch zumindest als diskursiver Gegenstand just in dem Moment auf die Bühne der Geisteswissenschaften zurückgekehrt ist, da seine endgültige Verabschiedung schon sicher schien. Schreibt sich zwar die Tradition des Antihumanismus fort, sind gerade ihre widerwilligen Apostaten wie Morton oder Colebrook bestes Zeichen dafür, dass es zwar nicht mit dem Menschen, ganz ohne ihn aber auch nicht geht.

Diese prekäre Wiederkehr bedeutet aber gerade keine Restitution einer substantiellen Anthropologie, so als hätte es die antihumanistische Kritik nie gegeben (siehe Horn und Bergthaller 2019, 90–91). Das Modell des Weltenbildners *homo faber*, den das „gute Anthropozän" aufruft ist, das ist der richtige Punkt des Posthumanismus, ist in der strikten Gegenüberstellung von Mensch und Natur nicht aufrechtzuerhalten. Seine völlige Bestreitbarkeit ist aber im Anthropozän ebenso wenig zu haben – als Adressat ethischer Forderungen, als politisch Handelnder oder als Verursacher und Verantwortlicher des Klimawandels bleibt „der Mensch" weiterhin ein operativer, aber eben prekärer Begriff.

Wo versucht wird, im Aushandlungsprozess zwischen anti- und neohumanistischen Ansätzen über den Menschen zu sprechen, ist oft der Rückgriff auf eine *negativistische* Rhetorik zu beobachten. Sie scheint für viele der hier Vorgestellten der Verlegenheit, weder auf starke Anthropologien setzen zu wollen noch den Menschen ganz überwinden zu können, besser Rechnung zu tragen als das neuerliche Postulieren von Positiva. Will Chakrabarty eine „negative Universalgeschichte" der Spezies Mensch (Chakrabarty 2009, 222) – die sich implizit auf Adornos Forderung beruft, „den Begriff des Allgemeinen als der Negativität zu fassen" (Adorno 2006, 29) –, dann klingen Parallelen zu Hamiltons Konzeption eines „negative of teleological anthropocentrism" (Hamilton 2017, 54) an. Und wo Colebrook den Menschen als „defined by destructive impact" (Colebrook 2017, 6–7) sieht, ist das die Konsequenz aus Braidottis Zugeständnis, das Anthropozän verhelfe „einer neuen Idee ,des Menschlichen' mit negativen Vorzeichen" zum Durchbruch (Braidotti 2014, 92).

Mit der Evokation des Negativen ist einerseits eine Art Minimalanthropologie bezeichnet, die den Menschen, wenn durch nichts anderes, so doch durch seine Zerstörungskraft in geologischem Ausmaß bezeichnet; andererseits ist damit stets auch ein In-Schwebe-Halten endgültiger Bestimmung gemeint, so dass die unproblematische Kernhumanität des *homo faber* nicht einfach zum ebenso substantialistischen *homo delens* umgekehrt wird. Diesen beiden Momente – die

Bestimmung per Negation und die *Negation der Bestimmung* – weisen dabei erstaunliche Ähnlichkeiten zu einer Diskursfigur aus der deutschen Philosophie des zwanzigsten Jahrhunderts auf, der Negativen Anthropologie.

Systematisch bezeichnet Negative Anthropologie jeden Ansatz, der es ablehnt, den Menschen über ihm wesentlich zukommende Merkmale zu definieren, ihn aber dennoch zum Zentrum des Interesses macht. Das unterscheidet ihn vom kritischen Posthumanismus – wo dieser sich den Menschen ganz vom Leibe halten will, hält ihn die Negative Anthropologie noch als Variable fest, die sich zwar nicht auflösen, aber auch nicht aus der Gleichung herausstreichen lässt.[4]

Historisch hat eine solche Negative Anthropologie vor allem in der deutschen Nachkriegsphilosophie – die Heideggers Kehre als einen Ausgangspunkt des französischen Antihumanismus weitgehend ignoriert hat (Jauß 2010, 102) – eine gewisse Tradition. Nur zwei Beispiele: Ulrich Sonnemanns Buch dieses Titels, das „das Humane aus seinen Negationen erschließt, die es verweigern und ableugnen", ist als utopisches Projekt gegen Totaltheorien vom Menschen formuliert und bezeichnet den Pol der Negation der Bestimmung (Sonnemann 2011, 31; siehe dazu Edinger 2017). Als Bestimmung per Negation ist Negative Anthropologie dagegen etwa bei Günther Anders angelegt, der damit ein Menschenbild im Bewusstsein der Atombombe bezeichnet hat, das sich ohne größere Modifikationen auch auf manche der gegenwärtigen Anthropozäniker übertragen ließe: „Nicht auf Grund einer gemeinsamen natürlichen Herkunft sind wir nun eine Menschheit, sondern auf Grund einer gemeinsamen, in Zukunftslosigkeit bestehenden Zukunft, auf Grund des uns gemeinsam bevorstehenden unnatürlichen Endes. Und auf Grund dieser Gemeinsamkeit haben wir nun auch das Recht, den Singular ‚der Mensch' zu verwenden." (Anders 1982, 146; im Original hervorgehoben)[5]

---

4 Diese Deutung des Begriffes „Negative Anthropologie" hebt sich einerseits von moralisch-pessimistischen Misanthropismen ab, die, etwa in der Manier der katholischen Gegenaufklärung, auf einer postlapsarischen Idee des Menschen als schlecht oder böse bestehen. Sie betont andererseits, dass nicht jede Philosophische Anthropologie schon negativ ist, nur weil sie Weltoffenheit oder Instinktreduktion annimmt; auch eine Anthropologie des Menschen als biologisch nur sekundär Angepasstem ist noch positiv und setzt eine *differentia*, die nun eben sekundär konzeptualisiert ist. Negative Anthropologie, wie sie hier verstanden wird, hebt vielmehr auf *formale* Negativität ab, die entweder dezidiert den Bestimmungsakt umgeht, aussetzt oder aufschiebt (Negation der Bestimmung) oder ihn nur als apophantisch, in Analogie zur negativen Theologie, über das, was der Mensch nicht ist, betreibt (Bestimmung per Negation).

5 Aber auch zum Pol der „Negation der Bestimmung" gibt es im frühen Anders in der Rede von der „Weltfremdheit" eine Parallele (Anders 2018; siehe dazu Dries 2018 und Bajohr 2019). Weiteres zur Negativen Anthropologie in Hannes Bajohr und Sebastian Edinger (Hg.): *Negative Anthropologie. Ideengeschichte und Systematik einer unausgeschöpften Denkfigur*. Berlin: de Gruyter, i.E.

Negative Anthropologie, so ließe sich formulieren, ist der überraschende Konvergenzpunkt der Begegnung eines geologisch-naturwissenschaftlichen Befunds mit den Skrupeln einer spezifischen Tradition der Geisteswissenschaften. Sie bezeichnet die Bewegung einer Dezentrierung, die wieder Rezentrierung wird – doch anders als Ellis oder Lewis und Maslin sie beschreiben. Sie gemahnt eher an das, was Hans Blumenberg in seiner *Genesis der kopernikanischen Welt* „geotrope Astronautik" genannt hat: Das Foto der blauen Erde als Ikone des Raumfahrtzeitalters wird ihm zum Symbol für „eine verborgene Rückwendung auf uns selbst", denn alle astronautischen Expansionsbestrebungen finden sich angesichts der Unweiten des Alls wieder auf die Erde als lebensweltlichem Grund zurückgeworfen (Blumenberg 1975, 722). Hermann Lübbe nannte das eine „postkopernikanische Konterrevolution", die der Erde eine Mittelpunktstellung wiedergibt, die Kopernikus ihr ausgetrieben hatte, ohne aber dabei kosmologisch ins Mittelalter zurückzukehren (Lübbe 2017, 168).[6] Die Wiederkehr des Menschen im Anthropozän ist eine solche Rückwendung ohne Rückkehr, und es scheint, als sei Negative Anthropologie eine gute Beschreibung für *ihre* geotrope Astronautik.

*
**

Die These, dass „der Mensch" durch den Anthropozändiskurs gerade dann wieder auftaucht, da seine Überwindung in Anti- und Posthumanismus bereits sicher schien, war die heuristische Annahme für die (etwas barock, aber so durchaus selbsterklärend betitelte) Tagung „Der Anthropos im Anthropozän. Die Wiederkehr des Menschen im Moment seiner vermeintlich endgültigen Verabschiedung". Sie fand am 24.–26. Januar 2019 am Leibniz-Zentrum für Literatur- und Kulturforschung in Berlin im Rahmen des von mir geleiteten Forschungsprojekts „Negative Anthropologie" statt. Um einige andere Texte erweitert, ist der vorliegende Band das Ergebnis dieser Tagung. Die hier versammelten Autor*innen nähern sich dem Status „des Menschen" im Anthropozän in drei Teilen:

Der erste Abschnitt behandelt das Verhältnis der spezifisch deutschen Tradition philosophischer Anthropologie zum Begriff des Anthropozän. Dass die Philosophische Anthropologie etwas zum „Zeitalter des Menschen" zu sagen hat, sie sich gewissermaßen im Herzen ihrer Kompetenz befindet, zeigt *Joachim Fischer* im ersten Beitrag, der zugleich die kritische Funktion dieser Tradition gegen verschiedene „Überdehnungserscheinungen" des Anthropozändiskurses

---

[6] Diesen Hinweis verdanke ich Eva Geulen. Auch Bruno Latour beschreibt in seiner Neuorientierung vom „Globalen" zum „Planetarischen" eine solche Rückwendung ohne Rückkehr (Latour 2018).

herausstreicht. *Marc Rölli* weist auf Gustav Theodor Fechner als Vorläufer der Idee einer Nichttrennbarkeit von Menschlichem und Nichtmenschlichem hin und verschränkt die Dezentrierung des Humanen mit André Leroi-Gourhans Technikphilosophie als Alternative zur Philosophischen Anthropologie. In einem für diesen Band übersetzen Beitrag nimmt *Daniel Chernilo* die impliziten Menschenbilder ders Anthropozändiskurses in den Blick und schlägt eine von, unter anderem, Karl Löwith und Helmuth Plesser inspirierte „Philosophische Soziologie" vor. *Katharina Block* schließlich öffnet die tendenziell eher deutsche Diskussion um die Philosophische Anthropologie, indem sie ihre möglichen Beiträge zur Anthropozändebatte in einen Dialog mit den neuen Materialismen und Vitalismen bringt.

Der zweite Teil dieses Bandes wendet sich systematisch den zentralen Begriffen Mensch, Spezies und eben „Anthropos" zu und versucht ihre spezifischen Differenzen, ihre Relationen zueinander und die Grenzen ihrer gegenseitigen Übersetzbarkeit herauszuarbeiten. Die dunklen Seiten des Posthumanismus im Antinatalismus nimmt *Frederike Felcht* in den Blick, indem sie den Überbevölkerungsdiskurs der „Camille"-Stories von Donna Haraway durch die Linse von Michel Foucaults Vorlesungen zur Gouvernementalität analysiert. *Philip Hüpkes* zeigt, welche problematischen Sprünge sich im Begriff des „Anthropos" ergeben, sobald er auf divergierende spatiale und temporale Skalen gedacht wird. *Sebastian Edinger* wendet sich der Frage anthropozäner als tellurischer Politik im Sinne Panajotis Kondylis' zu. Und *Mariaenrica Giannuzzi* führt am Beispiel von Anna Tsing, Donna Haraway und Catherine Malabou die in der Gegenwartsphilosophie herrschende Tendenz zur *Nicht*unterscheidung von Menschlichem und Nichtmenschlichem vor.

Im dritten Teil schließlich wird das hier formulierte Angebot, dem Anthropozän mit einer Negativen Anthropologie zu Leibe zu rücken, aufgenommen und produktiv weitergeführt. *Christian Dries* und *Marie-Helen Hägele* zeigen, wie Günther Anders bereits in den Dreißigerjahren einen negativistischen Zugang zum Menschen bahnte, und kontrastrieren ihn mit gegenwärtigen posthumanistischen Ansätzen. *Arantzazu Sarataxaga Arregi* stellt mit Bernard Stieglers Begriff des „Neganthropozäns" eine Alternative zur Immunitaslogik einer eher durch Gehlen verstandenen Negativen Anthropologie vor. *Stefan Färber* verfolgt die Logik von Selbsterhaltung und Rationalität, die auch dem Anthropozändiskurs zugrundeliegt, und sucht sie durch jenen Rest an vorgängiger Arationalität einer in seinem Seinsollen gesetzten, aber nicht in seiner Essenz bestimmten Idee des Menschen zu flankieren. *Dipesh Chakrabarty* beschließt den Band mit einer Reflexion auf die konstitutive Skepsis der Geisteswissenschaften und einem – trotz allem – Plädoyer für eine Dialektik aus Anthropozentrismus und Nichtanthropozentrismus, die er am ehesten in den Naturwissenschaften vermutet.

Literatur

Adorno, Theodor W. *Negative Dialektik*. Frankfurt am Main: Suhrkamp, 1966.
Adorno, Theodor W. *Zur Lehre von der Geschichte und von der Freiheit* [1964/65]. Frankfurt am Main: Suhrkamp, 2006.
Althusser, Louis. *Für Marx*. Berlin: Suhrkamp, 2011.
Anders, Günther. *Ketzereien*. München: Beck, 1982.
Anders, Günther. *Die Weltfremdheit des Menschen: Schriften zur philosophischen Anthropologie*. Hg. Christian Dries und Henrike Gätjens. München: Beck, 2018.
Arendt, Hannah. *Vita Activa oder Vom tätigen Leben*. München: Piper, 1994.
Arendt, Hannah. *Was ist Politik? Fragmente aus dem Nachlass*. Hg. Ursula Ludz. München/Zürich: Piper, 2004.
Bajohr, Hannes. „World-Estrangement as Negative Anthropology: Günther Anders's Early Essays". *Thesis 11* 153.1 (2019): 141–153.
Blumenberg, Hans. *Die Genesis der kopernikanischen Welt*. Frankfurt am Main: Suhrkamp, 1975.
Bonneuil, Christophe und Jean-Baptiste Fressoz. *The Shock of the Anthropocene: The Earth, History, and Us*. London: Verso, 2016.
Braidotti, Rosi. *Posthumanismus: Leben jenseits des Menschen*. Hamburg: Campus, 2014.
Braidotti, Rosi. „Four Theses on Posthuman Feminism". *Anthropocene Feminism*. Hg. Richard A. Grusin. Minneapolis: University of Minnesota Press, 2017. 21–48.
Chakrabarty, Dipesh. „The Climate of History: Four Theses". *Critical Inquiry* 35.2 (2009): 197–222.
Chakrabarty, Dipesh. „Postcolonial Studies and the Challenge of Climate Change". *New Literary History* 43.1 (2012): 1–18.
Chakrabarty, Dipesh. „The Politics of Climate Change Is More Than the Politics of Capitalism". *Theory, Culture & Society* 34.2–3 (2017): 25–37.
Colebrook, Claire. *Anthropocene Feminism*. Hg. Richard A. Grusin. Minneapolis: University of Minnesota Press, 2017. 1–20.
Crutzen, Paul und Christian Schwägerl. „Living in the Anthropocene: Toward a New Global Ethos". *Yale Environment 360*. http://www.e360.yale.edu/features/living_in_the_anthropocene_toward_a_new_global_ethos, 2011 (01.03.2019).
Crutzen, Paul und Eugene Stoermer. „The ‚Anthropocene'". *Global Change Newsletter* 41.1 (2000): 17–18.
Deleuze, Gilles und Félix Guattari. *Tausend Plateaus*. Berlin: Merve, 1992.
Derrida, Jacques. „Fines Hominis". *Randgänge der Philosophie*. Wien: Passagen, 1999. 119–142.
Dries, Christian. „Von der Weltfremdheit zur Antiquiertheit des Menschen: Günther Anders' negative Anthropologie". Günther Anders. *Die Weltfremdheit des Menschen: Schriften zur philosophischen Anthropologie*. Hg. Christian Dries und Henrike Gätjens, München: Beck, 2018. 437–535.
Dürbeck, Gabriele. „Narrative des Anthropozän – Systematisierung eines interdisziplinären Diskurses". *Kulturwissenschaftliche Zeitschrift* 3.1 (2018): 1–20.
Edinger, Sebastian. „Eine kleine Genealogie des Verhältnisses von Anthropologie und Ontologie im Denken Adornos mit einem Seitenblick auf Ulrich Sonnemann". *Das Leben*

im Menschen oder der Mensch im Leben? Hg. Thomas Ebke und Caterina Zanfi. Potsdam: Universitätsverlag Potsdam, 2017. 255–270.

Ellis, Erle C. *Anthropocene: A Very Short Introduction*. Oxford: Oxford University Press, 2018.

Foucault, Michel. *Die Ordnung der Dinge: Eine Archäologie der Humanwissenschaften*. Frankfurt am Main: Suhrkamp, 1974.

Gehring, Petra. „Wird er sich auflösen? Foucaults Anthropologiekritik – ein Retraktandum". *Fines Hominis? Zur Geschichte der philosophischen Anthropologiekritik*. Hg. Marc Rölli. Bielefeld: Transcript, 2015. 189–211.

Giannuzzi, Mariaenrica. „A Philosophical Point of View on the Theory of Anthropocene". *Visions for Sustainability* 3.5 (2016): 6–14.

Gramsci, Antonio. *Philosophie der Praxis. Gefängnis-Hefte*. Vol. 6. Hg. Wolfgang Fritz Haug. Hamburg: Argument, 2012.

Hamilton, Clive. *Defiant Earth: The Fate of Humans in the Anthropocene*. Cambridge: Polity, 2017.

Haraway, Donna. *Unruhig Bleiben: Die Verwandtschaft der Arten im Chthuluzän*. Hamburg: Campus, 2018.

Horn, Eva und Hannes Bergthaller. *Anthropozän zur Einführung*. Hamburg: Junius, 2019.

Hüpkes, Philip. „‚Anthropocenic Earth Mediality'. On Scaling and Deep Time in the Anthropocene." *Anglophone Literature and Culture in the Anthropocene*. Hg. Gina Cosmos und Caroline Rosenthal. Newcastle upon Tyne: Cambridge Scholars, 2019. 196–213.

Jauß, Hans Robert. „Im Labyrinth der Hermeneutik". *Zeitschrift für Ideengeschichte* 4.2 (2010): 97–114.

Jonas, Hans. *Das Prinzip Verantwortung: Versuch einer Ethik für die technologische Zivilisation*. Frankfurt am Main: Suhrkamp, 1984.

Kittler, Friedrich A. *Optische Medien: Berliner Vorlesung 1999*. Berlin: Merve, 2002.

Kronfeldner, Maria. *What's Left of Human Nature? A Post-Essentialist, Pluralist, and Interactive Account of a Contested Concept*. Cambridge, Mass.: MIT Press, 2018.

Lacan, Jacques. „Über eine Frage, die jeder möglichen Behandlung der Psychose vorausgeht". *Schriften: Vollständiger Text*. Wien: Turia + Kant, 2015. 2:9–71.

Latour, Bruno. *Kampf um Gaia: Acht Vorträge über das neue Klimaregime*. Berlin: Suhrkamp, 2017.

Latour, Bruno. *Das terrestrische Manifest*. Berlin: Suhrkamp, 2018.

Leinfelder, Reinhold. „Meghalayan oder Anthropozän? In welcher erdgeschichtlichen Zeit leben wir denn nun?" *Der Anthropozäniker*, 20.7.2018, https://scilogs.spektrum.de/der-anthropozaeniker/meghalayan-oder-anthropozaen (01.03.2019).

Lewis, Simon L. und Mark A. Maslin. „Defining the Anthropocene". *Nature* 519.7542 (2015): 171–180.

Loh, Janina. *Trans- und Posthumanismus zur Einführung*. Hamburg: Junius, 2018.

Lübbe, Hermann. „Poetik und Hermeneutik – von ‚Krise der Geisteswissenschaften' keine Spur!" *Poetik und Hermeneutik im Rückblick: Interviews mit Beteiligten*. Hg. Petra Boden und Rüdiger Zill. Paderborn: Fink, 2017. 157–82

Luhmann, Niklas. *Einführung in die Systemtheorie*. Hg. Dirk Baecker. Heidelberg: Auer, 2004.

Malm, Andreas und Alf Hornborg. „The Geology of Mankind? A Critique of the Anthropocene Narrative". *Anthropocene Review* 1.1 (2014): 62–69.

Manemann, Jürgen. *Kritik des Anthropozäns: Plädoyer für eine neue Humanökologie*. Bielefeld: Transcript, 2014.

Marx, Karl. „Ad Feuerbach". *Exzerpte und Notizen, Sommer 1844 bis Anfang 1847*. Berlin: Dietz, 1998, 19–21.

Meyer, Robinson. „Geology's Timekeepers Are Feuding". *The Atlantic*, 20.7.2018, https://www.theatlantic.com/science/archive/2018/07/anthropocene-holocene-geology-drama/565628/ (17.8.2019).

Moore, Jason W. „Anthropocene or Capitalocene? Nature, History, and the Crisis of Capitalism". *Anthropocene or Capitalocene? Nature, History, and the Crisis of Capitalism*. Hg. Jason W. Moore. Oakland: PM Press, 2016. 1–13.

Morton, Timothy. „How I Learned to Stop Worrying and Love the Term Anthropocene". *The Cambridge Journal of Postcolonial Literary Inquiry* 1.2 (2014): 257–264.

Morton, Timothy. *Humankind: Solidarity With Non-Human People*. London: Verso, 2017.

Plessner, Helmuth. *Macht und Menschliche Natur: Ein Versuch zur Anthropologie der geschichtlichen Weltansicht*. Frankfurt am Main: Suhrkamp, 1981.

Rölli, Marc, Hg. *Fines Hominis? Zur Geschichte der philosophischen Anthropologiekritik*. Bielefeld: Transcript, 2015.

Schmieder, Falko. „Urgeschichte der Nachmoderne: Zur Archäologie des Anthropozäns". *Trajekte* 14.27 (2013): 44–48.

Scranton, Roy. *Learning to Die in the Anthropocene: Reflections on the End of Civilization*. San Francisco: City Lights, 2015.

Sonnemann, Ulrich. *Negative Anthropologie: Vorstudien zur Sabotage des Schicksals*. Springe: zu Klampen, 2011.

Soper, Kate. *Humanism and Anti-Humanism*. London: Hutchinson, 1986.

Wainwright, Joel und Geoff Mann. *Climate Leviathan: A Political Theory of Our Planetary Future*. London: Verso, 2018.

Waters, Colin N. et al. „Can Nuclear Weapons Fallout Mark the Beginning of the Anthropocene Epoch?" *Bulletin of the Atomic Scientists* 71.3 (2015): 46–57.

Zalasiewicz, Jan et al. „The Working Group on the Anthropocene: Summary of Evidence and Interim Recommendations". *Anthropocene* 19 (2017): 55–60.

Teil I: **Philosophische Anthropologie im Anthropozän**

Joachim Fischer
Der Anthropos des Anthropozän
Zur positiven und negativen Doppelfunktion der
Philosophischen Anthropologie

1 Einleitung

Das ‚Anthropozän' (Crutzen 2019) setzt den ‚Anthropos' voraus. Man braucht also logisch und ontologisch einen adäquaten Begriff des Menschen, einen Logos des Anthropos, eine Anthropo-Logie, um die Folgen, Grenzen und Möglichkeiten des Menschen in einer nach ihm benannten Erdepoche zu begreifen, einer Erdepoche, in der er ein entscheidender ökologischer Faktor sein soll. Das ‚Anthropozän' hängt an der Reflexion des ‚Anthropos' auf sich selbst. Eine solche Reflexion kann intern im Begriff des ‚Anthropos' die biologische Spezies *oder* die soziokulturelle Menschheit, partikulare *oder* universelle Größen des ‚Anthropos' als kollektiven Akteur zu differenzieren suchen – sie setzt dabei allerdings immer schon eine ontologische Reflexion auf den Anthropos überhaupt, eine *Anthropo-Logie* voraus, auch wenn die ‚Skalierung des Anthropos' poststrukturalistisch gesonnen das nicht mitreflektieren möchte.[1]

Eine solche fundierende und zugleich exponierende Anthropologie sollte der Diskurs über das Anthropozän aber suchen. Wer sucht, wird fündig. Die These ist, dass die moderne „*Philosophische Anthropologie*" (Fischer 2008) aus ihren Denkvoraussetzungen zwei Orientierungsfunktionen innerhalb des ökologischen Krisendiskurses übernehmen kann: (1) Eine positive, beflügelnde Funktion für die neue Klärung des Naturverhältnis menschlicher Lebenswelten in der Natur – kraft ihres naturphilosophischen Ansatzes; (2) eine negative Funktion als kritisches Korrektiv von Radikalismen im ökologischen Diskurs – kraft ihres Status als ‚skeptische Anthropologie'.

Angesichts der ökologisch problematischen Dynamiken gibt es inzwischen einen kognitiven Druck auf den innersten Kern der Kultur- und Sozialwissen-

---

Zu danken ist dem Herausgeber Hannes Bajohr für seine instruktiven Kommentare zu einem ersten Text, mit denen er sehr viele Argumente klären und schärfen half.

1 Siehe die interessanten poststrukturalistischen Überlegungen von Philip Hüpkes in diesem Band zum „Anthropos als Skalenproblem".

schaften, der Humanities, vor allem auf die soziologische Theorie, kovariant und kooperativ mit den Lebens- und Naturwissenschaften adäquate Erklärungs- und Verstehensgrundlagen für das Verhältnis von Kultur *und* Natur parat zu stellen (Dürbeck 2018; Bajohr 2019). Wenn moderne Gesellschaften unübersehbar und unüberhörbar von der Frage der dauerhaften, langfristigen Sicherung der Existenzgrundlagen von Leben überhaupt und Menschen insbesondere, der nachhaltigen Sicherung von Boden, Wasser, Klima, Energien, Ernährung, Biodiversität umgetrieben werden, brauchen die Kultur- und Sozialwissenschaften ein durchdachtes Modell gesellschaftlicher und kultureller Naturverhältnisse, um die sozialen Problematiken und Aktionsspielräume im Hinblick auf Natur fassen zu können. Nun gibt es in den Kultur- und Sozialwissenschaften des einundzwanzigsten Jahrhunderts gar nicht viele aufschlussreiche, einsatzbereite Paradigmen, die zwanglos die gesellschaftlichen Naturverhältnisse des Menschen in all ihren Voraussetzungen und Folgen ansprechen können (Haraway 1995; Barad 2003, 2012; Ferrando 2013; Braidotti 2014; Horn und Bergtaller 2019). Zwanglos meint, sich nicht wie der Poststrukturalismus erst sehr mühsam den Weg zur Materie, zur Natur bahnen müssen, die er wegen seiner methodischen Bindung an den *linguistic turn* zunächst konzeptionell marginalisiert hatte. Man könnte als ein Kriterium für eine solche ökologisch passende soziologische Theorie nennen: keine Theorie gesellschaftlicher Naturverhältnisse und ihrer Transformationen *ohne* einen profunden Begriff der Natur des Menschen (im Sinne seiner Physis, seiner Vitalität) bzw. der Menschen in der Natur, im Kosmos.[2] Die deutsche moderne Philosophische Anthropologie aus dem zwanzigsten Jahrhundert bietet sich – nach umfassender Sichtung (Horn und Bergthaller 2019) – als eine der wenigen Theorien an, die von Beginn an systematisch die sozio-kulturelle *Lebenswelt* in der natürlichen *Welt des Lebendigen* im Kosmos kategorial verortetet hat, bzw. umgekehrt die sozio-kulturelle Sonderstellung der Menschen aus einem sozio-kulturell gebrochenen Verhältnis *zur* Natur *in* der Natur, im Kosmos emergieren lässt. Genau diese naturphilosophische Fundierung der modernen Philosophischen Anthropologie, die Verortung der *Menschen im Kosmos* bei Max

---

[2] Es wird hier bewusst in der weiteren Abhandlung der Begriff des „Kosmos" verwendet, im Anschluss an die moderne Philosophische Anthropologie Max Schelers einerseits (*Die Stellung des Menschen im Kosmos* meint die Stellung des Menschen über die Natur der Erde hinaus im offenen Weltall), im Anschluss an den soziotechnologischen Begriff der „Kosmonautik" andererseits, der ja die faktische Ausfahrt und (partielle) Ablösung des Anthropos von der Erde in den darüber hinausliegenden Weltraum meint (siehe Fischer 2014). Damit signalisiert der Begriff des „Kosmos" eine Reserve gegenüber dem Begriff der Natur, wenn er im forcierten Anthropozändiskurs auf die Erde, das Erdsystem unter Nichtthematisierung des Kosmos insgesamt limitiert wird.

Scheler (1976), Helmuth Plessner (1975), Ernst Cassirer,³ Arnold Gehlen (1993), Adolf Portmann (1956), Hans Jonas (1973; 1979; Michelini 2015) oder Günther Anders (2018a; 2018b; Dries 2018) – also das, was die Philosophische Anthropologie aus sozialkonstruktivistischer oder kulturalistischer Sicht bis vor kurzer Zeit immer etwas suspekt im Kreis der modernen kultur- und sozialwissenschaftlichen Theorieoptionen erscheinen ließ – diese naturphilosophische Situierung exzentrischer *menschlicher Lebewesen im Kosmos* macht die Theorie im einundzwanzigsten Jahrhundert angesichts eines sogenannten Anthropozän vielversprechend und vielverwendbar (Meinberg 1995; Fischer 2005; 2018; Peterson 2010; Block 2016; Henkel 2018; Dries 2018, 2020; Gerhardt 2019).⁴

Die oben angeschnittene Doppelfunktion dieser Philosophischen Anthropologie aufgreifend werden die Überlegungen in zwei Schritten entwickelt: (1) Erstens werden die Grundzüge der philosophisch-anthropologischen Theorie anhand der „exzentrischen Positionalität" präpariert, also anhand der von Helmuth Plessner in seinem Buch *Die Stufen des Organischen und der Mensch* vorgeschlagenen philosophisch-anthropologischen Schlüsselkategorie für das menschliche Lebewesen, und zwar so, dass gezeigt werden kann, wie diese im Stein-/Pflanze-/Tier-/Mensch-Vergleich ermittelte Kategorie sich zwanglos hinsichtlich der ökologischen Dynamik für die *humanities* im Kosmos lesen lässt. (2) Zweitens wird die Philosophische Anthropologie als eine „skeptische Anthropologie" exponiert – also als eine *kritische Theorie* gegenüber in der menschlichen Lebenswelt ständig virulenten Radikalismen, Vereinseitigungen von Aspekten: Insofern kann sie auch als eine kritische Theorie im Anthropozän fungieren – kritisch gegenüber verschiedenen Überdehnungs- bzw. Überstrapazierungstheorien angesichts des „Anthropozän". Der erste Schritt exponiert so gesehen das positive Potential der Philosophischen Anthropologie, ihr Aufschließungspotential im Anthropozän, der zweite Schritt das negative, das kritische Potential in Auseinandersetzung mit notorisch umlaufenden Theorien im „Anthropozän".

---

3 Siehe Recki (2013).
4 Es ist hier die Theorie-Wahlverwandtschaft zum Beitrag von Dries und Hägele in diesem Band zu betonen, der eine ganz eigene skrupulöse Auseinandersetzung mit den posthumanistischen Positionen von Braidotti und Haraway präsentiert und im Gegenzug die Argumente des bedeutenden Protagonisten der modernen Philosophischen Anthropologie Günter Anders zur Klärung der Anthropozän-Debatte ins Feld führt.

2 Stützungsfunktion: Philosophische Anthropologie als Naturphilosophie der menschlichen Lebenswelt

„Exzentrische Positionalität" ist der Schlüsselbegriff der Philosophischen Anthropologie für das menschliche Lebewesen – ein Schlüsselbegriff mit exponierendem Potential für die ökologische Konstellation. „Exzentrische Positionalität" ist Plessners Schlüsselbegriff, der in den Zwanzigerjahren des zwanzigsten Jahrhunderts etwas ganz Unwahrscheinliches unternimmt, nämlich Darwin mit Dilthey zu verknüpfen, also die modernen Natur- und Lebenswissenschaften mit den modernen Geisteswissenschaften, so dass der Anspruch beider Wissenschaftsgruppen gewahrt bleibt. Max Scheler und Helmuth Plessner und ihre Schüler und Followers suchen in den Zwanzigerjahren des zwanzigsten Jahrhunderts nach einem Begriff der „Stellung des Menschen im Kosmos" (Scheler), nach einem Begriff für die eigenartige Stellung des Menschen in Natur, für die Sonderstellung seiner sozio-kulturellen Sphäre in der Biosphäre in der Geosphäre, auf der Erde. Wie ist das gemacht? Und wo steckt das ökologiche Potential?

2.1 Naturphilosophischer Ansatz menschlicher Lebenswelt: Die Steine und Sterne, die „Stufen des Organischen" und das Erscheinen des Menschen

Charakteristisch für den Ansatz, für das philosophisch-anthropologische Paradigma ist, dass er nicht direkt einen Begriff des Menschen entwirft, sondern ihn durch ein Umwegverfahren gewinnt: Bevor die Philosophische Anthropologie vom Menschen spricht, spricht sie nämlich vom Leben, von organischen Dingen, und genau genommen spricht sie zuallererst von Dingen im Kosmos überhaupt. Das ist eine Reverenz vor der Unhintergehbarkeit der modernen Darwin'schen Evolutionstheorie des Lebens (Darwin 1983; 2002; Fischer 2010). Die Lebensphilosophie von Bergson ist ein Vorbild darin, der Darwin'schen Herausforderung des Naturalismus durch das Konzept einer „schöpferischen Evolution" (Bergson 2012) standzuhalten und zu begegnen (Delitz 2015a; Delitz 2015b). Plessner und Gehlen waren unter dem Eindruck von Bergson Schüler des Biologen und Philosophen Hans Driesch, der mit seiner *Philosophie des Organischen* (1909) der Eigen-Phänomenalität des Lebendigen gerecht zu werden versuchte (Toepfer 2015; Köchy und Michelini 2015). Plessner war ja selbst Biologe und Zoologe, so wie andere maßgebliche Figuren des Ansatzes, etwa Frederik J.J. Buytendijk und Adolf Portmann (1961). Auch Ernst Cassirer formulierte seine Philosophie der symbolischen Formen unter diesem Theorieimpuls um.⁵ Die französischen Denker Maurice Merleau-Ponty und Edgar Morin standen später unter dem Eindruck dieses philosophisch-anthropologischen Ansatzes, ebenso wie in den USA Hans Jonas (1973) und die amerikanische Philosophin Marjorie Grene (1968).⁶

Wenn man nur zur Sache kommt: Als eigentlicher konstitutiver und materialer Schwerpunkt der Philosophischen Anthropologien von Plessner und Scheler erweist sich die philosophische Biologie (Fischer 2010; Ebke 2012; 2014), und innerhalb dieser die Theorie der Pflanze. Es ist inzwischen aufgeklärt, dass Scheler wie Plessner in der Formationsphase ihrer Konzepte tief beeindruckt waren durch den seinerzeit sensationellen Kinofilm *Das Blumenwunder* von 1926, einem musikalisch eskortierten Stummfilm (Goergen 2004), in dem in einem aufwändigen Verfahren durch Zeitrafferaufnahmen verschiedenste Pflanzenbewegungen in vorher nie gesehener Weise nachvollziehbar wurden. Das so medial sichtbar gemachte Streben der Kletterpflanze in Orientierungs- und Greifbewegungen kommentierte Scheler so: „Man sieht die Pflanze atmen, wachsen und sterben. Der natürliche Eindruck, die Pflanze sei unbeseelt, verschwindet vollständig. Man schaut die ganze Dramatik des Lebens – die unerhörten Anstrengungen." In dieser modern-medialen Anschauung des Lebendigen sind Schelers biophilosophische Kategorie des „Dranges" und Plessners Kategorie der „offenen Positionalität" (der Pflanze) gedeckt, aus deren Voraussetzungen dannauch die zentrische Positionalität (des Tieres) lebt und in die auch die exzentrische Positionalität (des Menschen) eingebettet bleibt.

Dieses Kerninteresse an einer philosophischen Biologie als Voraussetzung einer modernen Philosophischen Anthropologie (Fischer 2008) lässt sich nachverfolgen in Plessners Hauptwerk *Die Stufen des Organischen und der Mensch* (Plessner 1975). Er entwickelt – nach konzeptuellen Einfädelungen und Vorsichtsmaßnahmen – im dritten Kapitel erst eine Theorie des anorganischen Dinges, dann eine Theorie speziell des „lebendigen Dinges", dann im vierten bis sechsten Kapitel eine Theorie der Pflanze und des Tieres und schließlich im abschließenden siebten Kapitel eine Theorie des Menschen – eben als „exzentrische Positionalität" (Redeker 1993; Ingensiep 2004; Fischer 2016). Wahrnehmbare Dinge im Kosmos, zum Beispiel Steine oder Wolken, haben, so Plessner, eine raumzeitliche „Position" im Kosmos – einen mehr oder weniger scharfen Rand, an dem sie anfangen bzw. aufhören oder abbrechen. Demgegenüber sind

---

5 Zur philosystematischen Einfügung von Ernst Cassier in die Philosophische Anthropologie: Recki (2013).
6 Eine eigene Fortführung der Philosophischen Anthropologie unter Beachtung ihres originären Kantischen Impulses findet sich bei Volker Gerhardt (2019).

lebendige Dinge (also Pflanzen, Tiere, Menschen) *grenzrealisierende Dinge*, sie haben eine zu ihnen gehörende Grenze, über die sie stoffwechselnd (in weiteren ‚Stufen des Organischen' dann senso-motorisch) in Bezug zu einer je spezifischen Umwelt im Kosmos stehen. Grenzrealisierende Dinge haben also nicht nur eine raumzeitliche Position, sondern sie haben „Positionalität", eine „Gesetztheit", wie Plessner sagt, sie sind anonym in den Kosmos gesetzt, um ihre raumzeitliche Position in einer Umwelt zu behaupten, zu wachsen, sich zu entwickeln, sich zu entfalten, sich fortzusetzen in neuem Leben, zu altern und wieder zu verschwinden. Als nichtteleologische „Stufen" des Organischen bestimmt Plessner nun innerhalb seiner Kategorienbildung die Pflanzen als „offene Positionalitäten" im Kosmos (mit ihren Blätter- und Wurzelwerk direkt zur Umwelt entfaltet), *Tiere* als „geschlossene Positionalitäten" (mit ihrer Einfaltung in eine Haut als Grenze und mit ihrer sensomotorischen positionalen Beweglichkeit). Höhere Organisationsformen der Tiere mit ihrer zentralneuronalen Vermitteltheit kennzeichnet er als „zentrische Positionalitäten" (einschließlich der Schimpansen), um nun die menschlichen Lebewesen als „exzentrische Positionalitäten" im Kosmos zu charakterisieren. Menschen sind also die Lebewesen, die in ihrem raumzeitlichen Körper mit den nun wegen der Exzentrizität antriebsüberschüssig gewordenen Vitalimpulsen stecken und zugleich exzentrisch – *außerhalb des Körpers* – sich in einem Raum der Phantasie, der Vorstellung, prinzipiell in einem virtuellen Raum der Möglichkeiten bewegen, von und aus dem sie sich in ihren körperlichen Aktionen steuern und regulieren müssen. Die Umwelt der Tiere transformiert sich durch die exzentrische Positionalität in die „Weltoffenheit", wie Scheler sagt (1976, 32), zunächst in eine offene „Außenwelt", gleichzeitig die Innenzone des tierisch Lebendigen in eine unergründliche „Innenwelt", die „Mitverhältnisse" der Tiere, der Primaten in eine „Mitwelt" doppelter Kontingenz, wie Luhmann später sagen wird (Lindemann 1999). Exzentrisch positionierte Lebewesen sind instabile Lebewesen, die sich von Natur aus „künstlich" stabilisieren müssen – und das von Beginn an. Damit sind „exzentrische Positionalitäten" anders als zentrische Positionalitäten, denen von Natur aus ihre Möglichkeiten der Lebensführung vorgeprägt sind, in ihrer Lebensführung auf „natürliche Künstlichkeit", d. h. auf artifizielle Setzungen bzw. Satzungen verwiesen, auf einen technischen Umgang mit den natürlichen Dingen (Gehlen 1961), auf künstliche Grenzziehungen und Territorialbildungen auf der Erde, aber auch auf eine soziale Konstruktion ihrer Mitwelten im Verhältnis untereinander. Insofern entwickelt die Philosophische Anthropologie immer eine dezidierte Theorie des Menschen als Werkzeug- und Artefaktlebewesen auf der einen Seite, eine Theorie der spezifisch menschlichen Sozialität auf der anderen Seite. Menschliche Lebewesen erfinden und entdecken sich artifizielle Sozialverhältnisse untereinander – „Institutionen" und „soziale Rollen", wie die sozialanthropologischen Leitkategorien bei

Plessner und Gehlen lauten (Fischer 2019), Mitwelten, die sie allerdings wiederum positional „verkörpern" müssen. Denn sie bleiben in ihrer „exzentrischen Positionalität" ja immer auch „positional", also vitale Dinge, und zugleich sind sie immer auch einfach schlicht Dinge, Körper mit einer raumzeitlichen Position (Gugutzer 2012), die in ihren artifiziellen Dingen hausen (ihren Zelten, Häusern, Festungen, Schiffsfahrzeugen, Kutschen, Automobilen, Flugkörpern). Kraft dieser „exzentrischen Positionalität" handelt es sich um das weltoffene Lebewesen im Kosmos, das seinen eigenen Körper wie ein „Ding" behandelt, ihn von Beginn an der „Verdinglichung des eigenen Leibes" unterzieht (Plessner 1983b, 191), ihn in ein präzises Instrument seines Triebüberschusses verwandelt. In dieser anthropologisch exponierten Linienführung wird, so kann man interpolieren, die Erde selbst zu einem artifiziellem Ding in Land- und Forstwirtschaft, durch Erzeinsatz, Beton, Kohlendioxid, Plastik, Kernenergie – mit den geologischen Folgen der Erderwärmung und Übersäuerung. Allerdings bleibt die „natürliche Künstlichkeit" des Menschen dabei in ihrer „Künstlichkeit" immer auf die mikro- und makrokosmischen Naturprozesse selbst verwiesen – sonst funktionieren die Artefakte nicht; insofern bleibt eine ontologische Differenz von Kultur und Natur auf der Erde immer erhalten. „Scheler", so fasst Gehlen zusammen, „nimmt die Vorstellung einer unermeßlichen ‚Ausgriffsenergie' des Menschen, mit dem er das Gesicht der Erde zerwühlt und umgeformt hat, in den Ausdruck ‚Weltoffenheit' hinein, als dessen dynamischen Aspekt." (Gehlen 1975, 185). Umgekehrt aber ist der Mensch auch der „Neinsager", der den Akt des Neinsagens an sich selbst vollziehen kann (im Fall der individuellen Selbsttötung) wie im Akt des Neinsagens zur Erde überhaupt – etwa wenn er sich stellvertretend für die Gattung in seinem konstitutionellen Antriebsüberschuss kosmonautisch in den Weltraum schießt (Anders 1970; Fischer und Spreen 2014; Fischer 2014).

2.2 Ökologische Umkippfigur: Der Mensch und sein kompatriotisches Verhältnis zu den „Stufen des Organischen" und den Steinen

Wegen der ontologisch zugrunde gelegten Naturphilosophie und philosophischen Biologie erlaubt die Philosophische Anthropologie auch eine ökologische Lesart der *Stufen* – wie in einem Umkippbild, dessen zweiter Aspekt im Doppelaspekt jetzt vorgeführt wird. In der „exzentrischen Positionalität" transzendieren die Personen einerseits die Positionalität, die allen Biowesen zukommt, im Hinblick auf kulturelle Sozialität *und* bleiben andererseits zugleich durch die Positionalität an die lebendige Natur, an die Sphäre des Lebendigen mit dem jeweiligen Erdstandpunkt gebunden – *wie* Pflanzen und Tiere (offene und zentrisch-geschlossene Positionalitäten) und zugleich *mit* ihnen – mit den Pflanzen und Tieren: Damit ist theorietechnisch prinzipiell auch die ökologische Dimension der menschlichen Lebenswelt eröffnet (Peterson 2010). Plessners Buch *Die Stufen des Organischen und der Mensch* wird klassisch natürlich immer von vorne nach hinten oder sachlich gesehen *von unten nach oben* als Exponierung der „Sonderstellung des Menschen im Kosmos" (Scheler) gelesen (oft wird überhaupt nur das 7. Kapitel mit dem Titel „Die Sphäre des Menschen" studiert). Aber die *Stufen des Organischen und der Mensch* lassen sich eben auch umgekehrt lesen – vom Ende des 7. Kapitel über den Menschen zu den vorherigen Tier- und Pflanzenkapiteln zurück bis zum Anfang der Unterscheidung von lebendigen/nichtbelebten Dingen – also als Positionierung der menschlichen Lebewesen *inmitten* von Pflanzen und Tieren, von Boden, Wasser, Energie und Luft als Medium. In diesem Blick geht der Mensch gleichsam die Treppe der „Stufen des Organischen" zurück. Man erkennt dann überhaupt durch diese umgedrehte Lesart von Plessners *Stufen des Organischen und der Mensch*, dass die Kapitel zum „Ding", zum „lebendigen Ding", zu den „Vitalkategorien", zur „Positionsform" der Pflanze und zur „zentrischen Positionalität" der Tiere material und umfangmäßig die eigentlichen Schlüsselkapitel von Plessners Buch sind. Plessner hat selbst Winke zu einer solchen Lesart gegeben, als er auf dem Schelling-Kongress 1954 in einer Diskussionsbemerkung zu seinem Vortrag „Das Identitätssystem" Schellings Leitwort vom menschlichen „Kompatriotismus mit der Natur" ausdrücklich akzentuierte (Plessner 1954, 90).

Es ist deshalb konsequent, dass die Philosophische Anthropologie als soziologische Theorie dann selbst bereits von vornherein die Konstitution von menschlichen soziokulturellen Lebenswelt nun unter systematischer Einbeziehung von Pflanzen und Tieren rekonstruiert hat – nicht bei Plessner, sondern bei Arnold Gehlen in „Urmensch und Spätkultur" (Gehlen 1956, 281–282) – in der These von der Genese der Institutionen im Totemismus. Statt über Instinkte steuern sich menschliche Lebewesen nämlich über „Institutionen", wie Gehlen sagt, in einer „zweiten Natur", wie Plessner es genannt hat (Plessner 1975). Exzentrische Positionalitäten, die im Verhältnis zu einander der „doppelten Kontingenz" (Luhmann) ausgesetzt sind, der wechselseitigen Unergründlichkeit (Plessner), konstituieren und stabilisieren sich laut Gehlen im Totemismus durch die je kollektive Identifikation mit einer bestimmten ausgewählten Pflanze oder einem bestimmten Tier als einer lebendigen dritten Größe – und entwickeln über das Schutzgebot für diese jeweiligen konkreten Organismen zugleich von Beginn an gesellschaftliche Naturverhältnisse der Biosphäre und Geosphäre, die Hege und Pflege von Boden, Quellen, Pflanzen und Tieren als Voraussetzung aller soziokulturellen Lebensverhältnisse (Gehlen 1993 [1940/50]). Damit tritt in der Philosophischen Anthropologie von Beginn an der Doppelaspekt menschlicher Lebewesen zur irdischen, zur pflanzlichen, zur tierischen Welt auf, in die sie eingebettet sind: Die Eingriffs- und Durchgriffsmöglichkeiten in die organischen wie anorganischen Entitäten ebenso wie das empathische und emphatische Mitgehen mit diesen Entitäten, die ihnen Eigengeltung verschaffende Einbeziehung. Das ist eine neutrale Beobachterperspektive – die moderne Philosophische Anthropologie ist selbst mit keiner ethischen Option verschwistert.

2.3 Menschen im Erscheinungs- und Ausdrucksraum der Erde: „Interphänomenalität"

Immerhin kann man jetzt die Philosophische Anthropologie als eine ökologische Theorie par excellence erkennen. Durch ihre Naturphilosophie und Biophilosophie haben die Philosophischen Anthropologen eine Ontologie der Expressivität alles Lebendigen auf der Erde entwickeln können, an der das menschliche Lebewesen partizipiert, eine Ausdruckssphäre, in die es eingebettet ist. Wohlgemerkt eine Ontologie der Phänomenalität, keine Metaphysik des Sinns des Seienden. Ohne metaphysische Spekulation geht es nüchtern um die Beschreibung der Phänomenalität des Lebendigen. Das philosophisch-anthropologische Basistheorem lautet: Es gibt Ausdruck über die Lebenswelt des Menschen hinaus – vor, neben und nach dem Erscheinen des Menschen, nämlich in der Vitalsphäre der Pflanzen und Tiere. Diese Lebewesen stehen selbst schon im Verhältnis der Interexpressivität zueinander. Diese Argumentation ist vor allem in der Linie Scheler-Plessner-Portmann entfaltet worden. Vor allem Helmuth Plessner und Adolf Portmann war es nicht nur wichtig, innerhalb einer philosophischen Biologie lebendige Dinge von unbelebten Dingen durch ihre Grenzbildung zu charakterisieren, sondern an diesen grenzrealisierenden Dingen mit der „Filterfunktion semipermeabler Membranen" (Plessner) zugleich ein im Vergleich zu nichtbelebten Dingen eigentümliches Moment genuiner „Selbstdarstellung" (Portmann 1957) an ihrer Grenze aufzuweisen: an der Grenzfläche (Haut, Fell, Federn, schließlich in der Visage und Physiognomie etc.) – wegen des grundsätzlichen Grenzcharakters des Organischen. Bei lebendigen Dingen (vor allem bei Tieren) verdeckt die opake Hülle, also die Erscheinungsoberfläche des lebendigen Dinges, mit ihrer tendenziell symmetrischen Struktur, so Portmann (1961), den (meist asymmetrischen) Aufbau des Inneren, das bloß funktional differenzierte „Eingeweideknäuel"; die Grenzfläche differenziert also erscheinungsmäßig eine äußere Oberfläche gegenüber dem Innenraum. Um es ganz prägnant zu fassen: Natürlich sind auch Organe (so wie auch alle anorganischen Dinge) ‚Phänomene', Erscheinungen für einen wahrnehmenden Beobachter (das Raubtier, den Chirurgen), aber sie – die Organe wie Herz, Nieren, Adern – sind nicht auf Sichtbarkeit oder eine Eigenphänomenalität hin angelegt, es sind „uneigentliche Erscheinungen", wie übrigens auch alle anorganischen Phänomene. Zwischen diesen uneigentlichen Phänomenen gibt es auch keine „Interphänomenalität", sondern kausal-funktionale Interobjektivität. Von diesen „uneigentlichen Erscheinungen" unterscheidet Portmann die *„eigentlichen Erscheinungen"* der Grenzoberfläche lebendiger Körper, die ihrer Musterung und Faserung nach auf prinzipielle Sichtbarkeit und expressive Phänomenalität angelegt sind (auch dann, wenn vermutlich niemand sie sieht, wie bei bunten Fischen der Tiefsee). Das Angelegtsein von lebendigen Phänomenen auf optische *Sichtbarkeit*, auf die *Phänomenalität des Phänomens*, ist dabei selbstverständlich nur ein pars pro toto der eigentlichen Phänomenalität überhaupt, die sich ebenso im Kreislauf von akustischer Verlautung und *Vernehmbarkeit* interphänomenal einspielen kann. Es gibt in der Biosphäre „Interphänomenalität" überhaupt (Fischer 2014b), insofern lebendige Phänomene ausdruckshaft voreinander, für- und gegeneinander erscheinen – natürlich selektiv, nach stark eingespielten Kommunikationsmechanismen. So gesehen ist das menschliche Lebewesen – exzentrisch positioniert – gewissermaßen ein Eckensteher dieser gesamten Ausdrucksverhältnisse in der Natur, deren Fülle und Dimensionen im Kosmos er erst nach und nach auf die Schliche kommt und die er zugleich durch seine züchterischen Eingriffe und Arrangements mit gestaltet – in denen er aber selbst doch nur eine Erscheinungsfigur unter anderen bleibt.

Die moderne Philosophische Anthropologie mit ihrer Leitkategorie „Exzentrische Positionalität" enthält also das positive Potential instruktiver Anknüpfungspunkte für einen aufschließenden Begriff des Anthropos im Anthropozän parat. Sie bietet systematisch einen Vorschlag zur Reflexion auf den gesellschaftlichen Rahmen von kollektiven Handlungen (politisch, wirtschaftlich, kulturell) zur ‚Nachhaltigkeit' als Sicherung menschlicher Positionalitätsgrundlagen, weil sie als Theorie die Komplexität des Kultur-/Naturverhältnisses im Ansatz aufbereitet.

3 Kritische Funktion: Philosophische Anthropologie als „skeptische Anthropologie"

Man kann ein zweites Register der Philosophischen Anthropologie ziehen – ihr originäres Negationspotential, ihr kritisches Potential im ökologischen Diskurs und ihm gegenüber. „Die Aufgabe der philosophischen Anthropologie" (Plessner 1983a) liegt grundsätzlich in der Kraft des Korrektivs gegenüber verschiedenen Theorie-Extremismen oder -Radikalismen – und eine solche „skeptische Anthropologie" (Benk 1987) ist hier am Fall des ökologischen Diskurses zu entfalten. Zunächst: Angesichts der ökologischen Dynamik und Dringlichkeit bildet sich ein Aufruhr und Getümmel kultur- und sozialwissenschaftlicher Konzeptionen, die ökologisch vertretbar und anschlussfähig auftreten wollen. Hier kann die moderne Philosophische Anthropologie von Scheler, Plessner, Cassirer, Gehlen, Portmann, Anders und anderen für die Situation des Anthropos im Anthropozän methodisch hilfreich sein, weil sie vom Ansatz her eventuellen diskursiven Überdehnungen innerhalb der ökologisch herausgeforderten erregten und bewegten Theoriediskussionen zurückweisen bzw. einhegen hilft. Als realistische Theorie hält die Philosophische Anthropologie mindestens *vier Einhegungen von diskursiven Elargierungen oder Überdehnungen* innerhalb des neueren kultur- und sozialwissenschaftlichen Ökologiediskurses parat: dem Sozialkonstruktivismus, der Gaia-Theorie, der Anthropozän-Theorie, der Human Animal Studies. Sie artikuliert erstens eine *Kritik des Sozialkonstruktivismus* immer dann, wenn dieser alle Wahrnehmungen der Natur und Naturkreisläufe als (bloße) soziale Konstrukte aufzuklären beabsichtigt (und damit auch indirekt Möglichkeiten der Leugnung des menschengemachten Klimawandels vorarbeitet). Sie ist zweitens eine *Kritik des überdehnten Neovitalismus (Gaia-Hypothese)*, insofern es trotz allen metaphorischen Überschusses ein vermeidbarer Kategorienfehler ist, das Erdsystem selbst als eine vitale Entität anzusprechen. Drittens artikuliert die Philosophische Anthropologie eine *Kritik der radikalen Anthropozänthese*, sofern es unrealistisch ist, nicht-anthropogenetische Faktoren geologischer oder kosmischer Natur für die geschichtlich immer erneute Irritierbarkeit der Biosphäre auf Erden (Vulkanausbrüche; Asteroideneinschläge) im Kosmos vom Kosmos aus vollständig aus dem Blick geraten zu lassen. Viertens schließlich ermöglicht die Philosophische Anthropologie eine *Kritik der kritischen Theorie des Anthropozentrismus*, damit auch der posthumanistischen Anthropozentrismuskritik insgesamt, wenn in Gestalt ‚flacher Ontologien' eine radikalen Abkehr vom Humanen postuliert wird: Offensichtlich umgekehrt verlangt die ökologische Krise nach Zuordnung von Verantwortungen an den ausschlaggebenden Anthropos des „Anthropozän" und seinen Verpflichtungen gegenüber anderen *agencies* – damit ist ein nüchternes Sonderstellungstheorem der menschlichen Spezies verlangt.

Vom Ansatz her fungiert die moderne Philosophische Anthropologie also als *skeptische Anthropologie* habituell als kritische Theorie gegenüber ‚Radikalismen'. Weil sie systematisch eine vielschichtige Wirklichkeit des Menschen ansetzt (Plessner 1983, 38), im Begriff der „exzentrischen Positionalität" eine „kategorialen Gesetzen" folgende Verschränkung der physischen, vitalen, psychischen und noetisch-kulturellen Seinsschichten denkt (Hartmann 2014), wehrt sie jeden Reduktionismus innerhalb einer radikal oder panisch auftauchenden ökologisch justierten Anthropologie ab. Wie sie diese kritische Korrektivfunktion gegenüber verschiedenen umlaufenden Überdehnungs- bzw. Überziehungstheorien angesichts der der ökologischen Krise übernehmen kann, soll im Folgenden näher buchstabiert werden.

3.1 Philosophische Anthropologie als Korrektiv des Sozialkonstruktivismus

Vom Ansatz her bildet die moderne Philosophische Anthropologie grundsätzlich eine Einhegung aller *sozialkonstruktivistischen oder kulturalistischen Ansätze*, also aller Paradigmen, nach denen die sogenannte ‚Natur' oder das ‚Leben' oder die menschliche ‚Körperlichkeit' immer nur und bloß nach Maßgabe einer diskursiven oder symbolischen Konstruktion gegeben ist und wirksam wird, einer sozialen Konstruktion, die als Konstruktion selbstverständlich kontingent ist – darauf kommt es den Sozialkonstruktivisten in letzter Hinsicht an. Das ist aus Sicht der Philosophischen Anthropologie gleichsam ein kantischer, neukantianischer Kategorienfehler der Überdehnung der „Exzentrizität", des noetischen Faktors auf alle anderen Seinsdimensionen der „Positionalität" – die Todsünde des Idealismus, die Plessner bereits 1931 in „Macht und menschliche Natur" artikuliert hatte und die sich in den Sozialkonstruktivismen fortsetzt. „Jede Lehre, die das erforschen will, was den Menschen zum Menschen macht [...] und die methodisch oder im Ergebnis an der Naturseite menschlicher Existenz vorbeisieht oder sie unter Zubilligung ihrer Auch-Wichtigkeit als das Nicht-Eigentliche bagatellisiert, für die Philosophie oder für das Leben als mindestens Sekundäre behandelt, ist falsch, weil im Fundament zu schwach, in der Anlage zu einseitig." (Plessner 1981, 228). Die Schranke des Sozialkonstruktivismus zeigt spätestens dann, wenn das Faktum des Klimawandels im Anthropozän im Stile des Kulturalismus als eine (bloße) soziale Konstruktion ‚aufgeklärt' wird. Demgegenüber sieht die Philosophische Anthropologie das Gewicht der Exzentrizität, die aber in ihrer Funktionsweise zugleich auf die Eigendynamik und Eigenlogik der vorgegebenen, vorausgehenden Schichten wie dem Psychischen (dem Triebhaften), dem Vitalen (dem Organischen) und dem Physischen (der Dinglichkeit der Natur) verwiesen bleib. Gegenüber allen rein sozialkonstruktivistischen Elargierungen bringt die Philosophische Anthropologie in die Kultur- und Sozialwissenschaften immer schon die Wirklichkeit der positionierten Dinge (Materialität) und der „Positionalität" (des Vitalen) in die Analytik der soziokulturellen Lebenswelt auf der Erde mit ein – sie hält also neben einem ‚material turn' immer auch bereits einen „vital turn" parat (Ebke 2014; Fischer 2015; 2018).

3.2 Philosophische Anthropologie als Korrektiv des Quasi-Geovitalismus

Vom Ansatz her ist die Philosophische Anthropologie aber nicht nur auch eine Einhegung überdehnten Idealismus- und Konstruktivismus-Ansätze, sondern auch – gleichsam umgekehrt – aller überdehnten „Quasi-Vitalismus-Ansätze" – wie z.B. in der *Gaia-Lehre* von James Lovelock, der sich auch der ANT-Theoretiker Bruno Latour genähert hat (Latour 2017; 2018): Demzufolge beherbergt die Erde nicht nur Leben (als eine seiner Möglichkeiten), sondern ist selbst ein Lebewesen, das etwas wollen kann und dass umgekehrt vulnerabel ist, verletzt werden kann – aber eben auch eine „Heilung" erfahren kann (Eisenstein 2019). Aus dieser Sicht ist die menschliche Spezies dann eine Krankheit des vitalen Erdsystems, die anthropogene Klimaerwärmung eine Art Fieber der Erde – die Erde wehrt sich im Krieg gegen den Menschen. Man muss hier vorsichtig sein, ob bei Lovelock oder Latour oder Eisenstein und vielen anderen wirklich ein Erd-Vitalismus im Spiel ist oder ob hier nur die Gaia-*Metapher* einen solchen nahelegen soll. Auf den ersten Blick beschreibt Lovelock nichts anderes als einen selbstregulierenden homöostatischen Prozess und die Interdependenz aller Teilsysteme der Erde. Die Erde wäre dann also kein Lebewesen, sondern ließe sich *wie ein Lebewesen* beschreiben. Dazu passt es, dass die Earth Systems Theory, die wirklich hart naturwissenschaftlich und un-vitalistisch sein will, die beste wissenschaftliche Beschreibung der Gaia-Hypothese zu sein beansprucht: Kein Teilsystem der Erde (Klima, Säuerungswerte, Evolution, etc.) sei autonom, sondern stehe immer im Wechselverhältnis mit anderen. Insofern kann man streiten, ob das Narrativ der Gaia-Lehre im Sinne Blumenbergs eher eine absolute vitalistische Metapher oder eine transitorische suggeriert – sie führt bei Letzterem zu etwas Begrifflichem nur hin, ersetzt es aber nicht. Für die *absolute* Metapher spricht aber ihr Kursieren in den tiefenökologischen Ansätzen – dann handelt es sich in den angesagten anthropozänischen Praxen um eine „Heilung" der Erde als komplexem, sich immer weiter entwickelndem Organismus, eine Heilung von den Menschenbedrohungen, die die Menschen als Erlöser selbst leisten müssen. In den Metaphern der Erkrankung (des Sündenfalls) und der „Heilung", des Gesundmachens der Ökosysteme der Erde (der Rettung) sitzt die weitgeöffnete Schleuse zu starken, durch die Säkularisierungsprozesse vagabundierenden religiösen Motiven. Ist die Metapher vom ‚Organismus Erde' in jedem Fall insofern eine die Menschenkräfte motivierende, vielleicht eine der am wenigsten metaphysischen Metaphern (Latour 2017, 143), so ist sie als „Quais-Geovitalismus" sachlich gesehen unzutreffend – von einer nüchternen Ontologie der Seinsschichtung (Hartmann) her gesehen ist die Erde selbst kein Lebewesen, sondern es gibt im Kosmos auf ihr als anorganischem System Lebewesen, wie es partiell innerhalb derer psychische und dann auch noetische Dimensionen gibt. Nur darauf kann eine schichtenontologisch gesonnene Philosophische Anthropologie analytisch aufmerksam machen.

Aus Sicht der Philosophischen Anthropologie ist also eine Parasitentheorie des Menschen auf dem Erdorganismus ebenfalls ein Kategorienfehler – diesmal eine Überdehnung der Kategorie des Vitalen auf nichtvitale Phänomene. Da das menschliche Lebewesen – mit Blumenberg gesprochen – ein Metaphernwesen ist, also ein weltoffenes, instabiles Lebewesen, das notwendig zur Filterung absoluter Komplexität seiner Lebenslage zur Metapher greifen muss, ist es diesem Lebewesen selbstverständlich möglich, die Erde als Ganzes als einen Organismus zu imaginieren, zu fingieren. Aber sachlich gesehen kennt die realistische Theorie der Philosophischen Anthropologie keinen Gesamtorganismus Erde, sondern nur eine spezifische Biosphäre auf dieser Erde unter den anorganischen Voraussetzungen des Kosmos, in der Geosphäre. Die Erde selbst, das Erdsystem weist nicht die Sachqualität eines Organismus auf und kann auch nicht als ein solcher praktisch behandelt werden.

3.3 Philosophische Anthropologie als Korrektiv des anthropozänische Anthropozentrismus

Von ihrem Ansatz her hält die Philosophische Anthropologie auch eine Skepsis der neueren *„Anthropozän"-Theorie* selbst parat, zumal dem versteckten Anthropozentrismus dieser These, wie sie forciert von den Geologen vorgetragen wird. Demnach ist durch das *Machen des Menschen* seit Mitte des zwanzigsten Jahrhunderts ein neues Erdzeitalter ausgelöst worden, leben wir in der Natur im „menschengemachten neuen Erdzeitalter", das das „Holozän" nach der Eiszeit ablöst. Der Mensch wirkt nun nicht mehr nur als biologischer Faktor mit seinem Stoffwechsel wie alle Lebewesen, sondern als nunmehr prometheischer geologischer Faktor über die Treibhausgasemissionen ausgelöste Erderwärmung, ozeanische Übersäuerung, neue Kunststoffe und Aluminium und selbst in der Viehzucht erzeugte Biomasse bis in die Sedimente der Erdgeschichte ein. Das Erdsystem wird selbst in dieser Sicht eine anthropogen abhängige Größe. Ein aus der Anthropozänthese folgender praktischer Imperativ ist die Steuerung des Erdsystems durch den Menschen um der Erhaltung seiner und aller Lebensgrundlagen durch neue Kreislaufwirtschaften – wobei das als „ecomodernism" nur eine unter vielen möglichen Folgerungen ist, denn es gibt durchaus einige andere, weniger prometheische Folgerungen (worunter das philosophische Sterbenlernen und das antinatalistische Nichtfortpflanzen nur zwei Alternativen sind, siehe dazu Bajohr 2019). Folgt man aber der starken Anthropozän-These von der sehr folgenreichen Anthropos-Einwirkung auf die Erde, dann ist das von der Kategorie der „*exzentrischen Positionalität*" durchaus realistisch im Sinne der Einschätzung von Folgewirkungen von menschlichen „Setzungen" in der Natur, als Folgen der „natürlichen Künstlichkeit". Zugleich tendiert die Anthropozän-These insgesamt zur *Überdehnung menschlicher Setzungskraft gegenüber der Natur*. Aus kritischer Sicht der Philosophischen Anthropologie ist die Anthropozänthese insgesamt eine Vermessenheit: Sie überdehnt die „Setzung" im Verhältnis zur unhintergehbaren „Gesetztheit" auch des menschlichen Lebewesens auf der Erde im Kosmos, im Verhältnis zur unhintergehbaren *„Positionalität"* auch menschlicher Lebewesen – ihrer Ausgesetztheit im Kosmos. Auch hier kann man zunächst mit der Anthropozänthese an kompatible Mittelpositionen denken – eine Art gegenseitiger Bedingtheit als eine Mitte – so wie Hannah Arendt zwar von der Erde als einer der Bedingtheiten des Menschen spricht, aber gleichzeitig den Menschen zum Produzenten seiner eigenen Bedingtheit erklärt: „Menschen sind bedingte Wesen, weil ein jegliches, womit sie in Berührung kommen, sich unmittelbar in eine Bedingung ihrer Existenz verwandelt." (Arendt 1994, 16). Insofern könnte dann auch die Erde selbst eine solche Mitte bilden. Bei diesem Argument lohnt es, im Gegenzug doch auf die Dimension des „Kosmos" zurückzukommen, der diese Abhandlung durchzieht: Wie immer Naturprozesse *auf der Erde* folgenreich von Menschen beeinflusst, ausgelöst oder gesteuert sind, und wie immer es sich auch um wechselseitige Bedingtheiten handelt, Menschen und alle anderen Lebewesen auf der Erde bleiben doch der Natur im Inneren der Erde (den Vulkanen des Erdinneren) und dem Kosmos (fernnahe Sterne) insgesamt ausgesetzt, den human unkontrollierbaren Naturkräften, wie sie sich wahrnehmbar in den nicht-anthropogenen Erdbeben, den sonnenverfinsternden nicht-anthropogenen Vulkanausbrüchen, den herabstürzenden nicht-anthropogenen Meteoren, den verglühenden fernen Sonnen im Kosmos bemerkbar machen. Es bliebe merkwürdig, die Dinosaurier würden als sehr große, das Erdmittelalter dominierende Reptilien weiter durch die Populärkultur und die Kinderzimmer der Moderne weltweit wandern, aber es würde wegen des dominierenden Anthropozän-Narrativs nicht mehr erzählt werden können, dass für *ihr* massenhaftes Aussterben vor etwa 65 Millionen Jahren *keine* anthropogenen Ursachen (mangels menschlicher Spezies) veranschlagt werden können, sondern vermutlich natürliche Vulkanausbrüche *oder* einschlagende Asteroiden mit massiven Folgen für die damalige Biosphäre insgesamt. Philosophische Anthropologie behält im Blick, dass menschliche Gesellschaften trotz aller folgenreichen Interventionen *auf der Erde, in die Erde* doch *mit der Erde* in den Kosmos passivisch gestellt bzw. geworfen sind und damit auch im sogenannten Anthropozän immer einer nicht anthropogenen, für sich funktionierenden Natur ausgesetzt bleiben – natürlichen Voraussetzungen auf der Erde, über die Erde hinaus im Kosmos, die sie nicht selbst garantieren und beeinflussen können.

3.4 Philosophische Anthropologie als Korrektiv der Speziesismuskritik

Schließlich hält die moderne Philosophische Anthropologie eine Einhegung aller kritischen Theorien des sogenannten Speziesismus, weitergefasst im Sinne einer *kritischen Theorie des Anthropozentrismus* parat, die in der Ökologie-Debatte, vor allem um den Schutz der Biodiversität, eine bedeutende Rolle spielen. Mitgemeint sind dabei selbstverständlich auch die Varianten der posthumanistischen Anthropozentrismuskritik, die sich auf die Kritik des epistemologischen Anthropozentrismus konzentrieren (Haraway 1995; Braidotti 2014). Die kritische Theorie des Speziesismus bzw. die sich eigentlich so nennende antispeziesistische Theorie ist die Kritik aller der klassischen und neueren Ansätze, die epistemologisch oder ethisch-normativ eine Sonderstellung menschlicher Lebewesen im Bereich des Organischen behaupten, was zu einem falschen Speziesegoismus oder einen Artegoismus führe, dem Anthropozentrismus – die Zentrierung nämlich der eigenen Art –, der eine Unterdrückung aller anderen Arten in der Natur, das anthropogen veranlasste Artensterben zur Folge habe. Praktische Konsequenz aller Animal Studies, aller antispeziesistischen Theorien sind Tierbefreiungsbewegungen, in jedem Fall eine praktisch-politische Kritik aller Nutzungen von Tieren. Das sogenannte *Great Ape Project* als Pilotprojekt will allen Primaten, also den sogenannten Menschenaffen, zusprechen, wie Menschen Subjekte von Rechten zu sein, die von menschlichen Lebewesen analog zu beachten sind, also so wie menschliche Lebewesen untereinander die Rechte des anderen Lebewesens derselben Art akzeptieren – gleichsam exemplarisch für Tiere überhaupt. Die praktische Konsequenz antispeziesistischer Theorien als Kritik ist die Gleichbehandlung der Arten, die Zurückbettung menschlicher Lebewesen in die Biosphäre, in die Geosphäre überhaupt. ‚Flache Ontologien' tendieren in ihrer Dekonstruktion aller Hierarchie zu einer Überdehnung des Materiellen oder des Vitalen auf die Dimension des Noetischen.

Notwendig trifft diese antispeziesistische Kritik auch die moderne Philosophische Anthropologie mit ihrer Kategorie „exzentrische Positionalität" als Sonderstellungstheorem menschlicher Lebewesen. Umgekehrt allerdings hegt die Philosophische Anthropologie kritisch nun gerade die Antispeziesismus-Theorie ein, insofern sie in der Kategorie der „exzentrischen Positionalität" überhaupt die zentrale Denkvoraussetzung für einen antispeziesistischen Einsatz zu explizieren vermag. Philosophisch-anthropologische Theorie als Theoretische Philosophie, der es um eine Ontologie des Anorganischen, Organischen und des Menschen geht, bildet in dieser Hinsicht eine Voraussetzung auch der praktischen Philosophie, der die Speziesismus-Kritik in moralischer Absicht genuin zugehört. Man könnte also sagen, *nur* exzentrisch positionierte Lebewesen können sich um andere Lebewesen in einem empathischen, einfühlenden, und emphatischen Sinn kümmern, um tendenziell alle anderen Lebewesen auf der Erde, auch um diese selbst. Die ontologische Sonderstellung menschlicher Lebewesen im Kosmos ist die Voraussetzung nämlich sowohl eines anthropogenen Artensterbens – *wie auch* einer anthropogenen Artenerhaltung und Artenentfaltung. Man kann es aus Sicht der Philosophischen Anthropologie auch so ausdrücken: Wir menschlichen Lebewesen sind *die* Menschenaffen, die sich anderen Menschenaffen – und auch Amöben – widmen können, sie fangen, sie ausstellen, sie grausam gebrauchen und verkrüppeln können – alles ontologische Möglichkeiten aus der exzentrischen Positionalität heraus –, *aber* eben ihnen auch bestimmte Grundrechte zusprechen können, die allein menschliche Lebewesen für sich an ihresgleichen entdecken und erfinden; also für Bonobos, Schimpansen, Gorillas, Orang-Utans diese Grundrechte fordern und sie stellvertretend, da diese sie selbst nicht für sich vertreten können, für sie durchsetzen: das Recht auf Leben z.B., der Schutz der individuellen Freiheit, das Verbot von Folter. Insofern kann es auch keine „Wiederkehr des Menschen im Moment seiner vermeintlich endgültigen Verabschiedung" geben, so der Titel der Berliner Konferenz – er ist zu keinem Zeitpunkt in der gesellschaftlichen Praxis verabschiedet gewesen, denkt man an das Rechtssystem und an die weltweit postulierten ‚Menschenrechte'. Nur menschliche Lebewesen sind Satzungen setzende, Recht setzende Lebewesen, Lebensrecht setzende Lebewesen. Nur menschliche Lebewesen können den rechtlichen Unterschied zwischen Amöben und Menschenaffen entdecken und setzen – oder ihn eben überschauen und übersehen und einebnen. Die Sonderstellung menschlicher Lebewesen gegenüber allen anderen Pflanzen und Tieren einschließlich der subhumanen Primaten und Amöben wird in dieser Stellvertretertat geradezu vollzogen, und insofern, so würde die Philosophische Anthropologie argumentieren, ist es geboten, diese Sonderstellung menschlicher Lebewesen im Kosmos als „exzentrische Positionalität" aufzuklären.

4 Fazit

Unter dem Eindruck des Faktums der ökologischen Krise lernt die Philosophische Anthropologie, sich inspiriert vom ökologischen Diskurs lernend neu zu reformulieren. In ihrer positiven, naturphilosophischen Funktion ist sie vom Ansatz her ein Türöffner des Menschen in die Natur, in seine Stellung im Kosmos. Dabei ist auch die zweite, die korrektiv-skeptische Funktion indirekt eine positive Funktion, weil sie die Überredungskunst des ökologischen Diskurses argumentativ in eine Überzeugungskraft verwandeln helfen könnte.

Literatur

Anders, Günther. *Die Antiquiertheit des Menschen*. Bd. 1: *Über die Seele im Zeitalter der zweiten industriellen Revolution* [1956]. 4. Aufl. München: Beck, 2018a.

Anders, Günther. „Die Weltfremdheit des Menschen". *Die Weltfremdheit des Menschen. Schriften zur philosophischen Anthropologie*. Hg. Christian Dries unter Mitarbeit von Henrike Gätjens. München: Beck, 2018b. 11–47.

Anders, Günther. *Der Blick vom Mond. Reflexionen über Weltraumflüge*. München: Beck, 1970.

Arendt, Hannah. *Vita activa oder Vom tätigen Leben*. München: Piper, 1994.

Bajohr, Hannes. „Keine Quallen. Anthropozän und Negative Anthropologie". *Merkur* 840.5 (2019): 63–74.

Barad, Karen. *Agentieller Realismus. Über die Bedeutung materiell-diskursiver Praktiken*. Berlin: Suhrkamp, 2012.

Barad, Karen. „Posthumanist Performativity. Toward an Understanding of How Matter Comes to Matter". *Signs* 28.3 (2003): 801–831.

Benk, Andreas. *Skeptische Anthropologie und Ethik. Die philosophische Anthropologie Hemuth Plessners und ihre Bedeutung für die theologische Ethik*. Frankfurt am Main: Peter Lang, 1987.

Bergson, Henri. *Schöpferische Evolution – L'évolution créatrice*. Hamburg: Meiner, 2012 [1907].

Block, Katharina. *Von der Umwelt zur Welt. Der Weltbegriff in der Umweltsoziologie*. Bielefeld: Transcript, 2016.

Braidotti, Rosi. *Posthumanismus. Leben jenseits des Menschen*. Frankfurt am Main/New York: Campus, 2014.

Crutzen, Paul J. *Das Anthropozän. Schlüsseltexte des Nobelpreisträgers für das neue Erdzeitalter*. Hg. Michael Müller. München: Oekom Verlag, 2019.

Darwin, Charles. *Die Entstehung der Arten durch natürliche Zuchtwahl* [1859]. Stuttgart: Kröner, 1983.

Darwin, Charles. *Die Abstammung des Menschen* [1875]. Stuttgart: Kröner, 2002.

Delitz, Heike. *Bergson-Effekte. Aversionen und Attraktionen im französischen soziologischen Denken*. Weilerswist: Velbrück, 2015a.

Delitz, Heike. „Helmuth Plessner und Henri Bergson. Das Leben als Subjekt und Objekt des Denkens". In *Zwischen den Kulturen. Plessners ‚Stufen des Organischen' im zeithistorischen Kontext*. Hg. Kristian Köchy und Francesca Michelini. Freiburg i. Br.: Alber, 2015b. 193–214.

Dries, Christian. „Von der Weltfremdheit zur Antiquiertheit des Menschen. Günther Anders' negative Anthropologie". Günther Anders. *Die Weltfremdheit des Menschen. Schriften zur philosophischen Anthropologie*. Hg. Christian Dries unter Mitarbeit von Henrike Gätjens. München: Beck, 2018. 437–535.

Dürbeck, Gabriele. „Narrative des Anthropozän – Systematisierung eines interdisziplinären Diskurses". *Kulturwissenschaftliche Zeitschrift* 3.1 (2018): 1–20.

Ebke, Thomas. „Life, Concept and Subject: Plessner's Vital Turn in the Light of Kant and Bergson". In *Plessner's Philosophical Anthropology. Perspectives and Prospects*. Hg. Jos de Mul. Amsterdam/Chicago: Amsterdam University Press, 2014. 99–110.

Ebke, Thomas. *Lebendiges Wissen des Lebens. Zur Verschränkung von Plessners Philosophischer Anthropologie und Canguilhems Historischer Epistemologie*. Berlin: Akademie, 2012.

Eisenstein, Charles. *Klima. Eine neue Perspektive.* München: Europa-Verlag, 2019.
Ferrando, Francesca. „Posthumanism, Transhumanism, Antihumanism, Metahumanism, and New Materialisms. Differences and Relations". *Existenz* 8.2 (2013): 26–32.
Fischer, Joachim. „Exzentrische Positionalität. Plessners Grundkategorie der Philosophischen Anthropologie". In *Exzentrische Positionalität. Studien zu Helmuth Plessner.* Weilerswist: Velbrück, 2016 [2000]). 115–148.
Fischer, Joachim. „Biophilosophie als Kern des Theorieprogramms der Philosophischen Anthropologie. Zur Kritik des wissenschaftlichen Radikalismus". In *Zwischen Anthropologie und Gesellschaftstheorie. Zur Renaissance Helmuth Plessners im Kontext der modernen Lebenswissenschaften.* Hg. Gerhard Gamm, Alexandry Manzei und Matthias Gutmann. Bielefeld: Transcript, 2005. 63–86.
Fischer, Joachim. *Philosophische Anthropologie. Eine Denkrichtung des 20. Jahrhunderts.* Freiburg/München: Alber, 2008.
Fischer, Joachim. „Tanzendes Tier oder Exzentrische Positionalität – Zur Theoriestrategie der Philosophischen Anthropologie zwischen Darwinismus und Kulturalismus". In *Der Mensch – Evolution, Natur und Kultur.* Hg. Jochen Oehler. Heidelberg/Berlin: Springer, 2010. 233–246.
Fischer, Joachim. „Interphänomenalität". In *Sprache und Literatur,* 45.1 (2014a): 3–18
Fischer, Joachim. „Exzentrische Positionalität im Kosmos. Weltraumfahrt im Blick der modernen Philosophischen Anthropologie". In *Soziologie der Weltraumfahrt* (zus. m. Dierk Spreen; mit Gastbeiträgen von Heike Delitz und Helmuth Plessner), Bielefeld: Transcript, 2014b. 21–40.
Fischer, Joachim. „Simmels Sinn der Sinne. Zum *vital turn* der Soziologie". In *Die Sinnlichkeit des Sozialen. Wahrnehmung und materielle Kultur.* Hg. Hanna Göbel und Sophia Prinz. Bielefeld: Transcript, 2015. 423–440.
Fischer, Joachim. „Plessners *vital turn*. Ekstatik der ,exzentrischen Positionalität'". In *Soziologien des Lebens.* Hg. Heike Delitz, Fritjof Nungesser und Robert Seyfert. Bielefeld: Transcript, 2018. 167–198.
Fischer, Joachim. „Philosophische Anthropologie. Ein Theorie- und Forschungsprogramm in der deutschen Soziologie nach 1945 bis in die Gegenwart". In *Soziologische Denkschulen in der Bundesrepublik Deutschland.* Hg. Joachim Fischer und Stephan Moebius. Wiesbaden: Springer, 2019. 181–248.
Fischer, Joachim und Dierk Spreen. *Soziologie der Weltraumfahrt* (mit Gastbeiträgen von Heike Delitz und Helmuth Plessner). Bielefeld: Transcript, 2014.
Gehlen, Arnold. *Urmensch und Spätkultur. Philosophische Ergebnisse und Aussagen.* Bonn: Athenäum, 1956.
Gehlen, Arnold. *Der Mensch. Seine Natur und seine Stellung in der Welt.* Textkritische Ausgabe [1940/50]. Hg. Karl-Siegbert Rehberg. Frankfurt am Main: Klostermann, 1993).
Gehlen, Arnold. „Die Technik in der Sichtweise der Anthropologie". In *Anthropologische Forschung. Zur Selbstbegegnung und Selbstentdeckung des Menschen.* Reinbek. b. Hamburg: Rowohlt, 1961. 93–103.
Gehlen, Arnold. „Rückblick auf die Anthropologie Max Schelers". In *Max Scheler im Gegenwartsgeschehen der Philosophie.* Hg. Paul Good. Bern/München: Francke, 1975. 179–188.
Gerhardt, Volker. *Humanität. Über den Geist des Menschen.* München: Beck, 2019.
Goergen, Jeanpaul. „Neues Sehen im Zeitraffer. Das Blumenwunder (1926)". *Filmblatt* 9.24 (2004). 41–44.

Grene, Marjorie. *Approaches to a Philosophical Biology*. New York: Basic Books, 1968.
Gugutzer, Robert. *Verkörperungen des Sozialen. Neophänomenologische Grundlagen und soziologische Analysen*. Bielefeld: Transcript, 2012.
Haraway, Donna. „Ein Manifest für Cyborgs. Feminismus im Streit mit den Technowissenschaften". In *Die Neuerfindung der Natur. Primaten, Cyborgs und Frauen*. Frankfurt am Main/New York, 1995. 33–70.
Hartmann, Nicolai. „Kategoriale Gesetze". In *Studien zur Neuen Ontologie und Anthropologie*. Hg. Gerald Hartung und Matthias Wunsch. Berlin: De Gruyter, 2014. 117–176.
Henkel, Anna. „Herausforderungen des Anthropozäns als Herausforderungen an die Soziologie. Gesellschaftstheoretische Perspektiven zwischen Beobachtung und Kritik". In *Die Erde, der Mensch und das Soziale. Zur Transformation gesellschaftlicher Naturverhältnisse im Anthropozän*. Hg. Henning Laux und Anna Henkel. Bielefeld: Transcript, 2018. 272–299.
Horn, Eva und Hannes Bergthaller. *Anthropozän zur Einführung*. Hamburg: Junius, 2019.
Ingensiep, Hans Werner. „Lebens-Grenzen und Lebensstufen in Plessners Biophilosophie. Perspektiven moderner Biotheorie". In *Disziplinen des Lebens. Zwischen Anthropologie, Literatur und Politik*. Hg. Ulrich Bröckling, Benjamin Bühler, Marcus Hahn, Matthias Schöning und Manfred Weinberg. Tübingen: Narr, 2004. 35–46.
Jonas, Hans. *Organismus und Freiheit. Ansätze zu einer philosophischen Biologie*. Göttingen: Vandenhoeck & Ruprecht, 1973.
Jonas, Hans. *Das Prinzip Verantwortung. Versuch einer Ethik für das technologische Zeitalter*. Frankfurt am Main: Suhrkamp. 1979.
Köchy, Kristian und Francesca Michelini (Hg.). *Zwischen den Kulturen. Plessners ‚Stufen des Organischen' im zeitgenössischen Kontext*. Freiburg: Alber, 2015.
Latour, Bruno. *Kampf um Gaia – Acht Vorträge über das neue Klimaregime*. Frankfurt am Main: Suhrkamp, 2017.
Latour, Bruno. *Das terrestrische Manifest*. Berlin: Suhrkamp, 2018.
Laux, Henning und Anna Henkel: *Die Erde, der Mensch und das Soziale. Zur Transformation gesellschaftlicher Naturverhältnisse im Anthropozän*. Bielefeld: Transcript, 2017.
Lindemann, Gesa. „Doppelte Kontingenz und reflexive Anthropologie". *Zeitschrift für Soziologie* 28.3 (1999): 165–181.
Meinberg, Eckhard. *Homo oecologicus. Das neue Menschenbild im Zeichen der ökologischen Krise*. Darmstadt: Wissenschaftliche Buchgesellschaft, 1995.
Michelini, Francesca. „Helmuth Plessner und Hans Jonas. Geschichte einer verpassten Begegnung". In *Zwischen den Kulturen. Plessners ‚Stufen des Organischen' im zeithistorischen Kontext*. Hg. Kristian Köchy und Francesca Michelini. Freiburg i. Br.: Alber, 2015. 323–358.
Peterson, Keith R. „All That We Are: Philosophical Anthropology and Ecophilosophy". *Cosmos and History* 6.1 (2010): 60–82.
Plessner, Helmuth. „Diskussionsbemerkung zum Vortrag ‚Das Identitätssystem'". *Studia Philosophica* 14 (1954): 90.
Plessner, Helmuth. *Die Stufen des Organischen und der Mensch. Einleitung in die philosophische Anthropologie* [1928]. 3. Aufl. Berlin/New York: de Gruyter, 1975.
Plessner, Helmuth. „Macht und menschliche Natur. Ein Versuch zur Anthropologie der geschichtlichen Weltansicht". In *Gesammelte Schriften*. Bd. 5. Frankfurt am Main: Suhrkamp, 1981. 135–233.
Plessner, Helmuth. „Die Aufgabe der philosophischen Anthropologie". In *Gesammelte Schriften*. Bd. 8. Frankfurt am Main: Suhrkamp, 1983a. 33–51.

Plessner, Helmuth. "Die Frage nach der Conditio humana". In *Gesammelte Schriften*. Bd. 8. Frankfurt am Main: Suhrkamp, 1983b. 136–217.

Portmann, Adolf. *Zoologie und das neue Bild des Menschen*. Reinbek b. Hamburg: Rowohlt, 1956.

Portmann, Adolf. "Die Erscheinung der lebendigen Gestalten im Lichtfelde". In *Wesen und Wirklichkeit des Menschen. Festschrift für Helmuth Plessner*. Hg. Klaus Ziegler. Göttingen: Vandenhoeck & Ruprecht, 1957. 29–41.

Portmann, Adolf. *Neue Wege der Biologie*. München: Piper, 1961.

Recki, Birgit. *Ernst Cassirer. Grundwissen Kultur*. Hamburg: Junius, 2013.

Redeker, Hans. *Helmuth Plessner oder Die verkörperte Philosophie*. Berlin: Duncker & Humblot, 1993.

Scheler, Max. "Die Stellung des Menschen im Kosmos" [1928]. In *Späte Schriften*. Bd. 9. Hg. Manfred Frings. Bonn: Bouvier, 1976. 7–71.

Toepfer, Georg. "Helmuth Plessner und Hans Driesch. Naturphilosophischer versus naturwissenschaftlicher Vitalismus". In *Zwischen den Kulturen. Plessners ‚Stufen des Organischen' im zeithistorischen Kontext*. Hg. Kristian Köchy und Francesca Michelini. Freiburg i. Br.: Alber, 2015. 91–121.

Marc Rölli
Anthropologie im Anthropozän?

Die Rede vom ‚Anthropozän' hat eine merkwürdig (neo-)realistisch grundierte, modernekritisch bis hypermodernistisch glänzende ökologische Färbung. Sie kommt nach dem ‚am meisten' Neuen und dem ‚völlig' Neuen – Pleisto- und Holozän – mit dem Menschen daher, indem sie die menschliche Handlungsmacht zu einer neuen geologischen Größe erklärt (Steffen et al. 2011, 843). Die aus menschlicher Aktivität resultierenden Treibhausgase, so Clive Hamilton im Verweis auf klimatologische Forschungen, machen die Prognosen der nächsten Eiszeiten (in 50.000 bzw. 130.000 Jahren) zunichte (Hamilton 2017, ix). An diesem Punkt werden die modernekritischen Aspekte sichtbar. Der moderne Mensch verursacht eine Krise im globalen Maßstab, die sein Überleben als Gattung in Frage stellt. Und der Bezug auf den *anthropos* erinnert dabei zugleich an eine Rückbesinnung auf die Anfänge, an Dinge, die in der modernen Geschichte der Entzauberung der Welt verloren gingen – vielleicht an den griechischen Mythos der Gaia. Als Göttin Erde und als Muttergöttin stellt sie ein gleichsam lebendiges Naturwesen dar, das mit den modernen Formen der Rationalität, und das heißt auch: im Rahmen einer patriarchalischen Ordnung, weder verstanden und erkannt noch wirklich beherrscht werden könnte. Von der Matriarchatsforschung (nach Bachofens *Mutterrecht*, 1861) bis zur Ökologiebewegung – z.B. in der New Age-Rezeption von Margulis und Lovelock – zieht sich ein Band, das in kultur- oder technologiekritischer Sicht die Folgen der instrumentellen Naturbeherrschung zum Problem erklärt.

Dabei ist die mit dem Anthropozän aufgeworfene anthropologische Frage, wie dies etwa Bruno Latour in seinem terrestrischen Manifest erläutert, keine eindeutige (Latour 2018, 54–55, 128–129, Fn 36). Eindeutigkeit gibt es nur insofern, als in allen Fällen der Klimawandel mit einer kurzsichtigen modernen Praxis in Verbindung gebracht wird, die es zu überwinden oder aufzugeben gelte. Inwiefern aber der Mensch als Adressat dieser Kritik bzw. seine Transformation als Bedingung ihres Gelingens aufgefasst wird – darüber besteht Uneinigkeit. Im Grunde, so scheint es mir, geht es um eine alte Frage: „Walle walle / manche Strecke, / Daß, zum Zwecke, / Wasser fließe [...]." (Goethe) Ist es der Zauberlehrling im Übermut, der das Chaos verursacht – und der alte Meister bringt es wieder in Ordnung? Oder ist irren menschlich – und kein Meister sollte darüber hinwegtäuschen können? Inwiefern beherrscht der Mensch sein Handeln – und bestimmt sich selbst aus dieser Beherrschung? Findet die Technik in ihm ihren Grund – oder verschieben sich mit ihr die epistemischen Koordinaten seines anthropologischen Selbstverständnisses?

Die Illusionen der Machbarkeit, die sich hier und dort mit dem Anthropozändiskurs verbinden, sind ebenso Teil des Problems menschlicher Herrschaftsphantasien, wie die Illusionen der Ohnmacht, der Ignoranz oder des Unbeteiligtseins, die den Leugner*innen der klimatischen Veränderungen völlig zurecht vorgeworfen werden.

Im Folgenden werden drei Dinge zum Thema gemacht: erstens der *Zend-Avesta* Gustav Theodor Fechners, der bereits in diesem seinem Buch von 1851 die These der Erdseele vertreten hat. Fechner ist zwar kein ganz Unbekannter – doch sind seine Arbeiten selten gelesen. Es gibt Ausnahmen – William James widmet ihm eine ganze Vorlesung seiner berühmten Hibbert Lectures von 1909 (1994, 83–112); und es ließe sich darüber streiten, ob ihm nicht Nietzsche mit seinem *Zarathustra* ein Denkmal setzte – aber im Großen und Ganzen gilt er eher als ein Wegbereiter mit skurrilen Neigungen (1). Zweitens wird eine zentrale Frage der Technik-Anthropologie aufgeworfen, die eben darin besteht, wie genau das Verhältnis von Mensch und Technik – und dies insbesondere im Hinblick auf die Beherrschbarkeit der technischen Aktivität – aufzufassen ist (2). Und drittens werde ich skizzieren, wie die anthropologische Frage von derjenigen nach dem Menschen als zoologisches Gattungswesen abweicht. Im Rekurs auf einige Überlegungen des französischen Paläoanthropologen André Leroi-Gourhan wird auf die mit dem *homo sapiens* entstehende Technizität eingegangen, die in ihren extremen Ausprägungen – und damit auch im Kontext der aktuellen Krisenszenarios – mit seiner althergebrachten körperlichen Konstitution in einen Widerstreit gerät (3).

1 Fechner und die Erde

Fechners theoretische Position eines „nichtreduktiven Materialismus" zeichnet sich durch das Konzept einer Naturbetrachtung aus, das den zu seiner Zeit üblichen Gegensatz zwischen Naturwissenschaft und Naturphilosophie zurückweist (siehe zu diesem Begriff Heidelberger 1993, 99–154.). Bezogen auf die Erde heißt das erstens, dass die ausschließlich naturwissenschaftliche Sichtweise problematisch ist, sofern sie unfähig ist, die in ihr selbst liegenden Reduktionismen zu erkennen. Und es bedeutet zweitens, dass die naturphilosophischen Positionen aufgrund der in ihnen liegenden idealistischen Spekulationen die ungeheuerliche Singularität der Erde verkennen. In einer etwas zugespitzten Formulierung könnte ich sagen, dass Fechner seine ‚Geo-Philosophie' an der Idee eines quasi ökologischen Systems ausrichtet, das weder im Rahmen der seinerzeit gebräuchlichen naturwissenschaftlichen Methoden noch in einer am Primat des Geistes festhaltenden Naturphilosophie einen Platz finden konnte.

„[Unsere] gewöhnliche Vorstellung von der Erde ist nur eine Vergrößerung derjenigen, die wir teils aus dem Anblicke des sie abbildenden Globus, teils der Betrachtung einzelner Stücke ihrer Oberfläche schöpfen [...]." (Fechner 1906, 8) Die Scholle und der Globus: Das sind aus seiner Sicht die zwei Dinge, mit deren Hilfe das gewöhnliche Bild der Erde hergestellt wird. „Was uns hiebei irre führt, ist eine Verwechslung der Erde in weiterm Sinne mit der in engerm Sinne; der Name hilft uns die Sache verwirren." (Fechner 1906, 9) In beiden Fällen wird von einem Teil aufs Ganze geschlossen – in dem einen vorab das Organische vom Anorganischen getrennt, während im anderen sich „nur noch unsre eigne Kunst und Wissenschaft" verehrt, die Globus und Karten hervorzubringen wussten (Fechner 1906, 10). Dagegen wird mit dem Ausdruck ‚Erde' im weiteren Sinne nach Fechner „die Gesamtheit, das System alles dessen [verstanden], was durch die Schwere um den Erdmittelpunkt zusammengehalten wird, also nicht bloß alles Feste, sondern auch alles Wasser und alle Luft und alles was in der Erde und in Wasser und Luft lebt und webt, und fleucht und kreucht, und außer der Gesamtheit alles Schweren noch alles Unwägbare, was in das System des Schweren eingeht." (Fechner 1906, 10)

Ebenso wenig gelingt es der idealistischen Naturphilosophie, die Erde – oder eben: die Vielfalt der aufeinander bezogenen irdischen Systeme – zu denken. Fechner wendet sich gegen den in ihr liegenden Anthropozentrismus, sofern im Menschen die Vermittlung von Natur und Geist bzw. die in der Natur ablaufenden Entwicklungsprozesse kulminieren. In einer Textpassage weist er den philosophischen Grundsatz der *Allgemeinen Naturgeschichte für alle Stände* (1833–41) Lorenz Okens zurück, den er mit den Worten beschreibt: „Das Tierreich ist sozusagen nur das zerstückelte höchste Tier: Mensch; indem der Mensch alles, was auseinandergelegt in den einzelnen Tieren vorkommt, in sich verschmolzen und geeinigt enthält." (Fechner 1906, 40)[1] Dieser anthropozentrische Grundsatz dient bei Oken zur Einteilung aller Lebewesen – und Fechner kann in ihm eine exemplarische Form der naturphilosophischen Sublimierung überhaupt erkennen. Und dies völlig zu recht, wenn man an Schellings Begriff des allgemeinen Organismus und an das anthropologische Konzept denkt, seine ‚Weltseele' in der an das menschliche Urbild angelehnten Organisation der Sinne aufgehen zu lassen: „die Welt steht dem Menschen nicht gegenüber, sie ist nur sein Leib." (Oken 1808, 45) Stets geht es in der romantischen Naturphilosophie darum, in die Physiologie ein rationales Prinzip einzuführen, das die Ausbildung des Lebens in seiner menschlichen Gestalt zur Vollendung bringt.

---

[1] Dieser Grundsatz Okens findet sich bereits in seinen frühesten Arbeiten, angelehnt an die Naturphilosophie des jungen Schelling.

Im Unterschied dazu spricht Fechner ganz dezidiert von der Erde als von einem „übermenschlichen Gebiet" (Fechner 1906, 55).² Mit ihr verbindet sich ein revolutionärer Gestus, der zugleich bescheiden bleibt: „Wir werden hierbei nichts sagen, als was jeder weiß und zugibt; wir werden es bloß etwas anders sagen, als es jeder zuzugeben gewohnt ist. Nun sehe man zu, ob man Herr oder Sklave der Gewöhnung ist [...]." (Fechner 1906, 42)³ Die Erde sprengt den anthropologischen Rahmen der Naturphilosophie. Sie ist weder ein Untier im planetarischen Maßstab, noch findet sich der allgemeine Organismus im Menschen als Mikrokosmos wieder, wie dies in Anlehnung an die ‚ägyptische Lehre' des *Corpus Hermeticum* immer wieder gerne behauptet wurde.⁴ Eher könnte man schon an Solaris denken, an den von Stanisław Lem beschriebenen fernen Planeten, der mit einer ihm sehr eigenen Lebendigkeit ausgestattet zu sein schien. Ein fremdes unbegreifliches Wesen, das mit einigen Forschungsreisenden Kontakt aufnimmt, indem es sich in einen menschlichen Resonanzkörper verwandelt (siehe Lem 2002). Nach Fechner ist der Mensch ebenso wie Steine, Pflanzen, Tiere nichts anderes als ein Teil der Erde. Die von ihm vertretene quasi-ökologische Idee macht es unmöglich, dass der Mensch der Erde fremd gegenüber steht: „[J]ede Gewalt, die er äußerlich auf sie zu üben glaubt, ist nicht minder ihre eigne Gewalt." (Fechner 1906, 33) Anders gesagt nimmt Fechner nicht den anthropologischen Sinn der Umwelt vorweg, in deren Mitte der Mensch als handelnde Kraft wirksam wird. Vielmehr begreift er Welt und Umwelt aus ihrer primär irdischen Relation – und das eben heißt, dass auch der handlungstheoretisch folgenreiche Gegensatz zwischen einem in Umwelten verspannten tierischen Instinktverhalten und der ‚existentiellen Erfahrung', sich die Welt zu eigen zu machen, aufgegeben werden muss.⁵

---

2 Damit verbindet sich zugleich die Ablehnung der anthropozentrisch sich verstehenden romantischen Ästhetik, denn „für ein höheres Wesen, als der Mensch ist, [kann] die menschliche Gestalt gar nicht als die schönste erscheinen [...]." Umgekehrt wird die Landschaft als „Gesicht der Erde" bezeichnet – und die irdischen „Wolkenschleier" vollziehen einen kontinuierlich freien Faltenwurf, der mit den griechischen Gewändern ganz unvergleichlich ist (siehe Fechner 1906, 56, 57, 59).

3 Fechner spricht von „Versuchen", die jeder Revolution vorausgehen und sie vorbereiten. „Wie könnte ich mir auch einbilden [...], eine Revolution durchsetzen zu können, die weit über die Wissenschaft hinausgreifen müßte, eine verjährte, mit allem unsern Leben und Denken verwebte Betrachtungsweise von Natur und Geist entwurzeln zu können, in der wir alle erzogen und groß geworden sind." (Fechner 1906, 6–7)

4 Siehe dazu Robert Fludds Metaphysik von Makro- und Mikrokosmos (1617) und ihre Kritik bei Johannes Kepler (1940).

5 Die Welt-Umwelt-Unterscheidung der philosophischen Anthropologie, die den Menschen aus dem Instinktverhalten der Tiere heraushebt, bleibt an die feministisch mehr als fragwürdige aristotelische Relation polis-oikos gebunden (siehe u.a. Plessner 2003, 180–189; Landmann 1982, 161–171.)

Die Erde selbst ist es, die handelt – aber sie tut dies in einer Ansammlung quasi-ökologischer Systeme – nicht global im Sinne menschlicher Weltaneignung, und auch nicht lokal in der Beschränkung auf ein bestimmtes kulturelles Terrain. Sie ist aktiv, sofern sie „nicht nur alle Verwicklungen der Menschen-, Tier- und Pflanzenleiber und ihrer Prozesse einschließt, sondern auch eine Verwicklung aller dieser Verwicklungen unter sich und mit dem unorganischen Reiche enthält, die sich in den gegenseitigen stofflichen Zweck- und Wirkungsbeziehungen der organischen Wesen teils unter sich, teils mit der übrigen irdischen Welt kund gibt." (Fechner 1906, 34–35)

Nun kann der Mensch nicht für oder wie die Erde denken, wenn sie tatsächlich ein übermenschliches Wesen ist. Er ist nicht einfach ein planetarischer Gedanke, wie noch Oken meinte.[6] Fechner macht deutlich, dass die sich innerhalb irdischer Prozesse vollziehende Individualisierung egal welchen Typs einen notwendigen Bezug auf die Erde insgesamt aufrecht erhält. Sie ist vollkommen real, gerade weil sie die Erde impliziert, wenn sie diese in ihrem perspektivischen Ausschnitt zum Ausdruck bringt. Methodisch gilt dabei ein Satz, den Fechner regelmäßig wiederholt. Wenn sich Individuen auch unterscheiden, so sind ihre Unterschiede voneinander doch nicht so zu verstehen, dass sie sich in ontologischer Hinsicht in radikal getrennten Bereichen aufhielten.[7] Ihre Realität bleibt stets eine irdische, auch wenn sich diese in unüberschaubarer Mannigfaltigkeit differenziert. Fechner bedient sich dabei Metaphern aus dem Feld der Textilien. Die Rede ist von „Knoten", die je nach dem Grad ihrer Individualisierung eine Menge „Fäden" ineinander ziehen und auf diese Weise Teil eines vielfach verknüpften „Gewebes" sind (Fechner 1906, 158). Verknüpfung ist hier der leitende Gedanke, sofern die einzelnen Knoten weder selbständig abtrennbar sind noch durch ein höheres Einheitsprinzip aufgelöst oder abstrakt platziert werden (Fechner 1906, 13). Fechner ist bekannt für seine (v.a. in der *Psychophysik* ausgearbeitete) Identitätsthese des Seelischen und des Materiellen, die insofern eine ontologische ist, als sie keine essentielle Trennung des Unterschiedenen – und

---

6 „Bildet euch nicht ein, etwas aus euch allein sprechen zu können, die ihr nur die an der Wand vorüberziehenden Schattenbilder des Planeten seid." (Oken 1808, 37; siehe Fechner 1906, 36)
7 „Nur gar zu leicht verwechseln wir, wie im Leiblich-Organischen, so im Geistigen, die *Unterscheidung* mit einer *Scheidung*. Aber daß wir uns geistig voneinander *unterscheiden* können, bringt noch nicht mit sich, daß wir auch geistig voneinander *geschieden* sind, da vielmehr derselbe höhere Geist, der uns in sich unterscheidet, und in dem wir uns demgemäß unterscheiden, unsre Verknüpfung zugleich so gut vermittelt, wie mein Geist das zugleich verknüpft, was er in sich unterscheidet, und was sich demgemäß in ihm unterscheidet." (Fechner 1906, 23–24) Mit Spinoza ließe sich der Satz terminologisch wie folgt abkürzen: modale Unterschiede sind nicht substanzielle.

vor allem auch keine hierarchischen Relationen zwischen Körper und Geist, Leib und Seele erlaubt (Fechner 1906, x–xi).[8] Das spiegelt sich in seiner Philosophiekritik wider, die sich gegen die Ursprungserzählung der Begriffe aus einer metaphysischen Quelle reiner Vernunft wendet.

> Nicht mit der heutigen Philosophie, sondern nur mit denen, welche sie nicht befriedigt, kann ich hoffen, mich zu verständigen. Ich halte es, offen gesagt, für einen Grundfehler der neueren, ja der meisten Philosophie überhaupt, aus dem Begriffe mehr oder andres Sachliches ableiten zu wollen, als er nach seiner tatsächlichen Entstehungsweise von unten begreifen und wieder hergeben kann. Meine eignen Ansprüche an die Philosophie sind, ich gestehe es, beschränkter, sofern man sie aber zu beschränkt findet, verzichte ich auch gern auf den Titel eines Philosophen. (Fechner 1906, xii)

Die Kritik der ‚heutigen Philosophie' macht sich geltend in seiner Rede von der „inneren unsichtbaren Seite der Natur", die auf empirische Qualitäten abzielt, die quasi in einer seelischen Selbstwahrnehmung begründet sind und aus methodischen Überlegungen nicht in einem Konkurrenzverhältnis zu den naturwissenschaftlichen Erkenntnismöglichkeiten stehen (Fechner 1906, xiv).[9] Und zuletzt im Aufgreifen eines (aus der Naturrechtstradition stammenden) Naturinstinkts, mit dem die Entwicklungshypothesen einer Menschheit, die sich aus ihren rohen Anfängen herausarbeitet, zurückgewiesen werden können (Fechner 1906, xi).[10]

---

8 Dort stellt Fechner seine Position als eine spezifisch „pantheistische" vor, die sich von der Suche nach absoluter Gewissheit lossagt (siehe auch Fechner 1860, 1–12). Aus meiner Sicht ist entscheidend, dass Fechner die ältere Identitätslehre Schellings von ihrer auf einen metaphysischen Grund spekulierenden Ausrichtung befreit und damit zugleich in eine empiristische Form übersetzt. In seiner Ablehnung eines Absoluten steckt nicht zuletzt auch eine spinozistische Skepsis gegenüber einem wie immer verstandenen Primat des Geistigen über das Materielle.
9 Zu Fechners Unterscheidung psychischer und physischer Erscheinungen (Heidelberger 1993, 101–108). Mit der identitätstheoretisch angelegten Unterscheidung des Seelischen und Körperlichen verbindet sich ein Naturdenken, das den in der Zeit des sog. Materialismusstreits vieldiskutierten Gegensatz von Naturwissenschaft und Naturphilosophie hinter sich lässt, sofern das Seelische nichts ist, was die Kausalitätsforderungen der physikalischen Methode limitierte. „Es wird aber der, wer dieser Schrift einige Aufmerksamkeit schenken will, finden, daß die höhere Lebendigkeit, welche der Natur darin zugesprochen wird, doch dem exakten Naturforscher seine Rechte daran nicht im mindesten verkümmert, nicht in ähnlicher Weise verkümmert, wie es durch die naturphilosophischen Betrachtungsweisen, die von Schelling und Hegel ausgegangen, allerdings mehr oder weniger geschieht." (Fechner 1906, xiv)
10 Fechner kommt in diesem Zusammenhang auch auf die „Naturansicht der Völker" zu sprechen, deren „ursprünglicher Naturinstinkt" der „weltverödenden Ansicht [...] unserer Verständigkeit" widerspreche. Hiermit antizipiert er gewissermaßen eine Idee von Primitivität, die den geläufigen Evolutions- und Geschichtsmodellen seiner Zeit entgegensteht – und die in ihrem latenten Rousseauismus nichtsdestotrotz eine Verklärung des Naturzustands vornimmt.

Freilich sieht die Welt, die sich jetzt die gebildete nennt, mit tiefer Verachtung herab auf jenen Kinderglauben der Menschheit, der überall Seele in der Natur fand, wie wir es wieder tun, und in Sonne, Mond und Sternen individuelle göttlich beseelte Wesen sah, wie wir es auch wieder tun. Daß wir es tun, wird uns selbst werfen lassen unter die Narren und Kinder. Doch ist in den Narren und Kindern manchmal mehr Wahrheit als in den Weisen und Greisen. (Fechner 1906, 3)[11]

2 Anthropologie der Technik

Fechners Verständnis der Erde (mitsamt ihrer Seele) mag auf den ersten Blick zwar liebenswürdig verrückt, aber im Kern doch recht abwegig erscheinen. Es ist allzu üblich, wir kennen das auch aus der Tradition der Naturphilosophie, die geologische Sphäre von der organischen abzutrennen und diese wiederum in die Bereiche der Botanik, der Zoologie und des Menschen aufzuteilen. In Bezug auf das Anthropozän und auf die mit ihm verhandelten anthropologischen Fragen erscheint die mythisch wirkende Erzählung von der Erde angesichts der stets erneut beschriebenen Entzauberung von Natur und Welt immer schon zu spät zu kommen. Und doch gibt es auch in den geläufigen Vorstellungen der Umweltethik ein breit diskutiertes Problem, das eine strikte Trennung des Menschengemachten und des natürlich Vorgefundenen oder auch der Umwelt im Sinne der nicht-menschlichen Natur aufwirft. Schließlich wird einerseits das Ökosystem als ein „dynamischer Komplex von Gemeinschaften aus Pflanzen, Tieren und Mikroorganismen sowie deren nicht lebender Umwelt" aufgefasst und andererseits die menschliche Aktivität als in diesen Komplex in gefährdender – oder eben auch: in schützender – Weise eingreifend verstanden.[12] Und damit schließt sich der Kreis (noch bevor im Einzelnen die faktischen Interferenzen zwischen den begrifflich getrennten Bereichen zum Thema gemacht worden sind – und auch das wäre möglich). In umweltethischen Fragen ist letzten Endes die Isolierung von Mensch und Natur nicht praktikabel. Das hat nicht zuletzt dahin geführt, dass Gregory Bateson zwei Ökologien im Sinne von Gesellschaftstypen unterschieden hat: die „schismogenic" und die „steady-state societies", die abendländisch-westliche und die „totemistische", die im Unterschied zu der erstgenannten aus seiner Sicht ein nachhaltiges natürliches Gleichgewicht aufrechterhalten konnte (siehe Bateson 1981, 104). Oder wie es daran anknüpfend, aber doch auch anders,

---

[11] Siehe die neueren Diskussionen um den Animismus (z.B. Stengers 2015).
[12] Übereinkommen über die biologische Vielfalt, abgeschlossen in Rio de Janeiro am 05.06.1992, Artikel 2, Schweizerische Ratifikationsurkunde, https://www.admin.ch/opc/de/classified-compilation/19920136/index.html#fn1 (17. Januar 2019).

etwas später Félix Guattari formulierte: „Die Umwelt-Ökologie [...] hat meines Erachtens die verallgemeinerte Ökologie [...] erst angebahnt." (Guattari 1994, 50) Und damit finden sich auch Mensch und Technik innerhalb der ökologischen Problemstellung wieder.

Die eingangs aufgeworfene Frage nach der genaueren Bestimmung menschlicher Handlungsmacht bleibt bis hierher unbeantwortet. In welchem Sinne ist der Mensch der Urheber einer erdgeschichtlich relevanten Veränderung der klimatischen Verhältnisse und mit diesen funktionell interagierenden Ökosystemen? Oder anders gefragt: Wie ist die technische Aktivität zu verstehen, die mit derart weit reichenden Folgen verbunden ist? Ungeachtet der Tatsache, dass die menschliche Aktivität in grundsätzliche Prozesse des „Erdsystems" eingebettet ist, spricht sich Clive Hamilton dafür aus, dass die Menschen im Sinne der Menschheit für das, was sie tun, und insbesondere für die von ihnen in Gang gesetzte Technikentwicklung verantwortlich zu machen sind. „It is this amplified responsibility for the Earth that is at the heart of the new anthropocentrism." (Hamilton 2017, 53) Unklar bleibt dabei, wie mit dem Paradox der Handlungsmacht umgegangen werden soll, dass einerseits identifizierbare verantwortliche Handlungsträger und andererseits unkontrollierte systemische Prozesse ins Spiel gebracht werden. Im Unterschied dazu hatte etwa Bruno Latour gefordert, das Handeln aufzuheben bzw. Kollektive quasi als Agenturen zu begreifen. Das Problem der menschlich oder nicht-menschlich qualifizierten Handlungsmacht findet sich in der Technik-Anthropologie vorgezeichnet.

Ernst Kapp erklärt in seiner an die idealistische Naturphilosophie anschließenden Philosophie der Technik von 1877 den Menschen zum „anthropologischen Maassstab" aller technischen Dinge (siehe Kapp 1877, 3, 8). Und dies in zweierlei Hinsicht. Zum Einen werden technische Artefakte, Werkzeug oder Maschinen, als „Organprojektionen" aufgefasst und erklärt. In diesem Sinne fungiert der menschliche Körper als ein natürliches Werkzeug, das durch technische Instrumente verlängert oder verstärkt wird (siehe Kapp 1877, 41–42).[13] Die Säge und die Zahnreihe, die Hand oder Faust und der Hammer, der Zeigefinger und der Bohrer. Als Vorbild der Technik dient der menschliche Organismus, der sich in der Maschine entäußert oder gegenständlich wird. An diesem Punkt wird zweitens verständlich, inwiefern der anthropologische Maßstab normative Qualitäten besitzt. Schließlich kommt es darauf an, dass sich der Mensch in der Technik selbst erkennt; gelingt ihm dies nicht, so macht sie sich selbständig,

---

[13] Die Bedeutung der Anthropologie Kapps in der Medien- und Technikforschung, auch im Rekurs auf seine bereits 1845 erschienene philosophische Erdkunde, wird aktuell diskutiert (siehe Maye und Scholz 2019).

verliert ihre anthropologische Form (einer am Urbild des Menschen orientierten künstlichen Extension) und bringt Unheil. Ihre im Krisendiskurs der Jahrhundertwende immer wieder beschworene Entfesselung markiert die Überschreitung eines anthropologisch oder anders definierten Seinstypus ‚eigentlicher Existenz'.

Der idealistisch imprägnierten Anthropologie widerspricht ein Technikdenken, das menschliche Akteure nur zu einem Vermittlungsmoment, nicht aber zum Ursprünglichen technisch-kultureller Verhältnisse erklärt. Zumindest gilt dies nach Simondon, wenn in der Geschichte der Technik selbstregulierte Maschinen auf den Plan treten. Gelingt es aber, die mit ihnen verbundene neue Vermittlung im sogenannten „assoziierten Milieu" von Mensch-Maschine-Verhältnissen zu denken, dann kann es auch gelingen, der Technik im Kulturellen – und entgegen den pessimistischen Zeitdiagnosen – einen Platz einzuräumen (siehe Simondon 2012, 135–139). Die Technizität der technischen Aktivität lässt die gängigen Vorstellungen zweckrationalen Handelns hinter sich. Ihre Operationsketten begründen eine „transindividuelle Relation", mit der sich ein Netz aus singulären Punkten knüpft, „über die die Austauschprozesse zwischen dem Lebendigen und seinem Milieu verlaufen" (siehe Simondon 2012, 156, 228–229). Das Netz der Schlüsselpunkte strukturiert die sozialen Wirklichkeiten und „[k]eine Anthropologie, die vom Menschen als individuellem Wesen ausginge, kann der transindividuellen technischen Relation Rechnung tragen." (Simondon 2012, 229)

3 Bruchlinien der Evolutionsgeschichte des Menschen: Leroi-Gourhan

Anthropologiekritik nach Foucault bedeutet: eine epistemische Struktur aufgrund ihrer merkwürdigen Ambivalenz zu problematisieren. Sie bedeutet sicher nicht: den Menschen in dem Sinne zu leugnen oder auch nur zu ignorieren, dass in ihm ein Lebewesen identifiziert werden kann, das sich nicht nur deutlich von Hund oder Katze, Fisch, Vogel oder Affe unterscheidet, sondern außerdem durch eine sehr auffällige Lebensweise auszeichnet. Tatsächlich aber wurde in der Geschichte des Denkens immer wieder zwischen einer epistemischen Struktur und einem spezifischen Sondermerkmal des Menschen (im Unterschied zu den Tieren) eine substantielle Verbindung behauptet (siehe Rölli 2011). Ein Problem ist der Mensch dann, wenn mit ihm eine Denkweise verschmilzt, die eine grundlegende Asymmetrie metaphysischen Typs in die Repräsentation des empirischen Wissens einführt: Foucaults berühmte empirisch-transzendentale

Dublette (siehe Foucault 1991, 367–412, v.a. 384–389). Ganz andere Probleme stellen sich aber, wenn der Mensch in einem recht allgemeinen Sinne als *homo sapiens* aufgefasst und von anderen Lebewesen unterschieden wird. Zum Schluss wird ein Vorschlag untersucht, wie sich die Technizität mit der Naturgeschichte des Menschen verknüpfen lässt.

Leroi-Gourhan beschreibt das typisch Menschliche der Gattung *homo* durch folgende Merkmale: „Aufrechter Gang, kurzes Gesicht, Hände, die bei der Fortbewegung frei bleiben, und der Besitz beweglicher Werkzeuge [...]." (Leroi-Gourhan 1984, 36) In der Einleitung zum ersten Band von *Le geste et la parole*: *Technique et langage* (1964) wendet er sich ausführlich von einem älteren und antiquierten anthropologischen Bild des Menschen ab, das durch eine bestimmte Denkweise charakterisiert werden kann (Leroi-Gourhan 1984, 124, 138, 152, 156). Ihm geht es darum, die paläontologische Illusion deutlich zu machen, nämlich die gleichsam automatische Verortung der menschlichen Vorgeschichte in einem zwischen den Affen und den Menschen angesiedelten Übergangsgebiet. Verstrickt in diese Illusion gelingt es den Naturforschern lange Zeit nicht, die fossilen Funde genau auszuwerten, die zwischen dem aufrechten Gang, einem nicht besonders entwickelten Gehirn und dem Werkzeuggebrauch einen Zusammenhang erkennen lassen. Vielmehr ordnen sie die Knochenfunde stets der leitenden Idee eines „Affenmenschen" unter, der zwischen den Anthropoiden und dem Menschen verortet wird (Leroi-Gourhan 1984, 25). Sie sind für sie erst einmal nicht „lesbar" (siehe Leroi-Gourhan 1984, 23). „Es ist ganz überdeutlich, daß die Paläontologie des Menschen, die im achtzehnten Jahrhundert von der unangreifbaren Vorstellung einer Verwandtschaft zwischen dem Menschen und den großen Primaten ihren Ausgang genommen hatte, außerstande war, sich etwas anderes vorzustellen, als den Mittelwert zwischen den ihr bekannten Affen und dem *homo sapiens* zu bilden." (Leroi-Gourhan 1984, 29) Erst als Louis Leakey den „Zinjanthropus" (nach neuestem Stand: den *homo habilis*) ausfindig macht, wird es möglich, das tradierte paläontologische Bild des Menschen zu revidieren und damit zugleich eine „Denktradition [zu] zerschlagen", die vom achtzehnten bis ins zwanzigste Jahrhundert hinein währte (siehe Leroi-Gourhan 1984, 35, 119).

An diesem Punkt könnte von einer anthropologischen Illusion gesprochen werden, die sich auch in der Naturgeschichte des Menschen auswirkt. Leroi-Gourhan spricht von der paläontologischen Illusion des Affenmenschen und von der in ihr wirksamen zerebralistischen Illusion, die in der zoologischen Illusion kulminiert.[14] Damit ist gesagt, dass mit dem aufrechten Gang und den dadurch

---

14 Zur zerebralistischen Illusion siehe Leroi-Gourhan (1984, 36, 43, 107, 116); und zur zoologischen siehe (Leroi-Gourhan 1984, 39–40, 152, 170). „Der homo sapiens ist die letzte bekannte

frei werdenden Händen eine technische Aktivität im Kontext sozialer und sprachlicher Dimensionen einsetzt, die fortan die Naturgeschichte des *homo sapiens* mit seiner Kulturgeschichte verschränkt.¹⁵ „Auf alles waren wir gefaßt, nur nicht darauf, daß unser Menschsein seinen Ausgang bei den Füßen genommen hat." (Leroi-Gourhan 1984, 89) Die technische Evolution überflügelt nicht nur die zoologische; sie markiert einen radikalen Bruch mit der physischen Konstitution. „Die Technik ist beim *homo sapiens* nicht mehr an den Zellfortschritt gebunden, sie scheint sich vielmehr vollständig davon zu lösen und in gewisser Weise ihr eigenes Leben zu führen." (Leroi-Gourhan 1984, 179) Die Bruchlinie verläuft dort, wo „eine noch von den biologischen Rhythmen beherrschte kulturelle Evolution abgelöst wird von einer kulturellen Evolution, die von den sozialen Phänomenen beherrscht wird." (Leroi-Gourhan 1984, 183; siehe 170) Wenn sich der Mensch nach der von Leroi-Gourhan entwickelten funktionellen Paläontologie durch seinen Gang, seine Hände, sein Sprechen und damit auch durch eine sozialisierte Form der technischen Aktivität auszeichnet, so ist damit keine Anthropologie nach dem Muster von Kapp entworfen. Es findet zwar auch bei Leroi-Gourhan in der Technikentwicklung eine Auslagerung und Erweiterung menschlicher Fähigkeiten statt – aber diese sind nicht einfach organische Projektionen, und ebenso wenig sind sie an ihren normativ aufgeladenen Ursprungsort gebunden. Eben gerade nicht. Historisch betrachtet, bestimmen sich die technischen Aktivitäten aus ihren assoziierten Milieus sozialer Verhältnisse. Die ethnographisch angelegte Kulturbetrachtung der Technik soll dabei geläufige Einseitigkeiten in soziologischen oder anthropologischen Arbeiten vermeiden helfen (siehe Leroi-Gourhan 1984, 171).¹⁶ Ob die soziale Integration der Technik im Sinne der Her-

---

Etappe in der Evolution der Hominiden und zugleich die erste, in der die Zwänge der zoologischen Evolution überwunden und weit zurückgelassen werden." (Leroi-Gourhan 1984, 38) Es zeichnet die anthropologische Illusion aus, die technisch-kulturellen Aspekte menschlicher Lebenswelten nicht angemessen zu berücksichtigen und an Entwicklungskonzepten festzukleben, die immer auch einen einseitigen Bezug zwischen Biologie (Erbgut, Gehirn) und Intelligenz bzw. Zivilisationsstufe herstellen. Mit Blick auf die Phrenologie Galls (und Lombrosos) schreibt Leroi-Gourhan: „Das Geheimnis der fatalen Konditionierung der Genies, Kriminellen und Idioten kommt dem Problem des Affenvorfahren recht nahe, vor allem aber dem stets gegenwärtigen Problem der Bestimmung des Menschen." (Leroi-Gourhan 1984, 116)

15 Eine Verbindung von „natural history and human history" fordert angesichts der aktuellen Verhältnisse des menschengemachten Klimawandels, die in den Begriff vom Anthropozän eingehen Dipesh Chakrabarty (2009).

16 Zur Ergänzung der soziologischen Perspektive in der Durkheim-Schule siehe Leroi-Gourhan (1984, 191–192). Immer wieder zieht Leroi-Gourhan auch Parallelen zwischen der von ihm intendierten Kulturbetrachtung des Paläanthropus und Beschreibungen sogenannter primitiver, d.h. aus seiner Sicht schriftloser Kulturen. Trotz einer deutlichen Ablehnung kolonialer Ent-

stellung eines „Gleichgewichts" gelingt ist von historischen Kontexten abhängig und muss nach Leroi-Gourhan offen bleiben (siehe Leroi-Gourhan 1984, 235–236, 274–275).[17] Im Zuge der modernen Industrialisierung entsteht allerdings eine globale Situation, die nicht nur die technische Entwicklung auf eine neue Stufe hebt, sondern zugleich den Menschen grundsätzlich infrage stellt. Mit der Entfesselung der Kraft durch die Dampfmaschine, mit der elektronischen „Exteriorisierung" des Nervensystems und des Gedächtnisses, mit der Automatisierung sämtlicher Arbeitsprozesse verbindet sich eine „Dekulturation", die einen globalen technischen Prozess, die Überschreitung aller ‚ethnischen' Grenzen, aus sich hervorgehen lässt (Leroi-Gourhan 1984, 317).[18] Denn obwohl der Mensch primär als ein soziales und technisches Wesen aufgefasst wird, bedeutet die technische Evolution zugleich, dass sie über die biologische, die den Artbegriff des Menschen immer mitdefiniert, und eben womöglich auch über die kulturelle, die das Technische mit dem Menschlichen vermittelt, hinausweist (Leroi-Gourhan 1984, 223).[19] Auch in diesem Sinne wäre der Mensch ‚nicht festgestellt'.

Erneut kommt hier die anthropologische Illusion ins Spiel, die z.B. Peter Camper dazu verleitete, zwischen den Primaten, den wenig entwickelten Menschenrassen, den weißen Europäern und zuletzt dem Ideal altgriechischer Skulpturen nach Winckelmann eine kontinuierliche, messbare Entwicklungslinie zu behaupten (siehe Camper 1792).[20] In den Worten von Leroi-Gourhan: „Die beständige Suche nach stärkeren und präziseren Mitteln mußte notwendig zum biologischen Paradoxon des Roboters führen, der die menschliche Phanta-

---

wicklungsvorstellungen dokumentieren die angeführten Parallelen problematische Sichtweisen (siehe Leroi-Gourhan 1984, 99, 137–138, 155, 164, 172, 181, 305).

17 Es stellt sich die Frage, ob mit Hilfe eines kollektiven Gedächtnisses die technische Evolution ausbalanciert werden kann – „oder ob es sich um den Bruch mit jenem Gleichgewicht handelt, dem die physische Konstitution des Menschen entspricht, einen Bruch, der von dem künstlichen Organismus getragen wird, zu dem sich die Zivilisationen entwickelt haben. Dann erhielte die gängige Formel vom Menschen, den seine Techniken überholen, wirklich Geltung." (Leroi-Gourhan 1984, 235)

18 Siehe außerdem zu den erdumspannenden Vorgängen der Industrialisierung Leroi-Gourhan (1984, 309, 316, 319–320).

19 Es kann unterschieden werden zwischen einem anthropologischen Rahmen, der eine biologische und eine kulturelle Konkretion zugeschrieben erhält, und der sozio-technischen Auflösung dieses Rahmens. Die Auflösung selbst muss wiederum nicht negativ auf das Verlorene bezogen sein, vielmehr liegt in ihr womöglich eine neue positive – und präzisere – Konkretion.

20 Campers ‚Gesichtswinkel' ist das Paradebeispiel einer Kranio- und Anthropometrie, auf die sich die naturphilosophisch begründeten Entwicklungsvorstellungen der Anthropologie im neunzehnten Jahrhundert (und noch später) beziehen.

sie angesichts der Automaten schon seit Jahrhunderten beflügelt. Und in der Tat stellt sich dem Bild des Affenvorfahren [...] das Bild [...] des perfekt fabrizierten Menschen [entgegen], das mechanische Ebenbild des Anthropoiden." (Leroi-Gourhan 1984, 310) Und wieder zeigt sich, dass der transhumanistische Traum ein im Kern anthropologisch verwirrter ist. Er verlässt die irdisch-kollektiv vernetzten Felder und imaginiert sich in eine Matrix, die an den Prozess einer „vertikalen Evolution" anschließt, der mit der Befreiung der Techniken vom Rhythmus der Biologie nur in Gang gesetzt wurde (Leroi-Gourhan 1984, 223). Realistischer ist da schon, sich am Ende der Geschichte „[e]ine zahnlose Menschheit [vorzustellen; MR], die in liegender Stellung lebte, und das, was ihr vom vorderen Glied geblieben ist, dazu benützte, auf Knöpfe zu drücken [...]." (Leroi-Gourhan 1984, 167; siehe 311–312)

Literatur

Bateson, Gregory. *Ökologie des Geistes: Anthropologische, psychologische, biologische und epistemologische Perspektiven* [1972], Frankfurt am Main: Suhrkamp, 1981.

Camper, Peter. *Über den natürlichen Unterschied der Gesichtszüge in Menschen verschiedener Gegenden und verschiedenen Alters.* Berlin: Voß, 1792.

Chakrabarty, Dipesh. „The Climate of History: Four Theses". *Critical Inquiry* 35.2 (2009): 197–222.

Fechner, Gustav Theodor. *Elemente der Psychophysik*, Bd. 1. Leipzig: Breikopf und Härtel, 1860

Fechner, Gustav Theodor. *Zend-Avesta oder über die Dinge des Himmels und des Jenseits: Vom Standpunkt der Naturbetrachtung* [1851], Hamburg/Leipzig: Voß, 1906.

Fludd, Robert. *Utriusque cosmi maioris scilicet et minoris Metaphysica, physica atque technica Historia*, 2 Bde., Oppenheim/Frankfurt: Bry, 1617.

Foucault, Michel. *Die Ordnung der Dinge: Eine Archäologie der Humanwissenschaften* [1966]. Frankfurt am Main: Suhrkamp, 1991.

Goethe, Johann Wolfgang. „Der Zauberlehrling," *Textlog*, https://www.textlog.de/18471.html (12. Januar 2019).

Guattari, Félix. *Die drei Ökologien* [1989]. Wien: Turia und Kant, 1994.

Hamilton, Clive. *Defiant Earth: The Fate of Humans in the Anthropocene.* Cambridge, UK/Malden: Polity Press, 2017.

Heidelberger, Michael. *Die innere Seite der Natur: Gustav Theodor Fechners wissenschaftlich-philosophische Weltauffassung*, Frankfurt am Main: Klostermann, 1993.

James, William. *Das pluralistische Universum: Vorlesungen über die gegenwärtige Lage der Philosophie* [1909]. Darmstadt: Wissenschaftliche Buchgesellschaft, 1994.

Kapp, Ernst. *Grundlinien einer Philosophie der Technik: Zur Entstehungsgeschichte der Cultur aus neuen Gesichtspunkten*, Braunschweig: Westermann, 1877.

Kepler, Johannes. „Harmonice Mundi libri V" [1619]. *Gesammelte Werke*, Bd. 6. München: Beck, 1940.

Landmann, Michael. *Philosophische Anthropologie: Menschliche Selbstdarstellung in Geschichte und Gegenwart* [1955], Berlin: de Gruyter, 1982.
Latour, Bruno. *Das terrestrische Manifest*. Berlin: Suhrkamp, 2018.
Lem, Stanisław. *Solaris*. München: Heyne, 2002.
Leroi-Gourhan, André. *Hand und Wort: Die Evolution von Technik, Sprache und Kunst* [1964–65]. Frankfurt am Main: Suhrkamp, 1984.
Maye, Harun und Leander Scholz (Hg.), *Ernst Kapp und die Anthropologie der Medien*, Berlin: Kadmos, 2019.
Oken, Lorenz. Über das Universum als Fortsetzung des Sinnensystems: *Ein pythagoräisches Fragment*, Jena: Fromann, 1808.
Plessner, Helmuth. „Die Frage nach der Conditio humana" [1961]. *Gesammelte Schriften*, Bd. 8. Frankfurt am Main: Suhrkamp, 2003.
Rölli, Marc. *Kritik der anthropologischen Vernunft*, Berlin: Matthes und Seitz, 2011.
Simondon, Gilbert. *Die Existenzweise technischer Objekte* [1958]. Berlin/Zürich: Diaphanes, 2012
Steffen, Will, Jacques Grinevald, Paul Crutzen und John McNeil. „The Anthropocene: Conceptual and Historical Perspectives." *Philosophical Transactions of the Royal Society A: Mathematical, Physical and Engineering Science*s 369 (2011): 842–867
Stengers, Isabelle. „Den Animismus zurückgewinnen." *Animismus: Revisionen der Moderne*. Hg. Irene Albers und Anselm Franke. Zürich: Diaphanes, 2015. 111–123.
Tomasello, Michael. *Die kulturelle Entwicklung des menschlichen Denkens: Zur Evolution der Kognition* [2002], Frankfurt am Main: Suhrkamp, 2006.

Daniel Chernilo
Die Frage nach dem Menschen in der Anthropozändebatte

Die Hauptstoßrichtung der Argumente zum Anthropozän, die verschiedenen naturwissenschaftlichen Disziplinen gemeinsam sind, läuft auf die Aussage hinaus, dass der Mensch nun aus geologischer Sicht als bedeutende Naturgewalt gelten muss. Das Anthropozän wird definiert als eine neue „geologische" Epoche, *dominiated* by human activity" (Zalasiewicz et al. 2008, 4; meine Hervorhebung, D.C.): Menschen sind dabei Akteure, die über die erwiesene Fähigkeit verfügen, die „normalen" Zyklen der Natur grundlegend zu verändern. Die Anthropozändebatte ist in den letzten etwa 15 Jahren aufgekommen und hat erst vor nicht allzu langer Zeit die Sozial- und Geisteswissenschaften erreicht. Dass Geographen schneller auf sie reagiert haben, kann durchaus damit zusammenhängen, dass das Verständnis der Wechselwirkungen zwischen sozialer und natürlicher Umwelt in ihre Art und Weise, die natürliche und die soziale Welt zu konzipieren, integriert ist.[1]

Das Anthropozän zählt zu den ehrgeizigsten wissenschaftlichen Programmen der letzten 15 oder 20 Jahre (Maslin und Lewis 2015) und es ist verlockend, es als eine neue „große Erzählung" für das einundzwanzigste Jahrhundert zu betrachten. Es fungiert als allumfassender Rahmen, der versucht, das „Erdsystem" als Ganzes zu verstehen: Er beschreibt die Naturgeschichte des Planeten und verwan-

---

Dieser Essay erschien zuerst als: Chernilo (2017). Mit freundlicher Genehmigung des Autors und Sage Publications.

Mein Dank gilt Dave Elder-Vass, Robert Fine, Nikos Sotirakopoulos und Simon Susen für die Kommentare zu früheren Versionen dieses Artikels und zu den allgemeinen Ideen, die ihn beeinflussen.

[1] Siehe Crutzen (2002) für den Text, der wohl das ausgelöst hat, was ich hier als die „Anthropozändebatte" bezeichne. Siehe auch Lewis und Maslin (2015a) für die „Vorgeschichte" des Anthropozän im achtzehnten und neunzehnten Jahrhundert und Robben und Steffen (2007) für Entwicklungen in der ersten Hälfte des zwanzigsten Jahrhunderts. Im Folgenden werde ich mich vor allem darauf konzentrieren, wie das Anthropozän in den Naturwissenschaften diskutiert wurde, aber es sei darauf hingewiesen, dass dieses spezielle Thema zu einem wachsenden Trend in den Sozial- und Geisteswissenschaften gehört, der versucht, auf die damit verbundenen Herausforderungen zu reagieren. Siehe zum Beispiel eine jüngere Sonderausgabe von *Telos* (Herbst 2015). Die neugegründete Zeitschrift *The Anthropocene Review* hat den Vorzug, Wissenschaftler aus verschiedenen Fachrichtungen zusammenzubringen.

delt ihn in eine neue geologische Periode, er spezifiziert den besonderen Einfluss menschlichen Handelns auf die Entstehung dieser Epoche und er berücksichtigt die Beziehungen zwischen den „wissenschaftlichen" und den „politischen" Auswirkungen dieser Transformationen (Arias-Maldonado 2015). Doch die Zukunftsvision, die das Anthropozän zeichnet, ist grundsätzlich dystopisch, da sie auf der Annahme beruht, dass die Ausbeutung der natürlichen Ressourcen des Planeten einen *tipping point* erreichen wird oder bereits erreicht hat, so dass die Aussichten auf das Fortbestehen menschlichen Lebens selbst fraglich werden. Futurologien der Krise sind in den meisten modernen großen Erzählungen für den Aufruf zu politischem Handeln von zentraler Bedeutung. In diesem Fall ermöglicht der direkte Bezug zur Politik der Erderwärmung und zu Umweltfragen im weiteren Sinne, dass wissenschaftliche Erkenntnisse über das Anthropozän leicht in breiteren öffentlichen Debatten genutzt werden können. In der Tat gibt gerade die Tatsache, dass das Anthropozän als dystopischer Diskurs angesehen werden kann, Jean-François Lyotards (1984) ursprünglicher Kritik an modernen großen Erzählungen eine ironische Wendung: Mit dem Niedergang der Idee des Fortschritts sind die einzigen großen Erzählungen, die heute überleben, diejenigen, die auf den Grenzen und Unzulänglichkeiten der Moderne selbst aufbauen.[2]

Ein Überblick über die zentralen Grundsätze des Anthropozän zeigt mindestens drei verschiedene Blickwinkel, aus denen sein Aufstieg und seine Hauptmerkmale als wissenschaftliche Erzählung in den Geistes- und Sozialwissenschaften bewertet worden sind. Der erste kann mit Bruno Latours (2008, 2018) Version der Akteur-Netzwerk-Theorie in Verbindung gebracht werden: Das Anthropozän stellt das konventionelle Verständnis von Kultur, Gesellschaft und Natur als eigenständige ontologische Domänen in Frage. Wenn Anthropozäntheorien empirisch zeigen können, dass der Mensch die physikalischen Eigenschaften unseres Planeten, dessen Ursprung nicht menschlich ist, verändert hat, dann scheint die Vorstellung von verschiedenen ontologischen Domänen eine ernsthafte Neubewertung zu erfordern.[3] Die zweite Argumentationslinie ergibt sich aus der Annahme, dass die These vom Anthropozän, aller möglichen philosophischen, soziologischen oder ideologischen Mängel zum Trotz, ernst genommen werden sollte, da sie auf soliden empirischen Beweisen beruht. Dipesh Chakrabarty (2009, 2012) etwa gibt mit einiger Bescheidenheit zu, dass – obwohl viele von

---

[2] Dies passt beispielsweise auch zu Ulrich Becks (1986) Argument, dass sich die zeitgenössische Moderne zu einer Risikogesellschaft entwickelt hat, in der Risiken die Rolle einer Schnittstelle zwischen sozialen Prozessen und natürlichen Ressourcen spielen.
[3] Siehe zum Beispiel Skillington (2015) und Trachtenberg (2015). Ich habe andernorts eine kritische Darstellung von Latours ontologischen Behauptungen angeboten (Chernilo 2015).

uns nicht in der Lage sind, die empirischen Informationen, die zur Unterstützung der Anthropozänthese diskutiert werden, unabhängig zu beurteilen, geschweige denn vollständig zu verstehen – die Tatsache, dass sie in so kurzer Zeit derart zum Konsens geworden sind, als Hinweis auf ihre Triftigkeit angesehen werden muss. Ohne Frage haben diejenigen auf der geisteswissenschaftlichen Seite der beiden Kulturen schnell betont, dass soziale und kulturelle Praktiken letztlich allen Entdeckungen in den Naturwissenschaften zugrunde liegen (Lövbrand et al. 2015). So ist Chakrabartys Plädoyer nicht unplausibel, denn abgesehen vom Konsens darüber, dass der Mensch Veränderungen in den verschiedenen natürlichen Lebensräumen der Erde ausgelöst hat und dass diese Veränderungen Auswirkungen auf die Zukunftsperspektiven des menschlichen Lebens haben, besteht geringes Einvernehmen, was das Anthropozän eigentlich exakt ist, wie und wann es genau begonnen hat und was seine wichtigsten empirischen Indikatoren sind.[4] Eine dritte Argumentationslinie wird von denen mit einem offen „politisch" artikulierten Interesse vorgebracht, und sie heben darauf ab, dass das Anthropozän ein weiterer Ausdruck des modernen Raubtierkapitalismus sei. Unabhängig davon, ob sie die empirischen Beweise für die Idee des Anthropozän akzeptieren, behaupten sie, diese Debatte sei ein zusätzliches Indiz für den intrinsisch ausbeuterischen Charakter des Kapitalismus, dessen Logik sich weiter ausdehnt: Die Beherrschung der Arbeit durch das Kapital und die Beherrschung der Kolonien durch Imperien werden beide durch die grundsätzlich explotative Dynamik des menschlichen Handelns über die Natur gestützt (Malm und Hornborg 2014). Das Anthropozän wird hier als der jüngste Ausdruck derselben pervertierten Logik angesehen, die nun alle Bereiche des menschlichen und natürlichen Lebens „kolonisiert" hat.[5]

---

[4] Siehe zuletzt Certini und Scalenghe (2015), Hamilton (2015), Hamilton und Grinevald, (2015), Lewis und Maslin (2015a, 2015b), Steffen et al. (2015), Zalasiewicz et al. (2015). Diese Artikel sind unter anderem uneins darüber, wann das Anthropozän begann, ob es genügend empirische Beweise gibt, um überhaupt vom Anthropozän zu sprechen, und wenn ja, welche Art von empirischen Beweisen zu seinen Gunsten vorgelegt werden können.
[5] Da ich daran interessiert bin, seine impliziten Vorstellungen vom Menschen zu erforschen, stellt dieser Artikel nicht in Frage, ob es so etwas wie „das Anthropozän" tatsächlich gibt. Aber man muss sagen, dass die öffentliche Plausibilität des Anthropozän auf den Verbindungen aufbaut, die es zu politischen Fragen über Klimawandel und globale Erwärmung herstellen kann. Chakrabarty zum Beispiel vermischt diese beiden Debatten – die wissenschaftliche über den Status des Anthropozän als Konzept und die politische über das Vorgehen gegen den Klimawandel –, die aber differenziert werden müssen. Ich bin Nikos Sotirakopoulos dankbar, dass er mich auf diesen Unterschied hingewiesen hat.

Dies alles sind Argumentionslinien, die weitere Auseinandersetzung erfordern, aber sie sind diejenigen, die bisher die größte Aufmerksamkeit erregt haben. Mein Beitrag zu diesem Sonderthema möchte sich auf eine etwas andere Reihe von Anliegen konzentrieren. In den letzten Jahren habe ich unter dem Banner der „philosophischen Soziologie" argumentiert, dass wir ein tieferes Verständnis der – oft impliziten – Vorstellungen des Menschlichen, der Humanität und gar der menschlichen Natur benötigen, die sowohl politischen als auch sozialwissenschaftlichen Debatten zugrunde liegen (Chernilo 2014, 2017). Der soziologische Wert, diese impliziten Vorstellungen des Menschen zu betrachten, meine ich, liegt in der Tatsache, dass sie die normativen Ideen der Gesellschaft – sei es Gerechtigkeit, Solidarität oder Autonomie – mit Inhalt füllen. Ein Hauptargument der philosophischen Soziologie lautet, dass die Art und Weise, wie wir diese Ideen gesellschaftlich diskutieren, darauf beruht, wie wir die anthropologischen Merkmale verstehen, mit denen Menschen ihre gemeinsame Zugehörigkeit zur menschlichen Spezies definieren. Mein Ziel in diesem Essay ist es, diesen Ansatz zu verwenden, um die der Anthropozändebatte zugrundeliegenden, impliziten Vorstellungen des Menschen zu erkunden – in diesem Fall die reduktionistische Darstellung des Anthropos.

Ich werde in zwei Schritten vorgehen. Erstens wird der Essay die Hauptargumente der Anthropozändebatte rekapitulieren und dabei besonderes Augenmerk auf die ihr inhärenten Vorstellungen vom Menschen legen. Zweitens werde ich die Hauptmerkmale meines Ansatzes in der philosophischen Soziologie erläutert, um zu zeigen, dass die Anthropozändebatte auf einem zu engen Verständnis von Handlungsmacht, Reflexivität und Verantwortung als spezifisch menschlichen Eigenschaften beruht.

1 Eine Analyse des Anthropozän

Der Chemiker und Nobelpreisträger Paul J. Crutzen veröffentlichte in *Nature* einen einseitigen Artikel, der zu den ersten gehörte, die das Anthropozän als neue wissenschaftliche große Erzählung anboten. Sein Beitrag beginnt wie folgt:

> For the past three centuries, the effects of humans on the global environment have escalated. Because of these anthropogenic emissions of carbon dioxide, global climate may depart significantly from natural behaviour for many millennia to come. It seems appropriate to assign the term „Anthropocene" to the present, in many ways human-dominated, geologi-

cal epoch, supplementing the Holocene – the warm period of the 10–12 millennia. (Crutzen, 2002, 23)[6]

Diese Eingangsdefinition fasst die meisten Schlüsselgedanken der Anthropozändebatte bemerkenswert gut zusammen. Daher möchte ich auf einige ihrer wichtigsten Voraussetzungen und Implikationen eingehen. Sie geben uns einen guten Eindruck davon, worum es in der Anthropozändebatte geht, und, für meine Zwecke wesentlich, welche ihre impliziten Vorstellungen vom Menschen sind.

1.1 Das anthropozentrische Argument

Naturwissenschaftliche Anthropozänforscher stützen sich auf eine Vielzahl von Indizien, um zu argumentieren, dass die Menschheit die mächtigste aller geologischen Kräfte geworden ist. Auch wenn Meinungsverschiedenheit darüber besteht, wie genau diese Auswirkungen zu erklären sind, lautet das Hauptargument, dass die kombinierten Auswirkungen menschlichen Handelns bereits die normalen Abläufe solcher natürlichen Zyklen wie der Durchschnittstemperatur von Luft und Wasser, der Umwandlung und dem Verschwinden von in sich geschlossenen Lebensräumen, der chemische Zusammensetzung atmosphärischer Gase und der Ozeane usw. verändert haben (Hamilton und Grinevald 2015; Lewis und Maslin 2015a, 2015b; Maslin und Lewis 2015; Steffen et al. 2007, 2015; Zalasiewicz et al. 2008, 2015). Die Forscher betonen zudem die Notwendigkeit, über die „planetarischen Grenzen" des „Erdsystems" zu sprechen: Mensch und Natur sind „endgültig" zusammengewachsen (Rockström et al. 2009). Die Darstellung des Anthropozän als neuartiger geologischer Epoche hängt allerdings nicht an der Beobachtung, dass menschliche Aktivitäten ihre Spuren in der natürlichen Umwelt hinterlassen haben. Die Idee des Holozäns, der geologischen Periode vor dem Anthropozän, wurde bereits definiert, um der Tatsache Rechnung zu tragen, dass *homo sapiens* einen großen Einfluss auf seine unmittelbaren Lebensräume hatte: vom Feuer über die Landwirtschaft bis hin zur Nutzung von Kohle und der Domestizierung von Tieren. Was den Aufstieg des eigentlichen Anthropozän kennzeichnet, ist die Tatsache, dass die gegenwärtigen geologischen Transformationen durch menschliches Handeln *dominiert* werden. Es ist die Zentralität des menschlichen Handelns, die es den Forschern erlaubt, über ein Erdsystem zu sprechen, in dem die „alte" Unterscheidung zwischen dem Natürlichen und dem Sozialen nicht mehr gilt. Anders ausgedrückt gibt es einen grundsätzlich

---

[6] Ähnliche Argumente finden sich auch in Crutzen und Steffen (2003) und Steffen et al. (2007).

anthropozentrischen Kern in der Idee des Anthropozän: Sie ist sozusagen eine andere Erkenntnis der Tatsache, wie mächtig menschliches Handeln tatsächlich ist. Tatsächlich kann man argumentieren, dass wir in den Sozialwissenschaften an die Vorstellung gewöhnt sind, dass Menschen als die sozialen und kulturellen Wesen, die sie sind, die Fähigkeit haben, die strukturellen Kontexte, in denen ihr Handeln stattfindet, zwar zu verändern, aber nie vollständig zu kontrollieren. Das Anthropozän hat diese Annahme nur verstärkt, aber nicht radikal neu definiert, da es sich auf das Phänomen konzentriert, dass das kombinierte Verhalten der menschlichen Spezies als Ganzer geradezu kosmologische Proportionen erreicht hat: Zu den Strukturen, die der Mensch unter unsicheren Bedingungen verändern kann, gehören auch die der natürlichen Welt. Die kombinierte Effekte menschlichen Handelns sind so mächtig geworden, dass sie – zum ersten Mal in der Geschichte des Globus – fast alle Aspekte der natürlichen Umwelt der Erde effektiv verändert haben. Der Mensch ist zum wichtigsten Transformationsfaktor für die grundlegenden chemischen Prozesse und physikalischen Strukturen der Erde schlechthin geworden.[7]

1.2 Das globale Argument

Während des Holozäns hinterließen menschliche Aktivitäten zwar in der natürliche Umwelt auf lokaler oder regionaler Ebene ihre Spuren, aber erst im Anthropozän werden diese geologischen Veränderungen wirklich global: Kein Teil des Planeten (Land, Wasser oder Luft) oder gar eine bestimmte menschliche Gruppe bleibt von den Auswirkungen menschlichen Handelns auf die Umwelt unberührt. Die einzige sinnvolle geographische Einheit für das Anthropozän ist daher die Erde als Ganze und deshalb ist deren einzig sinnvoller Akteur die Menschheit selbst, verstanden als eine einzige Spezies. Der „Universalismus", der den meisten Anthropozänargumenten zugrundeliegt, verbindet sich mit dieser doppelten Vorstellung, dass ein Planet einer menschlichen Spezies entspricht. Besorgt über die höchst ungleiche Verteilung von Lasten und Nutzen, die den Aufstieg und die Entwicklung der meisten modernen Institutionen (Kapitalismus, moderner Staat, Imperien usw.) kennzeichnet, betrachten Historiker und Sozialwissenschaftler den unkritischen oder gar ideologischen Appell an den Universalismus, den diese Argumente mit sich bringen, mit besonderer Unruhe (siehe z.B. Luke 2017). Mir scheint es richtig zu sein, dass die Anthro-

---

[7] Soweit mir bekannt, ist die einzige Dimension, die noch von diesen menschlichen Veränderungen ausgenommen ist, die Form und Länge der Erdumlaufbahn um die Sonne.

pozänliteratur diesen Punkt nicht klar genug herausstellt, aber es ist falsch zu behaupten, dass ein globales oder gar universalistisches Konzept *an sich* dazu nicht in der Lage wäre. Anstatt die universalistische Ausrichtung aufzugeben, müssen wir sie viel umfassender ausarbeiten.[8] Ich werde auf diesen Punkt unten zurückkommen.

1.3 Das Temporalitätsargument

Es gibt zwei sehr unterschiedliche zeitliche Einheiten in der Anthropozändebatte. Crutzen beginnt mit einem für Historiker der Neuzeit und Sozialwissenschaftler eher konventionellen Bezug auf die „past three centuries". Dies ist natürlich der Zeitrahmen, der es uns erlaubt, über die immer wichtiger werdende Rolle des modernen Kapitalismus, des Staates, der Industrie und der Technologie zu sprechen. Aber das Zitat endet mit einem Verweis auf „10-12 millennia", der sich auf die Art von Naturgeschichte bezieht, die soziologisch wenig Sinn ergibt, aber in Geographie und Geologie freilich ganz gebräuchlich ist. Tatsächlich dreht sich eine zentrale Diskussion der Forschung darum, wie mit der sogenannten *great acceleration*, der menschengemachten Umweltaktivitäten der letzten 50 oder 60 Jahre umgegangen werden muss (Steffen et al. 2015). Wieder einmal ist dies eine aus geistes- und sozialwissenschaftlicher Sicht plausibel handhabbare Zeiteinheit, die auch mit der systematischen Expansion moderner Industrie und Technik auf globaler Ebene zusammenfällt (den BRIC-Ländern, den sogenannten asiatischen Tigerstaaten usw.).[9] Die meisten empirischen Indikatoren, die in der Anthropozändebatte Anwendung finden, unterstreichen die Signifikanz dieser jüngsten Beschleunigung (z.B. Bevölkerungswachstum, Wassernutzung, Düngemittelverbrauch, Dezimierung von Tropen- und Regenwäldern oder Kohlendioxidmenge in der Atmosphäre). Die Gegenbehauptung lautet, dass aus geologischer Sicht einige Jahrzehnte eben keine Einheit sind, die für empirische

---

[8] Lewis und Maslin (2015a) verweisen beispielsweise auf Immanuel Wallersteins Weltsystemtheorie, um sowohl die globale als auch die ungleiche Dynamik des modernen Kapitalismus aufzuzeigen. Ich habe die Rolle universalistischer Argumente für den Aufstieg der klassischen Gesellschaftstheorie an anderer Stelle rekonstruiert (Chernilo 2013).

[9] Ich kann auf diesen Punkt hier nicht erschöpfend eingehen, aber es ist bemerkenswert, dass das Argument der *great acceleration* des letzten halben Jahrhunderts sehr stark auf den weltweiten Effekten von Industrietechnologien beruht – haben doch Soziologen meist behauptet, dass dies genau der Zeitraum sei, in der der Abstieg des Industrialismus begann: zuerst durch den Postindustrialismus und dann durch den Informationalismus (siehe Bell 1985 und Castells 2004).

Beobachtung, geschweige denn für theoretische Ausarbeitung verwendbar wäre (Hamilton 2015). Der zeitliche Rahmen, der zur Quantifizierung der langfristigen Auswirkungen unseres derzeitigen Einwirkens auf die Umwelt erforderlich ist, kann mehrere Jahrtausende betragen. Die normative Frage bleibt, ob sich der kurzfristige Nutzen instrumenteller Handlungen zunehmend oder sogar endgültig von dem getrennt hat, was als ihre vor allem negativen langfristigen Auswirkungen behandelt werden können.

1.4 Das Argument der instrumentellen Vernunft

Die Arten menschlicher Aktivität, die in der Literatur als für das Anthropozän ausschlaggebend beschrieben werden, verweisen auf die aktiven Anpassungsprozesse an die natürliche Umwelt und auf ihre Transformation – die ständige Fortentwicklung neuer Energiequellen und neuer Techniken zur Domestizierung von Nahrungspflanzen und Tieren, Veränderungen in den Ernährungsgewohnheiten der Menschen, die, da sie körperliche Stärke und geistige Fähigkeiten verbesserten, schließlich zu anhaltendem Bevölkerungswachstum führten, die exponentielle Zunahme der Gewinnung fossiler Brennstoffe wie Kohle, Öl und Gas und die systematische Weiterentwicklung von Verkehrsmitteln, die seit der Transformation der Navigationstechniken im fünfzehnten und sechzehnten Jahrhundert den kontinuierlichen transkontinentalen Austausch von Menschen, Waren, Kulturgütern und sogar Bakterien ermöglicht haben (Steffen et al. 2007; Zalasiewicz et al 2015). Zwei technologische Innovationen werden in der Literatur am stärksten hervorgehoben: 1) Industrietechnologien, die in der Mitte des neunzehnten Jahrhunderts entwickelt wurden; und 2) die erhöhte Verfügbarkeit der Kernenergie seit Mitte des zwanzigsten Jahrhunderts (Lewis und Maslin 2015a, 2015b). In allen Fällen wird das Anthropozän-Narrativ von der Art und Weise bestimmt, wie technologische Innovationen es den Menschen ermöglicht haben, die natürliche Welt immer erfolgreicher an ihre eigenen, ständig wachsenden Bedürfnisse anzupassen. Das ist eine grundsätzliche Aussage über die instrumentelle Herrschaft über die Welt. Angesichts der Wichtigkeit, den die Forschung technischen Erfolgen zuschreibt, wird instrumentelle Vernunft praktisch mit der menschlichen Vernunft gleichgesetzt, ja sogar auf sie reduziert.[10]

---

[10] Es entbehrt nicht einer gewissen Ironie, dass Anthropozäniker einige der konventionellsten Argumente der Anthropologie des frühen zwanzigsten Jahrhunderts in Bezug auf den menschlichen Erfolg bei der instrumentellen Beherrschung der natürlichen Welt aufgreifen. Man vergleiche etwa was ich hier diskutiert habe, mit Gordon Childes (1959) Argument in *Man Makes*

1.5 Das normative Argument

Es steht außer Frage, dass das Anthropozän als wissenschaftlicher Forschungsbereich explizit durch außerwissenschaftliche Überlegungen über die Zukunftsperspektiven des menschlichen Lebens auf dem Planeten motiviert ist. Ein wesentliches ethisches Motiv in der gesamten Anthropozändebatte ist die Tatsache, dass wir die Perspektiven der menschlichen Selbstvernichtung als Teil unserer politischen und wissenschaftlichen Verantwortung betrachten sollten. Nachhaltigkeit ist zu einem sichtbaren Thema und schließlich zu einem Problem geworden, denn menschliches Handeln vernichtet die natürlichen Ressourcen, auf deren Basis sich menschliches Leben reproduziert. *Stewardship* wird dann zum Zentralbegriff für das umfassende ethische Gebot, um den Planeten Sorge zu tragen (Arias-Maldonado 2015; Steffen et al. 2015). Das Anthropozän verdient seinen Namen jedoch, da es die wohl umfassendere Frage nach der Lebensfähigkeit der *Erde* nicht tatsächlich stellt: Es bleibt eine völlig anthropozentrische Perspektive. Es sei daran erinnert, dass ethische Überlegungen über die Auswirkungen menschlicher Aktivitäten auf die Umwelt wohl eine universelle Konstante des menschlichen Geistes und menschlicher Gesellschaften sind: Alle alten Zivilisationen und Weltreligionen haben ein ausdrückliches Interesse daran gezeigt, wie ihr Handeln die Reaktion der Erde auf ihre eigene Anpassung an die Umwelt (negativ) beeinflussen könnte. Frühe religiöse, kosmologische und philosophische Motive erinnern uns an die existentielle Angst vor dem kollektiven Überleben in einer nach wie vor unvorhersehbaren natürlichen Umgebung (Blumenberg 1987; Jonas 2008; Voegelin 1962).

Nach dem bisher Gesagten, können wir das Anthropozän als einen Versuch definieren, die Entwicklung eines allumfassenden Erdsystems zu verstehen, dessen geologische Eigenschaften von den langfristigen, kombinierten und unbeabsichtigten Auswirkungen menschlichen Handelns auf globaler Ebene bestimmt werden. Meiner Meinung nach gibt es jedoch eine grundlegende Spannung in der Idee des Anthropozän. Einerseits bleibt das Anthropozän, wie wir gesehen haben, das anthropozentrischste aller wissenschaftlichen Konzepte: Es „demonstriert" sozusagen, dass die kausalen Kräfte des menschlichen Handelns ein so außergewöhnliches Ausmaß erreicht haben, dass sie nicht mehr bei der Schöpfung fantastischer sozialer und kultureller Artefakte stehen bleiben, deren Ursprung letztlich auf menschliches Handeln zurückzuführen ist, sondern die Natur selbst betreffen, ohne sie vollständig zu kontrol-

---

Himself. Der Hauptunterschied liegt im normativen Ton: Während frühe Anthropologen in ihrem Glauben an den Fortschritt „Humanisten" waren, sind es Anthropozäniker nicht.

lieren. Das grundsätzlich *anthropozentrische* Motiv des Anthropozän ist sein unerbittlicher und sich fortsetzender Entwicklungsverlauf, der vor mehreren Jahrtausenden mit der frühen Domestizierung von Tieren und der Erfindung der Landwirtschaft begann. Er führte weiter über die endlosen Erfahrungen der Kolonisation anderer Menschen (der Imperialismus erscheint in allen möglichen Formen und Gestalten), und erreichte vor etwa drei Jahrhunderten neue Höhen, als er die Kolonisationsprozesse der Natur selbst vollendete. Schließlich haben in den letzten Jahrzehnten medizinische und genetische Entwicklungen auch die „innere" Kolonisation des menschlichen Körpers ermöglicht. Die kombinierten Kräfte des menschlichen Handelns und die Allgegenwärtigkeit der instrumentellen Vernunft sind zu den beiden zentralen Merkamalen der Idee des Menschen im Anthropozän geworden. Andererseits aber weist dasselbe anthropozentrische Argument, das die kausale Macht des Menschen betont, auch normativ in die entgegengesetzte Richtung: Es unterstreicht die unbeabsichtigten Folgen instrumentellen menschlichen Handelns und ihr zerstörerisches Potenzial. Während die Argumente über Technologie und instrumentelle Vernunft unsere menschliche Fähigkeit zur Transformation unserer unmittelbaren Umgebung hervorheben, macht ihr normativer Ton deutlich, inwieweit die biochemischen und atmosphärischen Transformationen, die der Mensch in den letzten Jahrhunderten ausgelöst hat, nun die Existenz unserer Spezies gefährden (und damit aller Spezies, mit denen wir die Erde teilen).

Die Beschreibung unserer gegenwärtigen geologischen Ära als „Anthropozän" spiegelt die grundlegende menschliche Arroganz des Anthropozentrismus wider: „Der Anthropos" findet immer einen Grund, sich in den Mittelpunkt zu stellen, und offenbart dabei unsere „wahre" Natur als Menschen – unseren Status als größtes Raubtier der Erde. Gerade die Merkmale, die unsere höchsten Potenziale als Spezies demonstrieren – instrumentelle Vernunft und die Macht der Technik – werden auch zur Ursache für die größten normativen Herausforderungen: Wenn Menschen weiterhin in dem Erfolge feiern, was sie am besten können, werden sie sich schließlich selbst vernichten. Anders gesagt: Die Anthropozänthese wird von der Vorstellung getragen, dass Menschen intrinsisch nicht in der Lage sind, ihre egozentrische Perspektive aufzugeben (selbst in den Momenten der Krise, in denen unsere kollektive Selbstzerstörung droht): Anthropozentrismus ist das Alpha und Omega dessen, wer wir als Spezies sind.

Das ist es, was ich das *anthropozentrische Paradoxon* nennen möchte, das die Anthropozändebatte in den Mittelpunkt rückt: Die gleiche menschliche Fähigkeit, die natürliche Umwelt der Erde zu verändern, der märchenhafte Umfang unserer menschlichen Kräfte ist auch die Quelle des normativen Defätismus, der eine ökologische Katastrophe als unvermeidlich ansieht: Menschen haben sich als so erfolgreich erwiesen, die Natur zu verändern, dass sie jetzt

Opfer ihres eigenen Erfolgs werden. Die letzte normative Implikation dieses instrumentellen Erfolgs bei der Transformation der Welt ist die reale Aussicht auf eine vom Menschen verursachte Selbstvernichtung.

2 Philosophische Soziologie

Die Idee einer philosophischen Soziologie, die ich in den letzten Jahren entwickelt habe, konzentriert sich auf die Notwendigkeit, jene meist impliziten Vorstellungen von Mensch, Humanität und menschlicher Natur zu artikulieren, die für unser Verständnis gesellschaftlichen Lebens zentral sind (Chernilo 2014, 2017). Ich nenne es philosophische *Soziologie*, um zwei Schlüsselargumente hervorzuheben. Erstens die Notwendigkeit, philosophische Fragen darüber, wer wir als Menschen sind, und soziologische Fragen darüber, was die Natur des gesellschaftlichen Lebens ist, zusammenzuführen. Gut formulierte soziologische Fragen, die die allgemeinsten Merkmale des gesellschaftlichen Lebens betrachten, sind in letzter Instanz auch philosophische Fragen, die darauf reflektieren, wer wir als Menschen sind. Zweitens erlaubt mir der Begriff der philosophischen Soziologie, die Aufmerksamkeit auf die Tradition der philosophischen Anthropologie des frühen zwanzigsten Jahrhunderts zu lenken. Ursprünglich mit den Namen Max Scheler (2010) und Ernst Cassirer (1990) in den 1920er und 1930er Jahren verbunden, widmete sich die philosophische Anthropologie ausdrücklich der Entwicklung eines allgemeinen Verständnisses dessen, „was ein Mensch ist". Für meine Zwecke stammt die wichtigste Intervention in diesem Bereich aus einem kurzen Text von Karl Löwith (1960). Löwith beginnt „Max Weber und Karl Marx" mit einem Argument, das inzwischen einige Bekanntheit erlangt hat: Weber und Marx teilten Löwith zufolge ein Interesse am Aufstieg und an der gegenwärtigen Funktionsweise des modernen Kapitalismus, gelangten aber zu radikal unterschiedlichen Interpretationen. Ihre wissenschaftliche Originalität, also die Entwicklung neuartiger soziologischer Theorien, zeigt sich darin, wie ihre historische und konzeptionelle Raffinesse unser Denken über den Kapitalismus und das gesellschaftliche Leben im Allgemeinen vollständig verändert hat. Aber Löwith macht auch geltend, dass das, was an ihnen ausdrückliche Soziologie ist, tatsächlich von einer gemeinsamen philosophischen Frage getragen wird, die das letztgültige Motiv ihrer Arbeit ist: Was es bedeutet es, Mensch unter den entfremdenden Bedingungen des modernen Kapitalismus zu sein. Löwith meint, Weber und Marx seien „beide in einem eminenten Sinne ‚Soziologen', nämlich *philosophische Soziologen*. […] Beide geben – Marx direkt und Weber indirekt – eine kritische Analyse des gegenwärtigen Menschen der bürgerlichen Gesellschaft am Leitfaden der bürgerlich-kapitalistischen Wirtschaft, auf Grund der Erfahrung, daß die ‚Wirtschaft' menschliches ‚Schicksal' geworden ist." (Löwith 1960, 6–7; meine Hervorhebung) Als sich die philosophische Anthropologie nach dem Zweiten Weltkrieg weiterentwickelte, entstand die Vorstellung, dass ein dualer wissenschaftlicher und philosophischer Ansatz zum Verständnis des Menschen aus der Dualität der *conditio humana* selbst folge und um ihretwillen bewahrt werden müsse: Menschen sind Körper, die durch ihre Triebe, Emotionen und organische Anpassung an die Welt gesteuert werden, sie sind aber auch bewusste Wesen, die durch ihre intellektuellen, ästhetischen und vor allem moralischen Sorgen und Anliegen bestimmt werden (Gehlen 1993; Plessner 1961). Ein Schlüsselmotiv der philosophischen Anthropologie war die Behauptung, dass der Mensch in Bezug auf die organische Anpassung grundsätzlich unbestimmt ist. Genau die ist es, was soziale Institutionen und kulturelle Praktiken für das menschliche Leben unerlässlich macht.[11]

Gleichzeitig ist in der Geschichte des gesellschaftlichen und politischen Denkens die Frage des Anthropozentrismus alles andere als neu. Wenn wir uns die Entwicklungen seit dem Ende des Zweiten Weltkriegs ansehen, so hat sich ein Großteil der unmittelbaren philosophischen Debatte darum gedreht, ob der Anthropozentrismus, der angeblich dem modernen Traum von Fortschritt und technologischer Entwicklung zugrunde lag, für die Grausamkeiten verantwortlich ist, die an den Menschen selbst begangen wurden. Dieses Thema spielt beispielsweise in der Kritik der intrumentellen Vernunft von Adorno und Horkheimer (1988) eine wichtige Rolle, aber für unsere Zwecke finden sich die wichtigsten Argumente in der sogenannten Humanismusdebatte zwischen Jean-Paul Sartre und Martin Heidegger.[12] In „Der Existenzialismus ist ein Humanismus", erstmals im Oktober 1945 in Paris als Vortrag gehalten, artikulierte Sartre (2000) eine Verteidigung der „traditionellen" humanistischen Werte und einer egalitären Vorstellung von Freiheit und individueller Autonomie aus anthropozentrischen Gründen: „Der Mensch" sei das Maß aller Dinge und die Welt, die der Mensch bewohnt, sei ganz und gar menschengemacht. Sartre legt auch großen Wert auf die historische Notwendigkeit menschlichen Fortschritts als einem Versöhnungsprozess zwischen Allgemeinem und Besonderem: „Alles geschieht so, als ob bei jedem Menschen die ganze Menschheit den Blick auf sein Handeln

---

[11] Zum Zusammenhang zwischen anthropologischen Invarianten und ihrer soziologischen Realisierung siehe Honneth und Joas (1980) sowie Susen (2007, 277–302).
[12] Siehe Chernilo (2017, Kapitel 1) für eine vollständige Darstellung. Die Frage des Humanismus im sozialen und politischen Denken erlebt eine willkommene Wiederbelebung. Siehe Durkin (2014) und Morgan (2016).

gerichtet hätte und *sich nach seinem Handeln richten würde.*" (2000, 153; meine Hervorhebung). Heidegger (1976) stellte in seinem „Brief über den Humanismus", der ursprünglich 1946 teilweise als Antwort auf Sartre verfasst wurde, drei Gegenbehauptungen auf: 1) Anthropozentrismus und Humanismus seien durch ihren Egalitarismus und Universalismus selbst für den Krieg und seine Gräueltaten verantwortlich, 2) soweit unsere menschliche Existenz auf unsere natürliche Existenz als lebende Spezies reduziert worden sei, könne der Humanismus nicht zu einer Wertquelle gemacht werden, weshalb wir höhere Formen des „Seins" verehren sollten, und 3) durch ihre meisterhafte Beherrschung der Sprache solle eine neue Elite von Dichtern und Denkern, zu selbsternannten „Hirten des Seins" gemacht, die Würde des Menschen wiederherstellen (Heidegger 1976, 330–331). Zu dieser Debatte ist viel gesagt worden. Entscheidend ist meiner Meinung nach, dass sich Sartres Egalitarismus im Vergleich zu Heideggers Elitismus positiv ausnimmt. Für unsere spezifischen Zwecke in diesem Beitrag ist diese Debatte informativ, weil sie es uns ermöglicht, zwischen zwei Argumenten zu unterscheiden.

Eine erste, kognitive Proposition stellt die Vorstellung in Frage, dass wir präzise bestimmen könnten, was genau die Kräfte sind, die unsere gemeinsame Humanität als Mitglieder derselben Spezies definieren. Wie etwa Lévi-Strauss (1973) und Foucault (1993) eloquent dargelegt haben, bleibt die moderne Besessenheit, den Menschen im Singular zu bestimmen – wie sich nicht zuletzt an modernen Vorstellungen der menschlichen Natur zeigt – den Geistes- und Sozialwissenschaften ein wesentliches epistemologisches Hindernis bei der Wahrnehmung ihrer intellektuellen Aufgaben. Einer These zufolge, die Gaston Bachelard (1984) Ende der 1930er Jahre wohl zum ersten Mal vorbrachte, erfordert die Entwicklung eines echten wissenschaftlichen Ansatzes die Aufgabe des (naiven) Anthropozentrismus durch den Menschen: Die moderne Wissenschaft konnte sich nur entwickeln, da die Menschen die narzisstische Vorstellung hinter sich ließen, im Zentrum des Universums zu stehen. Dieses Motiv liegt verschiedenen der bekanntesten Kritiken des Anthropozentrismus der letzten Jahrzehnte zugrunde: Ein expliziter Fokus auf den Menschen stehe der Erkenntnis im Weg, inwieweit Macht (Foucault 1993), Sprache (Derrida 1972), Gesellschaft (Luhmann 1998) und Kapitalismus (Althusser 2003) tatsächlich autonome ontologische Bereiche darstellen. Aber es gibt noch eine zweite, normative Seite dieses Arguments: Wenn der Anthropozentrismus jetzt nachweislich eine Perspektive ist, die die Menschen daran hindert, die Welt so zu verstehen, wie sie tatsächlich ist, dann müssen wir auch den Humanismus als normatives Gegenstück aufgeben. Wenn es so etwas wie den Menschen im Singular nicht gibt, dann sind alle normativen Programme, die den Menschen als Wertquelle behandeln, selbst irreführend. Tatsächlich ist es genau das, was als wichtigste normative Lektion der beiden Weltkriege angeführt wurde: Entweder ist der Humanismus eine zu schwache normative Vorstellung – Menschenrechte und Verbrechen gegen die Menschlichkeit konnten die Gräueltaten nicht verhindern – oder der Humanismus ist selbst schuld, weil in der heutigen Zeit die schrecklichsten Verbrechen stets in seinem Namen begangen werden (Sloterdijk 1999). Die kognitive Kritik des Anthropozentrismus und die normative Kritik des Humanismus sind natürlich eng miteinander verbunden, aber man sollte sie auseinander halten können. Als Programm, das versucht, die Zusammenhänge zwischen Ideen vom Menschen und Ideen des gesellschaftlichen Lebens zu verstehen, spricht die philosophische Soziologie nicht für eine Rückkehr zum Anthropozentrismus, sondern für die Wiederbelebung einer humanistischen Perspektive. Sie ist eine Einladung, die Vorstellung zu überdenken, dass das gesellschaftliche Leben selbst auf der Tatsache beruht, dass der Mensch zu einer solchen kollektiven Existenz fähig ist.

Wenn wir nun auf das anthropozentrische Paradoxon zurückkommen, mit dem ich den ersten Abschnitt dieses Essays beschlossen habe, können wir sehen, dass dies auch in der Anthropozändebatte deutlich wird. Andreas Malm und Alf Homborg argumentieren beispielsweise wie folgt:

> Climate change is *denaturalised* in one moment – relocated from the sphere of natural causes to that of human activities – only to be *renaturalised* in the next, when derived from an innate human trait, such as the ability to control fire. Not nature, but human nature – this is the Anthropocene displacement. (Malm/Hornborg 2014, 65)[13]

Malm und Homborg sind an einer Neudefinition der Beziehung zwischen dem Natürlichen und dem Menschen interessiert und lehnen anthropozäne Ideen der menschlichen Natur als reduktionistisch ab. Sie weisen hier in die richtige Richtung, weil die „anthropozäne Verdrängung", das *Anthropocene displacement* unvollständig ist: Der Anthropozentrismus kehrt mit voller Kraft zurück, weil wir auch Menschen benötigen, um die Natur selbst zu verstehen. Ich glaube aber, das zu eingeschränkte Verständnis, das Malm und Hornborg vom Menschen haben und das sich in ihrer kategorischen Ablehnung des Universalismus und der Möglichkeit einer Rede von „Spezies" ausdrückt, ist die Quelle noch größerer Probleme. Meine erste Schlussfolgerung in diesem Essay lautet, dass wir eine umfassendere Vorstellung von Handlungsmacht (*agency*) brauchen, als es die Anthropozäniker (und ihre Kritiker!) zulassen. Ob ein allgemeiner Begriff von Handlungsmacht möglich ist, der ohne Reflexivität auskommt, ist eine offene philosophische Frage (Elder-Vass 2010) – nicht möglich aber ist eine Vorstellung von menschlichen Akteuren, denen es an Reflexivität mangelt.

---

13 Siehe auch Clark (2014).

Wenn wir Margaret Archer (2000, 2003) folgen, ist menschliche Reflexivität von zentraler Bedeutung für die Charakterisierung autonomer Akteure. Wir können passive soziale Positionen denken, die ohne Reflexivität auskommen, aber kollektives Handeln erfordert die Fähigkeit, diese Positionen in konkrete Projekte zu kanalisieren (ein Beispiel wäre der Unterschied, der darin besteht, ob wir Arbeiter sind aufgrund unseres Alters, unserer Qualifikation oder unseres familiären Hintergrunds, oder ob wir Gewerkschafter sind und aktiv die Entscheidung treffen, uns an Arbeitskämpfen zu beteiligen). Das ist wesentlich, denn anstatt die Rede von der Spezies im Anthropozän als eine seiner großen Limitationen abzulehnen, behaupte ich, dass es die erweiterte menschliche Fähigkeit zu reflexiver Dezentrierung ist, die zentral ist für unsere Fähigkeit, neue gesellschaftliche Formen und normative Ideen zu schaffen und zu denken. Das ist eine allgemeine anthropologische Fähigkeit, die wir als Spezies besitzen. Wir haben gesehen, dass, weil in der Anthropozändebatte menschliches Handeln effektiv mit instrumenteller Vernunft gleichgesetzt wird, keine andere Option besteht als zu behaupten, menschliche Reflexivität bedeute nur strategisches Handeln. Die reduktionistische Darstellung der Sozialwissenschaften – Gesellschaft bestehe aus Feldern, die von Machtverhältnisse und strategischen Verhandlungen durchdrungen sind – spiegelt sich in der Anthropozändebatte in einer Idee von Reflexivität wider, die sich der Summe menschlichen Handelns gegenüber rein strategisch verhält. Die etablierte Sozialwissenschaft trägt eher zum Problem als zur Lösung dieser Schwierigkeit bei.[14]

Doch die meisten Darstellungen der Entwicklung jener kognitiven Fähigkeiten, die für den Aufstieg von Philosophie und Wissenschaft als menschlichen Unternehmungen von zentraler Bedeutung sind, betonen die Wichtigkeit von Akten menschlicher Dezentrierung. Von der Sprachphilosophie bis zu unseren Theorien über die Beobachtung von Planetenbahnen und Gravitationskräften legt die „kopernikanische Revolution," die die moderne Wissenschaft und Philosophie einleitete, Zeugnis von der Bedingung ab, dass sich der Mensch gerade nicht in seinem Zentrum befinden darf, um den Kosmos und die Gesellschaft erklären zu können (Blumenberg 1975, 1987). In diesem Sinne ist das grundlegendste Merkmal der menschlichen Reflexivität die Fähigkeit, ein Gefühl der Selbsttranszendenz zu entwickeln, so dass wir die Welt aus der Perspektive anderer betrachten können. Wir können uns so neue soziale Institutionen vorstellen, können Regeln schaffen, die es uns ermöglichen, verschiedene soziale

---

14 Siehe klassischerweise Jürgen Habermas' (1981) Unterscheidung zwischen System und Lebenswelt als zwei autonomen Formen menschlicher Vernunft. Ich habe eine parallele Kritik an Bourdieu in Chernilo (2014) formuliert.

Ordnungen zu denken und zu bewerten, und nicht zuletzt können wir die Ergebnisse unserer individuellen und kollektiven Handlungen ändern, modifizieren oder korrigieren (Arendt 1998; Parsons 1978). Unsere Fähigkeit, diese Merkmale zu konzeptualisieren, verlangt von uns, unsere Vorstellungen vom Menschen für Dimensionen zu öffnen, die in der Anthropozändebatte völlig ignoriert wurden. Ich meine, dass es mindestens sieben dieser grundlegenden anthropologischen Fähigkeiten gibt, und wenn wir diese Ideen zusammenfassen, beginnt ein anderer Begriff vom Menschen hervorzutreten: Selbsttranszendenz, Anpassung, Verantwortung, Sprache, moralische Bewertungen, Reflexivität und die Reproduktion von Leben.[15] Diese anthropologischen Merkmale definieren uns als Mitglieder derselben Spezies und schaffen die Voraussetzungen dafür, dass sich gesellschaftliches Leben entfalten kann, ohne dass diese allen gemeinsame Humanität selbst direkt auf die Gesellschaft einwirken könnte. Sie sind die Grundlage, von der aus Vorstellungen von Gerechtigkeit, Würde, des Selbst und des guten Lebens entstehen, die nicht auf materielle Faktoren reduzibel sind, weil ihr normativer Wert sich auf unsere Vorstellungen davon bezieht, was es bedeutet, Mensch zu sein. Diese Merkmale sind universell, insofern sie alle Individuen als Mitglieder derselben menschlichen Spezies umfassen; sie sind sozial differenziert in der Art und Weise, wie Menschen sie verwirklichen. Damit verwandelt sich der sehr allgemeine Begriff des Gattungswesens in ein ungleich praktikableren sozialwissenschaftlichen Begriff. In diesem Sinne sind Menschen kompetitiv, egoistisch und räuberisch – und das passt gut zu der reduktionistischen Vorstellung vom Anthropos, die der Anthropozändebatte zugrundeliegt –, Menschen sind aber auch wertende, kooperative und reflexive Wesen.

Die zweite und letzte Schlussfolgerung dieses Artikels kann durch eine Lektüre von Hans Jonas' *Prinzip Verantwortung* (Jonas 1984) veranschaulicht werden. Jonas' Argument, 1979 erstmals veröffentlicht und geschrieben im Zusammenhang mit dem Aufstieg ökologischer Politik in Deutschland, greift der Anthropozändebatte vor und steht im Einklang mit ihr: Das menschliche Leben habe die Art und Weise, wie sich die Natur reproduziert, grundlegend verändert, wir befänden uns an einem Wendepunkt in Bezug auf die Nutzung natürlicher Ressourcen und schließlich seien die Entwicklungen der letzten Jahrhunderte in Wissenschaft und Technik der Schlüssel zu den Herausforderungen, die sich aus diesen Transformationen ergeben. Jonas geht auch auf die Temporalität seiner

---

15 Jedes Kapitel von *Debating Humanity* diskutiert eine dieser sieben Eigenschaften (Chernilo 2017). Ich berühre nicht die weniger schmeichelhaften Dimensionen des Verhaltens unserer Spezies (Herrschaft, Grausamkeit, Lüge), weil mich interessiert, wie wir solche normativen Vorstellungen wie Gerechtigkeit, Solidarität und Fairness in der Gesellschaft konzeptualisieren können.

normativen Forderungen ein, und zwar so, dass direkt einige der Schlüsselmotive der Anthropozändebatte angesprochen werden: Menschen seien Wesen, die eine moralische Verpflichtung gegenüber den Menschen der Zukunft haben. Das heißt, wir stehen in der kollektiven Verantwortung, ihnen den Planeten in einem solchen Zustand zu überlassen, dass sie auch ein Leben führen können, das es wert ist, als ‚menschlich' bezeichnet zu werden: ein selbstbestimmtes Leben.

Aber Jonas' (1997) umfassenderes intellektuelles Projekt, seine „philosophische Biologie", weicht in mindestens einem entscheidenden Punkt von der Anthropozändebatte ab: Jonas lehnt den Anthropozentrismus rundheraus ab. Tatsächlich steht eine Kritik des Anthropozentrismus im Mittelpunkt seiner Philosophie: Alle Lebewesen, alle Formen des organischen Lebens, seien Zwecke für sich selbst, nicht bloß Ressourcen für den Menschen. Jonas' Argument lautet, dass die organische Konstitution des Menschen etwas ist, das er mit allen anderen Lebensformen teilt. Als „erste Form der Freiheit" sei die kontinuierliche Existenz die wesentliche Form der Identität, die das Leben selbst ausmacht (Jonas 1997, 17). Das Leben sei Selbstzweck und das verbinde Menschen mit allen anderen Lebewesen. Weil sie lebendig sind und solange sie es sind, so Jonas, sorgen sich alle Organismen um sich selbst und verfolgen die Aufrechterhaltung ihrer Existenz als ihre eigene „stete Leistung" (Jonas 1997, 150). Ist das so, dann unterscheidet sich die menschliche Natur qualitativ nicht von irgendeiner anderen Art von organischem Leben – so einfach sie auch sein mag. Tatsächlich ist auch die menschliche Sozialität, die sich in der Tatsache widerspiegelt, dass die Realisierung der organischen Potenziale einer Spezies die Gemeinschaft und Assoziation anderer erfordert, nicht spezifisch menschlich. Die Realisierung ihrer organischen Potenziale kann durchaus erfordern, dass bestimmte Arten kollektive Lebensformen pflegen. Solche Organismen sollen dieser Sozialität frönen, weil sie in ihrer Natur liegt. Auch wenn sie einen natürlichen Impuls zur Sozialität haben – wie im Falle von Bienen und Ameisen –, liegt die Quelle solchen Tendenzen diesem Impuls voraus. Was das menschliche Leben einzigartig macht, ist gerade, dass es *sich selbst dezentrieren* kann; es kann davon ablassen, alles um seine eigenen unmittelbaren Bedürfnisse herum zu sammeln und zu verbinden.

Jonas akzeptiert, dass Menschen sich selbst ein Gegenstand der Sorge sind, denn alle Lebensformen sind so organisiert, er lehnt aber einen Begriff der Natur ab, dessen einziger Wert in seiner instrumentellen Verfügbarkeit für den Menschen liegt: Der Mensch ist eher ein Objekt der Natur als ihr Herr. Der Mensch ist nicht das Maß aller Dinge, doch hat unsere besondere, artenzentrierte Perspektive die einzigartige Fähigkeit, das Funktionieren der Natur zu verstehen – und dazu muss sie sich selbst de-zentrieren. Jonas wendet diese kognitive Fähigkeit dann in ein moralisches Gebot: Nur Menschen können Verantwortung für den Rest der Natur übernehmen, *denn sie haben die Macht dazu*. Es sind „Umfang und Art" der menschlichen Macht, die „den Umfang und die Art der Verantwortung bestimmen", die Menschen zukommt, und das bleibt eine Last, die allein auf menschlichen Schultern ruht (Jonas 1984, 184, 230). Angesichts des Umfangs technischer Innovationen und ökologischer Herausforderungen, die sich direkt aus menschlicher Intervention in die Natur ergeben, hat sich diese Verantwortung im Laufe des vergangenen Jahrhunderts dramatisch verschärft. Tatsächlich ist sie zu einer der großen sozialen Frage unserer Zeit geworden: Unter den gegenwärtigen globalen Bedingungen tragen die Menschen heute eine Verantwortung für den Planeten als Ganzen. Neben den Fragen der philosophischen Neudefinition von Leben und organischer Natur meint Jonas daher, dass es eine pragmatische Dringlichkeit gebe, die Umweltprobleme relevant macht. Auch wenn wir uns nicht auf so grundlegende Fragen wie eine gemeinsame Auffassung von Mensch, Natur oder Leben einigen können, sind diese Polemiken den praktischen und politischen Anforderungen der Welt, in der wir leben, untergeordnet:

> Von der immer offenen *Frage, was* der Mensch sein soll, deren Antwort wandelbar ist, sind wir in der totalen Gefahr des welthistorischen Jetzt zurückgeworfen auf das erste, jener Frage immer schon zugrundeliegende, aber bisher nie aktuell gewordene *Gebot, daß* er sein soll – allerdings als Mensch. [...] [W]orauf es jetzt ankommt, ist nicht, ein bestimmtes Menschenbild zu perpetuieren oder herbeizuführen, sondern zu allererst den Horizont der *Möglichkeit* offenzuhalten, der im Fall des Menschen mit der Existenz der Art als solcher gegeben ist und [...] der menschlichen Essenz immer neu ihre Chance bieten wird. (Jonas 1984, 249–250)

Jonas' Prinzip Verantwortung gebietet, dass unser Handeln die Möglichkeit einer kontinuierlichen menschlichen Lebensweise in der Zukunft sichert. Wir haben die Pflicht, den Planeten in einem Zustand zu belassen, der der menschlichen Behausung würdig ist, einen Planeten, der es zukünftigen Menschen ermöglicht, ein erfülltes Menschenleben zu führen. Als moralisches Gesetz formuliert, stellt Jonas damit seinen Imperativ der Verantwortung vor: „Daß es in alle Zukunft eine solche Welt geben *soll* – eine Welt geeignet für menschliche Bewohnung – und daß sie in alle Zukunft bewohnt sein soll von einer dieses Namens würdigen Menschheit" (Jonas 1984, 33). Wir schuldeten es zukünftigen Generationen, sie in die Lage zu versetzen, ihr menschliches Leben nach der Maßgabe der Selbstgesetzgebung zu führen. Die traditionellen Vorstellungen von Selbsterhaltung müssten erweitert werden, um einen Imperativ zu beherbergen, der die zukünftige Existenz von Menschen garantiere. Je mehr wir uns mit der Zukunft der Menschheit befassten, desto besser werde sich der Mensch in der Gegenwart um die Natur selbst kümmern.

Jonas' Position ist nicht ohne Schwierigkeiten; nicht zuletzt favorisiert er eine Lösung, die statt auf Demokratie auf Technokratie setzt, wenn es darum geht, die richtigen Entscheidungen über die Umwelt zu treffen (Jonas 1984, 263–279). Das ist deshalb problematisch, weil sie in der Gegenwart das Prinzip der Selbstgesetzgebung einschränkt, das er für die Menschheit der Zukunft zu sichern sucht. Während Jonas sich also der Gefahren, Reflexivität zugunsten instrumentellenr Vernunft zu verringern – wie in der Anthropozändebatte auftauchen – bewusst ist, schenkt seine Position der umgekehrten Herausforderung nicht die gleiche Aufmerksamkeit: Die instrumentelle Vernunft ist in der Lage, die moralische Reflexivität selbst zu verstärken und zu erweitern.

Ungeachtet aller wissenschaftlichen, philosophischen und sogar politischen Verdienste baut die Anthropozändebatte auf einem sehr engen Verständnis dessen auf, was ein Mensch ist und was menschliches Leben ausmacht. Sie basiert auf einer Vorstellung vom Anthropos als egoistischem Wesen, dessen einziger Antrieb die ständige Befriedigung seiner vielfältigen Bedürfnisse durch eine unaufhörlich instrumentelle Einstellung gegenüber allem und jedem ist. Ich meine dagegen, dass Jonas' ethische Theorie einen universalistischen Aspekt besitzt, der für unsere normative Einbildungskraft zentral bleibt: Menschen können als moralische Akteure angesprochen werden. Dieser Appell baut auf unseren menschlichen Erfahrungen als Wesen auf, die in der natürlichen Welt leben, statt ihnen entgegenzustehen. Wenn Menschen wirklich als geologische Kraft betrachtet werden sollen, dann deshalb, weil sie erkennen können, dass die Folgen ihres Handelns über das hinaus spürbar sind, was konventionellerweise als „die vorhersehbare Zukunft" bezeichnet wird. Aber die Fähigkeit der Menschen, über ihre Verantwortung gegenüber zukünftigen Generationen nachzudenken, wird eher eingeschränkt als verstärkt durch die Art und Weise, wie Anthropozäniker blind bleiben für Akte menschlicher Dezentrierung und Verantwortung, die für alle Kritiken des Anthropozentrismus zentral sind, statt auf ihnen aufzubauen.

Übersetzt von Hannes Bajohr

Literatur

Horkheimer, Max und Theodor W. Adorno. *Dialektik der Aufklärung. Philosophische Fragmente*. Frankfurt am Main: Fischer, 1988.

Althusser, Louis. „The Humanist Controversy". *The Humanist Controversy and Other Writings*. London: Verso, 2003. 221–304.

Archer, Margaret S. *Being Human. The Problem of Agency*. Cambridge: Cambridge University Press, 2000.

Archer, Margaret S. *Structure, Agency and the Internal Conversation*. Cambridge: Cambridge University Press, 2003.

Arendt, Hannah. *Vom Leben des Geistes. Das Denken. Das Wollen*. München: Piper, 1998.
Arias-Maldonado, Manuel. „Spelling the End of Nature? Making Sense of the Anthropocene". *Telos* 172.3 (2015): 83–102.
Bachelard, Gaston. *Die Bildung des wissenschaftlichen Geistes. Beitrag zu einer Psychoanalyse der objektiven Erkenntnis*. Frankfurt am Main: Suhrkamp, 1984.
Beck, Ulrich. *Risikogesellschaft. Auf dem Weg in eine andere Moderne*. Frankfurt am Main: Suhrkamp, 1986.
Bell, Daniel. *Die nachindustrielle Gesellschaft*. Frankfurt am Main: Campus, 1985.
Blumenberg, Hans. *Die Genesis der kopernikanischen Welt*. Frankfurt am Main: Suhrkamp, 1975.
Blumenberg, Hans. *Das Lachen der Thrakerin: Eine Urgeschichte der Theorie*. Frankfurt am Main: Suhrkamp, 1987.
Cassirer, Ernst. *Versuch über den Menschen. Einführung in die Philosophie der Kultur*. Frankfurt am Main: Fischer, 1990.
Castells, Manuel. *Das Informationszeitalter*. Bd. 1. *Der Aufstieg der Netzwerkgesellschaft*. Opladen: Leske und Budrich, 2004.
Certini, Giacomo und Riccardo Scalenghe. „Is the Anthropocene Really Worthy of a Formal Geological Definition?" *The Anthropocene Review* 2.1 (2015): 77–80.
Chakrabarty, Dipesh. „The Climate of History. Four Theses". *Critical Inquiry* 35.2 (2009): 197–222.
Chakrabarty, Dipesh. „Postcolonial Studies and the Challenge of Climate Change". *New Literary History* 43.1 (2012): 1–18.
Chernilo, Daniel. *The Natural Law Foundations of Modern Social Theory. A Quest for Universalism*. Cambridge: Cambridge University Press, 2013.
Chernilo, Daniel. „The Idea of Philosophical Sociology". *British Journal of Sociology* 65.2 (2014): 338–357.
Chernilo, Daniel. Rezension von: Bruno Latour. *An Enquiry into Modes of Existence. An Anthropology of the Moderns. European Journal of Social Theory* 18.3 (2015): 343–348.
Chernilo, Daniel. *Debating Humanity. Towards a Philosophical Sociology*. Cambridge: Cambridge University Press, 2017.
Chernilo, Daniel. „The Question of the Human in the Anthropocene Debate". *European Journal of Social Theory* 20.1 (2017): 44–60.
Childe, V. Gordon. *Der Mensch schafft sich selbst*. Dresden: Verlag der Kunst, 1959.
Clark, Nigel. „Geo-Politics and the Disaster of the Anthropocene". *The Sociological Review* 62.1 (2014): 19–37.
Crutzen, Paul. „Geology of Mankind". *Nature* 415.6867 (2002): 23.
Crutzen, Paul und Will Steffen. „How Long Have We Been in the Anthropocene Era?" *Climatic Change* 61.3 (2003): 251–257.
Derrida, Jacques. *Die Schrift und die Differenz*. Frankfurt am Main: Suhrkamp, 1972.
Durkin, Kieran. *The Radical Humanism of Erich Fromm*. Basingstoke: Palgrave Macmillan, 2014.
Elder-Vass, Dave. *The Causal Powers of Social Structures*. Cambridge: Cambridge University Press, 2010.
Foucault, Michel. *Überwachen und Strafen. Die Geburt des Gefängnisses*. Frankfurt am Main: Suhrkamp, 1993.
Gehlen, Arnold. *Der Mensch. Seine Natur und seine Stellung in der Welt*. Frankfurt am Main: Klostermann, 1993.
Habermas, Jürgen. *Theorie des kommunikativen Handelns*. Frankfurt am Main: Suhrkamp, 1981

Hamilton, Clive. „Getting the Anthropocene So Wrong". *The Anthropocene Review* 2.2 (2015): 102–107.
Hamilton, Clive und Jacques Grinevald. „Was the Anthropocene Anticipated?" *The Anthropocene Review* 2.1 (2015): 59–72.
Heidegger, Martin. „Brief über den ,Humanismus.'" *Wegmarken*. Frankfurt am Main: Klostermann, 1976. 145–194.
Honneth, Axel und Hans Joas. *Soziales Handeln und menschliche Natur. Anthropologische Grundlagen der Sozialwissenschaften*. Frankfurt/New York: Campus, 1980.
Jonas, Hans. *Gnosis. Die Botschaft des fremden Gottes*. Frankfurt am Main: Verlag der Weltreligionen, 2008.
Jonas, Hans. *Das Prinzip Verantwortung. Versuch einer Ethik für die technologische Zivilisation*. Frankfurt am Main: Suhrkamp, 1984.
Jonas Hans. *Das Prinzip Leben. Ansätze zu einer philosophischen Biologie*. Frankfurt am Main: Suhrkamp, 1997.
Latour, Bruno. *Wir sind nie modern gewesen. Versuch einer symmetrischen Anthropologie*. Frankfurt am Main: Suhrkamp, 2008.
Latour, Bruno. *Existenzweisen. Eine Anthropologie der Modernen*. Berlin: Suhrkamp, 2018.
Lévi-Strauss, Claude. *Das wilde Denken*. Frankfurt am Main: Suhrkamp, 1973.
Lewis, Simon und Mark A. Maslin. „Defining the Anthropocene". *Nature* 519.7542 (2015a): 171–180.
Lewis, Simon und Mark A. Maslin. „A Transparent Framework for Defining the Anthropocene Epoch". *The Anthropocene Review* 2.2 (2015b): 128–146.
Lövbrand, Eva, Silke Beck, Jason David Chilvers et al. „Who Speaks for the Future of the Earth? How Critical Social Science can Extend the Conversation on the Anthropocene". *Global Environmental Change* 32.6 (2015): 211–218.
Löwith, Karl. „Max Weber und Karl Marx". *Gesammelte Abhandlungen. Zur Kritik der geschichtlichen Existenz*. Stuttgart: Kohlhammer, 1960. 1–67.
Luhmann, Niklas. *Die Gesellschaft der Gesellschaft*. Frankfurt am Main: Suhrkamp, 1998.
Luke, Timothy W. „Reconstructing Social Theory and the Anthropocene". *European Journal of Social Theory* 20.1 (2017): 80–94.
Malm, Andreas und Alf Hornborg. „The Geology of Mankind? A Critique of the Anthropocene Narrative". *The Anthropocene Review* 1.1 (2014): 62–69.
Maslin, Mark A. und Simnon Lewis. „Anthropocene: Earth system, Geological, Philosophical and Political Paradigm Shifts". *The Anthropocene Review* 2.2 (2015): 108–116.
Morgan, Marcus. *Pragmatic Humanism. On the Nature and Value of Sociological Knowledge*. London: Routledge, 2016.
Parsons, Talcott. *Action Theory and the Human Condition*. New York: The Free Press, 1978.
Plessner, Helmuth. *Lachen und Weinen. Eine Untersuchung nach den Grenzen menschlichen Verhaltens*. Bern: Francke, 1961.
Robbin, Libby und Will Steffen. „History for the Anthropocene". *History Compass* 5.5 (2007): 1694–1719.
Rockström, Johan, Will Steffen, Kevin Noone et al. „Planetary Boundaries. Exploring the Safe Operating Space for Humanity". *Ecology and Society* 14.2 (2009): 32.
Sartre, Jean-Paul. „Der Existenzialismus ist ein Humanismus". *Der Existenzialismus ist ein Humanismus und andere philosophische Essays 1943–1948*. Reinbek: Rowohlt, 2000.
Scheler, Max. *Die Stellung des Menschen im Kosmos*. Bonn: Bouvier, 2010.

Skillington, Tracey. „Theorizing the Anthropocene". *European Journal of Social Theory* 18.3 (2015): 229–235.

Sloterdijk, Peter. *Regeln für den Menschenpark. Ein Antwortschreiben zu Heideggers ‚Brief über den Humanismus'*. Frankfurt am Main: Suhrkamp, 1999.

Steffen Will, Wendy Broadgate, Lisa Deutsch et al. „The Trajectory of the Anthropocene. The Great Acceleration". *The Anthropocene Review* 2.1 (2015): 81–98.

Steffen, Will, Paul J. Cruzten und John McNeill. „The Anthropocene. Are Humans Now Overwhelming the Great Forces of Nature?" *Ambio* 36.8 (2007): 614–621.

Susen, Simon. *The Foundations of the Social. Between Critical Theory and Reflexive Sociology*. Oxford: Blackwell, 2007.

Trachtenberg, Zev. „The Anthropocene, Ethics and the Nature of Nature". *Telos* 172.3 (2015): 38–58.

Voegelin, Eric. „World-Empire and the Unity of Mankind". *International Affairs* 38.2 (1962): 170–188.

Zalasiewicz Jan, Colin N. Waters, Anthony D. Barnosky et al. „Colonization of the Americas, ‚Little Ice Age' Climate, and Bomb-Produced Carbon. Their Role in Defining the Anthropocene". *The Anthropocene Review* 2.2 (2015): 117–127.

Zalasiewicz, Jan, Mark Williams, Alan Smith et al. „Are We Now Living in the Anthropocene?" *GSA Today* 18.2 (2008): 4–8.

Katharina Block
Humandezentrierung im Anthropozän

> Daß gerade der Mensch zum Apostaten der Natur, zum Unruhestifter, Geltungsbedürftigen, Leistungswesen wird und ihm die Selbststeigerungstendenz des Lebens in Form des Machttriebes Orgien zu feiern scheint, darf nicht zum Fundament des Ursprungs der Kultivierung gemacht, sondern muß selbst als Symptom der exzentrischen Positionalität begriffen werden.
> (Helmuth Plessner 1975 [1928], 320)

Die Idee des Anthropozän ist in aller Munde. Ihre Semantik verspricht offenbar Großes, das uns Menschen unmittelbar betrifft. Doch auf welche Weise betrifft uns das Anthropozän? Der vorliegende Essay verfolgt kaum das Ziel, diese Frage in sämtlichen Hinsichten zu beleuchten und dabei alle Facetten des Anthropozändiskurses auszuleuchten. Vielmehr fokussiert er auf eine spezifische darin vertretene Perspektive, welche die im Anthropozän semantisch zementierte Hyperzentrierung des Menschen dezidiert zurückweist und ihr stattdessen entgegenhält, dass die ökologische Situation, die im Anthropozändiskurs verhandelt wird, uns deswegen betrifft, weil darin gerade deutlich werde, dass die anthropozentrische Allmachtsphantasie des modernen Denkens eine ausgediente Perspektive ist. Daher erfordere die Situation die absolute Dezentrierung des Menschen, um den im Anthropozän deutlich hervortretenden nicht-menschlichen Wirkmächten Rechnung zu tragen. In diesen als posthumanistische Positionen bezeichneten Ansätzen wird die Betroffenheitsfrage damit beantwortet, dass die Anthropozän genannte Situation gerade nicht bloß den Menschen, sondern Mehr-als-Menschen betrifft. Entsprechend sei es an der Zeit, jeglichen Anthropozentrismus zurückzulassen und einer neuen nicht-anthropozentrischen Ontologie Platz zu machen, die es ermöglicht, von einer verteilten statt anthropozentrischen Wirkmacht auszugehen. Ausgehend von einer Betrachtung dieses Kernarguments verschiedener posthumanistischer Ansätze, werde ich im Folgenden der Frage nachgehen, ob diese überzeugen können. Dabei wird die These vertreten, dass das grundsätzliche Anliegen einer Dezentrierung des Menschen bzw. des Humanen zur Erfassung der Anthropozän genannten Situation zwar notwendig ist, die anvisierte Ordnungsvorstellung posthumanistischer Ansätze konzeptuell allerdings mit problematischen Nivellierungstendenzen einhergeht, die Fragen danach, wer oder was wie und warum Verantwortung für die ökologische Situation trägt, erschweren. Der Essay plädiert daher dafür, zur Erfassung der „Anthropozän" genannten einen reflexiven Anthropozentrismus zu etablieren, der eine Humandezentrierung ohne die schwerwiegenden Nivellierungen zulässt. Ein ers-

https://doi.org/10.1515/9783110668551-005

ter Vorschlag für einen solchen Ansatz wird am Schluss im Anschluss an Helmuth Plessners Philosophische Anthropologie skizziert.

1 Die Rückkehr des Anthropos im Anthropozän und die Kritik daran

Eine Auseinandersetzung mit dem Anthropozän beginnt üblicherweise damit, auf dessen Begriffsurheber Paul Crutzen und Eugene F. Stoermer zu verweisen (Crutzen und Stoermer 2000), wobei letzterer den Begriff bereits lose verwendete, bevor Crutzen ihn 2002 in seinem viel zitierten Nature-Artikel *Geology of Mankind* (2002) als systematischen Begriff zur Beschreibung einer geochronologischen Epoche in den naturwissenschaftlichen Diskurs einführte und sich dadurch als „Mr. Anthropocene" (Trischler 2016) seinen Platz in der Geschichte sicherte. Die darin angesprochene Gattung Mensch hinterlasse mittlerweile in sämtlichen geologischen und biologischen irdischen Bereichen tiefe Spuren. Ohne diese beweisführenden Spuren gäbe es aus naturwissenschaftlicher Sicht keinen Grund, die Gattung Mensch zum bestimmenden Faktor der Erdentwicklung zu erklären und ein Zeitalter des Menschen auszurufen. Als solche Spuren werden im Kontext von klimawissenschaftlichem Wissen insbesondere beobachtbare anthropogen verursachte Erdsystemveränderungen wie Treibhausgasemissionen, ozeanische Übersäuerung oder das zeitlich proportional immens schnelle Artensterben innerhalb der letzten 100 Jahre zur Diskussion gestellt (Jahn et al. 2015; Zalasiewicz 2017, Mahli 2017). Allein diese Faktenlage scheint die Verwendung des Begriffs bereits zu legitimieren. Eine zur Beweisführung eingerichtete und von Jan Zalasiewicz geleitete Anthropocene Working Group (AWG) sprach der International Commission on Stratigraphy (ICS) 2016 daher auch die Empfehlung aus, eine anthropogene Epoche einzuführen und deren Beginn auf die Mitte des zwanzigsten Jahrhunderts zu datieren (Zalasiewicz et al. 2017), durchsetzen konnte sich die AWG damit bisher jedoch nicht. Bis heute ist das Anthropozän keine von der ICS institutionell anerkannte geochronologische Epoche, die Idee des Anthropozän ist dennoch in aller Munde und hat vor allem auch in den Geistes- und Kulturwissenschaften hohe Wellen geschlagen.

Das Anthropozän trägt als eine „kulturelle Idee" (Jahn et al. 2015; Trischler 2016) offenbar weiter als im Sinne eines geologischen Faktums. Die Attraktivität des Begriffs scheint dabei insbesondere in der Semantik des Anthropos als eines Kollektivsingulars zu liegen, die gleichermaßen Stürme der Entrüstung als auch der Begeisterung auszulösen vermag. So hatte Dipesh Chakrabarty bereits 2009 in seinen vier Thesen zum Klima der Geschichte darauf aufmerksam gemacht, dass die Konsequenzen globaler Erderwärmung historisch nur dann als bedeutungsvoll begriffen werden können, wenn die Menschheitsgeschichte (bestehend aus industrieller und evolutionärer Entwicklung) in die geologische Erdgeschichte integriert würde, was den Protagonist*innen des Anthropozän gelänge, indem sie auf den Menschen als eine Spezies rekurrierten (Chakrabarty 2009, 213). Zwar gehe damit tendenziell eine Invisibilisierung von Verantwortlichkeiten westlich-kapitalistischer Industrienationen einher, die Gesamtheit der parametrischen Bedingungen der „Klimakrise" weise jedoch weit über solche Verantwortlichkeiten hinaus: „to mix together the immiscible chronologies of capital and species history" (Chakrabarty 2009, 220) sei daher die notwendige Konsequenz. Chakrabarty spricht sich zwar gegen den Mythos einer globalen Identität aus, plädiert aber angesichts der Amalgamierung von Erd- und Menschheitsgeschichte für die Auffassung einer „negative universal history" (Chakrabarty 2009, 222), um sowohl der Komplexität einer erforderlichen Globalpolitik als auch dem dabei zu berücksichtigen Kollektivsubjekt Menschheit Rechnung zu tragen.[1]

Das Anthropozän als eine kulturelle Idee bietet seit Chakrabartys Eröffnung ihrer nicht-naturwissenschaftlichen Bühne einen diskursiven Schauplatz, in dem es grundlegend um das menschliche Selbstverständnis und die Frage danach geht, wie „wir" zukünftig leben wollen (Jahn et al. 2015). Dreh- und Angelpunkt der Debatte ist dabei der Anthropos bzw. das, was mit Bezug auf ihn, ob affirmativ, kritisch oder gar dezidiert zurückweisend, unter Menschsein verstanden wird (siehe zur Anthropologie des Anthropozän die Einleitung von Hannes Bajohr in diesem Band). Um die darum entstandene Anthropozän-Debatte zu ordnen, hat die Literaturwissenschaftlerin Gabriele Dürbeck eine Systematisierung der Positionen nach Narrativen vorgeschlagen, um mit diesen sowohl den funktionalen Charakter des Anthropozän als auch seinen reflexiven Gehalt als Narrativ herauszuarbeiten. Dies sei einerseits vor allem die damit einhergehende und sozial teilbare Sinnstiftung und -orientierung in einer immer unübersichtlicher werdenden

---

[1] Chakrabartys Plausibilisierung einer solchen, wenn auch negativen, Universalgeschichte, findet ihren Ausdruck beispielsweise in Formulierungen wie „there are no lifeboats here for the rich and the privileged" (Chakrabarty 2009, 221). Diese durchaus nivellierend anmutende Formulierung erinnert an die vielzitierte Aussage Ulrich Becks: „Not ist hierarchisch, Smog ist demokratisch" (Beck 1986, 48), der als einer der Gründerväter der deutschen Umweltsoziologie gilt. Ähnlich wie Beck wurde auch Chakrabarty für die Nivellierungstendenzen sowie die dadurch implizierten politischen Konsequenzen seines Aufsatzes kritisiert (Emmet und Lekan 2016). Später hat Chakrabarty das Kollektivsubjekt weiter differenziert in *homo*, d.i. „humanity as a divided political subject" und *anthropos*, d.i. „collective and unintended forms of existence of the human, as a geological force, as a species, as part of the history of life on this planet" (Chakrabarty 2015, 173–174).

Situation. Andererseits aber diene das Anthropozän-Narrativ gerade auch dazu, etablierte Positionen zum Humanen infrage zu stellen (Dürbeck 2018, 7).[2]

Demnach spannt sich die kultur- und geisteswissenschaftliche „Anthroposcene" (Lorimer 2017) gewissermaßen zwischen zwei Antipoden auf,[3] wobei sich die eine, von Jürgen Manemann kritisch titulierte Seite der „Anthropozäniker" (Manemann 2014) von der Rückkehr des Menschen als prometheischem Retter der Erde überzeugt zeigt und insofern eine Hyperzentrierung des Humanen verfolgt. Hier finden sich v.a. die technizistischen Vorstellungen vom globalen Geo-Engineering (Crutzen 2006), die Vorstellung von der Erde als eines Raumschiff, das lediglich eines vernünftigen, autodidaktisch versierten Steuermanns bedürfe (Sloterdijk 2011; 2015) sowie die fortschrittsoptimistischen Positionen einer „Grünen Revolution 2.0" oder einer „Ökobewegung 2.0", die auf das Anthropozän als ein „good Anthropocene" blicken (siehe zu diesen Positionen Dürbeck 2018). Die Antipodin hingegen verfolgt die dezidierte Dezentrierung des Humanen, damit die „ERDE"[4] (Latour 2018) als eigensinnige Wirkmacht sichtbar und Menschsein im Verhältnis dazu relationiert werden kann (u.a. Stengers 2015; Tsing [2015] 2018; Haraway [2016] 2018).[5]

---

2 Einen weiteren narratologischen Systematisierungsversuch hat parallel dazu Christophe Bonneuil (2016) vorgenommen, den Dürbeck jedoch hinsichtlich seines fehlenden Bezugs auf das Anthropozän als sinnstiftendes Metanarrativ kritisiert (Dürbeck 2018; siehe auch Simon 2018).
3 Jamie Lorimer schlägt ebenfalls eine Typologie des Anthropozändiskurses vor, die allerdings eher eine Art Verortung der sowohl akademischen als auch nicht-akademischen intellektuellen Szene ist. Seine Typologie der „Anthropo-scene" folgt im Grunde einer wissenssoziologischen Kategorisierung: „scientific question, intellectual zeitgeist, ideological provocation, new ontologies and science fiction" (Lorimer 2017, 118). Lorimer verfolgt dabei das Ziel, nicht nur die vielbeschworenen interdisziplinären, sondern gerade auch transkontextuale Synergien und Konvergenzen zwischen den verschiedenen intellektuellen Haltungen zu suchen.
4 Zum Begriff ERDE bei Latour siehe unten.
5 Zwischen diesen beiden Positionen liegt sozusagen der Graubereich, wobei sich hier die Positionen zur „Great Transformation" (Polanyi), der Verantwortungs- bzw. Schuldfrage sowie die der dystopischen Marginalisierungen des Menschen bzw. der Menschheit finden lassen (hierzu Dürbeck 2018). Letztere nehmen eine Zentrierung des Katastrophenfalls vor, die im nietzscheanischem Duktus einer „apokalyptische[n] Logik" (Sloterdijk 2015, 36) folgt, wobei die dramatische Thematisierung der Zerstörung von Geosphäre und Biosphäre als „Great Acceleration" (Steffen et al. 2011) oder des sechsten großen Massensterbens (Morton 2014) auch eine appellative Funktion hat – was gerade auch auf die Science Fiction-Literatur zutreffe (Dürbeck 2018) –, um den vernunftbegabten Menschen zu adressieren, dem doch zuzutrauen sei, dass er das Ruder noch herumreißen könne, wenn er augenblicklich damit anfinge, die Richtung zu wechseln (exemplarisch Renn und Scherer 2017; Manemann 2014). Die De- bzw. Zentrierunng des Anthropos oder Humanen spielt in diesen Kontexten keine vordergündige Rolle. Insgesamt folgen diese Positionen einer anthropozentrischen Position, die hier jedoch als unproblematisch angesehen wird.

Bruno Latour, dessen Werk grundsätzlich von dem Anliegen durchzogen ist, aufzuzeigen, dass die im modernen, anthropozentrischen Denken tief verankerte Trennung von Natur und Kultur nicht existiert (Latour 1995; 2001; 2007), nimmt auf dieser Seite der Diskussion eine prominente Stellung ein. Allerdings sind es weniger die grundlagentheoretischen Ausarbeitungen seiner bekannten Akteur-Netzwerk-Theorie (ANT), die im Anthropozän-Diskurs prägende Kraft haben, sondern vielmehr die in jüngster Vergangenheit eher gegenwartsdiagnostisch verfahrenden und radikal politisch argumentierenden Schriften. Die 2013 gehaltenen Gifford Lectures sowie die daraus entstandene und erweiterte Schrift *Kampf um Gaia* (2017) stellen dabei den zentralsten Beitrag dar, aber auch *Agency at the time of the Anthropocene* (2014) sowie das *Terrestrische Manifest* (2018) sind hier einzureihen. In seinem dritten und vierten Vortrag zu Verständnis und Gebrauch der von James Lovelock entwickelten Gaia-Theorie sowie zu seinem Verständnis des Anthropozän wendet sich Latour in seinen Gifford Lectures einmal mehr einer kritischen Analyse der Wissenschaften zu. Der Fokus Latours liegt im Angesicht des Vorschlags, die aktuelle Epoche als Anthropozän zu bezeichnen, nun jedoch nicht mehr auf dem die moderne Gesellschaft auszeichnenden Natur/Kultur-Dualismus oder der Notwendigkeit, diese Trennung als Erfindung der Moderne aufzuzeigen. Vielmehr wird die naturkulturelle Hybridität der Welt in Latours Analyse nun als (endlich) konsensfähige Prämisse vorausgesetzt, eine Diskussion darüber erscheint an dieser Stelle folglich obsolet. Im Anthropozän, so Latour, gehe es nun darum, Möglichkeiten für die Umsetzung zukünftiger Formen von mehr als moderner Vergesellschaftung zu erschließen (bzw. politisch zu erkämpfen) (Latour 2017; 2018).

Der Fokus Latours liegt somit auf den Konsequenzen der Hybridität, nicht auf ihrer Beweisführung. Der imaginierte Ort zukünftiger Lebensmöglichkeiten, so Latour, hat keinen menschlichen Exzeptionalismus mehr zur Voraussetzung, der auch den Weltraum noch in Aussicht stellte, sondern ist die „ERDE" (142). Die von Latour vorgenommene Setzung in Großbuchstaben zeigt dabei an, dass es sich im Sinne der ANT hierbei um einen Wirkmachtkomplex handelt, der erstens nicht deckungsgleich mit der Erde, die den bewohnbaren Rahmen des Menschen darstellt, und zweitens keine Totalität ist, sondern ein offener Konnex verschränkter und nichtvorhersehbarer Folgen irdischer Wirkmächte. Um diesen Wirkmachtkomplex – den er später statt „Gaia" das „TERRESTRISCHE" nennen wird (Latour 2018, 51) – verständlich zu machen, diskutiert er, inwiefern Lovelocks Gaia-Konzept Opfer eines weiteren Dualismus wurde – dem zwischen Teil und Ganzheit – und entsprechend als Ganzheit missinterpretiert worden sei. „GAIA" stehe aber nicht für „Harmonie" (Latour 2017, 145) oder „System" (Latour 2017, 151), vielmehr sei „GAIA, die Gesetzlose, [...] das Antisystem" (Latour 2017, 154). Mit diesen Überlegungen positioniert sich Latour gegen das konventionelle wissenschaftliche Denken, das er hier vor allem mit der Figur Galileis und dessen Fall-Studien diskutiert (Latour 2017, 136). Die Anthropozän-Debatte reflektierend lehnt Latour zudem die Vorstellung eines Kollektivakteurs namens Mensch oder Anthropos ab, „[w]eil es kein Mittel gibt, Anthropos als Akteur mit einer bestimmten moralischen oder politischen Konsistenz zu vereinen [...]. Keine anthropomorphe Person kann Teil des Anthropozän sein und genau darin liegt der enorme Vorzug dieses Begriffs. [...] Der Anthropos des Anthropozän? Das ist Babel nach dem Einsturz des Riesenturms. Endlich ist der Mensch auf keine Einheit mehr reduzierbar! Endlich ist er nicht mehr bodenlos! Endlich steht er nicht mehr außerhalb der irdischen Geschichte!" (Latour 2017, 201–203.) Latour sieht in der Idee des Anthropozän die Chance, dass die „ERDE" oder „GAIA" als ein steter sich neu formierender Komplex reziprok aufeinander wirkender Konnexe hervortreten kann, an denen „ERDE" und „ERDBEWOHNER" gleichermaßen beteiligt sind. Denn „GAIA" habe kein Innen und kein Außen, sondern sei Ereignis endloser irdischer Verbindungen aus Interaktionen zwischen Akteuren, die er „Handlungswellen" nennt (Latour 2017, 177–178). Im Suchen nach den passenden Begriffen, die diesen Sachverhalt beschreiben könnten, der für ihn in der Anthropozän-Idee hervortritt, verweist Latour darauf, „dass wir eine neue Situation vor uns haben" (Latour 2017, 153), was das Finden von Begriffen gerade so schwierig mache. Latours Strategie der Anerkennung dieses schwer greifbaren „Neuen" im Anthropozän läuft schließlich auf eine politische Theorie hinaus, in deren Zentrum das Politische als Existenzweise steht (Latour 2014; 2017; 2018). Diese bleibe allerdings, wie Lars Gertenbach diagnostiziert, hinter Latours früherem Anspruch der Erneuerung seltsam zurück und verstricke sich vielmehr in eine systematische Geschlossenheit, was fruchtbare kollaborative Möglichkeiten, Neues zu erschließen, eher verhindere (Gertenbach 2016, 293).

Latours Theorem von der verteilten Wirkmacht hat dennoch die Möglichkeit eröffnet, *agency* abseits von Intentionalität zu denken, was eines der Hauptziele sogenannter posthumanistischer Positionen ist. Dürbeck ordnet diese Positionen dem von ihr sogenannten Interdependenz-Narrativ in der Anthropozändebatte zu, da die hier eingeordneten Autor*innen die Prämisse von der verteilten Wirkmacht teilen. Allerdings gibt es in den begründenden Prämissen auch deutliche Differenzen, wobei es insbesondere die Paradigmen des *new materialism* bzw. *new material vitalism* sind, die die Annahme verteilter Wirkmacht mit einer flachen Ontologie fundieren, deren systematische Konsequenzen problematische Nivellierungen impliziert. Insgesamt kann von einer „Ökologisierung des Denkens" (Hörl 2016) innerhalb dieses neuen Paradigmas gesprochen werden, wodurch die Überwindung jeglicher Binarität, Dualität und tradierten Dualismen erreicht werden soll. Ziel des neumaterialistischen Denkens ist es, auch nichtmenschlichen Entitäten einen Akteursstatus zuzuschreiben, so dass zwischen ihnen und Menschen nicht mehr unterschieden werden kann und sämtliche Entitäten prinzipiell in den Kreis sozialer Akteure aufzunehmen sind, um die Möglichkeit einer posthumanistischen Ordnung sichtbar zu machen. Daher gilt es in diesen Positionen, nicht Intentionalität, sondern Materialität als Kriterium für *agency* anzulegen.

Karen Barad etwa betont, der dynamische Prozess des Werdens der Welt „impliziert die Materie als einen aktiven ‚Akteur' in ihrer fortlaufenden Materialisierung" (Barad 2016, 41). Jane Bennett insistiert in ihrer „political ecology" ebenfalls auf die „independence of things" (Bennett 2010, xiv), die den ontologischen Status der Materie begründe, wobei sich die von ihr sogenannte „vibrant matter" durch drei Eigenschaften auszeichne: „agency, action, and freedom" (Bennett 2010, x). Und auch Rosi Braidotti legt ein Konzept von Materie vor, das letzterer wesentliche Freiheitsgrade zuschreibt, denn es „beruht auf dem Gedanken, dass die Materie [...] intelligent und selbstorganisierend ist" (Braidotti 2014, 40). Der Akteursstatus von Materie bzw. nicht-menschlichen Entitäten ist, wie die Beispiele zeigen, im posthumanistischen Denken ein unbestrittener Sachverhalt. Aber wie wird dieser Akteursstatus eigentlich begründet? An diesem Punkt wird es relevant, das Verfahren der Theoriekonstruktion aufzuzeigen, denn es ist eine Frage der theoriebildenden Präsuppositionen, welche Kriterien erfüllt sein müssen, damit *agency* nicht nur auf lebendige Menschen wie im modernen Weltzugang (Lindemann 2014), sondern auch auf nicht-menschliche Entitäten angewendet werden kann.

Eine neumaterialistische Sozialontologie hätte nun zum Beispiel die Möglichkeit, innerhalb einer handlungstheoretischen Perspektive Materie als Akteur bzw. legitime Person der Ordnungsbildung auszuweisen. Manche der zitierten Beschreibungen legen eine handlungstheoretische Perspektive zumindest nahe.[6] Der Sache nach müssen Neumaterialismen handlungstheoretische Ansätze allerdings ablehnen, da Handlungstheorien kaum der Logik einer strikt relationalen Prozessontologie entsprechen, die aber wesentliche Grundlage neumaterialistischen Denkens ist und die Konzepte ökologische Ordnungen ermöglicht. Um Ordnung also nicht vom modernen Dualismus aus zu denken, wird im *new materialism* bzw. *new materialist vitalism* Ordnung im Sinne ökologischer Zusammenhänge eingeführt, wobei Materie bzw. Materialität als eigenständige Wirkmacht diese Zusammenhänge relational hervorbringt, entsprechend den oben zitier-

---

6 Thomas Scheffer hat die darin zutage tretende Zuschreibung menschlicher Eigenschaften auf nicht-menschliche Entitäten kritisiert, da Dinge analog zu menschlichen Individuen eingeführt würden und erst dadurch „als letztlich unkalkulierbare, eigenmächtige, einander bedingende Größen" Anerkennung finden können (Scheffer 2017, 94).

ten Vorentwürfen des Gegenstandes Materie.[7] Entsprechend dieser Vorentwürfe bestehe ein unentwegter Prozess des Werdens, in dem alles mit allem relational verbunden sei. Damit wird eine Denkbewegung vollzogen, die vom individualisierenden Denken weg- und stattdessen in einen streng relationistischen Holismus hineinführen soll.

Mariam Fraser, Sarah Kember und Celia Lury fassen diese ökologische (fast kosmisch anmutende) Sichtweise auf Ordnung folgendermaßen zusammen:

> Process, in other words, is characterized by a radical relationality: the (social and natural) world is understood in terms of constantly shifting relations between open-ended objects. This is not to suggest that there are relations between pre-existing entities or objects. Instead, objects, subjects, concepts are composed of nothing more or less than relations, reciprocal enfoldings gathered together in temporary and contingent unities. Furthermore, since a relation cannot exist in isolation, all entities can be understood in relation to one another. (Fraser et al. 2018, 3).

Im neumaterialistisch-ökologischen Denken wird Ordnung somit von den Relationen und nicht von den Relata her gedacht (Barad 2012), die alles mit allem durch die Entfaltung von Wirkmacht unmittelbar verbindet. Keine Entität ist in einer solchen monistischen Prozessontologie ausgeschlossen und keine Entität ist weniger oder mehr am Werden der Welt beteiligt. Denn jede Relation stellt selbst eine Entität dar, die im Vollzug einer Relation hervorgebracht wird. Diese Form der Ökologisierung des Denkens stellt somit eine ontologische Verflachung dar, die als ein Posthumanismus in Opposition zum dualistischen Denken des modernen Humanismus positioniert wird und dabei einen ähnlich universalistischen Anspruch erhebt (siehe dazu insbesondere Braidotti 2014 sowie Bennett 2010). D.h. statt den Menschen als „Maß aller Dinge" im Sinne einer weltschöpfenden Kraft und die Vernunft als Basis jeglichen Fortschritts und Wandels zu begreifen, wird im Gegenzug Materie bzw. (lebendige) Materialität als grundlegendes Agens der Weltschöpfung gesetzt, was sie zur Basis aller Entitäten macht und insofern auch alle Entitäten miteinander verbindet. Diese Annahme wiederum erlaubt es, alle Entitäten auf eine ontologische Stufe zu stellen. Statt von einer ordnungsbildenden Pluridimensionalität muss hier allerdings von einer flachen ontologischen Eindimensionalität ausgegangen werden, um das Konzept eines agentiellen Ega-

---

[7] Die Grundlagen um diese Materie nun als ökologisch-posthumane Ordnung zu denken, bilden einerseits Spinozas monistische Philosophie, die insbesondere Braidotti und Bennett inspiriert hat, sowie ein von Deleuze und Guattari ermöglichtes Ökologieverständnis, das ein dynamisches Geschehen differenter affektiver Wirkmächte beschreibt, die relational zueinander Territorien bilden und wieder destabilisieren.

litarismus zu plausibilisieren. Die dadurch zwar erreichte Distanzierung von der in der Anthropozändebatte vertretenen anthropozentrischen Perspektive läuft gleichwohl Gefahr, problematische Nivellierungstendenzen zu forcieren, auch wenn sie nicht von dem ebenfalls nivellierenden Kollektivsingular Menschheit ausgeht. Das verwundert insbesondere aufgrund der Tatsache, dass in neumaterialistischen Positionen vornehmlich die materiellen Relationen entlang von Machtpositionen strukturiert werden. Fox und Alldred fassen das Strukturierungsmoment von Macht im Anschluss an verschiedene Neumaterialist*innen folgendermaßen zusammen: „The monism of new materialist ontology [...] requires that power is seen not as something outside or beyond the flow of affects in assemblages, but *as* this flow" (Fox und Alldred 2017, 27) Insofern also Macht Formationen von Relationen hier nicht nur gestaltet – im Anschluss an Deleuze/Guattari im Posthumanismus „Gefüge" genannt –, sondern solche Formationen Gefüge der Macht sind, stellt sich die Frage, wie auf der Basis einer derart flachen Ontologie des *agency*-Egalitarismus eigentlich festgestellt wird, welche Relationen welche Wirkmacht entfalten und wie Macht in diesen Formationen verteilt ist, wenn allen Entitäten die gleiche Wirkmacht im Gefüge, das als Relationengefüge wiederum selbst Entität ist, zukommt.[8] Und von welcher Position aus wird dies entschieden, wenn nicht von der Beobachter*innenposition aus? So betont Braidotti zwar, dass ein solcher *agency*-Egalitarismus die in den Blick zu nehmenden Wirkmächte „nicht als homogene, geschweige denn universelle Einheit, sondern eher als nomadisches Gefüge" verstehe (Braidotti 2016, 37). Die Setzung der Prämisse der gleich verteilten Wirkmacht entpuppt sich der Logik nach aber eigentlich als ein performativer Widerspruch, da es in den Händen der Autorin liegt, darüber zu entscheiden und ihr insofern Entscheidungsmacht zukommt. Das gleiche logische Dilemma entsteht auch bei Barad, deren Konzept der Intraaktivität ermöglichen soll, statt der Relata die Relation als solche vorgängig zu setzen, deren Vollzug erstere erst hervorbringt. Nichtsdestotrotz wird auch Barad angeben müssen, welche Relation im Unterschied zu anderen Relationen gerade im Fokus steht, womit auch ihr ein Primat von Bestimmungsmacht über Entitäten zukommt.

Wäre es daher nicht gerade in Hinsicht auf eine Machtanalytik sinnvoll, statt ontologisch zu verflachen ein differenziertes Konzept von Wirkmächten auszuarbeiten? Dabei könnten unterschiedliche Formen von *agency* aufgenommen werden und beispielsweise sowohl intentionales Handeln (sofern Menschen an Gefügen beteiligt sind) als auch widerständiges Wirken bezüglich seines jeweili-

---

[8] Zur Kritik an dieser starken Nivellierungstendenz im Posthumanismus und insbesondere bei Bennett siehe Thomas Lemke 2018.

gen Machtpotenzials graduell differenziert sowie bezüglich ihres relational zueinander bestehenden ko-konstitutiven Status erfasst werden. Ein Schelm übrigens, wer hier denkt, intentionales Handeln wäre dann eo ipso die stärkste Wirkmacht – dies ist zunächst einmal noch nicht entschieden und ist daher als ein historisch kontingenter Sachverhalt zu reflektieren. Die monistische Verflachung im posthumanistischen Denken scheint insofern noch keine hinreichend überzeugende Lösung zu sein, die Anthropozän genannte Situation adäquat zu erfassen. Denn sie muss ordnungsrelevante Sachverhalte oder Phänomene wie Zeit, Raum, Sozialität oder Expressivität stets von einem zugrunde gelegten Agens ableiten, das damit einer essenzialistischen Letztbegründung gefährlich nahe zu kommen scheint.

Im *new materialist vitalism* ist dieses Agens dem Titel entsprechend das Leben, das in geradezu spiritueller Weise angerufen wird – insbesondere Braidotti vertritt hier eine Art post-säkulare, spirituelle Kybernetik: „Das Leben äußert sich einfach, indem es Leben ist, in der Verwirklichung von Energieflüssen durch biologische Datencodes über komplexe somatische, kulturelle und technisch vernetzte Systeme. Ich vertrete deshalb die Idee eines Amor fati, der uns die Möglichkeit gibt, lebendige Vorgänge und die expressive Intensität eines Lebens zu akzeptieren, das wir mit vielfältigen Anderen hier und jetzt teilen." (Braidotti 2014, 192) Andreas Folkers hat sich zurecht gegen die deutliche essentialistische Konnotation gewendet und im Anschluss an Deleuze und Guattari eine Ökologie vorgeschlagen, deren emergenter Effekt das Leben jenseits seiner selbst und die Welt der Effekt einer Lebenskunst sei, die zwischen Territorialisierung und Deterritorialisierung eine spannungsreiche Bewegung zu halten vermag: „Gelungenes Leben heißt dann auf eine Weise in der Welt zu sein, die es gestattet, sich sein Revier künstlerisch abzustecken bzw. sich die Welt auf eine ästhetische Weise anzueignen" (Folkers 2017, 380). Auch wenn Folkers uns hier zum Glück nicht in das Braidotti'sche Schicksal entlässt, sondern uns die expressive und ästhetische Freiheit zugesteht, unser Territorium selbst zu gestalten, so lässt sich in seinen sozialtheoretisch getroffenen Prämissen die Idee vom ökologischen Gleichgewicht, das sich zwischen Territorialisierung und Deterritorialisierung spannungsvoll einstellen soll, identifizieren. Es wird hieran deutlich, dass Ansätze des neumaterialistisch-vitalistischen Denkens implizit klassischen Figuren methodologischer Biologismen folgen, die es fragwürdig werden lassen, ob damit das Anthropozän, für das es „schlicht *keinen Präzedenzfall* gibt" (Latour 2018, 54), in seiner Neuartigkeit gefasst werden kann. Auch das reflexive Einholen des eigenen historischen Standortes, d.h. die Einsicht, wie etwa Braidotti selbst betont, „wie wichtig es ist, von wo aus man spricht", scheint im Rahmen flacher Ontologien eher preisgegeben.

Daher verwundert es auch nicht, dass sich Haraway – die zwar mitunter unter das posthumanistische Narrativ eingeordnet wird (Dürbeck 2018) – davon distanziert. Sie grenzt sich dezidiert gegen die ontologische Nivellierung monistischer Prozessontologien ab, indem sie ihre Position gegen den Posthumanismus als die einer „Kompostistin" bezeichnet (Haraway 2018, 134) und betont, dass gerade nicht alles mit allem zusammenhänge, sondern alles mit Etwas (ebd.). Der Idee einer völlig gleich verteilten Wirkmacht erteilt sie eine klare Absage. Gegen diesen Imperativ des Posthumanismus beharrt sie darauf, dass „wir [...] nicht alle auf die gleiche Art und Weise responsabel [sind]. Unterschiede machen einen Unterschied: in Ökologien, in Ökonomien, für verschiedene Arten und Lebewesen" (Haraway 2018, 44). Ziel ihres sympoietischen Denkens, das sie vor allem im Anschluss an die (nicht ganz so klassische) Endosymbiontentheorie von Lynn Margulis entwickelt, ist es zwar ebenfalls, zur Erfassung der neuartigen Situation, sich vom modernen kategorialen Denken zu verabschieden, aber ohne dafür wichtige Differenzierungen preiszugeben. Mit Sympoiesis beschreibt Haraway – ähnlich wie Barad und im Anschluss an das Konzept der Intraaktivität – das relationale Mit-Werden von Holoenten (statt Wesen oder Einheit/Entität), die aus den symbiotischen Beziehungen erst hervorgehen, allerdings ohne dabei in einem emphatischen Sinne das Werden der Welt monistisch einzuhegen oder Symbiose rein positiv konnotiert zu verstehen (Haraway 2018, 85) In symbiotischen Zusammenhängen kann es asymmetrische Verhältnisse geben. Entsprechend steht die Metapher vom Kompost für die Vielschichtigkeit sympoietischer Zusammenhänge, die eben auch von unterschiedlichen Lagen zeugt, deren jeweilige Responsabilität es gerade aufzudecken gilt. Im Kompost ist menschliche Wirkmacht zwar dezentriert, aber nicht aufgelöst innerhalb einer flachen Ontologie. Vielmehr erlaubt das Bild von der Schichtung darzustellen, dass jede Wirkmacht mit einer anderen verbunden ist, sie aber zugleich differenzierte Formen von *agency* sind. Deswegen bleibt menschliche Wirkmacht für Verantwortungszuschreibungen auch adressierbar.

Der in der Anthropozän-Debatte viel diskutierte Anthropos, der die Forderung einer Dezentrierung des Humanen nach sich gezogen hat und insbesondere in posthumanistischen Ansätzen als wichtigste Innovation des Denkens gesehen wird, setze zudem, so Latour, implizit voraus, dass es ein Zentrum und eine Peripherie gäbe, was erneut ein binäres Verhältnis zwischen Mensch und Natur impliziere und dazu nötige, zwischen ihnen zu wählen (Latour 2018, 100–101). Latours Kritik zeigt, dass der posthumanistische Anspruch der absoluten Überwindung des Anthropozentrismus ein unmögliches Unterfangen darstellt oder, wie Neil Badmington treffend pointiert: „The ‚post' is forever tied up with what it is ‚posting'" (Badmington 2003, 20; hier zitiert nach Loh 2018). Latours und Haraways Positionen können damit zwar systematisch dem humandezentrierenden Denken im Anthropozändiskurs zugeordnet werden, insofern sie Wirkmacht auf mehr-als-Menschen verteilen, sie sind aber nicht als Posthumanist*innen und auch nicht als post-anthropozentrisch zu bezeichnen. Vielmehr sind sie als reflexiv-anthropozentrische Positionen interpretierbar. Diese Einsicht verweist auf die Schwierigkeit, im Rahmen des modernen Weltzugangs eine posthumanistische Position durchzuhalten. Entsprechend wichtig wäre die Reflektion des Umstandes, dass jede Position, die sich auf dem Weg zu nicht-anthropozentrischen Ordnungsvorstellungen befindet, aus einer anthropozentrischen Perspektive heraus argumentieren muss. Dies scheint mir bislang allerdings wenig reflektiert zu sein im posthumanistischen Denken.

Um eine Dezentrierung des Humanen zu erreichen, die die *agency* von Mehr-als-Menschen berücksichtigen kann, ohne Verantwortungspositionen zu nivellieren, schlägt Haraway vor, sich artenübergreifend verwandt zu machen (*making kin*): „Sich verwandt zu machen bedeutet, Personen zu machen, aber nicht zwingend als Individuen oder Menschen" (Haraway 2018, 141–142). Haraway schlägt mit dieser Formulierung zur Person quasi einen dritten Weg zwischen Hyper- und Anti-Anthropozentrismus ein, ohne ihn allerdings weiter auszubauen. Das Konzept der Person bzw. Personalität war schon ein zentrales Motiv der Philosophischen Anthropologie Helmuth Plessners, der bereits in den 1920er Jahren einen dritten Weg abseits der Natur/Kultur-Unterscheidung vorgeschlagen hat, ökologische Zusammenhänge zu beschreiben, ohne dabei zu vergessen, dass auch seine Perspektive einen historischen Standort hat (siehe dazu auch Block 2016). Damit hat Plessner bereits vor ca. 90 Jahren eine Position vorgelegt, die Haraway später als *Situated Knowledges* (Haraway 1988) bezeichnen wird. Abschließend soll daher ein Vorschlag zur Dezentrierung des Menschen im Anschluss an Plessner skizziert werden, mit dem die problematischen Nivellierungen des posthumanistischen Denkens umgangen werden könnten.

2 Exzentrische Humandezentrierung im Anschluss an Plessner

Die im Anthropozän vertretene anthropozentristische Vorstellung von einer „Zivilisation der Machbarkeit" (Manemann 2017, 80), gegen die sich humandezentrierende Positionen zurecht stellen, fundiert aus philosophisch-anthropologischer Perspektive in der Realisierung eines Menschseins „als Macht zu ..." (Plessner [1931]2003a, 189). Die darin zum Ausdruck gebrachte prinzipielle Offenheit menschlichen Lebens unterläuft dabei jegliche „Fixierung als..." (ebd., 190), denn diese „Macht zu" ist unbestimmt. Plessner, der Menschsein als „Macht zu" und diese „Macht zu" als „offene Frage" (ebd., 191) versteht, bringt mit dieser Fassung von Macht, in deren Vollzug sich Menschsein überhaupt erst realisiert, die Geschichtlichkeit menschlichen Lebens auf den Punkt. Denn es ist nicht *der* Mensch die Bedingung der Möglichkeit von Geschichte. Es ist vielmehr so, dass das geschichtlich gefasste Leben im Vollzug exzentrischer Positionalität fundiert. Exzentrische Positionalität aber ist – wie Plessner selbst betont – kein exklusiv an den Menschen gebundener Sachverhalt. Es ist vielmehr so, dass sich Menschsein als eine ihrer Möglichkeiten realisiert, sich jedoch auch in anderer Form realisieren kann (Plessner [1928] 1975, 293). Plessner führt daher für die realisierte exzentrisch positionierte Vollzugsform den Begriff der Person ein: „Ein Individuum, welches positional derart [...] charakterisiert ist, heißt *Person*" (Plessner [1928] 1975, 293, Hervorhebung im Original). Naturphilosophisch beschreibt Plessner mit der exzentrischen Positionalität damit eine ihrer Realisierungsweise gegenüber offene Form. Phänomenologisch führt er sie zwar am Lebewesen Mensch durch, tut dies aber auch in der Absicht, die prinzipielle Offenheit exzentrischer Lebensform phänomenal aufzuzeigen. In Hinsicht auf Überlegungen zum Verhältnis von Mensch und Macht im Anthropozän ist daher folgende Formulierung Plessners aufschlussreich:

> Wie die Entdeckung der Naturbedingungen dem Menschen in steigendem Maße die Natur in die Hand gegeben hat, so daß sich der Planet nach seinem Willen umzugestalten beginnt, führt auch die Entdeckung seiner Geschichtsbedingungen ihm unvorhersehbare Macht zu, mit der er über sein bisheriges Geschichtsniveau sich erheben wird. *Solange* er an dieser Konzeption seines Wesens als Macht festhält, hat er Macht und gibt es Entwicklung. *Aber das Kriterium, mit ihr das Wesen des Menschen schlechthin getroffen zu haben, bleibt der Geschichte immanent und bleibt selbst eine offene Frage.* (Plessner [1928] 1975, 190; meine Hervorhebung, K.B.)

Der Clou an dieser Form philosophischer Anthropologie ist zweifelsohne, dass der Begriff Mensch darin selbst nur geschichtlich gefasst werden kann, er somit kontingent ist und sich insofern als eine moderne Idee erweist (Plessner 2003; Lindemann 2014). Damit tritt nun aber zweierlei hervor: erstens, dass die Idee des Anthropozän eigentlich eine handfeste Fixierung des Menschen „als..." ist, in der zweitens mit aller Macht der Mensch entweder als *die* Macht schlechthin fixiert werden soll oder er seine Fixierung darin findet, dass in seiner posthumanistischen Zurückweisung zunächst von seiner Faktizität ausgegangen werden muss, um sich von ihm abwenden zu können. Das, was Plessner aber anspricht, wenn er das Menschsein als „Macht zu" und diese als Aufgabe ausweist, hätte sich bei beiden Formen der Fixierung erledigt. Die mit dem Begriff des Menschseins verknüpfte Aufgabe ist, zu verantworten, dass die in der Moderne als Mensch bezeichnete „Macht zu" eine offene Frage bleibt. Denn nur so ist sie überhaupt in mehr als in modernen Gestalten denkbar.⁹ Es kann somit abschließend die These formuliert werden, dass in den posthumanistischen Ansätzen implizit eine Zentrierung des Menschen vorgenommen wird, um sich anschließend dagegen wenden zu können. Folglich könnten diese Autor*innen auch als negative Antropozäniker*innen bezeichnet werden, da die von ihnen postulierte ontologische Negation des Menschen durch seine zuvor vorgenommene Substantialisierung erkauft ist.

Mit Plessner kann die Dezentrierung des Humanen aber auch ohne diese Problematik gelingen. Wenn die „Macht zu", die in der Moderne zwar den Titel „Mensch" trägt, als Realisierungsweise exzentrischer Positionalität aber selbst eine offene Frage von Personalität ist, können sich auch Mehr-als-Menschen als exzentrische Vollzugsweisen und insofern als Personen erweisen,¹⁰ denn die exzentrische Positionalität besteht selbst nur in ihrem Vollzug und realisiert sich somit relational zu ihrem Umfeld (Plessner [1928] 1975), das ebenfalls historisch kontingent ist. Mit dieser Perspektive könnte es gelingen, die Anerkennung nichtmenschlicher Wirkmacht nicht dadurch zu begründen, dass sich gegen eine vermeintliche Tatsache des Menschseins positioniert wird, sondern vielmehr dadurch, dass über die Historizität der Zuschreibung von *agency* nachgedacht wird. So kann gezeigt werden, dass qualitativ unterschiedliche Wirkmächte zu unterschiedlichen Zeitpunkten ein Primat zukommt. In der Moderne zeichnet sich diese primäre Macht zwar durch intentionales Handeln aus, das dem Menschen zugeschrieben wird. Aber das bedeutet nicht, Mensch zu sein hieße, die mächtigste Kraft schlechthin zu sein. Vielmehr eröffnet ein Reflektieren dieser „Macht zu" die Möglichkeit zu fragen, ob intentionales Handeln auch in Zukunft eine Vorrangstellung einnehmen wird oder ob andere Formen von Wirkmacht für Fragen der sozialen Gestaltung entscheidend sein werden. Die Antwort auf diese Frage ist noch nicht entschieden. Und es ist diese Unbestimmtheit, die es zu bewahren gilt, wie Plessner nicht müde wurde zu betonen: „Es muss offen bleiben, um der Universalität des Blickes willen auf das menschliche Leben in der

---

9 Daniel Chernilos Forderung, die anthropologischen Präsuppositionen zu dechiffrieren, die der Idee des Anthropozän inhärent sind, da diese grundlegend für normative Prämissen in der Gesellschaft seien, scheint daher im Sinne der Plessner'schen Offenheit zunächst plausibel zu sein, siehe seinen Beitrag in diesem Band. Allerdings schließt Chernilos anthropologische ‚Entzauberung' den normativen Kreis letztendlich wieder, wenn er an das rationale Potenzial menschlichen Exeptionalismus appelliert: „Die instrumentelle Vernunft ist in der Lage, die moralische Reflexivität selbst zu verstärken und zu erweitern." (Chernilo, in diesem Band, 73) Indem er ausgerechnet die instrumentelle Vernunft zur Expansion moralischer Reflexivität ins Feld führt, degradiert er sich selbst zu den von ihm kritisierten Anthropozänikern.
10 Für Beispiele siehe Lindemann (2014).

Breite aller Kulturen und Epochen, wessen der Mensch fähig ist." (Plessner [1931] 2003, 161) Dieses Wessen gerade nicht als Wirkmacht schlechthin vorauszusetzen, sondern seine historisch bedingte Relationalität zu fassen, ist eine Form der Dezentrierung des Humanen, die erlaubt, mehr-als-menschliche Entitäten zu berücksichtigen und gleichzeitig qualitative Differenzen zu erhalten, deren Wirkmächtigkeit selbst historisch kontingent ist. Dabei bietet es sich an, Wirkmacht mit dem Personbegriff bzw. dem Personalitätskonzept zu verbinden. Denn Person-Sein ist nicht an den Menschen gebunden, aber Wirkmacht kann an das Person-Sein geknüpft werden. Die Ausarbeitung dieser groben Skizze steht noch aus und versteht sich hier daher als erste Überlegung dazu, die gleichwohl ihre Inspiration aus der Auseinandersetzung mit dem Anthropozändiskurs erhalten hat. Die adäquate Erfassung der Anthropozän genannten Situation ist eine noch nicht bewältigte Aufgabe, zu deren Erfüllung der vorliegende Essay aber vielleicht einen Beitrag leisten konnte. Versteht man den Begriff des Anthropozän abschließend einmal im Sinne dieser dezentralisierenden Bedeutung des Menschen im Anschluss an Plessner und setzt sie in ein Verhältnis zu den sowohl positiven als auch negativen Anthropozäniker*innen, die den Menschen im Sinne einer „Fixierung als..." verstehen, statt im Sinne einer „Macht zu...", dann ließe sich vielleicht festhalten, dass wir noch gar nicht im Anthropozän angekommen sind.

Literatur

Barad, Karen. *Agentieller Realismus*. Frankfurt am Main: Suhrkamp, 2012.
Beck, Ulrich. *Risikogesellschaft*. Frankfurt am Main: Suhrkamp, 1986.
Bennett, Jane. *Vibrant Matter: A Political Ecology of Things*. Durham: Duke University Press, 2010.
Block, Katharina. *Von der Umwelt zur Welt. Der Weltbegriff in der Umweltsoziologie*. Bielefeld: Transcript, 2016.
Bonneuil, Christophe. „The Geological Turn. Narratives of the Anthropocene". In *The Anthropocene and the Global Environmental Crisis: Rethinking Modernity*. Hg. Clive Hamilton, Christophe Bonneuil und François Gemenne. London: Routledge, 2016. 15–31.
Braidotti, Rosi. „Jenseits des Menschen: Posthumanismus". *Aus Politik und Zeitgeschichte* 66.37–38 (2016): 33–38.
Braidotti, Rosi. *Posthumanismus. Leben jenseits des Menschen*. Frankfurt am Main/New York: Campus, 2014.
Chakrabarty, Dipesh: *The Human Condition in the Anthropocene. The Tanner Lectures in Human Values at Yale University* (2015). https://tannerlectures.utah.edu/Chakrabarty%20manuscript.pdf (aufgerufen am 26.03.2019)
Chakrabarty, Dipesh. „The Climate of History: Four Theses". *Critical Inquiry* 35.2 (2009): 197–222.
Crutzen, Paul J. „Albedo Enhancement by stratospheric Sulfur Injections: A Contribution to Resolve a Policy Dilemma". *Climate Change* 77 (2006): 211–219.

Crutzen, Paul J. „Geology of Mankind". *Nature* 415.6867 (2002): 23.
Crutzen, Paul J. und Eugene F. Stoermer. „The ‚Anthropocene'". *Global Change Newsletter* 41 (2000): 17–18.
Dürbeck, Gabriele. „Narrative des Anthropozän – Systematisierung eines interdisziplinären Diskurses". *Kulturwissenschaftliche Zeitschrift* 3.1 (2018): 1–20.
Emmet, Robert und Thomas Lekan. „Whose Anthropocene? Revisiting Dipesh Chakrabarty's ‚Four Theses'". *RCC Perspectives. Transformations in Environment and Society* 2 (2016).
Folkers, Andreas. „Politik des Lebens jenseits seiner selbst. Für eine ökologische Lebenssoziologie mit Guattari und Deleuze". *Soziale Welt* 68.4 (2017): 365–384.
Fraser, Mariam, Sahra Kember und Celia Lury. „Inventive Life. Approaches to the new Vitalism". *Theory, Culture and Society* 22.1 (2005): 1–14.
Fox, Nick J. und Alldred Palm. *Sociology and the New Materialism*. London: Sage (2017).
Gertenbach, Lars. „Politik – Diplomatie – Dezisionismus. Über das Politische in den neueren Schriften von Bruno Latour". *Soziale Welt* 67.3 (2016): 281–297.
Haraway, Donna. *Unruhig bleiben. Die Verwandtschaft der Arten im Chthuluzän*. Frankfurt am Main/New York: Campus, 2018.
Haraway, Donna. „Situated Knowledges: The Science Question in Feminism and the Priviledge of Partial Perspective". *Feminist Studies* 14 (1988): 575–599.
Hörl, Erich. „Die Ökologisierung des Denkens". *Zeitschrift für Medienwissenschaft* 14.1 (2016): 33–45.
Jahn, Thomas, Diana Hummel und Engelbert Schramm. „Nachhaltige Wissenschafte im Anthropozän". *Gaia* 24.2 (2015): 92–95.
Latour, Bruno. *Das terrestrische Manifest*. Berlin: Suhrkamp, 2018.
Latour, Bruno. *Kampf um Gaia. Acht Vorträge über das neue Klimaregime*. Berlin: Suhrkamp, 2017.
Latour, Bruno. „Agency at the Time of the Anthropocene". *New Literary History* 45 (2014): 1–18
Latour, Bruno. *Eine neue Soziologie für eine neue Gesellschaft. Einführung in die Akteur-Netzwerk-Theorie*. Frankfurt am Main: Suhrkamp, 2007.
Latour, Bruno. *Das Parlament der Dinge. Für eine politische Ökologie*. Frankfurt am Main: Suhrkamp, 2001.
Latour, Bruno. *Wir sind nie modern gewesen. Versuch einer symmetrischen Anthropologie*. Berlin: Akademie Verlag, 1995.
Lemke, Thomas. „An Alternative Model of Politics? Prospects and Problems of Jane Bennett's Vital Materialism". *Theory, Culture and Society* 35.6 (2018): 1–24.
Lindemann, Gesa. *Weltzugänge. Die mehrdimensionale Ordnung des Sozialen*. Weilerswist: Velbrück, 2014.
Loh, Janina. Trans- und Posthumanismus zur Einführung. Hamburg: Junius, 2018.
Lorimer, Jamie. „The Anthropo-scene: A Guide for the Perplexed". *Social Studies of Science* 47.1 (2017): 117–142.
Mahli, Yadvinder. „The Concept of the Anthropocene". *Annual Review of Environment and Resources* 42 (2017): 77–104.
Manemann, Jürgen. *Kritik des Anthropozän. Plädoyer für eine neue Humanökologie*. Bielefeld: Transcript, 2014.
Morton, Timothy. „How I Learned to Stop Worrying and Love the Term Anthropocene". *The Cambridge Journal of Postcolonial Literary Inquiry* 1.2 (2014): 257–264.
Plessner, Helmuth. „Macht und menschliche Natur" (1931). In *Gesammelte Schriften*. Bd. 5. Suhrkamp: Frankfurt am Main, 2003. 134–234.

Plessner, Helmuth. *Die Stufen des Organischen und der Mensch*. Berlin/New York: De Gruyter, 1975.
Renn, Jürgen und Bernd Scherer. „Einführung". In *Das Anthropozän. Zum Stand der Dinge*. Berlin: Matthes & Seitz, 2017. 7–23.
Scheffer, Thomas. „Neue Materialismen, praxeologisch". *Behemoth* 10.1 (2017): 92–106.
Simon, Zoltán Boldizsár. „The Limits of Anthropocene Narratives". *European Journal of Social Theory* (2018): 1–17.
Sloterdijk, Peter. „Das Anthropozän – ein Prozess-Zustand am Rand der Erd-Geschichte?" In *Das Anthropozän. Zum Stand der Dinge*. Hg. Jürgen Renn und Bernd Scherer. Berlin: Matthes & Seitz, 2015. 25–44.
Sloterdijk, Peter. „Wie groß ist ‚groß'?" In *Das Raumschiff Erde hat keinen Notausgang*. Hg. Paul J. Crutzen. Berlin: Suhrkamp, 2011. 93–110.
Steffen, Will et al. „The Anthropocene: Conceptual and Historical Perspectives". *Philosophical Transactions of the Royal Society A 369* (2011): 842–867.
Stengers, Isabelle. „Accepting the Reality of Gaia: A Fundamental Shift?" In *The Anthropocene and Global Environmental Crisis: Rethinking Modernity in a New Epoch*. Hg. Clive Hamilton, Christophe Bonneuil und François Gemenne. Abingdon/New York: Routledge, 2015. 134–144.
Trischler, Helmuth. „The Anthropocene. A Challenge for the History of Science, Technology, and the Environment". In *N.T.M. – Journal of the History of Science, Technology, and Medicine* 24.3 (2016): 309–335.
Tsing, Anna L. *Der Pilz am anderen Ende der Welt. Über das Leben in den Ruinen des Kapitalismus*. Berlin: Matthes & Seitz, 2018.
Zalasiewicz, Jan et al. „The Working Group on the Anthropocene: Summary of evidence and interim recommendations". *Anthropocene* 19 (2017): 55–60.
Zalasiewicz, Jan. „Die Einstiegsfrage: Wann hat das Anthropozän begonnen?" *Das Anthropozän. Zum Stand der Dinge*. Hg. Jürgen Renn und Bernd Scherer. Berlin: Matthes & Seitz, 2017. 160–180.

Teil II: „Anthropos", Mensch, Spezies

Frederike Felcht
Spezies Mensch

Theorien der Menschheit in Biopolitik und Anthropozän

1 Einleitung: Anthropozän, menschliche Spezies und Bevölkerung

In seinem viel diskutierten Aufsatz „The Climate of History" hat der Historiker Dipesh Chakrabarty darauf hingewiesen, dass in der geologischen Forschung zum Anthropozän sowie der Forschung zum anthropogenen Klimawandel der Kategorie der menschlichen Spezies eine besondere Bedeutung zukommt. Diese Kategorie öffnet Chakrabarty zufolge eine historische Tiefenperspektive (Chakrabarty 2009, 213). Dabei ergibt sich eine Differenz zur bisherigen Umweltgeschichte: „Simply put, environmental history, where it was not straightforwardly cultural, social, or economic history, looked upon human beings as biological agents." (Chakrabarty 2009, 205). Nun trete „the newly acquired geological agency of humans" (Chakrabarty 2009, 206) in das Blickfeld der Untersuchungen.

Mit der Kategorie der menschlichen Spezies verbindet sich eine Reihe von Problemen, von denen Chakrabarty einige benennt. Während in der Welt- und Globalgeschichte unter dem Eindruck von Marxismus und postkolonialen Theorien eine universalistische Perspektive zugunsten multipler Modernen und der Anerkennung von Differenz verworfen wurde, berge die Vorstellung des Menschen als Spezies das Risiko eines neuen Essentialismus und die biologisch klingende Kategorie besorge Historiker*innen nachvollziehbarerweise. Doch bezeichne Spezies in der naturwissenschaftlichen Bedeutung keine unveränderlichen Eigenschaften oder eine homogene Menge von Individuen (Chakrabarty 2009, 213–215).

Chakrabarty diskutiert auch den Einwand gegen den Gebrauch eines die Menschheit allgemein umfassenden Begriffes, dass nicht alle Menschen für den Klimawandel – auf den sich seine Argumentation hier beschränkt – verantwortlich sind. Vielmehr liegt die Verantwortung für den bisherigen anthropogenen Klimawandel vor allem bei den reichen Nationen und den reichen Klassen in den ärmeren Ländern. Diese ungleiche Verantwortung wird durch den Gebrauch eines alle Menschen umfassenden Terminus verschleiert (Chakrabarty 2009, 216). Stark verkürzt antwortet Chakrabarty auf diesen Einwand, die Gemeinsamkeit liege in der Bedrohung, der alle Menschen ausgesetzt seien (Chakrabarty 2009,

221). Er weist in späteren Aufsätzen darauf hin, dass ökonomische Ungleichheit nicht die Ursache für den Klimawandel ist und das Problem deshalb nicht auf den Kapitalismus reduziert werden kann (Chakrabarty 2014, 11) und dass heute sowohl reiche als auch arme Menschen, wenngleich aus unterschiedlichen Gründen und auf unterschiedliche Weisen, die Biosphäre unter Druck setzen und die Verteilung von Leben auf dem Planeten verändern (Chakrabarty 2016, 111). Keineswegs plädiert er für eine Abschaffung der Geschichte des Kapitalismus zugunsten einer allumfassenden Geschichte der menschlichen Spezies. Doch auch letztere hält er für erforderlich, um auf den Klimawandel reagieren zu können; beide Formen von Geschichtsschreibung sollen zueinander in Beziehung gesetzt werden. Obwohl wir Menschen uns nicht als geologische Agenten erfahren, seien wir auf der Ebene der Spezies solche geworden, und zwar nicht durch bewusste Entscheidungen, sondern durch nicht intendierte Folgen von Handlungen (Chakrabarty 2009, 221–222).

Während Chakrabarty einräumt, der Speziesbegriff könnte nur ein Platzhalter für das neue Selbstverständnis sein, dessen Entwicklung er für erforderlich hält (Chakrabarty 2009, 221), erklärt der Philosoph Clive Hamilton, die Kategorie der Spezies sei „inescapably biological" (Hamilton 2017, 62) und befürwortet, sie ganz zu verwerfen. Die biologische Kategorie führe zu einer biologischen Geschichte, in der der *Homo sapiens* nur ein Endpunkt in einem Zweig des Lebensbaumes sei. Anstelle einer Untersuchung der Gemeinsamkeiten mit anderen Spezies benötige man eine Geschichte der menschlichen Einzigartigkeit. Hamilton geht davon aus, dass das Anthropozän einen neuen Anthropozentrismus erfordert, der die *„world-making capacity"* (Hamilton 2017, 62) von Menschen vor dem Hintergrund des anthropogen verursachten Wandels des Erdsystems anerkennt, um die Menschen zu einem bewussten Umgang mit ihrer Macht zu bewegen (Hamilton 2017, 41).

Die Biologin Carol Boggs meint dagegen, Chakrabartys Verständnis der Menschen sei gewissermaßen zu wenig biologisch, um das Anthropozän angemessen zu verstehen: „It [the Anthropocene] also encompasses a lot more than just climate change, acknowledging humans as a *bio*geophysical force and not only – as postulated by Dipesh Chakrarabarty – as a geophysical one." (Boggs 2016, 27)

So unterschiedlich die Positionen sind – sie eint die Problematisierung der Frage, was unter dem *anthropos* im Anthropozän zu verstehen ist. Dabei reflektieren sie, wie sich das Verständnis des Menschen im Anthropozän zu bisherigen biologischen Konzepten verhält. Mit dem biologischen Verständnis des Menschen als Spezies sowie ökologischen Debatten im Vorfeld des Anthropozän verbunden ist das Konzept der *Bevölkerung*. So ist die Vorstellung, die Erde verfüge über eine gewisse Tragfähigkeit (*carrying capacity*), die durch das globale Bevölkerungswachstum überschritten werde, weit verbreitet. Das Konzept der Bevölkerung tritt auch in Reflexionen über das Anthropozän häufig auf und verdient stärkere Beachtung in der Diskussion. Mein Beitrag perspektiviert Bevölkerung deshalb zunächst theoretisch und historisch. Das von Chakrabarty angesprochene Unbehagen angesichts der Biologisierung des Menschen wird vor diesem Hintergrund noch nachvollziehbarer.

„Population is often the elephant in the room in discussions of climate change", hält Chakrabarty in seinem Aufsatz „Climate and Capital" (2014, 11) fest. In „The Climate of History" erwähnt er Michel Foucault (Chakrabarty 2009, 221), doch die Bevölkerungsproblematik steht bei Chakrabarty nicht in Beziehung zu Foucaults biopolitischen Überlegungen. Foucault entwickelte diese Überlegungen beispielsweise in der *Geschichte der Gouvernementalität*, die auf Vorlesungen zurückgeht, die er 1978 am Collège de France hielt. Die *Geschichte der Gouvernementalität* ist mein Ausgangspunkt, um den Bevölkerungsgedanken und in einem weiteren Schritt das daran anschließende Konzept der Überbevölkerung zu rekonstruieren. Da das Konzept der Überbevölkerung bei Foucault nur kurz und indirekt Erwähnung findet (Foucault 2006 [2004[1]], 109, 117–118, 126 Anmerkung 20), stütze ich mich hierbei vor allem auf Bettina Rainers 2005 erschienene Monographie *Bevölkerungswachstum als globale Katastrophe*, die eine Rekonstruktion des historischen Überbevölkerungsdiskurses enthält. Durch den Einbezug von Bevölkerung und Überbevölkerung als Konzepte, die mit dem biologischen Verständnis des Menschen als Spezies eng verbunden sind, werden auch bestimmte Formen des Regierens klarer konturiert.

Vor diesem Hintergrund formuliere ich eine Kritik an Donna Haraways in *Staying with the Trouble* (2016) entwickelten „Camille Stories". Die „Camille Stories" bilden das letzte Kapitel von *Staying with the Trouble*. Sie entwerfen die Zukunft einer fiktiven Figur, Camille, die sich über fünf Generationen von Camilles erstreckt. Die Camille der ersten Generation wird in eine Gemeinschaft hineingeboren, die wenige hundert Menschen umfasst und eine von mehreren Gruppen – sogenannten „Communities of Compost" – ist, die in durch Ressourcenextraktion und unökologische Produktionsformen ruinierte Regionen migriert sind. Diese Regionen wollen die Gruppen in Kooperation mit menschlichen und nichtmenschlichen Partner*innen „heilen"[2].

Dabei spielen die Begrenzung, Kontrolle und Veränderung von Reproduktion eine wichtige Rolle. Dafür entwickeln die Gruppen ein neues Konzept von Verwandtschaft und Geschlechterbeziehungen. So muss jedes neue Kind einer

---

1 Die 1978 gehaltenen Vorlesungen wurden erst 2004 herausgegeben.
2 Im Original „healing" (Haraway 2016, 137).

Siedlung mindestens drei Eltern haben (Haraway 2016, 137), die nicht unbedingt biologisch verwandt sein müssen, und jede Schwangere hat das Recht und die Pflicht, einen bedrohten „animal symbiont" (Haraway 2016, 139), einen tierischen Partnerorganismus, für ihr Kind auszuwählen. Diese Wahl ist das, was Haraway unter „reproductive freedom" (Haraway 2016, 8, 139) versteht. Das Kind erhält Genmaterial von seinem „animal symbiont" und soll sich aufgrund einer empfundenen Verbundenheit für dessen Schutz einsetzen. Die Entscheidung, ein Kind zu bekommen, soll kollektiv gefällt werden, während die individuelle Entscheidung „discouraged" (Haraway 2016, 139) wird. Haraway äußert sich nicht darüber, in welcher Form dies geschieht. Die von Haraway entworfene Modellgemeinschaft ist Teil einer Bewegung, die die Menschheit dabei unterstützt, ihre Geburtenrate zu reduzieren (Haraway 2016, 159), also in ihrem Wirken über die eigene Gemeinschaft hinausreicht. Wie dieser Einfluss sich gestaltet, wird kaum konkretisiert.

Die „Camille Stories" sind „speculative fabulation" (Haraway 2016, 136) und sollen zu kollaborativen und abweichenden Formen der Geschichtenproduktion sowie Änderungen der bestehenden Geschichten anregen (Haraway 2016, 144). Trotz dieser Offenheit sind sie meiner Einschätzung nach nicht beliebig. Die „Camille Stories" bauen vielmehr konsequent auf Überlegungen und Begriffen auf, die in *Staying with the Trouble* entwickelt wurden. Auch die Ironie, der im „Cyborg Manifesto" (2016 [1985], 9, 20–21, 30–31, 35, 65) noch große Bedeutung zukam, spielt hier keine explizite Rolle und ist implizit ebenso wenig relevant.

Haraways Ansatz habe ich für meine Kritik ausgewählt, weil er trotz eines Bewusstseins für die Problematik, die sich mit dem Überbevölkerungsgedanken verbindet, eine in vieler Hinsicht sehr starke Kontinuität zu diesem aufrechterhält. Ihr politischer Ansatz ist dabei durch ein biologisches Spezieskonzept grundiert.

2 Bevölkerung in Foucaults Geschichte der Gouvernementalität und Theorien des Anthropozän

In seiner zweiten Vorlesung zur Geschichte der Gouvernementalität in *Sicherheit, Territorium, Bevölkerung* entwickelt Foucault ausgehend vom Problem des Nahrungsmangels, wie eine neue gouvernementale Rationalität entsteht, die sich auf ein neues Subjekt des Regierens richtet: die Bevölkerung (Foucault 2006 [2004], 52–86). Die Geschichte der Gouvernementalität, zu deren Beginn Foucault – leichtfertig, wie er selbst meint – ankündigte, sie solle eine Untersuchung der „Bio-Macht" sein (Foucault 2006 [2004], 13), ist auch eine Genealogie des (Neo-)

Liberalismus. Das heißt, dass sich im Konzept der Bevölkerung biologisches und ökonomisches Denken überkreuzen.

Wurde der Nahrungsmangel zunächst durch Zwang zu bekämpfen versucht – also beispielsweise, indem man die Bauern zur Aussaat einer Mindestmenge an Korn zwang –, setzten sich im achtzehnten Jahrhundert zunehmend die Freiheit des Handels und des Kornumlaufs als Prinzipien der ökonomischen Regierung durch. Diesen Prinzipien liegt eine neue Konzeption von Marktmechanismen zugrunde, die sowohl eine Analyse dessen, was geschieht, unternimmt, als auch eine Planung dessen, was geschehen muss (Foucault 2006 [2004], 55–67). Das hat dieses neue Verständnis vom Regieren mit demjenigen in Theorien des Anthropozän gemein, das ebenfalls Analyse und Planung zugleich impliziert.

Um die Planung zu ermöglichen, muss die Analyse erheblich ausgeweitet werden, so Foucault. Für den Nahrungsmangel heißt das, sie muss nicht nur den Markt, sondern auch die Produktion erfassen, und nicht nur den nationalen Markt, sondern den globalen Markt in Betracht ziehen. Die Analyse muss auch aufseiten der Protagonisten ausgeweitet werden, denen man nicht mehr Regeln aufzwingt, sondern deren Kalkül, deren ökonomische Verhaltensweisen man zu verstehen versucht (Foucault 2006 [2004], 67–68).

Im Zuge des neuen Verständnisses vom Nahrungsmangel verschwindet dessen früherer „Heimsuchungscharakter" (Foucault 2006 [2004], 68); es gibt keinen allgemeinen Nahrungsmangel mehr, sondern nur noch

> für eine ganze Reihe von Leuten, in einer ganzen Reihe von Märkten eine gewisse Knappheit, eine gewisse Teuerung, eine gewisse Schwierigkeit beim Getreidekauf, folglich einen gewissen Hunger [...], und schließlich kann es gut sein, daß Leute an Hunger sterben. Doch indem man diese Leute an Hunger sterben läßt, kann man aus dem Nahrungsmangel eine Schimäre machen und verhindern, daß er sich in jener Heimsuchungsmassivität ereignet, die ihn in den vorangegangenen Systemen kennzeichnete. (Foucault 2006 [2004], 69)

Foucault zufolge tritt „eine absolut grundlegende Zäsur zwischen der für das ökonomisch-politische Handeln der Regierung relevanten Ebene", das heißt der Bevölkerungsebene, und „einer anderen Ebene, welche diejenige der Serie, der Multiplizität der Individuen ist" (Foucault 2006 [2004], 69–70) auf. Die Individuen sind nur noch insoweit relevant, als ihre Verwaltung, Erhaltung oder Förderung auf der Bevölkerungsebene etwas erreichen soll (Foucault 2006 [2004], 70).

Haraway entwickelt in den „Camille Stories" die Vorstellung einer Gesellschaftsform, die sich vor allem durch ihre kontrollierte Reproduktion auszeichnet und schreibt den Gemeinschaften, die dieser Gesellschaftsform angehören, aufgrund ihres Einflusses, der zur Verringerung der Weltbevölkerung beiträgt, besondere Bedeutung zu. Der ‚Rest', die Mehrheit der Weltbevölkerung, die sich dem neuen Reproduktionsmodell (noch) nicht angeschlossen hat, erscheint dagegen wenig relevant (Haraway 2016, 134–168). Darin lässt sich eine Kontinuität zu der von Foucault beschriebenen Unterscheidung zwischen einer relevanten Bevölkerungsebene und einer für das politische Handeln nicht bzw. nur auf der Ebene der Bevölkerung relevanten Ebene der Vielzahl von Individuen erkennen.

Die Bevölkerung wird, so Foucault, Zielobjekt des Regierens und ein kollektives politisches Subjekt, das dem juridischen Denken der vorangegangenen Jahrhunderte ganz fremd ist (Foucault 2006 [2004], 70). Dieses politische Subjekt wird durch Sicherheitsdispositive regiert. Sicherheitsdispositive funktionieren im Gegensatz zur Disziplin, die Bereiche abzugrenzen sucht, zentripetal, das heißt, sie integrieren immer neue Elemente. Zugleich versuchen sie aber nicht, alles ganz und gar zu regieren, sondern setzen vielmehr auf ein *laisser faire* als Möglichkeit des Regierens. Schließlich regieren sie nicht durch Verbot und Vorschrift, sondern auf der Ebene der Natur oder der Realität der Dinge (Foucault 2006 [2004], 73–76).

Dieses Regieren auf der Ebene der Natur ist eine entscheidende Änderung des Regierungsverständnisses, die Regieren seit der Moderne auszeichnet und bis heute andauert. Ein umfassendes und zugleich begrenztes Verständnis vom Regieren liegt zudem ebenfalls vielen politischen Forderungen im Kontext der Anthropozändiskussion zugrunde: Umfassend ist die Forderung an eine Politik im Anthropozän, weil sie die gesamte Erde einschließt und damit eine Vielzahl interagierender Variablen. Begrenzt ist sie, weil es nicht darum geht, alle Details zu kontrollieren, sondern vielmehr diejenigen Vorgänge zu beeinflussen, deren Wirkung relevant auf der Ebene der Erde ist. Dabei wird die Erde als systemischer Zusammenhang verstanden (Hamilton 2017, 9–13). Mit der Erde als Zielebene des Regierens geht Politik im Anthropozän oft nur vermeintlich über ein auf den Menschen fokussiertes Verständnis des Politischen hinaus, weil dem Menschen in den meisten Theorien des Anthropozän immer noch eine zentrale Rolle zukommt.

Laut Foucault hängt die Entdeckung der Bevölkerung mit dem städtischen Raum zusammen (Foucault 2006 [2004], 98–100). Die Entdeckung der Menschheit im Sinne des Anthropozän steht im Kontext einer Globalisierung der Politik und somit ebenfalls in einem bestimmten räumlichen Zusammenhang. Dabei verliefen Diskussionen zu Klimawandel und Globalisierung lange Zeit parallel zueinander und erstere gelangte erst später in das öffentliche Bewusstsein als letztere (Chakrabarty 2009, 198–199).

Haraways „Camille Stories" erzählen zwar politische Prozesse, die überwiegend in einer relativ kleinen Gemeinschaft stattfinden, doch bleiben diese immer auf ein Erdganzes bezogen. In ihrem Zukunftsentwurf verschwindet die menschliche Spezies nicht, doch fordert sie von ihr eine stärkere Einbettung in sympoietische und symbiogenetische Zusammenhänge, um die Artenvielfalt zu erhalten, die Ziel ihres politischen Entwurfs ist. Sympoiesis definiert Haraway in Abgrenzung zu Autopoiesis als wechselseitige Durchdringung von Wesen, die beispielsweise in Form von Zellen, Organismen und ökologischen Assemblagen auftreten kann. Sympoietische Systeme produzieren gemeinschaftlich und sind nicht klar abgegrenzt, erklärt Haraway unter Rückgriff auf eine Definition der kanadischen Graduiertenstudentin M. Beth Dempster. Symbiogenetisch sind sympoietische Prozesse, wenn sie auf der Ebene der Genetik stattfinden. Aus diesen Austauschprozessen entwickelt Haraway ein politisches Programm des Zusammenlebens, das den Erhalt bedrohter Ökosysteme und Spezies durch das bewusste Stiften von Gemeinschaften mit Hilfe wissenschaftlicher, künstlerischer und indigener Praktiken erreichen soll (Haraway 2016, 58–98 und passim). Haraways politischer Ansatz basiert in hohem Maße auf dem biologischen Konzept der Spezies. Die menschliche Spezies soll darin durch genetische Eingriffe und neue Formen des Zusammenlebens mit anderen Spezies sympoietischer und durch eine Reduktion der Geburtenrate als Bevölkerung reduziert werden.

Das Regieren der Naturalität der Bevölkerung, führt Foucault in der dritten Vorlesung aus, basiert auf einer neuen Vorstellung von der Bevölkerung, die nicht mehr als eine Summe von auf ein Territorium verteilten Individuen begriffen wird, sondern als abhängig von Variablen wie Klima, Bräuchen, Gesetzen, religiösen Werten etc., auf die das Regieren einwirken kann (Foucault 2006 [2004], 107–109). Nicht mehr eine Reihe von Rechtssubjekten wird regiert, sondern die Bevölkerung, die nun als eine „Gesamtheit von Vorgängen" betrachtet wird, „die man in ihrer Natürlichkeit und ausgehend von ihrer Natürlichkeit verwalten muß." (Foucault 2006 [2004], 108).

> Man kann deshalb sagen, daß von dem Moment an, als die menschliche Gattung als Art im Bestimmungsfeld aller lebenden Arten auftaucht, der Mensch in seiner ursprünglichen biologischen Ansatzstelle erscheinen wird. Die Bevölkerung ist also einerseits die menschliche Art [*l'espèce humaine*] und andererseits das, was man die Öffentlichkeit nennt. [...] Die Öffentlichkeit, ein Hauptbegriff im 18. Jahrhundert, ist die Bevölkerung von der Seite ihrer Meinungen her gesehen, von ihrer Art etwas zu tun, von ihren Verhaltensweisen, ihren Gewohnheiten, ihren Befürchtungen, ihren Vorurteilen, ihren Ansprüchen her, sie ist das, worauf wir durch Erziehung, durch Kampagnen, durch Überzeugungen usw. Einfluß haben. Die Bevölkerung ist also all das, was sich von der biologischen Verwurzelung durch die Art bis auf die durch die Öffentlichkeit gebotene freie Fläche ausdehnt. (Foucault 2006 [2004], 115)

Das Konzept der Bevölkerung ist biologisch verankert, geht aber über diese Verankerung hinaus. Die Regierung des Lebens erfordert andere Prozeduren als die

Machttechniken eines Souveräns, zu dem die Untertanen in einem Gehorsamsverhältnis stehen (Foucault 2006 [2004], 114–115). In jedem Falle erfordert das Regieren neue Formen des Wissens über das Regierte. Das implizite oder explizite Regierungsverständnis in Theorien des Anthropozän steht oft in Kontinuität zu diesem biopolitischen Ansatz: Deutlich wird das beispielsweise bei den *Ecomodernists*, die auf eine technologisch ermöglichte Entkopplung des Menschen von seiner Umwelt abzielen und den dafür notwendigen Modernisierungsprozess mithilfe liberaler Prinzipien und auf der Basis naturwissenschaftlichen Wissens mit Unternehmern, Märkten, der Zivilgesellschaft und dem Staat als Akteuren durchsetzen möchten (Asafu-Adjaye et al. 2015). Aber auch bei den Kritikern der *Ecomodernists* lassen sich Kontinuitäten zu einem biopolitischen Regierungsverständnis erkennen. So begreift Hamilton den Menschen als „embedded subject", „always woven into nature" (Hamilton 2017, 52), der zugleich die Macht entwickelt hat, natürliche Prozesse entscheidend zu verändern, ohne jedoch unabhängig von der Natur zu werden, und begründet die Notwendigkeit politischen Handelns durch naturwissenschaftliche Erkenntnisse der Erdsystemtheorie. Haraway kritisiert den Anthropozentrismus des Anthropozänbegriffs und entwickelt mit dem Chthuluzän eine Alternative. Auch in dieser Theorie lässt sich eine biopolitische Konstante erkennen, auf die ich noch genauer eingehe.[3]

Für Foucault ist der Mensch der Humanwissenschaften und des Humanismus „letztlich nichts anderes als eine Figur der Bevölkerung" (Foucault 2006 [2004], 120), d.h. der Mensch in diesem Sinne tritt erst auf, wenn sich die Kunst des Regierens durch die Denkfigur der Bevölkerung entwickelt hat.

Haraway distanziert sich in *Staying with the Trouble* von menschlichem Exzeptionalismus, Individualismus, Humanismus und Posthumanismus (Haraway 2016, 11, 13, 32, 53, 55, 101–102). Die biologischen Wissenschaften haben ihrer Meinung nach die menschliche Spezies *Homo sapiens* im Sinne eines abgegrenzten Individuums plus Kontext im achtzehnten Jahrhundert konstruiert, doch müsse diese Vorstellung in der Biologie des einundzwanzigsten Jahrhunderts an ihre Grenzen stoßen (Haraway 2016, 30–31). Die „Camille Stories" lassen sich als Versuch lesen, politischen Wandel auf der Ebene der Spezies zu denken. Das damit verbundene Verständnis von Bevölkerung steht jedoch in Kontinuität zu vorherigen Diskursen, die politische Probleme aufwerfen.

---

[3] Ich danke Hannes Bajohr für wertvolle Anregungen, insbesondere zu diesem Absatz. Für einen systematischen Überblick über Theorien des Anthropozän siehe auch die Einleitung zu diesem Band.

3 Überbevölkerung ökonomisch, biologisch und ökologisch

Früh wurde die Bevölkerung zur Subsistenz in Beziehung gesetzt: Foucault verweist auf einen Aphorismus von Mirabeau, demzufolge die Nahrungsmittel das Maß der Bevölkerung abgeben (Foucault 2006 [2004], 109, 126 Anmerkung 20). Die Popularisierung der Idee der Überbevölkerung erfolgte vor allem im Kontext der Diskussion der britischen Armengesetzgebung. Schon Joseph Townsends 1786 erschienene *Dissertation on the Poor Laws by a Well-Wisher to Mankind* ging davon aus, dass Hunger eine Grenze des Wachstums konstituiert, die im Falle der Menschheit die Armen trifft und auch treffen soll, weil Hunger die Armen zur Arbeit und zum Haushalten antreibt (Townsend 2011 [1786], 14–38). Für die Idee der Überbevölkerung war Robert Thomas Malthus' in seiner ersten Fassung 1798 erschienener *Essay on the Principle of Population* der wahrscheinlich einflussreichste frühe Diskussionsbeitrag. Sowohl Malthus als auch Townsend wenden sich gegen die Unterstützung der Armen. Die schon von Townsend im Ausgangspunkt an einer Ziegenpopulation auf einer Insel illustrierte und dann auf die menschliche Spezies übertragene vermeintliche Naturgesetzlichkeit der Knappheit (Townsend 2011 [1786], 27–32) wird bei Malthus noch prominenter im ersten Kapitel als die bekannte These formuliert, „that the power of population is indefinitely greater than the power in the earth to produce subsistence for man" (Malthus 1993 [1798], 13). Malthus und Townsend ging es um eine Rechtfertigung der bestehenden Besitzverhältnisse, die angesichts der Französischen Revolution dringlich wurde (Rainer 2005, 40, 57–59).[4] Beide plädierten für ein *laisser mourir*, das die Faulen, Verschwenderischen und Unzüchtigen treffen sollte. Darin angelegt ist eine Biopolitik, die im Namen einer Steigerung des Lebens eine „ungeheure Todesmacht" entfaltet (Foucault 1986 [1976], 163).

Bettina Rainer beschreibt das letzte Jahrzehnt des achtzehnten Jahrhunderts als eine Phase, in der die Armut anstelle der Armen in den Fokus theoretischer Konzepte geriet. Damit einher ging eine Naturalisierung von Armut, die diese als notwendiges und natürliches Phänomen darstellte. Mit dieser Naturalisierung verband sich eine Entmenschlichung der Armen, denen Parallelen zu Haustieren zugeschrieben wurden, weil sie sich nicht selbst versorgen konnten (Rainer 2005, 42–43).

Von Malthus führt eine Linie zu Darwin, dessen Theorie vom *struggle for existence* sich explizit auf Malthus stützt (Darwin 1859, 4–5, 63; Rainer 2005, 84–85).

---

[4] Malthus geht auf die Französische Revolution explizit ein (Malthus 1993 [1798], 112–113).

Rainer zufolge wurde der von Darwin entwickelte Selektionsgedanke von der Eugenik aufgegriffen, die durch Fortpflanzungskontrolle den aufgrund der Zivilisation nicht mehr greifenden Prozess der ‚natürlichen Selektion' ersetzen wollte (Rainer 2005, 85). Eugenik und Neomalthusianismus, die sich im letzten Drittel des neunzehnten Jahrhunderts ausbreiteten, überschnitten sich inhaltlich, doch stand im Neomalthusianismus die Selbstbestimmung über Elternschaft im Vordergrund, während Eugeniker die Kontrolle vor allem Ärzten überlassen wollten (siehe Rainer 2005, 96–97). Ziel war eine gesunde und ‚hochwertige' Bevölkerung. Kriterien der vermeintlichen Hochwertigkeit waren beispielsweise Triebkontrolle, Intellekt und Fleiß, zunehmend aber auch die Zugehörigkeit zu einer unterschiedlich definierten ‚weißen Rasse' (Rainer 2005, 89–92, 114–127). Bevölkerung wurde im Kontext dieser Bewegungen also zunehmend rassisch bestimmt und die zu vermeidende Überbevölkerung mit Krankheit assoziiert.

Neben diese biologisch geprägten Diskurse trat zu Beginn des zwanzigsten Jahrhunderts ein ökonomischer, der von einer Beziehung zwischen Bevölkerungswachstum und Wirtschaftswachstum ausging, in der die Bevölkerung ein Optimum nicht überschreiten sollte. In diesem ökonomischen Diskurs spielte der – heute oft ökologisch definierte – Begriff der Tragfähigkeit eine wichtige Rolle, der hier noch nicht die dem Planeten maximal zumutbare Bevölkerungszahl bestimmen sollte, sondern diejenige einzelner Nationalstaaten. „Implizit wurde dabei die – politisch hochbrisante – Frage verhandelt, wie viel *Raum* welches *Volk* benötige und für sich beanspruche," so Rainer (2005, 132–133), die in diesem Zusammenhang darauf hinweist, dass die Idee eines Volks ohne Raum nicht erst mit den Nationalsozialisten aufkam. Eine Verbindung zwischen den biologischen und den ökonomischen Konzepten von Überbevölkerung lag im Kolonialismus (Rainer 2005, 133–134); Rainer sieht in der nationalsozialistischen Vernichtungspolitik einen Höhepunkt bevölkerungspolitisch motivierter Aggression (Rainer 2005, 136–152).

Sie weist auf Kontinuitäten zwischen dem rassistischen Eugenik-Diskurs und einem Überbevölkerungsdiskurs hin, der sich nach dem Zweiten Weltkrieg als Umweltschutzdiskurs zunächst vor allem in den USA etablierte: „Gerade in dem vom Umweltschutzgedanken geprägten Diskurs tauchten Menschen mehr und mehr nur noch als *Masse*, als *Plage*, als sich hemmungslos vermehrendes und daher schädliches *Tier* auf." (Rainer 2005, 161). Im Zusammenhang mit dem ökologischen Überbevölkerungsdiskurs richtet sich das Augenmerk häufig auf arme, nicht-weiße Menschen und Weltregionen, was den behaupteten ökologischen Charakter stark relativiert. In diesem Diskurs erscheint Rainer zufolge das Bevölkerungswachstum zunehmend als tödliche Bedrohung für die Zukunft der Menschheit: „Die Geburt von Menschen wird zur todbringenden Bedrohung stilisiert. Es findet also eine fundamentale Verkehrung von ‚Leben' und ‚Tod' statt.

[...] Das Zeugen und Gebären von Kindern wird zum bedrohlichen todbringenden Akt umgedeutet." (Rainer 2005, 235) Im Mittelpunkt des ökologischen Überbevölkerungsdiskurses stünde die „Sicherung des Überlebens als Spezies"; dabei gerate aus dem Blick, „welche Lebensweisen Menschen wünschens- oder erstrebenswert erscheinen" (Rainer 2005, 283).

Sie stellt außerdem heraus, dass Geburtenkontrolle sich zunehmend auf Frauen konzentriert hat. Bemühungen aus Teilen der Frauenbewegung für die Verbreitung von Verhütungsmitteln und Forderungen nach einer selbstbestimmten Entscheidung für oder gegen eine Schwangerschaft wurden vor allem in den 1960er Jahren von der breiteren bevölkerungspolitischen Diskussion aufgegriffen. „Die Entdeckung der Frauen erfolgte zweckgebunden vor dem Hintergrund der Armutsbekämpfung und der Absenkung der Geburtenrate," kritisiert Rainer (2005, 197).

4 Bevölkerung im Chthuluzän

In *Staying with the Trouble* gibt Haraway den Slogan „Make Kin, Not Babies!" (Haraway 2016, 5–6, 102–103, 136–137, 216–217 EN 4) als Slogan für das Chthuluzän aus. Das Chthuluzän lässt sich dabei als Versuch verstehen, Anthropozän und Kapitalozän Geschichten und Praktiken entgegenzusetzen, die von den anthropozentrischen Narrativen des Anthropozän und den ausbeuterischen Praktiken des Kapitalozän wegführen, und so den Weg in eine Zukunft eröffnet, in der möglichst viele Spezies ihren Platz bewahren können (Haraway 2016, 30–57). Die Methode des Geschichtenerzählens wird besonders deutlich im letzten Kapitel, das die fiktive Geschichte von Camille erzählt.

Haraway ist bewusst, dass ihr Slogan in gefährlicher Nähe zur Bevölkerungspolitik steht, deren historische Problematik im obigen Abriss deutlich wurde. So erklärt sie in der Einleitung:

> For excellent reasons, the feminists I know have resisted the languages and policies of population control because they demonstrably often have the interests of biopolitical states more in view than the well-being of women and their people, old and young. Resulting scandals in population control practice are not hard to find. But, in my experience, feminists, including science studies and anthropological feminists, have not been willing seriously to address the Great Acceleration of human numbers, fearing that to do so would be to slide once again into the muck of racism, classism, nationalism, modernism, and imperialism. (Haraway 2016, 6)

In einer langen Endnote zum vierten Kapitel „Making Kin. Anthropocene, Capitalocene, Plantationocene, Chthulucene", das den Slogan „Make Kin, Not Babies!"

einführt, der zuvor nur in der Einleitung erwähnt worden war, wirft sie der Linken vor, sie leugne die Problematik, dass die zu erwartenden sieben bis elf Milliarden menschlichen Wesen enormen Schaden für sich und andere Wesen auf der Erde bedeuten werden. Die Gründe dafür sieht sie in der Geschichte des Bevölkerungskonzepts: „For our people [on the Left, F. F.] to revisit what has been owned by the Right and by development professionals as the ‚population explosion' can feel like going over to the dark side. [...] I know ‚population' is a state-making category, the sort of ‚abstraction' and ‚discourse' that remake reality for everybody, but not for everybody's benefit." (Haraway 2016, 208 EN 18). Doch bleibe die ökologische Problematik des Bevölkerungswachstums bestehen, so Haraway. Sie fordert die Entwicklung einer linken non-natalistischen Bevölkerungspolitik, die sich von queeren, dekolonialen und indigenen Welten inspirieren lässt. Es müssten Wege gefunden werden, niedrige Geburtenraten zu feiern; insbesondere in wohlhabenden, viel konsumierenden und Elend exportierenden Klassen, aber nicht nur dort. „We need to encourage population and other policies that engage scary demographic issues by proliferating other-than-natal kin – including non-racist immigration, environmental and social support policies for new comers and ‚native born' alike [...]." (Haraway 2016, 209, EN 18). Zwang lehnt sie dabei ab, doch solle eine neue kulturelle Norm entstehen, derzufolge jedes Kind mindestens drei Eltern haben müsste, die nicht in einer Liebesbeziehung zueinander zu stehen bräuchten. Hier zeigt sich, wie die „Camille Stories" auf realen politischen Forderungen Haraways aufbauen.

Die pronatalistische Politik in Ländern mit niedriger Geburtenrate führt Haraway in der Endnote auf die Angst vor Einwanderung und rassische Reinheitsphantasien zurück. Einwanderung ist in den „Camille Stories" folgerichtig ein wichtiger Faktor in der Entwicklung der Bevölkerungszahl der jeweiligen Gemeinschaften:

> Almost everywhere, the Communities of Compost committed themselves to maintaining their size or to growing through immigration, while keeping their own births at a level compatible with the earth's overall human numbers eventually declining by two-thirds. If new immigrants accepted the basic practices of the Communities of Compost, upon request they received permanent residency and citizenship rights as compostists in inventive and usually raucous kin-making ceremonies. (Haraway 2016, 147)

Haraway lässt dabei offen, was die grundlegenden Praktiken der *Communities of Compost* sind. Weil die „Camille Stories" am ausführlichsten auf die Reproduktionspraktiken eingehen, liegt es nahe, anzunehmen, dass diese Reproduktionspraktiken akzeptiert werden müssen. Das wirft die Frage auf, wie sich die von den Migrant*innen geforderte Akzeptanz zur Straffreiheit einer nicht kollektiv getroffenen Entscheidung für ein Kind verhält, die sie an anderer Stelle postuliert: „The decision to bring a new infant into being is strongly structured to be a collective one for the emerging communities. Further, no one can be coerced to bear a child or punished for birthing one outside community auspices." (Haraway 2016, 139) Werden auch Migrant*innen für eine solche Entscheidung nicht bestraft? Und welcher Stellenwert kommt dann ihrer Akzeptanz der grundlegenden Praktiken der Gemeinschaft zu?

Insgesamt bleibt unklar, wie sich die Norm der neuen Verwandtschaftsbeziehungen in Verbindung mit dem Verzicht auf neue Geburten und der Ablehnung der individuellen Entscheidung für ein Kind etablieren soll. Ich hatte eingangs bereits erwähnt, dass diese Entscheidung „discouraged" wird, ohne dass näher erläutert wird, wie das geschieht. Der Satz, der diese Information enthält, geht stattdessen nahtlos über in die Umdefinition von „reproductive freedom":

> Although discouraged in the form of individual decisions to make a new baby, reproductive freedom of the person is actively cherished.
> This freedom's most treasured power is the right and obligation of the human person, of whatever gender, who is carrying a pregnancy to choose an animal symbiont for the new child. (Haraway 2016, 139)

Damit verfremdet sie den Begriff von seiner üblichen Bedeutung, die die Frauenrechtlerin Kathryn Kolbert in einer bekannten Definition festhielt: „Reproductive freedom means the ability to choose whether, when, how and with whom one will have children." (Kolbert 1990 [1988], 298) Diese Freiheit umfasst den Zugang zu sicheren und effektiven Methoden der Verhütung sowie zu Abtreibungen ebenso wie den Widerstand gegen erzwungene Sterilisierungen, den Schutz werdender Mütter und den Zugang zu neuen Reproduktionstechnologien. Sie ist Grundlage der Selbstbestimmung, Handlungsmöglichkeiten und Würde einer Person (Kolbert 1990 [1988], 297–298). Bei Haraway tritt insbesondere die Selbstbestimmung, die ein zentrales feministisches Anliegen war, in den Hintergrund, weil die Entscheidung über ein Kind kollektiv gefällt und die individuelle Entscheidung abgelehnt wird.

Mit dem Ökonomen und Philosophen Amartya Amartya Sen lässt sich festhalten, dass *gender equity*, insbesondere die Bildung von Frauen, ihre ökonomische Partizipation, ein gleicher sozialer Status, die kulturelle Gleichberechtigung aller Beteiligten bei familiären Entscheidungen ebenso wie der Zugang zu Instrumenten der Familienplanung einer der wirksamsten Faktoren in der Reduktion von Bevölkerungswachstum ist (Sen 2001 [2000], 173–174). Eine Politik der *gender equity* in diesem Sinne würde die Entscheidung für ein Kind nicht in einem Kollektiv fällen, sondern vielmehr kollektiv Rahmenbedingungen schaffen, damit die Mitglieder einer Familie diese Entscheidung gleichberechtigt fällen können. Auch wenn man von Haraway das veränderte Verwandtschaftsmodell übernimmt, wären in eine solche Entscheidung weniger Personen involviert als das politische Kollektiv der gesamten *Community of Compost*. Eine solche Reduktion hat Vorteile. Damit würde sich die bei Haraway dominierende Politik der Zahl vermeiden lassen – wir erfahren, dass in der *Community of Compost* der „Camille Stories" in einhundert Jahren einhundert Kinder mit *symbionts* und zehn außerhalb des Drei-Eltern-Modells geboren, ohne zu wissen, wie die Entscheidung für die Drei-Eltern-Kinder konkret gefällt wird (Haraway 2016, 146) –, die als Grundlage einer nicht erzwungenen Bevölkerungspolitik ausgesprochen riskant erscheint.

Haraway stellt in der bereits erwähnten Endnote klar, dass sie um die Probleme der Reduktion von Menschen auf Ziffern in alten und neuen Bevölkerungspolitiken weiß. Doch hält sie an ihren Argumenten für eine non-natalistische Politik fest, die ihren Ausgangspunkt in der globalen Bevölkerungszahl nehmen (Haraway 2016, 209–210 EN 18). Diese Zahlenlogik prägt ihren Zukunftsentwurf wesentlich: Jedes Unterkapitel der „Camille Stories" ist mit einer Angabe des Geburts- und Todesjahrs der jeweiligen Camille-Version sowie einer Angabe der zu diesen Zeitpunkten bestehenden „[h]uman numbers" (Haraway 2016, 144, 152, 159, 162, 166) versehen.

Überraschend wenig Aufmerksamkeit schenkt ihr Zukunftsentwurf hingegen dem ökonomischen System der neuen Gesellschaften. Während „Big Energy" und „Big Capital" in den „Camille Stories" sukzessive an Einfluss verlieren, werden Biosphärenreservate geschützt, es gibt „nonmonocropping organic agriculture, ubiquitous gardens, and species-rich roadside verges" sowie „humus-friendly technological innovation, creative rituals and celebrations, profound economic restructuring, reconfiguration of political control, demilitarization" (Haraway 2016, 160). Außer biologischer Landwirtschaft werden also nur wenig konkrete ökonomische Visionen entwickelt. Migrierende Wesen profitieren von sesshaften, ohne dass genauer erläutert würde, wie diese Beziehung funktioniert. Insgesamt findet sich ein Spannungsverhältnis zwischen dem Entwurf einer kleinen Gemeinschaft, die offenbar die Möglichkeit einer demokratischen Entscheidungsfindung garantieren soll, und ihrer globalen Reichweite. Ausgeklammert wird, wie Produktion und Konsum in den *Communities of Compost* funktionieren und damit eine auch ökologische Problematik, die durch eine Reduktion der Bevölkerungszahl nicht gelöst wird.

Unklar bleibt damit zudem, wie die ausführlich geschilderten Genmanipulationen finanziert und umgesetzt werden. Die Kinder in den „Camille Stories", die aufgrund einer individuellen Entscheidung geboren werden, werden offenbar auch biologisch von denjenigen unterschieden, deren Entstehung kollektiv beschlossen wurde:

> Human babies born through individual reproductive choice do not become biological symbionts, but they do live in many other kinds of sympoiesis with human and nonhuman critters[5]. Over the generations, the Communities of Compost experienced complex difficulties with hierarchical caste formations and sometimes violent clashes between children born as symbionts and those born as more conventional human individuals. (Haraway 2016, 140)

Damit führt Haraway eine biologische Differenz ein, die nicht weiter begründet wird – auch diese Kinder oder ihre Eltern könnten sich ja für symbiogenetische Eingriffe entscheiden. Dass die gesellschaftlich ungewollten Kinder als offenbar genetisch von den gewollten Kindern abweichende konstruiert werden, ist vor dem Hintergrund der rassistischen Geschichte der Bevölkerungspolitik eine wenig nachvollziehbare Entscheidung, wenn man davon ausgeht, dass Haraway die politischen Gemeinschaften der *Communities of Compost* den in *Staying with the Trouble* entwickelten Positionen zufolge als vielversprechendes Zukunftsmodell verstanden wissen will, das Bevölkerungspolitik von seinen rassistischen Momenten befreit. Eine gesellschaftlich erzeugte genetische Differenz birgt das Risiko einer Reproduktion rassistischer Diskriminierungsmechanismen. Haraway kehrt in ihrer Erzählung zudem die zu erwartende Benachteiligung der gesellschaftlich ungewollten Kinder um, indem sie vielmehr die *symbionts* unter Einsamkeit, verständnislosen Eltern (Haraway 2016, 149) und Mobbing (Haraway 2016, 160) leiden lässt. Diese Umkehrung begründet sie mit der Seltenheit der *symbionts*. Doch ist diese Form der Minorität ein wenig überzeugendes Argument für die Ausgrenzung, die die *symbionts* erfahren, ist ihre Außergewöhnlichkeit doch das beabsichtigte Resultat einer gesellschaftlichen Investition. Sie sind damit eher ein Pendant zu den Kindern wohlhabender Nationen. Auf diese Weise vermeidet Haraway es vielmehr, von den gesellschaftlich Ungewollten und deren Schicksal zu erzählen. Das ist eine merkwürdige Auslassung, wenn man wie Haraway von den Gefahren der Bevölkerungspolitik weiß.

Im Anschluss an die Erwähnung dieser Konflikte erklärt Haraway, dass die neue Gesellschaft „storytelling" (Haraway 2016, 150) als Mittel zur Lösung solcher Konflikte betrachtet. Auch ihr eigener Text soll in der Art von „fan fiction" (Haraway 2016, 136) Nachahmer*innen erzeugen, die politische und ökologische Fehler der Geschichten neu denken. Insofern könnte ich nun beginnen, meine eigene „Camille Story" zu erzählen. Diesen Weg gehe ich nicht. Die problematischen Auslassungen in Haraways Geschichte sind systematisch begründet. Es ist symptomatisch, dass Haraway die Diskussion der Probleme von Bevölkerungspo-

---

[5] „Critters" kann „Lebewesen", im Amerikanischen umgangssprachlich auch „Viecher" bedeuten und bezeichnet in *Staying with the Trouble* „microbes, plants, animals, humans and nonhumans, and sometimes even […] machines" (Haraway 2016, 169 EN 1).

litik in eine Endnote auslagert – diese Probleme lässt *Staying with the Trouble* weitgehend ungelöst. Das Konzept der menschlichen Spezies bestimmt das Handeln in den „Camille Stories" wesentlich, und zwar mit dem Ziel einer Reduktion der Menschen als Vertreter*innen ihrer Spezies und der Auflösung ihrer biologischen Abgrenzung zu anderen Spezies. Diese – um Foucault aufzugreifen – biologische Wurzel des Bevölkerungsgedankens bleibt erhalten und ist Grundlage derjenigen Entscheidungen der Gemeinschaft, die Haraway besonders herausstellt. Dabei bleibt die Frage, wie regiert wird, offen. Weder Machtungleichgewichte noch Zwang scheinen in den *Communities of Compost* zu existieren, die insbesondere auf Freundschaften als „kin-making practice throughout life" (Haraway 2016, 145) basieren. Geschichtenerzählen und kreative Rituale sind wichtige kulturelle Praktiken. Entscheidungsstrukturen bleiben dagegen unerzählt.

Die *Communities of Compost* haben somit weder eine plausible ökonomische noch eine nachvollziehbare politische Struktur. Sie entwerfen vor allem eine bevölkerungspolitische Utopie mit dem Ziel, biologische Diversität zu erhalten, indem man die Zahl der Menschen reduziert. Diese bevölkerungspolitische Utopie wird durch eine Ausweitung von Verwandtschaftsbeziehungen auch über Speziesgrenzen hinweg erzielt. Damit wird das Leben Grundlage und Inhalt eines Politischen, das den Menschen hinter sich lässt: Biopolitik im Chthuluzän.

Literatur

Asafu-Adjaye, John et al. *An Ecomodernist Manifesto* (2015). http://www.ecomodernism.org/ (27. August 2019).

Boggs, Carol. „Human Niche Construction and the Anthropocene". *RCC Perspectives* 2 (2016): 27–31.

Chakrabarty, Dipesh. „The Climate of History: Four Theses". *Critical Inquiry* 35.2 (2009): 197–222.

Chakrabarty, Dipesh. „Climate and Capital: On Conjoined Histories". *Critical Inquiry* 41.1 (2014): 1–23.

Chakrabarty, Dipesh. „Whose Anthropocene? A Response". *RCC Perspectives* 2 (2016): 103–113.

Darwin, Charles. *On the Origin of Species by Means of Natural Selection, or the Preservation of Favoured Races in the Struggle for Life*. https://archive.org/details/CharlesDarwinOnTheOriginOfSpecies. London: John Murray, Albemarle Street, 1859 (11. Juni 2019).

Foucault, Michel. *Sicherheit, Territorium, Bevölkerung. Geschichte der Gouvernementalität I. Vorlesung am Collège de France 1977–1978*. Hg. François Ewald, Alessandro Fontana und Michel Sennelart (französische Erstausgabe). Übers. von Claudia Brede-Konersmann, Jürgen Schröder. Frankfurt am Main: Suhrkamp, 2006 [2004].

Foucault, Michel. *Der Wille zum Wissen. Sexualität und Wahrheit I*. Übers. Ulrich Raulff und Walter Seitter. Frankfurt am Main: Suhrkamp, 1986 [1976].

Hamilton, Clive. *Defiant Earth: The Fate of Humans in the Anthropocene*. Cambridge/Malden, MA: Polity Press, 2017.

Haraway, Donna J. „A Cyborg Manifesto. Science, Technology, and Socialist-Feminism in the Late Twentieth-Century." *Manifestly Haraway* https://ebookcentral.proquest.com/lib/senc/reader.action?docID=4392065&ppg=6. Minneapolis/London: University of Minnesota Press, 2016 [1985] (12. Juli 2019). 3–90.

Haraway, Donna J. *Staying with the Trouble. Making Kin in the Chthulucene*. Durham/London: Duke University Press, 2016.

Kolbert, Kathryn. „Developing a Reproductive Rights Agenda for the 1990s." *From Abortion to Reproductive Freedom: Transforming a Movement*. Hg. Marlene Gerber Fried. Boston, MA: South End Press, 1990 [1988]. 297–306.

Malthus, Robert Thomas. *An Essay on the Principle of Population*. Hg. u. mit einer Einleitung versehen von Geoffrey Gilbert. Oxford/N.Y.: Oxford University Press, 1993 [1798].

Rainer, Bettina. *Bevölkerungswachstum als globale Katastrophe. Apokalypse und Unsterblichkeit*. Münster: Westfälisches Dampfboot, 2005.

Sen, Amartya. „Population and Gender Equity." *Journal of Public Health Policy* 22.2 (2001): 169–174.

Townsend, Joseph. *Über die Armengesetze. Streitschrift eines Menschenfreundes*. Hg. Philipp Lepenies. Übers. Christa Krüger. Frankfurt: Suhrkamp, 2011 [1786].

Philip Hüpkes
Der Anthropos als Skalenproblem

Dipesh Chakrabarty hat in seinem vielzitierten Essay „The Climate of History: Four Theses" (2009, 221) argumentiert, dass die Trennlinie zwischen menschlicher Geschichte und Naturgeschichte angesichts des Anthropozän durchbrochen sei. Die epistemologische Grenzziehung zwischen Menschheit und Natur sowie ihrer je eigenen Historizität hatte in Bezug auf die Bestimmung des Menschen für gewöhnlich den Effekt, dass soziokulturelle und (evolutions-)biologische Beschreibungsversuche weitgehend getrennt voneinander verliefen. Während die anhaltende Stabilität der Unterscheidung zwischen Naturwissenschaften und Geistes- und Sozialwissenschaften darauf hindeutet, dass die Untersuchung von Menschheits- und Naturgeschichte weiterhin auf der Grundlage einer disziplinären Dichotomisierung fußt, markiert die anthropogene Verursachung von Umweltphänomenen wie dem Klimawandel und dem Artensterben für Chakrabarty (2015) den Augenblick ihres unvermeidlichen Konvergierens. Ein Indiz dafür, dass das Anthropozän-Konzept diese Konvergenzbewegung zum Ausdruck bringt, findet sich darin, dass die Ebenen des Sozialen und des Natürlichen mit Blick auf die Bestimmung des Anthropos in den zentralen Publikationen der ursprünglichen Anthropozän-Hypothese (siehe Crutzen und Stoermer 2000, 2002; Steffen et al. 2007) nicht trennscharf auseinanderzuhalten sind. Bereits der Titel des 2002 erschienenen Aufsatzes von Crutzen, „Geology of Mankind" suggeriert nicht nur ein Menschlich-Werden des Geologischen, sondern zugleich ein Geologisch-Werden der Menschheit. Einerseits kann die Urheberschaft einer anthropogen überformten Erde auf spezifische zivilisatorische, soziale, kulturelle und technologische Faktoren zurückgeführt werden, andererseits begründet sich die kollektive Einheit des Anthropos auf dessen Wirksamkeit als „major geological force" (Steffen et al. 2007, 618). Das Eintreten der Menschheit in einen naturhistorischen Zusammenhang wird folglich auf eine Transformation und Potenzierung menschlicher Wirksamkeit zurückgeführt. Die *Effekte* anthropogener, auf zivilisatorischem Fortschritt fußender Aktivitäten treten – so lautet eine fundamentale Neuheit des Anthropozän-Konzepts (siehe Chakrabarty 2012, 9) – in einem erdsystemischen Maßstab auf. Als erdsystemischer Akteur verstanden, ist der Anthropos über territoriale, soziale und kulturelle Differenzen hinweg vor allem als Spezies analysierbar. Infolge seiner konzeptuellen Verortung auf der Schwelle zwischen Kultur einerseits und Evolutionsbiologie und Geologie andererseits,

---

Dieser Beitrag rekurriert auf Ergebnisse des DFG-Projekts DU 320/8–1 „Narrative des Anthropozän in Wissenschaft und Literatur. Themen, Strukturen, Poetik".

d.h. zwischen fortschrittsgeleiteter, möglicherweise intentionaler Verursachung und erdsystemischen Rückkopplungsschleifen, artikuliert der Anthropos als Protagonist des Anthropozän nicht nur eine Form des Konvergierens zuvor dichotomer Systeme, sondern zugleich das Vorhandensein und Neuentstehen anderer systemischer Grenzziehungen und Diskontinuitäten. Chakrabarty (2012, 9) merkt an, dass der anthropozäne Blick auf die Menschheit als einer „force on a very large geological scale that impacts the whole planet" bestehende „picture[s] of the human" (Chakrabarty 2012, 11) nicht ersetze. Zusätzlich zu der durch das Anthropozän eingeführten Natur-Kultur-Konvergenzebene bleiben auch solche ‚Menschenbilder' operativ, die die Menschheit universalistisch-aufklärerisch als kollektives Subjekt mit gleichen Rechten oder postmodern-postkolonial als durch eine anthropologische Differenz in sich fragmentiert konzipieren. Insofern diese Bestimmungen jedoch in gänzlich unterschiedlichen räumlichen und zeitlichen Größenordnungen operativ sind, ist es erforderlich „to think the human on multiple scales and registers" (Chakrabarty 2012, 14). Der Anthropos des Anthropozän stellt die menschliche Vorstellungskraft für Chakrabarty (2012, 9) vor ein „problem of scale", weil auf die „scale on which scientists invite us to imagine human agency" im Anthropozän phänomenologisch nicht zugegriffen werden kann.

Dieser Beitrag setzt bei der Frage danach an, welche Rolle ‚problems of scale', Skalenprobleme, für die Bestimmbarkeit und Imaginierbarkeit des Anthropos einnehmen. Im Folgenden will ich zeigen, worin die Spezifizität anthropozäner Skalenprobleme im Hinblick auf den von Chakrabarty ins Spiel gebrachten Bereich der Imagination besteht. Zweitens soll anhand einer Auseinandersetzung mit der tiefenzeitlichen Dimension des Anthropos ein spezifisches Skalenproblem beleuchtet werden. Dabei werde ich zu der Schlussfolgerung gelangen, dass die Bestimmung des Anthropos nicht nur – wie Chakrabarty argumentiert – als *Ursache* eines Skalenproblems aufgefasst werden kann, sondern in einer alternativen Lesart zugleich eine *Reaktion auf ein Skalenproblem* einschließt.

1 Anthropozäne Skalenprobleme

Eine maßgebliche Herausforderung des Anthropozän besteht in der Relationierung scheinbar nicht linear zusammenhängender räumlicher und zeitlicher Skalen. Die Skalenproblematik wurde u.a. in den Erdsystemwissenschaften, der Ökologie und der Humangeographie umfassend thematisiert. Besonders im Anthropozän-Diskurs nimmt die Skalen-Debatte aktuell einen hohen Stellenwert ein (siehe Tavel Clarke und Wittenberg 2017, 7). Für den Anthropos stellt sich die Frage nach der Skalierung jedoch in anderer Form als im Falle des Klimawandels. Derek Woods (2014, 133) deutet die Besonderheit einer anthropozänen Skalenproblematik in treffender Weise an, wenn er kritisch danach fragt, ob das Konzept des Menschen überhaupt skalierbar sei. Ist ein auf Spezies-Ebene operierendes, in planetarisch-geologischen Ausmaßen wirksames Kollektivsubjekt als Vergrößerung, d.h. als Hochskalierung eines bestehenden Konzepts versteh- und vorstellbar? Oder handelt es sich bereits um ein System mit gänzlich anderen Eigenschaften, dessen Beobachtbarkeit und Intelligibilität grundlegend andere epistemische Verfahren, Theorien und Konzepte erforderlich macht?

Bekanntlich hat die dem Anthropozän-Konzept implizite Auffassung der Menschheit als einem homogenen Kollektivsubjekt auf Spezies-Ebene zu erheblicher Kritik am Anthropozän-Konzept geführt, die sich in zwei unterschiedlichen Weisen an dem Anthropos ausrichtet.[1] Auf der einen Seite argumentiert etwa Donna Haraway (2015, 159), dass der konzeptuelle Raum, der dem Anthropos zugewiesen wird, den Umstand unkenntlich macht, dass anthropogene Prozesse erst in Inter- und Intraaktion mit anderen, nichtmenschlichen Prozessen und Spezies Effekte planetarischen Ausmaßes bewirken. Aus einer posthumanistischen Perspektive stellt Haraway (2015, 159) die Marginalisierung nichtmenschlicher Akteur*innen und Prozesse *ex negativo* heraus, indem sie stattdessen die Rolle von Bakterien als „the greatest planetary terraformers (and reformers) of all" hervorhebt.

Auf der anderen Seite hat sich eine sozialwissenschaftliche Kritik am Anthropozän herausgebildet, die sich mit der auf die innere Dynamik des Anthropos abzielenden Frage befasst, inwieweit die Annahme einer ‚Geologie der Menschheit' (siehe Crutzen 2002) anthropologische, soziale, kulturelle, geographische und ökonomische Differenzen zugunsten einer homogenen, naturalisierten Menschheit nivelliert. Andreas Malm und Alf Hornborg (2014) etwa argumentieren, dass die Entwicklung der fossilen Energiewirtschaft auf eine spezifische, territorial und lokal begrenzbare Gruppe ökonomischer Akteur*innen zurückgeführt werden müsse, keineswegs aber auf die Menschheit oder die Spezies ‚an sich'.[2] Die Konzeption des Anthropos als einem „universal species-agent" (Malm und Hornborg 2014, 66) müsse schlussendlich als eine reine Abstraktion verstan-

---

[1] Siehe hierzu auch „Keine Quallen", Hannes Bajohrs Einleitung zu diesem Band.
[2] Siehe außerdem Daniel Cunhas (2015, 263) kritische Auseinandersetzung mit Malm und Hornborg. Cunha deutet deren Fokussierung auf die westlich-kapitalistische Gesellschaft als Urheberin der fossilen Energiewirtschaft als Modell einer „Geology of the Ruling Class" – in direkter Anlehnung an Crutzens (2002) „Geology of Mankind". Cunha widerspricht aber der Überlegung, dass die Manipulation und Kontrolle des Erdsystems als eine Intention der ‚ruling class' aufgefasst werden kann.

den werden, die im äußersten Fall zur Mystifizierung des Klimawandels und zu politischer Handlungsunfähigkeit führen könne (siehe Malm und Hornborg 2014, 67). Auch Alternativbegriffe wie das „Eurozän", das „Technozän" (siehe Sloterdijk 2015, 27, 2016, 10; Hornborg 2015) oder das „Plutozän" (Ropohl 2014, 186) zielen darauf ab, die Verursachung des globalen Wandels auf eingegrenzte, differenziertere Gruppen von Akteur*innen sowie Prozessen zu beziehen.

Der Spezies-Fokus scheint also soziale Parameter entsprechend der hier nur knapp angedeuteten Perspektive unbeachtet zu lassen. Dennoch ist die Konzeption des Anthropos in einigen zentralen Publikationen der Anthropozän-Hypothese an einen Verantwortungsbegriff geknüpft. Will Steffen et al. (2007, 618) etwa plädieren dafür, dass die Menschheit infolge der globalen Veränderungen des Erdsystems geeint als „stewards of the earth system" auftreten müsse. Für die Wissenschaftshistoriker Christoph Bonneuil und John-Baptiste Fressoz (2017 [2016], 66) ergibt sich daraus der trügerische Eindruck, dass Verantwortung – und damit auch Täterschaft – nahtlos von der Ebene des Individuums und des sozialen Milieus in die Ebene einer planetarisch und in geologischer Zeit operierenden Menschheit übersetzt werden könne.

Angesichts der im Anthropozän-Konzept angelegten Ubiquität des Anthropos erscheint es dann zunächst kontraintuitiv, dass Bruno Latour in seinen Gifford Lectures (2013, 56) das Anthropozän ironisch zu Freuds Idee der narzisstischen Wunden in Beziehung setzt und damit nahelegt, dass das Anthropozän nicht nur eine Potenzierung menschlicher Subjektivität zum Ausdruck bringt, sondern zugleich deren Dezentrierung. Latour (2013, 78) argumentiert, dass der *Anthropos* den Bemühungen des Poststrukturalismus sowie später des Posthumanismus zum Trotz erneut zu einem zentralen Wissensobjekt werden konnte, weil das Anthropozän-Konzept aus jenen naturwissenschaftlichen Disziplinen stammt, denen die *Humanities* oft vorgeworfen haben, sich ausschließlich einer unbelebten und statischen Natur zu widmen – „the Anthropos is back [...] with a vengeance [...] through the hard empirical work of those who used to be called ‚natural scientists'". Indem das Anthropozän-Konzept demnach gerade *durch* die Einbeziehung des Menschen mit einem modernistischen Natur-Begriff bricht, setzt es für Latour (2013, 77) paradoxerweise anthropozentrischen und naturalistischen Ontologien ein Ende. In Latours Lesart vollzieht sich die Wiederkehr des Anthropos „im Moment seiner vermeintlich endgültigen Verabschiedung" jedoch unter einem anderen Vorzeichen: Das Anthropozän zeige den „human agent under another shape" (Latour 2013, 78). Latours Versuch, diese veränderte Form zu bestimmen, deutet darauf hin, dass Anthropos weder mit der undifferenzierten Gesamtheit der menschlichen Spezies noch mit partikulären, differenzierten Gruppen von Akteur*innen gleichzusetzen ist:

> I will use the word ‚*anthropos*' to designate what is no longer the ‚human-in-nature' nor the ‚human-out-of-nature', but something else entirely, another animal, another beast or, more politely put, a new political body yet to emerge. [...] it is the human as a unified agency, as one virtual political entity, as a universal concept that has to be broken down into many different *people* with contradictory interests, opposing cosmoses [...]. (Latour 2013, 79–81).

Latours Definition des Anthropos wird in der hier vorgeschlagenen Lesart weniger als Versuch verstanden, die Verursachung des Anthropozän einer spezifischen menschlichen Form von *agency* zuzuweisen, sondern als Beschreibung des strukturellen Wechselverhältnisses, in dem sich die unterschiedlichen, nicht spezifizierten Teilakteur*innen des Anthropos zueinander anordnen. Die Bestimmung des Anthropos als einer virtuellen Entität legt nahe, dass sich dieses strukturelle Beziehungsgefüge nicht im Bereich des Erfahrbaren anordnet und sich die Prozesse seiner Herausbildung nicht im zeitlichen Jetzt ereignen. Latours Anthropos ist als Ausblick auf ein potentiell durch die unvermeidliche Veränderung des Erdsystems möglich werdendes, kollektiv-politisches Umdenken hinsichtlich der eigenen Einbindung in komplexe, übergeordnete Zusammenhänge zu verstehen. Einen solchen Zusammenhang bildet jedoch nunmehr weder die ‚Natur' („human-in-nature") noch die Menschheit als eine der Natur überlegene, aufaddierte Gesamtheit aller menschlichen Individuen und sozialen Gruppen („human-out-of-nature"). Anstelle einer Universalie, die auf die homogene Gesamtheit ihrer Bestandteile reduzierbar ist oder sich im Verhältnis zu diesen als transzendente Ebene anordnet, ist Latours Anthropos ein Beziehungsgefüge, dessen Universalität in der Unvereinbarkeit jener Partikularitäten besteht, aus denen es sich zusammensetzt. Universalität und die Differenz der Partikularitäten sind folglich für Latour nicht hierarchisch zueinander angeordnet, sondern fallen auf einer einzelnen ontologischen Ebene ineinander. Infolgedessen ist es nicht möglich, nahtlos von der Ebene einer einzelnen Partikularität auf die des Universellen zu schließen – und umgekehrt. Entgegen der Annahme einer uneingeschränkt ‚flachen Ontologie', wie sie hier auf den ersten Blick durchscheint, lässt Latours Modell weiterhin die Herausbildung struktureller Differenzen zu. Diese ergeben sich jedoch nicht mehr aus einer a priori gegebenen Hierarchie oder Kausalität, sondern es ist die sich zwischen den Partikularitäten emergent herausbildende Differenz, die ein ontologisches Überlappen mit dem Universellen erst konstituiert. Latours ‚flache' Konzeption des Anthropos widerspricht in diesem Sinne nicht der Annahme einer Form von Relationalität, die Differenzen nicht grundsätzlich ausschließt.

Im Gegensatz zu absoluten Maßeinheiten bringen Skalen – wie Eva Horn und Hannes Bergthaller bemerken – stets ein Verhältnis zum Ausdruck. Sie sind grundlegend relational, indem sie erst in ihrem Unterschied zu anderen Skalen existieren und beobachtet werden können (siehe Horn und Bergthaller,

2019). Die epistemische Herstellung einer Skala, d.h. die Vergrößerung oder Verkleinerung eines Systems, verweist in diesem Sinne einerseits auf die Differenz desselben Systems in anderen Vergrößerungsstufen sowie andererseits auf eine Beobachtungs- und Beschreibungsskala, von der ausgehend die Vergrößerung oder Verkleinerung erfolgt. Dieser Ausgangspunkt ist jedoch nicht willkürlich auswählbar, sondern durch die an spezifische Größenordnungen geknüpften Gesetzmäßigkeiten des Systems selbst geknüpft.[3] Ab einer gewissen Vergrößerungs- oder Verkleinerungsstufe verändere sich das gesamte System – es ereignet sich Varianz, da das System anderen Gesetzmäßigkeiten und Regeln unterliegt oder diese erst emergieren lässt. Skalenprobleme treten – nicht erst im Kontext des Anthropozän – immer dann auf, wenn die Vergrößerung oder Verkleinerung eines Systems nicht durch die lineare Skalierung aller Bestandteile dieses Systems gewährleistet werden kann. Die in bestimmten Größenordnungen auftretende Dynamik zwischen den einzelnen Bestandteilen eines Systems führt in diesem Sinne zu emergenten Eigenschaften und Verhaltensweisen, welche die Beschaffenheit des Gesamtsystems entscheidend verändern können.

Im Falle des Anthropozän besteht ein maßgebliches Problem darin, dass die Konzeption des Anthropos die Frage aufkommen lässt, von welchem Beobachtungs- bzw. Beschreibungspunkt aus die Wechselwirkung zwischen Anthropos als zusammenhängendem Kollektivakteur und seinen einzelnen menschlichen Teilakteur*innen in den Blick genommen werden kann. Die Schwierigkeit, einen solchen Ort offenzulegen, zeigt sich in einem konkret auf das Anthropozän bezogenen Versuch des Philosophen Timothy Morton (2016, 8), die Wechselbeziehung zwischen individuellen und akkumulierten menschlichen Aktivitäten zu beschreiben:

> Every time I start my car or steam engine I don't mean to harm Earth, let alone cause the Sixth Mass Extinction Event in the four-and-a-half billion-year history of life on this planet. [...] Furthermore, I'm not harming Earth! My key turning is statistically meaningless. [...] But go up a level and something very strange happens. When I scale up these actions to include billions of key turnings and billions of coal shovelings, harm to Earth is precisely what is happening. I am responsible as a member of this species for the Anthropocene.

Mortons Beschreibung legt nahe, dass einzelne, statistisch unbedeutende Handlungen in einem bestimmten Beobachtungsmaßstab („go up a level") als

---

[3] Die Bedeutung von Größe v.a. für biologische Systeme stellt John Tyler Bonner (2006, 3–4) heraus: „Size dictates the characteristics of all living forms. It is the supreme and universal determinant of what any organism can be and can do."

Bestandteile einer kollektiven Handlungsebene beobachtet und verstanden werden können. Verantwortung für das Anthropozän ergibt sich hier erst in kollektiver Form als Summe aller individuellen Handlungen, denen auf diese Weise rückwirkend eine partikuläre Teilhabe an der Gesamtverantwortung zugewiesen wird. Gleichwohl geht aus Mortons Erwägung nicht hervor, von welchem spezifischen Ort aus eine derartige Beziehung zwischen individueller und planetarischer Ebene zu beobachten wäre. Infolgedessen wird die suggerierte Verbundenheit als unauflösbare Diskrepanz erkennbar – statistisch irrelevante Handlungen auf individueller Ebene bleiben auch dann statistisch bedeutungslos, wenn sie wiederum in einem wesentlich größeren Maßstab betrachtet zusammengenommen durchaus eine fatale Auswirkung auf das Erdsystem üben. Der Literaturwissenschaftler Timothy Clark (2012, 149) bezeichnet die Effekte der Diskrepanz zwischen individueller und planetarischer Wirksamkeit als *scale effects*: „As a result of scale effects what is self-evident or rational at one scale may well be destructive or unjust at another". Ähnlich wie Chakrabarty bezieht sich auch Clark auf die epistemisch nicht problemlos überbrückbare Differenz, die scheinbar kausal zusammenhängende oder linear ineinandergreifende Systeme voneinander separiert. Im Anschluss an Clark müssten die verheerenden Effekte einer in planetarischem Maßstab operierenden und beobachtbaren Wirkmacht als eigenständiges System verstanden werden, dessen Beschaffenheit nicht aus den Einzelsystemen individueller Handlungen geschlussfolgert werden kann.

Zugleich ist die Skalierbarkeit eines Systems durch die zur Verfügung stehenden techno-epistemischen Verfahren und perzeptuellen Kapazitäten der Beobachtungs- bzw. Beschreibungsskala bedingt: „when we observe the environment, we necessarily do so on only a limited range of scales; therefore, our perception of events provides us with only a low-dimensional slice through a high-dimensional cake" (Levin 1992, 1945). Infolgedessen ist – mit Levin geschlussfolgert – auch das beobachtbare Auftreten von Systemvarianz in einer bestimmten Vergrößerungsstufe „conditional on the scale of description" (Levin 1992, 1945). Aussagen über emergente Eigenschaften eines Systems in einer bestimmten Größenordnung lassen sich folglich nur in Relation zu der durch die Bedingungen der Skalierungsoperation selbst prädeterminierten Beobachtungsskala treffen und haben schließlich keinen absoluten Wahrheitsgehalt. Levin zufolge gibt es aus diesem Grund keine *ideale* Skala, die es einem Beobachtungssubjekt erlauben würde, einen uneingeschränkten und neutralen Blick auf die Varianz eines Systems auf einer spezifischen anderen Skala zu werfen. Im Gegenteil ereigne sich Varianz auf mehreren Skalen zugleich (siehe Levin 1992, 1945) und kann infolgedessen prinzipiell auch auf die Beobachtungs- bzw. Beschreibungsskala übergreifen. Dieser Umstand tritt im Zusammenhang mit Chakrabartys eingangs erwähntem Plädoyer für ein Denken des Menschen über mehrere Skalen hinweg in problematischer Weise hervor. Bezieht man sich in diesem Kontext auf Timothy Mortons Beschreibungsversuch, wird deutlich, dass die Frage der Skalierbarkeit des Anthropos nicht aus dem sicheren Ort eines epistemischen Außen beantwortet werden kann, sondern sich jedem individuellen Bestandteil des Anthropos gleichermaßen stellt. Im Anthropozän betrifft die Skalierung nicht mehr nur Wissenschaftler*innen, sondern all jene, die sich mit ihrer je eigenen Einbindung in planetarische Zusammenhänge auseinandersetzen. Im Falle des Anthropozän fallen folglich Beobachtungssubjekt (Anthropos) und Beobachtungsobjekt (Anthropos) zusammen; um menschliche Wirksamkeit in ihrer Dynamik über mehrere Skalen zu beobachten, müsste man sich folglich selbst mitskalieren oder – wie bei Timothy Morton geschehen – ein Narrativ konstruieren, das es gestattet, die Interiorität der Beobachtungsskala in ein unbestimmtes Außen zu verlagern. Ein für das Anthropozän und den Anthropos charakteristisches Skalenproblem betrifft in diesem Sinne die Imagination, der es nicht gelingt, sich selbst *skalenvariant* zu denken.

2 Der Anthropos in tiefenzeitlicher Perspektive

Die Bestimmung des Anthropos wirft die Frage auf, wie es möglich sein soll, sich selbst als Bestandteil eines kollektiven Akteurs zu denken, dessen Wirksamkeit aus erdsystemwissenschaftlicher Sicht auf einer Zeitskala beobachtet werden kann, auf der sich geologische Prozesse und langzeitliche globale Umweltveränderungen ereignen. Dass die geologische Zeitskala die menschliche Vorstellungskraft herausfordert, hat 1990 Stephen Jay Gould (1990, 14) veranschaulicht, indem er die Entdeckung der geologischen Zeit – ähnlich wie Latour das Anthropozän – als narzisstische Wunde bezeichnete.[4] Vergleichbar mit der Kopernikanischen Revolution, Darwins Evolutionstheorie und Freuds Hervorhebung der Bedeutung

---

4 Die ‚Entdeckung' der geologischen Zeit wird zumeist mit der schottischen Aufklärung des ausgehenden achtzehnten Jahrhunderts assoziiert. Vor allem in der angelsächsischen Tradition der modernen Geologie gilt der schottische Geologe James Hutton als deren Entdecker (siehe Heringman 2015, 57; Bernoulli 1997, 01:54). Jedoch lassen sich diverse Vorläufer zur Idee der geologischen Zeit finden – so etwa bereits im elften Jahrhundert in den Arbeiten des islamischen Gelehrten Ibn Sina (siehe Aubrey 2009). In zeitlich geringerem Abstand zu Huttons in der Theory of the Earth festgehaltenen Feldforschungen und theoretischen Erwägungen liefern auch Nicolaus Steno mit seinem Werk *De Solido* (1669), Thomas Burnet mit seiner *Sacred Theory of the Earth* (1681/1684) sowie Georges-Louis Leclerc de Buffon mit seinem Hauptwerk *Les Époques de la Nature* (2018 [1780]) wichtige Beiträge zur Konzeptualisierung der Idee einer geologischen Zeitspanne (siehe Cutler 2009; Gould 1990, Kap. 2; Heringman 2017).

des Unterbewusstseins habe auch die Entdeckung, die Erde sei wesentlich älter, als es in der biblischen Tradition angenommen wurde, zu einer Dezentrierung menschlicher Subjektivität geführt. Gould (1990, 15) argumentiert, die geologische Zeit sei „etwas so Fremdes, das wir sie wirklich nur als Metapher begreifen können". In diesem Zusammenhang greift er auf den Begriff der Tiefenzeit zurück, den John McPhee in seinem Buch *Basin and Range* (1981) geprägt hat, um die der Entdeckung der geologischen Zeit inhärente Diskrepanz zwischen messbarer und verstehbarer Zeit zu betonen:

> Numbers do not seem to work with regard to deep time. Any number above a couple of thousand years – fifty thousand, fifty million – will with nearly equal effect awe the imagination (McPhee 1981, 21).

Somit verweist auch der Begriff der Tiefenzeit bei McPhee auf ein fundamentales Problem der Imagination: Geologische Zeit ist in Zahlen übersetzbar, jedoch sind diese Zahlen so hoch, dass sie einfach alle gleichermaßen undifferenziert die Immensität der Tiefenzeit zum Ausdruck bringen: „The human mind may not have evolved enough to be able to comprehend deep time. It may only be able to measure it." (McPhee 1981, 127) Geologische Zeit ist in diesem Sinne zwar messbar, übersteigt aber zugleich das Ausmaß historisch und kulturell vertrauter Zeitvorstellungen.[5] Seit ihrer Entdeckung nimmt geologische Zeit daher die Bedeutung einer nicht ausdrücklich spezifizierten Begrenzung menschlicher Zeitvorstellungen ein, d.h. eines „conceptual-temporal place where ‚meaning-making' of human history [...] ceases to work" (Chakrabarty 2018, 23). Ebendiese, die menschliche Vorstellungskraft betreffende Wirkung geologischer Zeit, ihre tiefenzeitliche Dimension, gedenkt McPhee (1981, 77) – Goulds Forderung antizipierend – über eine Metapher zu veranschaulichen:

> Consider the earth's history as the old measure of the English yard, the distance from the king's nose to the tip of his outstretched hand. One stroke of a nail file on his middle finger erases human history.

---

5 Geologische Zeit und Tiefenzeit werden gelegentlich synonym verwendet, lassen sich aber definitorisch unterscheiden (siehe Burchfield 1998, 139). Der Begriff der geologischen Zeit benennt den zeitlichen Maßstab, in dem sich geologische Prozesse ereignen und gemessen werden können. Mit dem Begriff der Tiefenzeit wendet McPhee den Fokus von der quantitativen Dimension geologischer Zeit auf ein qualitatives Charakteristikum, d.h. in erster Linie auf die Frage nach dem subjektiven Eindruck, den die Existenz geologischer Zeitdauern für den menschlichen Verstand hinterlässt.

McPhees Metapher zielt weder darauf ab, Tiefenzeit in ihrem empirisch messbaren Ausmaß zu kommunizieren, noch differenziert sie einzelne Ereignisse innerhalb geologischer Zeitspannen. Stattdessen veranschaulicht sie das Ausmaß der skalaren Unverhältnismäßigkeit zwischen geologischer Zeit und menschlicher Geschichte und vermittelt so einen Eindruck von geologischer Zeit als einer „class of time", die dem „sense of scale of temporality of human history" (Chakrabarty 2018, 22) drastisch entgegengesetzt ist. Die Metapher wird hier durch den menschlichen Körper kommuniziert und ist somit für jeden nachvollziehbar, der sich die Entfernung von Nase zu ausgestreckter Hand vorstellen kann. Um das *unvorstellbare* Ausmaß der Tiefenzeit *vorstellbar* zu machen, bedarf es folglich ihrer Anthropomorphisierung, d.h. ihrer Übersetzung in die vertraute Skala des menschlichen Körpers. McPhee verweist mit seiner Körpermetapher implizit auf die Möglichkeit, eine Beziehungshaftigkeit zwischen Ereignissen in menschlicher und geologischer Zeit herzustellen. Der Körper als materielles Kommunikationsmedium kann hier auch selbst als Metapher aufgefasst werden: nämlich für die ebenfalls materiell und haptisch erfahrbaren Gesteinsformationen, die Geolog*innen untersuchen, um Daten aus der Erdvergangenheit zu beziehen. Die haptische Erfahrbarkeit der geologischen Zeit, ihre durch das „sensory engagement" (Irvine 2014, 163) von Stratigraph*innen und Paläontolog*innen erkundete räumliche Präsenz, ist in McPhees Begriff semantisch im Rückgriff auf die physikalische Größe der ‚Tiefe' angelegt. Wie Bronislaw Szerszynski (2017, 116) konstatiert, sei der Blick in die zeitliche Vergangenheit der Erde zugleich als räumliche Bewegung in die Tiefen der Erde, vom Bekannten zum Unbekannten, vom Sichtbaren zum Unsichtbaren aufzufassen. Erst durch ihre materielle Präsenz im raumzeitlichen Jetzt kann Tiefenzeit als negativer Horizont menschlicher Zeitverständnisse vorstellbar werden (siehe Hüpkes 2019). Chakrabarty (2018, 22) bringt diesen Umstand in treffendster Form zum Ausdruck: „[T]here is no geological time without geological objects."

Damit legt McPhees Körpermetapher offen, dass die potentielle Erfahrbarkeit der Tiefenzeit einen hermeneutischen Vorgang voraussetzt. ‚Geological Objects' wie Gestein, Bohrkerne oder Fossilien enthalten nicht die Zeit der Erde ‚an sich', sondern sind das Resultat eines lückenhaften und fragmentarischen Interpretationsprozesses. John Durham Peters (2003, 408) bezeichnet die in den Strata entzifferbaren Informationen daher treffend als einen „distorted text that comes from afar". Insofern die Lesbarkeit dieses ‚Texts' nicht nur durch die Techniken des hermeneutischen Vorgangs selbst bestimmt ist, sondern ebenso durch die materiellen Bedingungen, unter denen sich die Speicherung und Archivierung von Informationen über einen bestimmten Zeitraum der Erdvergangenheit ereignete, lässt sich als entscheidendes Charakteristikum von McPhees Tiefenzeit-Begriff herausheben, dass geologische Zeit den Fortschritten wissenschaftlicher Messverfahren zum Trotz *nie gänzlich* intelligibel werden kann. Das impliziert aber auch, dass der Ausgang des Interpretationsprozesses durch menschliche Lesepraktiken mitbestimmt werden und somit geologische Zeit in gewisser Weise als anthropomorphe Zeit verstanden werden kann.

Besonders im Kontext des Anthropozän scheint die Idee einer anthropomorphisierten Tiefenzeit ausschlaggebend zu sein. Als geochronologische Zeiteinheit setzt das Anthropozän zwangsläufig eine konzeptuelle Integration der geologischen (Tiefen-)Zeit voraus. So gründet sich einerseits die wissenschaftliche Plausibilität und voraussichtliche Formalisierbarkeit des Anthropozän auf die stratigraphische Nachweisbarkeit anthropogener Spuren im *fossil record*, andererseits verweist das Anthropozän als genuin erdsystemwissenschaftliches Konzept auf die Wirksamkeit anthropogener Prozesse innerhalb von Zeiträumen von mehreren hunderttausend Jahren (siehe Hamilton und Grinevald 2015). Dabei ergibt sich mit Blick auf die tiefenzeitliche Bedeutungsdimension geologischer Zeit – vordergründig – eine semantische Verschiebung weg von einer primär die menschliche Subjektivität dezentrierenden, unvorstellbaren Zeitform. Insofern dem Einfluss anthropogener Aktivitäten auf das Erdsystem eine derart tiefgreifende Bedeutung beigemessen wird, muss auch die von Huttons Entwicklung der geologischen Zeit ausgehende Bifurkation zwischen begrenzt zugänglicher Erdgeschichte und Menschheitsgeschichte (siehe Northcott 2015, 102) ins Wanken geraten. An deren Stelle tritt die eingangs mit Chakrabarty herausgestellte Konvergenz zwischen geologischer und menschlicher Zeitlichkeit – Tiefenzeit erscheint damit nicht mehr ausschließlich als messbare, sinnlich, haptisch und materiell erfahrbare Begrenzung des menschlichen Verstands, sondern als Bühne anthropogener Aktivitäten sowie zugleich als Archiv ihrer Spuren: „A fleeting evolutionary expression of geologic force is transformed into an immortal signature on the earth" (Yusoff 2016, 4). Strata speichern im Anthropozän nicht mehr nur Informationen über Ereignisse aus einer prähistorischen, präzivilisatorischen Vergangenheit, sondern gleichermaßen über zivilisatorischen Fortschritt. In diesem Sinne wird Tiefenzeit auf den ersten Blick in anthropomorphe Zeit umgedeutet, indem sie nicht mehr nur als Grenze menschlichen Verstehens fungiert, sondern ebenso als geologischer Datenträger, auf dem Informationen über eine sich gegenwärtig vollziehende Expansion menschlicher Macht abgespeichert sind. Im Umkehrschluss ergibt sich aus der dominanten Idee einer materiellen Dauerhaftigkeit des Anthropos in den Strata, d.h. aus der vordergründigen Anthropomorphisierung der Tiefenzeit heraus, ein neuartiges Moment der Überforderung des menschlichen Verstandes, das McPhee in seiner prä-anthropozänen Studie noch nicht berücksichtigt hat: Für die Ermittlung eines *golden spike* muss die Suche nach anthropogenen Spuren von der Erdvergangenheit auf die Gegenwart sowie auf die Zukunft erweitert werden: Denn zur Formalisierung des Anthropozän müssen anthropogene Spuren in den Strata nachweisbar sein, die aber ihrerseits das Resultat langzeitlicher Sedimentierungsprozesse sind. Chakrabarty (2016, 380) plädiert in diesem Kontext für die Berücksichtigung einer „deep future". Szerszynski (2012, 169) konstatiert gar, dass die Zukunft im Anthropozän-Konzept eine wesentlich bedeutsamere Rolle einnimmt als Gegenwart und Vergangenheit: „it is important to realise that the truth of the Anthropocene is less about what humanity is doing, than the traces that humanity will leave behind". Die Pointe von Szerszynskis Bemerkung besteht darin, dass Spuren anthropogener Aktivität in der weit entfernten Zukunft voraussichtlich zwar noch lesbar sein werden, die Menschheit aber potentiell bereits ausgestorben ist: „We are in the midst of the sixth mass extinction. One hundred million years from now, the fossil record of our time will reveal dramatic evidence of the dispersal of humans" (Reznick 2011, 311).

In dem daraus resultierenden Paradoxon artikuliert sich ein spezifisches, den Anthropos betreffendes Skalenproblem. Die in die Strata eingeschriebene, dem Anthropos materielle und semiotische Dauerhaftigkeit verleihende Signatur ist die einer vom Aussterben bedrohten Menschheit (siehe Hüpkes 2019, 5). Mit Claire Colebrook (2014, 10) ergibt sich hieraus notwendigerweise die Frage, *wer* zukünftig den Anthropos als geologische Spur lesen wird:

> [M]an's effect on the planet will supposedly be discernible as a geological strata readable well after man ceases to be, even if there are no geologists who will be present to undertake this imagined future reading.

Colebrook legt hier implizit nahe, dass es kontraintuitiv wäre, sich ein menschliches Subjekt vorzustellen, das diesen zukünftigen Lesevorgang unternimmt. Deutlicher noch wird diese Problematik bei Nigel Clark (2014, 20), der explizit danach fragt, für wen oder *was* die menschliche Spezies Spuren ihres Daseins hinterlassen wird. Jan Zalasiewicz, Leiter der 2009 etablierten *Anthropocene Working Group*, setzt sich in einer populärwissenschaftlichen Veröffentlichung (2008) mit ebendiesem Zukunftsbezug auseinander. Er entwirft eine mehrere Hundertmillionen Jahre entfernte Zukunft, in der ein nicht näher spezifizierter, außerirdischer ‚Besucher' besagte Rolle als Subjekt eines geologischen Interpretationsvorgangs einnimmt und dabei auf Spuren stößt, die ihm Auskunft über das Anthropozän geben. Der Ansatz von Zalasiewicz' Erzählung besteht in einer geologisch informierten Prognose besonders dauerhafter und aussagekräftiger Spuren des Anthropozän. Die Erzählung verweist dabei nicht auf mögliche Differenzen zwischen dem Ablauf eines gegenwärtigen Interpretationsvorgangs und jenem eines zukünftigen ‚Besuchers'. Zalasiewicz' zukünftiger Geologe ist zwar kein Mensch, weist aber die Fähigkeit auf, die Dauerhaftigkeit und Aussagekraft anthropogener Spuren auf vergleichbare Weise evaluieren zu können wie Geolog*innen in der Gegenwart. Für Kathryn Yusoff (2016, 4) fungiert die Figur des zukünftigen menschlichen oder nichtmenschlichen Geologen daher als „a material and discoursive device to trace a geologic sentience back and forth across this epochal threshold". In diesem Sinne deutet die materielle und semiotische Einschreibung einer menschlichen Signatur in die Strata *ex negativo* auf die mögliche Abwesenheit eines menschlichen Lesesubjekts und auf die daraus zu folgernde Instabilität der geologischen Dauerhaftigkeit der menschlichen Spezies hin (siehe Hüpkes 2019, 5–6).

Indem das Anthropozän-Konzept mit der Übertragung des Anthropos in einen tiefenzeitlichen Maßstab folglich einen Zeitraum mit einbezieht, in dem der Anthropos in seiner *gegenwärtigen*, sich selbst materielle Dauerhaftigkeit verleihenden Form potentiell nicht mehr existiert, überfordert es die menschliche Vorstellungskraft in hohem Maße. Ein maßgebliches, sich an die Vorstellungskraft richtendes Skalenproblem des Anthropozän besteht folglich darin, dass es gleichzeitig *sowohl* eine Kontinuität zwischen dem in einen historischen Maßstab und jenem in einen tiefenzeitlichen Maßstab gerückten Anthropos (infolge seiner Dauerhaftigkeit in den Strata) suggeriert, *als auch* eine Diskontinuität zwischen gegenwärtiger Existenz als Spezies und zukünftiger Existenz als geologische Spur nahelegt. In diesem Sinne ließe sich der Anthropos mit seinen einzelnen Bestandteilen keineswegs 1:1 in einen tiefenzeitlichen Maßstab übertragen.

Wenngleich die Konzeption des Anthropos als einem in tiefenzeitlichem Maßstab wirksamen Kollektivakteur folglich in der hier unterbreiteten Lesart ein Skalenproblem beschwört, lässt sich weiterhin argumentieren, dass es trotzdem plausibel erscheint, eine Kontinuität zwischen menschlicher und geologischer Zeitlichkeit anzunehmen. Als Grund hierfür kann angenommen werden, dass die im Anthropozän-Konzept angelegte Potenzierung der Wirksamkeit des Anthropos sowie die nahegelegte Vergrößerung des Maßstabs, in dem anthropogene Aktivitäten beobachtet und evaluiert werden können, die entscheidende Frage nach dem ‚Wie' des zukünftigen Lesevorgangs in den Hintergrund treten lassen. In diesem Zusammenhang bietet sich der Verweis auf den Philosophen Manuel De Landa an, der in seinem Buch *War in the Age of Intelligent Machines* (1998) aufzeigt, dass die Rekonstruktion der Vergangenheit im Hinblick auf das Subjekt der Operation kontingent ist. Mit einem Zukunftsszenario, in dem hochentwickelte Roboter ihre eigene Geschichte anhand einer Beobachtung ihrer Umwelt rekonstruieren wollen, eröffnet De Landa – indes ohne direkten Bezug zum Anthropozän – eine nichtmenschliche Lesart auf die ‚deep future' des Anthropozän:

> While a human historian might try to understand the way people assembled clockworks, motors and other physical contraptions, a robot historian would likely place a stronger emphasis on the way these machines affected human evolution. (De Landa 1998, 3)

Im Anschluss an De Landa möchte ich vorschlagen, dass das Anthropozän-Konzept besagtes Skalenproblem nicht nur verursacht, sondern zugleich überbrückt, indem es die Kontingenz möglicher nichtmenschlicher Lesevorgänge nicht berücksichtigt. Das Anthropozän umgeht die Schwierigkeit, sich eine ‚Welt ohne uns' (siehe Weisman 2007) vorstellen zu müssen, indem es die Möglichkeit der zukünftigen Lesbarkeit anthropogener Spuren in einer Welt ohne den Menschen in Aussicht stellt und damit eine von der Gegenwart in die ferne Zukunft verlaufende Kontinuität des Anthropos suggeriert.

Das Skalenproblem nicht nur zu überbrücken, sondern zu lösen, ließe sich indes als Herausforderung deuten, der sich Latours in Aussicht gestellter ‚virtueller' Anthropos mit all seinen heterogenen, divergenten Bestandteilen zu stellen haben wird. Sich selbst – als Bestandteil jenes Anthropos – mitzuskalieren, hieße, die eigene Verortung innerhalb tiefenzeitlicher Wirkzusammenhänge adäquat zu berücksichtigen. Einerseits würde dies erfordern, eine kritische Perspektive auf die Idee der Erdzukunft als einer zeitlichen Prothese gegenwärtiger menschlicher Wirkmacht zu entwickeln. Andererseits, die im prognostizierten Aussterben der Menschheit implizierte *Varianz* des zukünftigen Anthropos, seine Transformation zur – infolge der Kontingenz nichtmenschlicher Lesevorgänge geologisch und historisch potentiell unbedeutenden – geologischen Spur, mitzudenken.

Literatur

Aubrey, Marie-Pierre. „Thinking of Deep Time". *Stratigraphy* 6.2 (2009): 93–99.
Bernoulli, Daniel. „Tiefenzeit: Hutton entdeckt die Geologie". *Du: Die Zeitschrift der Kultur* 57.10 (1997): 1.54–2.24.
Bonner, John Tyler. *Why Size Matters: From Bacteria to Blue Whales*. Princeton, NJ: Princeton University Press, 2006.
Bonneuil, Christophe und Jean-Baptiste Fressoz. *The Shock of the Anthropocene: The Earth, History and Us*. London/New York: Verso Books, 2017 [2016].
Buffon, Georges-Louis-Leclerc. *Oeuvres completes de Buffon*. Vol. 2: *Epoques de la nature-minaraux*. Paris: Hachette, 2013 [1780].
Burchfield, Joe D. „The Age of the Earth and the Invention of Geological Time". *Lyell: The Past is the Key to the Present*. Hg. Derek J. Blundell und Andrew C. Scott. Tulsa, OK/London: Geological Society, 1998. 137–143.
Burnet, Thomas. *The Sacred Theory of the Earth*. Carbondale, IL: Southern Illinois University Press, 1965.

Chakrabarty, Dipesh. „The Climate of History: Four Theses". *Critical Inquiry* 35.2 (2009): 197–222.
Chakrabarty, Dipesh. „Postcolonial Studies and the Challenge of Climate Change". *New Literary History*, 45.1 (2012): 1–18.
Chakrabarty, Dipesh. „The Anthropocene and the Convergence of Histories". *The Anthropocene and the Global Environmental Crisis: Rethinking Modernity in a New Epoch*. Hg. Clive Hamilton et al. London: Routledge, 2015. 44–56.
Chakrabarty, Dipesh. „Humanities in the Anthropocene: The Crisis of an Enduring Kantian Fable". *New Literary History* 47.2-3 (2016): 377–397.
Chakrabarty, Dipesh. „Anthropocene Time". *History and Theory* 57.1 (2018): 5–32.
Clark, Nigel. „Geo-Politics and the Disaster of the Anthropocene". *The Sociological Review* 62 (2014): 19–37.
Clark, Timothy. „Scale: Derangements of Scale". *Telemorphosis: Theory in the Era of Climate Change* 1 (2012): 148–166.
Colebrook, Claire. *Death of the PostHuman: Essays on Extinction*. London: Open Humanities Press, 2014.
Crutzen, Paul J. und Eugene Stoermer. „Anthropocene". *IGBP Newsletter* 41 (2000): 17–18.
Crutzen, Paul J. „Geology of Mankind". *Nature* 415.6867 (2002): 23.
Cunha, Daniel. „The Geology of the Ruling Class?" *The Anthropocene Review* 2.3 (2015): 262–266
Cutler, Alan H. „Nicolaus Steno and the Problem of Deep Time". *The Revolution in Geology from the Renaissance to the Enlightenment*. Hg. Gary D. Rosenberg. Boulder, CO: Geological Society of America, 2009. 143–148.
De Landa, Manuel. *War in the Age of Intelligent Machines*. New York: Zone Books, 1998.
Gould, Stephen J. *Die Entdeckung der Tiefenzeit: Zeitpfeil und Zeitzyklus in der Geschichte unserer Erde*. München: Hanser, 1990.
Hamilton, Clive und Jacques Grinevald. „Was the Anthropocene Anticipated?" *The Anthropocene Review* 2.1 (2015): 59–72.
Haraway, Donna. „Anthropocene, Capitalocene, Plantationocene, Chthulucene: Making Kin". *Environmental Humanities* 6 (2015): 159–165.
Heringman, Noah. „Deep Time at the Dawn of the Anthropocene". *Representations* 129.1 (2015): 56–85.
Heringman, Noah. „The Anthropocene Reads Buffon; or, Reading Like Geology". *Anthropocene Reading: Literary History in Geologic Times*. Hg. Tobias Menely und Jesse Oak Taylor. University Park, PA: Pennsylvania University Press, 2017. 59–77.
Horn, Eva und Hannes Bergthaller. *Das Anthropozän: Zur Einführung*. Hamburg: Junius, 2019.
Hornborg, Alf. „The Political Ecology of the Technocene: Uncovering Ecologically Unequal Exchange in the World-System". *The Anthropocene and the Global Environmental Crisis: Rethinking Modernity in a New Epoch*. Hg. Clive Hamilton et al. London: Routledge, 2015. 57–69.
Hüpkes, Philip. „Tiefenzeit". *Grundbegriffe des Anthropozän*. Open Access Lexikon, i.V.
Hutton, James. „Theory of the Earth". *Transaction of the Royal Society of Edinburgh* 1.2 (1788): 209–304.
Irvine, Richard. „Deep Time: An Anthropological Problem". *Social Anthropology/Anthropologie Sociale* 22.2 (2014): 157–172.
Latour, Bruno. „Facing Gaia: Six Lectures of the Political Theology of Nature". (*Gifford Lectures*) Draft, 2013.

Levin, Simon A. „The Problem of Pattern and Scale in Ecology: The Robert H. MacArthur Award Lecture". *Ecology* 73.6 (1992): 1943–1967.
Malm, Andreas und Alf Hornborg. „The Geology of Mankind? A Critique of the Anthropocene Narrative". *The Anthropocene Review* 1.1 (2014): 62–69.
McPhee, John A. *Basin and Range*. New York: Farrar, Straus and Giroux, 1981.
Morton, Timothy. *Dark Ecology: For a Logic of Future Coexistence*. The Wellek Library Lectures. New York: Columbia University Press, 2016.
Northcott, Michael. „Eschatology in the Anthropocene: From the *Chronos* of Deep Time to the *Kairos* of the Age of Humans". *The Anthropocene and the Global Environmental Crisis: Rethinking Modernity in a New Epoch*. Hg. Clive Hamilton et al. London: Routledge, 2015. 100–111.
Peters, John Durham. „Space, Time, and Communication Theory". *Canadian Journal of Communication* 28.4 (2003): 397–411.
Reznick, David N. *The Origin Then and Now: An Interpretive Guide to the Origin of Species*. Princeton, NJ: Princeton University Press, 2011.
Ropohl, Günther. „Ist das Anthropozän ein Plutozän?" *Schöpfer der zweiten Natur: Der Mensch im Anthropozän*. Hg. Arno Bammé. Marburg: Metropolis-Verlag, 2014. 179–204.
Sloterdijk, Peter. „Das Anthropozän – Ein Prozess-Zustand am Rande der Erd-Geschichte?" *Das Anthropozän: Zum Stand der Dinge*. Hg. Jürgen Renn und Bernd Scherer. Berlin: Matthes & Seitz, 2015. 25–44.
Sloterdijk, Peter. *Was geschah im 20. Jahrhundert?* Frankfurt am Main: Suhrkamp, 2016.
Steffen, Will et al. „The Anthropocene: Are Humans Now Overwhelming the Great Forces of Nature?" *Ambio* 36.8 (2007): 614–621.
Szerszynski, Bronislaw. „The End of the End of Nature: The Anthropocene and the Fate of the Human". *The Oxford Literary Review* 34.2 (2012): 165–184.
Szerszynski, Bronislaw. „The Anthropocene Monument". *European Journal of Social Theory* 20.1 (2017): 111–131.
Tavel Clarke, Michael und David Wittenberg. „Introduction". *Scale in Literature and Culture*. Hg. Tavel Clarke, Michael und David Wittenberg. Basingstoke: Palgrave MacMillan, 2017. 1–32.
Weisman, Alan. *The World Without Us*. New York: Thomas Dunne Books, 2007.
Woods, David. „Scale Critique for the Anthropocene". *The Minnesota Review* 83 (2014): 133–142.
Yusoff, Kathryn. „Anthropogenesis: Origins and Endings in the Anthropocene". *Theory, Culture & Society* 33.2 (2015): 3–28.
Zalasiewicz, Jan. *The Earth After Us: What Legacy Will Humans Leave in the Rocks?* Oxford (UK): Oxford University Press, 2008.

Sebastian Edinger
Dialektik der Aufklärung im tellurischen Maßstab?

Zur Bedeutung des Verhältnisses von tellurischer und planetarischer Politik für den Anthropozän-Diskurs

Den sogenannten Anthropozän-Diskurs kann man als einen Anschlussdiskurs bestimmen, der sich in einem asymmetrischen Verhältnis zu geologischen und ökologischen Forschungsunternehmungen und deren Interpretation befindet: Der Anthropozän-Diskurs setzt streng genommen die naturwissenschaftliche Forschung sowie einen – beides ist nicht deckungsgleich – naturwissenschaftlich beeinflussten Diskurs über den menschlichen Einfluss auf die geologisch-ökologischen Determinanten der planetarischen Ökosphäre voraus und ist von seinen Ergebnissen abhängig, während die Geophysik bestens ohne den Anthropozän-Diskurs auskommt. Wo die Diskussion sich monothematisch um Klimawandel-Fragen zentriert,[1] wird nicht nur das nicht weniger signifikante Atomwaffenarsenal (siehe Jaspers 1960) und dessen destruktives Potenzial vergessen, sondern auch die sogenannte Umweltproblematik auf fahrlässige Weise verkürzt, wie Foster, York und Clark in ihrem Buch *Der ökologische Bruch. Der Krieg des Kapitals gegen den Planeten* gezeigt haben, in dem sie den Klimawandel als *nur*

---

[1] Sonja Margolina hat bereits 1995 in ihrem Buch *Die gemütliche Apokalypse. Unbotmäßiges zu Klimahysterie und Einwanderungsdebatte in Deutschland* die folgende Mahnung scharfzüngig formuliert: „Heutzutage gibt es keine Hochschule, an der nicht Systemanalyse gelehrt wird. Trotzdem ist in der Umweltpolitik keine Spur der Systemanalyse zu entdecken: Man bemüht sich, die Emissionen der Stickstoffverbindungen in den Autoabgasen zu senken, ohne z.B. die Landwirtschaft ins Visier zu nehmen. Man kalkuliert das künftige Energiesparen, ohne daß man einzuschätzen versucht, wie der Energieverbrauch mit dem bevorstehenden GATT steigen würde. Man stürzt sich auf das Kohlendioxyd und kämpft erbittert um jedes Prozent, vergißt aber zugleich, daß das Methan aus den undichten Gas- und Erdölleitungen in Rußland in einer Größe entweicht, die die Hälfte des gesamten Jahresverbrauchs der Bundesrepublik ausmacht." (Margolina 1995, 136) Seitdem haben sich CO_2 und Komplexitätsbeschwörungen in der Atmosphäre exorbitant angereichert, während die Komplexitätspotenz anscheinend proportional dazu abgenommen hat. Zur Bedeutung von Methan siehe auch Randers 2012, 66 und 71–71 sowie Berners-Lee 2019, 79, 201–202 und die folgende Stelle: „In fact if you compare the global warming impact of methane over 20 years to the same weight of carbon dioxide of that period you find it is 76 times worse." (Ebd., 231) Dann bleiben immer noch etliche bereits genannte und teilweise auch doppeldeutige Interdependenzen (siehe Margolina 1995, 33) zu berücksichtigen.

einen von neun (mit der Atomkraft zehn) anthropozänisch relevanten Faktoren anführen. Der Signifikanz wegen ein ausführliches Zitat:

> Erst kürzlich haben Wissenschaftler in einem von Johan Rockström am *Stockholm Resilience Center* geleiteten Projekt, an dem auch Crutzen und der führende US-Klimatologe James Hansen beteiligt waren, eine Analyse von neun „planetarischen Grenzen" entwickelt, die bei der Erhaltung eines Umweltsystems für die Erde, in dem die Menschheit sicher existieren kann, von entscheidender Bedeutung sind. Der Klimawandel bildet nur eine davon, und die anderen sind die Übersäuerung der Ozeane, der stratosphärische Ozonmangel, die Stickstoff- und Phosphorkreisläufe, der weltweite Frischwasserverbrauch, die veränderte Landnutzung, der Verlust an Biodiversität, die atmosphärische Aerosolaufladung und die chemische Verschmutzung. Für die beiden Letztgenannten, die atmosphärische Aerosolaufladung und die chemische Verschmutzung, gibt es noch keine geeigneten physikalischen Maßeinheiten, aber für die anderen sieben Prozesse sind bereits klare Begrenzungen bestimmt worden. Drei der Begrenzungen – diejenigen für Klimawandel, Ozeanübersäuerung und stratosphärischen Ozonmangel – können als Knackpunkte betrachtet werden, die bei Erreichung eines gewissen Levels zu ausgedehnten qualitativen Veränderungen im System der Erde führen und die den Planeten zu destabilisieren drohen würden, in dem sie die Ursache für sein Verlassen der „Grenzen für einen gesunden Planeten" wären. Die Grenzlinien für die anderen vier Prozesse – Stickstoff- und Phosphorkreisläufe, Frischwasserverbrauch, veränderte Landnutzung und Verlust an Biodiversität – sind eher als signifikant für den Beginn einer irreversiblen Umwelterosion anzusehen. (Foster et al. 2011, 16)

Im Anthropozän leben wir genauso, wie wir neue Krankheitserreger auf dem Planeten verbreiten; wir brauchen dazu nicht alljährlich eine neue Krankheit, die die Menschheit (mal wieder) dahinrafft, wie wir umgekehrt keine Klima-Apokalypse brauchen, um mit dem Ökosystem zu einem Intensitätsgrad zu interferieren, der es erlaubt, menschliches Handelns als geologisch relevanten (nicht: als geologischen) Faktor anzusehen.

Der Anthropozän-Diskurs kommt im Allgemeinen erstaunlich gut *ohne politiktheoretische Erwägungen aus*. An letzterem Missstand setzt dieser Beitrag im ersten Schritt an im Ausgang von Panajotis Kondylis' von den frühen 1990ern bis 1998 entwickelte Theorie der planetarischen Politik. Im zweiten Schritt soll diese Theorie, die nicht lediglich dargestellt werden soll, im Rückgriff auf Adorno und Horkheimer her um das Konzept einer tellurischen Politik als einer – gleichwohl tragenden – Binnendifferenzierung derselben konzeptionell erweitert werden. Das Tellurischwerden der Aufklärung, auch und gerade in ihrer dialektischen Verkehrung, soll allerdings innerhalb der Koordinaten von Kondylis' Theorie der planetarischen Politik erfasst werden, da Adorno und Horkheimer keinen politiktheoretischen oder politiktheoretisch belastbaren soziologischen Rahmen einer solchen Verortung entwickelt haben.

Im Schlussteil möchte ich eine kurze und notwendig verkürzte Standortbestimmung einer Theorie der planetarisch-tellurischen Politik innerhalb einer höchst fragilen, von vielfältigen explosiven Konfliktlinien bestimmten Gegenwart zu geben versuchen und über den engeren synoptischen Rahmen hinausgehend andeuten, inwiefern die Probleme und Fragen, die unter dem Schlagwort Anthropozän verhandelt werden, eines politiktheoretischen Rahmens bedürfen, innerhalb dessen die Existenz von Nationalstaaten eine entscheidende Rolle spielt.

1 Das Konzept der planetarischen Politik nach Kondylis

Kondylis ist als politischer Theoretiker kein Theoretiker der Repräsentation, sondern ein Theoretiker der Macht. Die Frage nach dem Politischen ist die nach der Bestimmung politischer Strukturen gemäß der Logik der Macht. Kondylis' Machttheorie habe ich mit Blick auf das Politische wie die Politik anderweitig expliziert (siehe Edinger 2019), hier soll es im Folgenden vorwiegend um die Analyse der Struktur der Politik, genauer der planetarischen Politik, gehen.

Die planetarische Politik beginnt für Kondylis mit der Herausbildung des britischen Kolonialsystems um 1600,[2] dessen Sinn und Zweck nicht darin bestand, einen fernen Ort zu erschließen, sondern darin, die Heimat mit der Ferne verkehrstechnisch derart zu verbinden, dass die Ferne als geographisch ausgelagerter Reproduktionsmotor des gesellschaftlichen und ökonomischen Lebens in der Heimat gemäß deren politischem Willen fungieren kann. Kondylis gibt folgende konzise Definition planetarischer Politik:

> Das weltgeschichtliche Novum seit dem 16. Jh. bestand im Aufkommen von Mächten, deren praktisch relevante Ökumene den ganzen Planeten umfaßte, deren Interessen sich also auf jeden Ort des Planeten ausdehnten oder wenigstens ausdehnen konnten, falls die Konkurrenz oder die Eigendynamik der Expansion dies erforderten. Politik wird in dem Maße planetarisch, wie Entwicklungen an jedem beliebigen Ort des Planeten die Kräfte und die Handlungsbereitschaft von interessierten Mächten mobilisieren können – wie keine Entwicklung und kein Ort von vornherein und auf immer als uninteressant für bestimmte Mächte gelten können. (Kondylis 1992, 3)

Kondylis spielt hier historisch auf die Errichtung des britischen Kolonialreichs in Indien an, das insofern einen Wendepunkt markiert, als hier nicht nur ein

---

[2] Was den historischen Ursprung angeht, trifft Kondylis' Konzept der planetarischen Politik sich übrigens mit Hannah Arendts Begriff der *world politics*: „This book deals only with the strictly Europe an colonial imperialism whose end came with the liquidation of the British rule in India. [...] Before the imperialist era, there was no such thing as world politics". (Arendt 1976, xxi)

anderer Staat besiegt oder ein fremdes Territorium besetzt wird, sondern eine in planetarischer Orientierung Innen- und Außenpolitik verschmelzende Macht sich eines fernliegenden Territoriums bemächtigt und nicht bloß seine Macht- und Einflussphäre dorthin erweitert, sondern die Fremde systematisch in den Dienst der eigenen Interessen, vor allem der Handels- und Konsuminteressen, stellt. Die Herrschaft über Andere in der Fremde führt zur Steigerung des Lebensstandards in der Heimat, wodurch die Expansion der Macht nach außen indirekt zur Expansion der Bedürfnisse im Innern führt. Planetarische Politik bezeichnet demnach ein Verständnis des Politischen, das im Ausgang von den Eigeninteressen planetarisch orientierter und operierender Nationen den Horizont politischen Handelns im Voraus auf den ganzen Planeten ausgedehnt hat, weil das tellurische Potenzial fernliegender Gebiete auf dem eigenen Territorium fruchtbar gemacht werden – ohne dass allerdings tellurische Potenziale von existenziell drängender Bedeutung gewesen wären.

Die planetarische Politik hat sich in verschiedenen Etappen entwickelt. Für den unter dem Schlagwort Anthropozän bezeichneten Diskursraum am wichtigsten sind sind die jüngeren Gesellschaftstransformationen der führenden planetarischen Mächte und ihrer maßgeblichen Alliierten. Besondere Signifikanz haben nach Kondylis erlangt der europäische Übergang zur Massengesellschaft um 1900 mit einem explodierenden Hochkapitalismus und Industrialismus einerseits, und der Übergang von der Massengesellschaft zur hedonistischen Massendemokratie nach 1945 unter US-amerikanischer Hegemonie andererseits. Dieser Übergang ist historisch entscheidend, weil er den Übergang von einer noch residual bürgerlich geprägten Ordnung zur vollständig entbürgerlichten Gesellschaftsformation der Gegenwart darstellt.

Der Übergang um 1900 ist mehrfältig. Hier von Belang ist die „entscheidende Wendung vom Liberalismus – als Politik und Weltanschauung der bürgerlichen Moderne – zur Massengesellschaft und -demokratie" (Kondylis 2010, 14). Die der *Massendemokratie* vorausgehende *Massengesellschaft* bildet den entscheidenden Bruch mit der bürgerlichen Gesellschaft, der die *gemeinsame* sozial- und ideengeschichtliche Grundlage der Herausbildung der Massengesellschaft *und* der Massendemokratie ist. Der Übergang zur Massengesellschaft um 1900 ist kein schlicht quantitativer Vorgang, sondern ein politischer, ökonomischer und ideologischer, weil die Massengesellschaft nicht vom Vorhandensein einer bestimmten Menge von Menschen abhängig ist, sondern sich als solche *konstituiert*, indem sie sich als solche, insbesondere durch die Urbanisierung, *organisiert*.[3]

---

[3] Dieser Prozess entspricht in etwa dem, was Arendt als die Transformation der Gesellschaft in eine Arbeitsgesellschaft zum Beginn des zwanzigsten Jahrhunderts bezeichnet, siehe Arendt 2007,

Die organisatorische Selbstkonstituierung der Gesellschaft als Massengesellschaft bildet einen weltgeschichtlichen Bruch, in dem der Hauptakteur eines vorangegangenen weltgeschichtlichen Bruchs, seine Ablösung erfährt: das Bürgertum, das den Liberalismus gegen den Adel emanzipatorisch in Anschlag gebracht hat. Seine Auflösung findet das (historische) Bürgertum in der hedonistischen Massendemokratie, die nach 1945 die Massengesellschaft vollendet, ohne lediglich eine Steigerung bzw. „Verschärfung" von deren Tendenzen darzustellen. Als das entscheidende Proprium der Massendemokratie macht Kondylis die zur Selbstverständlichkeit gewordenen Überwindung von Güterknappheit heraus:

> Das zentrale Merkmal der Massendemokratie, die sie von allen früheren Gesellschaftsformen unterscheidet und zu einem geschichtlichen Novum macht, ist die Überwindung der Knappheit der Güter. Es kann zwar eine Massengesellschaft, nicht aber eine Massendemokratie westlichen Typs geben, wenn jener Überfluß an materiellen Gütern fehlt, der eine quasi automatische Bindung des Begriffs des Bürgers (als citoyen) an den Konsumenten bewirkt. (Kondylis 2010, 188)

Weil der massenhafte Konsum im Überfluss vorhandener Güter unter der Voraussetzung (aktuell) überwundener Knappheitsnöte zum Reproduktionsmodus der massendemokratischen Gesellschaft geworden ist, ist der Hedonismus kein zufälliges oder psychologisches Merkmal, sondern ein elementares Funktionselement der Massendemokratie selbst: „Die Massendemokratie bedarf aber nicht nur der technischen Rationalität und der Leistung, um funktionieren zu können. Ebenso bedarf sie – als erste Gesellschaftsformation in der bisherigen Geschichte – hedonistischer Einstellungen und Werte". (Ebd., 202)

Dass sie diesen Einstellungen genügend Erfüllungsmöglichkeiten bietet, spricht sich auf dem Planeten herum, weshalb – hier ist über Kondylis hinauszugehen – sie als konsumistische Massengesellschaft (ein gesellschaftstheoretischer Ausdruck für was, was man auch „aufsteigende Staaten" nennt) zunehmend dort entsteht, wo auf die Demokratie gerne verzichtet wird, z.B. in China und Singapur. Namen gibt es dafür etliche: „Capitalism with Asian Values" (Slavoj Žižek; Žižek 2009, 131, 148), der Singapurische Kapitalismus (Peter Sloterdijk; in Jongen 2007, 15–16) oder das vor allem, aber nicht ausschließlich ostasiatisch geprägte „System eines autoritär geführten Staatskapitalismus" (Frank Deppe; Deppe 2013, 215; siehe auch S. 163–164, 173). Kondylis hat seine Theorie der planetarischen Politik kurz nach dem Ende des Kalten Krieges und damit zu einer Zeit formuliert, als die USA als Anführer einer vorübergehend unipolaren Weltordnung – Kondylis hat den Aufstieg Chinas, wenn auch nicht die konkrete

---

12.

Gestalt der chinesischen Ökonomie explizit antizipiert[4] – die hedonistische Massendemokratie zum glorreichen Markenzeichen ihrer und, qua Einfluss, der westlichen Welt machen konnten.

Der Grundriss der planetarischen Politik muss aufgrund der (vorwiegend) asiatischen Modifikationen des Kapitalismus nicht in Frage gestellt werden, im Gegenteil: Zwar bedeutete für Kondylis der Kalte Krieg „einen Höhepunkt in der formalen Ausgestaltung moderner planetarischer Politik, indem er die enge Interdependenz aller Regionen der Welt und aller Aspekte der Weltpolitik kräftig vorantrieb" (Kondylis 2001, 27), ihr Dichtegrad hat sich allerdings eher deutlich erhöht als vermindert. Was Kondylis den planetarischen Dichtegrad von Politik nennt, nimmt dadurch ebenso zu wie auch der Konsum innerhalb der Gesellschaften entwickelter Staaten. Die planetarische Politik ist insofern nicht einfach nur Staatenpolitik, sondern auch Gesellschaftspolitik. Es handelt sich dabei um die „enge Verbindung von Sozialem und Planetarischem" (ebd., 25), die gerade infolge der Zunahme von (legalen und illegalen) Migrationsbewegungen und dem Abschließen etlicher, nach dem Kalten Krieg abgeschlossener Handelsabkommen, die mit dem legalen Anteil der ersteren wiederum deutlich interferieren, deutlich zugenommen haben. Zwar hat die „weltgeschichtliche Potenz des Kommunismus, also die Fähigkeit, einen Sozialentwurf in planetarischem Ausmaß zu verfechten" (ebd., 26), sich gegenüber dem amerikanischen Modell des Kapitalismus als gering erwiesen, doch mit China hat ein neuer Akteur von weltgeschichtlicher Potenz die Bühne betreten und sich angeschickt, einen Satz von Kondylis zu belegen, der vielen ein Dorn im Auge wäre, würden sie ihn kennen: „Träger von universalen und weltgeschichtlichen Ideen sind also bestimmte Nationen, es ist nicht die ganze Welt." (ebd,. 25). Ob auch in Bezug auf China gilt, was Kondylis in nahezu axiomatischer Weise formuliert, muss offen bleiben: „Nationen, die von ihrem Potential her einer solchen [einen planetarischen Pol bildenden, S.E.] Rolle fähig sind, werden zu Trägern von universalen Werten und Sozialentwürfen mit Ansprüchen auf universale Anwendung, weil sie sonst keine Chance haben, die planetarische Szene zu beherrschen". (Ebd.) Manches (was noch angesprochen werden wird) deutet bisher darauf hin, dass China einen anderen Weg gehen wird.

Ein anderer zentraler Aspekt der planetarischen Politik und ihres Dichtegrads hat ebenfalls immens an Gewicht gewonnen und bildet den Übergangspunkt der planetarischen zur tellurischen Politik, nämlich die Potenzierung

---

[4] Etwas hellsichtiger als Wolfgang Ischinger in seinem Rückblick auf die politische Situation im Jahr 1995 (siehe Ischinger 2018, 25) war Kondylis insofern, als er bereits China bereits 1992 (Kondylis 1992, 46) *in abstracto* und 1996 deutlich als künftige weltpolitische Macht antezipierte, siehe Kondylis 1996, 8 und 16.

verkehrstechnischer und damit auch militärischer Zugriffsmöglichkeiten auf praktisch jedes Areal des Planeten innerhalb kürzester Zeit. Die Extremform der Erschließung des Planeten gemäß dem geographischen Paradigma – im Unterschied zur zukünftig wahrscheinlich möglichen, zumindest partiellen digitalen Steuerung planetarischer Prozesse – besteht in der amerikanischen[5] Militärdoktrin, die auf den Namen *Prompt Global Strike* (siehe de Wijk 2015, 64) hört und deren doktrinäres *telos* darin besteht, jeden beliebigen Ort auf diesem Planeten nötigenfalls innerhalb einer Stunde mit Waffensystemen erreichen zu können. Auf einem wesentlichen höheren Niveau der Verdichtung gilt heute, was Kondylis Anfang der 1990er als Zustand der planetarischen Politik diagnostiziert hat: „Die Entstehung zahlreicher gleichberechtigter völkerrechtlicher Subjekte aus dem Entkolonialisierungsprozeß erweiterte den weltpolitischen Spielraum der Sowjetunion und *machte aktuell oder potentiell jede Ecke des Planeten zum umkämpften Platz.*" (Kondylis 2001, 27, meine Hervorhebung, S.E.) Die Zahl der Interessenten mit immensen planetarischen Einflussinteressen hat zugenommen und das Ausmaß ihrer Nöte wird mit dem wachsenden Bedarf an knapper werdenden und begehrten Ressourcen zunehmen (und Indien wird dem Club der nationalstaatlich verfassten Imperien vermutlich auch noch beitreten).

2 Von der planetarischen zur tellurischen Politik

Das Konzept des Anthropozän ist nicht zufällig zum Beginn des einundzwanzigsten Jahrhunderts (siehe Crutzen 2000) geprägt worden, als im Westen die hedonistische Massendemokratie die hochkapitalistisch entzündete Massengesellschaft bereits seit Jahrzehnten mit explosivem Wachstum abgelöst hat – und die Validität dieses Befunds wird nicht dadurch angetastet, sondern eher dadurch vertieft, dass der faktische Beginn des im Konzept des Anthropozän gefassten Sachverhalts vielfach auf den Beginn der industriellen Revolution rückdatiert wird. Das Fehlen eines direkten Kausalzusammenhanges nimmt der Koinzidenz dieser Begriffsprägung mit Kondylis' dia-

---

[5] Dass eine Adaptation dieser Zielvorgabe von chinesischer und russischer Seite nicht ausbleiben kann, ist klar; in Bezug auf Russland hat ist dies explizit thematisiert worden in Bandeira 2017, 68. Ins Zentrum der Frage nach der Effektivität von Waffensystemen wird künftig die Dauer bis zur Zielerreichung treten, was keine rein technische Angelegenheit ist, sondern auch eine der Stationierung der Waffensysteme. Weil diese Realität vor der Geopolitik nicht Halt machen wird, wird die Geopolitik vor der (wissenschaftlichen und „realpolitischen") Erschließung von attraktiven Standorten nicht Halt machen.

gnostiziertem Ende der europäischen Neuzeit nichts von ihrer zu bedenkenden und theoretisch bisher nicht verstandenen Bedeutungsschwere. Kondylis zufolge beweist

> jene Verflechtung [zwischen Planetarischem und Sozialem, S.E.], die durch die Triebkraft der Motoren der massenhaft produzierenden und massenhaft konsumierenden Massendemokratie ihre größte Dichte erreicht, daß die Neuzeit zu Ende ist, da sie ein spezifisch europäisches Phänomen war – und mit ihr ist auch die bürgerlich-liberale Kultur zu Ende, die dem Zeitalter von der Renaissance bis zum 20. Jahrhundert ihren Stempel aufdrückte. (Kondylis 2001, 36–37)

Das Ende der europäischen Neuzeit besteht im Unverbindlichwerden ihrer geistigen Überlieferung selbst innerhalb ihrer eigenen Sphäre einerseits, und in der sukzessiven planetarischen Ausweitung massenhaften Konsums samt dem Modellhaftwerden von urbanisierungslastigen Konsumgesellschaften andererseits. Das Unverbindlichwerden der geistigen Überlieferung wird gemeinhin betrauert (von der *im weiteren Sinne* Rechten), gefeiert (von der *im weiteren Sinne* Linken) oder einfach nur nicht verstanden (teilweise von beiden, Indifferenten und von sogenannten Zentristen, die glauben, sich der den gesellschaftlichen Raum zunehmend komplett okkupierenden und bipolar strukturierenden Rechts-Links-Unterscheidung entziehen zu können). Wo diese Überlieferung bzw. deren Sinnbasis wegbricht, entsteht Raum für Konzepte, welche die Menschheit im Ganzen als ins Gattungsformat transponierte Gesamtheit der Elemente von Massengesellschaften adressieren, anders gesagt: Die Menschheit wird gemäß der *Planetarisierung der Massengesellschaft* (nicht der Massendemokratie) und entsprechend unspezifisch und modelliert. Diese so unspezifische wie unmissverständliche Adressierbarkeit basiert auf der (wenn auch keineswegs vollständigen) planetarischen Expansion gesellschaftlicher Ansprüche, die grundlegend basieren auf Industrialisierung, Massenkonsum, Technisierung und Urbanisierung (nicht aber grundlegend auf Demokratie, Menschenrechten und dem geistigen Erbe Europas, auf denen es immanent basiert, von denen die genannten Charakteristika aber, wie im ostasiatischen Modell des Kapitalismus, ablösbar sind). Was durch die Bezugnahme auf den *anthropos* in einer Verkürzung aus dem Sichtfeld gerückt wird, ist die Tatsache, dass diese Transposition zentraler Errungenschaften, nur weil sie nicht an Staatsgrenzen (und historische Nationalstaatsidentitäten) gebunden ist, noch lange nicht einer elementaren Staatsbindung überhaupt enthoben ist und dies am wenigsten da der Fall ist, wo Staaten sich emphatisch als selbstbewusste Nationen oder Nationalstaaten statt als bloße Wirtschaftsstandorte verstehen.

Hier ist ein kleiner Exkurs zum Verhältnis zwischen Nation und Nationalstaat geboten, um die den Hauptakteur der planetarischen Politik adäquat bestimmen zu können. Beide Begriffe werden gerne und häufig gleichgesetzt (Kondylis spricht in seinen politischen Schriften fast ausschließlich von Nationen und meidet den Begriff des Nationalstaats), ohne dass dies in der Sache gerechtfertigt wäre. Auch in der Politikwissenschaft werden die USA mittlerweile teilweise umstandslos zu den Nationalstaaten gezählt,[6] obwohl noch Hannah Arendt (1996, 115) mit guten Gründen und klarsichtiger Entschiedenheit der Position Geltung verschafft hat, wonach es sich den USA um keinen Nationalstaat handele (im Unterschied zu Frankreich als klassischem Beispiel), sondern, paraphrasierend gesprochen, um eine in politische Form gegossene offene Gesellschaft. Was in einer historisch orientierten immanenten Analyse richtig sein mag – inwieweit die USA sich in der zweiten Hälfte des zwanzigsten Jahrhunderts „vernationalstaatlicht" haben, ist eine hier nicht adäquat diskutierbare Frage –, büßt an Verbindlichkeit ein, sobald man die Rolle der USA im internationalen Staatensystem betrachtet, da es für solche Betrachtungen analytisch weitgehend irrelevant ist, ob die USA sich „bloß" als Nation oder als Nationalstaat verstehen. Es lassen sich durchaus Gründe dafür starkmachen, dass die USA sich im zwanzigsten Jahrhundert infolge ihres Aufstiegs zur Weltmacht und der damit verbundenen Lossagung von ihrer außenpolitischen Abstinenz, die bis zum Ersten Weltkrieg ein grundsätzliches Charakteristikum war, vernationalstaatlicht haben. Die meisten der Kriterien von Nationalstaatlichkeit, die Hanns W. Maull formuliert, erfüllen die USA:

> Die nunmehr bereits ‚klassisch' zu nennenden Attribute dieses Staates sind seine Territorialität (also ein Staatsgebiet mit eindeutigen, allgemein anerkannten Grenzen), eine Herrschaftsordnung mit einer handlungsfähigen Regierung, Souveränität nach außen (Anerkennung durch andere Staaten) und innen (effektive Staatsgewalt, Gewaltmonopol) und schließlich das Staatsvolk, die ‚Nation' – konzipiert entweder als die Gemeinschaft der Bürger eines Staates, also all derer, die in den Grenzen des Staates leben, oder als eine vorgängige Kultur- und Schicksalsgemeinschaft, begründet durch gemeinsame Sprache, Kultur oder Geschichte, die sich mittels „ihres" Staates selbst bestimmt (nationales Selbstbestimmungsrecht). (Maull 2010, 309)

Woran Arendt zurecht Anstoß nimmt, ist die leichtfertige Übersetzung der „people", welche die Verfassung als Bürger ins Werk setzen, mit dem „Volk", das deutlich stärker ethnisch bestimmt ist. Will man also Nationalstaatlichkeit strikt an „ethnische Reinheit" gebunden verstehen, können die USA – unabhängig von ihrer konstitutionellen Gründung – von der historischen Zusammensetzung ihres Bevölkerungskörpers her *per se* kein Nationalstaat sein. Versteht man National-

---

[6] So versteht Reinhard Rode die USA im *Handbuch der internationalen Politik* ohne Umschweife als Nationalstaat auf: „Die USA blieben der wirtschaftlich mächtigste Nationalstaat der Welt, die Fähigkeit zu Alleingängen aber nahm eindeutig ab." (Rode 2010, 435) Siehe auch Roelofs 1998, 11.

staatlichkeit operational und prozedural wie Maull (siehe auch ebd., 316), dann können die USA wie auch China, dessen Bezeichnung als „Nationalstaat" ebenfalls durchaus bestreitbar ist (siehe Giddens 1986, 18), im schwachen und laxen Sinne als Nationalstaaten aufgefasst werden innerhalb eines Systems, das als „world nation-state system" (ebd., 165) bezeichnet wird (die USA eingeschlossen, siehe ebd.) – trotz des triftigen Einwands von Arendt; im Rahmen einer Analyse der internationalen Beziehungen kann insofern eine Bezeichnung akzeptabel sein, die einer strikt immanenten Analyse nicht standhalten kann. Das fortan praktizierte Trotzdem darf allerdings kein naives sein.

Dass die mächtigsten Staaten der Welt – die USA, China und Russland (in absehbarer Zeit wohl auch Indien) – über einen massiven *nationalen* Selbstbehauptungswillen verfügen (auch die USA, in denen sich massive Konflikte über der Frage zusammenbrauen, welche demographische Verteilungsmuster mit der nationalen Identität der USA noch kompatibel und welche nicht) und sich als Imperien konstituieren, schlägt alle Perspektivierungen der Politik des einundzwanzigsten Jahrhunderts, die sich diesem Faktum verweigern, mit Irrelevanz. Im Fall von China und Indien hat man es mit zwei auf unterschiedlichem Niveau in einer längst nicht abgeschlossenen „Aufwärtsentwicklung" sich befindenden zukünftigen Großmächten zu tun, die einen Prozess der *nachholenden Modernisierung* durchlaufen, den sie im nationalen Eigeninteresse weiterverfolgen werden, und zwar weitgehend unabhängig davon, was die westliche Welt davon hält. Dabei ist zu beachten, dass China und Indien zusammen über rund die 2,5-fache Bevölkerung der USA und Europas zusammengenommen verfügen, so dass selbst eine „grüne Modernisierung" (das Stichwort lautet hier „eco-cities", siehe Williams 2017), also gerade eine, die den westlichen Entwicklungsgang nicht zeitversetzt imitiert, sondern nach Maßgaben von Nachhaltigkeit zu operieren versucht, aufgrund der schieren Menge der sich vernehmbar machenden (Konsum-)Bedürfnisse einen nicht zu unterschätzenden und nicht im Einzelnen absehbaren Einfluss (treffender: *impact*) auf diversen Ebenen haben wird. Da die Konsumbedürfnisse nicht mit Smartphones und Internetzugang befriedigt werden können und die Erinnerung an die bedrückende Knappheit im Bereich der elementaren Versorgung in diesen Ländern noch allzu präsent ist, wird der Zugang zu tellurischen Ressourcen die Geopolitik dieser Staaten maßgeblich bestimmen.

Die Politik der Imperien bzw. polaren Mächte, also der Mächte, die Grundpfeiler der multipolaren Weltordnung bilden, ist im einundzwanzigsten Jahrhundert nicht mehr nur planetarische, sondern tellurische Politik. Sie ist deshalb tellurische Politik, weil sie den Planeten als *tellus* (dt. Erde) begreift. Als *tellus* wird der Planet begriffen, wenn die strategische Sicherung des privilegierten Zugriffs auf knapper werdender Ressourcen und damit die Qualität des Bodens eines Areals (ggf. auch maritimer Areale) ein zentrales Ziel einer das nationale

Wohlergehen sichernden Politik ist. Anders gesagt: Tellurische Politik findet statt, wo Staaten nicht mehr um Territorien um ihrer selbst und der Ausdehnung ihrer Macht willen konkurrieren, sondern strategisch Areale anvisieren aufgrund ihrer Bedeutung als Ressourcen. *Das Tellurische ist eine entscheidende Qualität des Planeten als Lebensraum und Lebensgrund* – und politisch gesehen damit: des Planetarischen. *Tellurische Politik* ist eine Politik, der es nicht mehr primär um territoriale Expansionen um der Macht willen geht, sondern um die strategische und möglichst weitreichende Verfügung über und die Kontrolle des Planeten als Biotop und Lebensquelle, um die Erde als Humus, nicht mehr um die Erde als Herrschaftsgebiet. Dass beides nie vollständig getrennt war, ist klar, aber beides war auch nie so eng miteinander verwoben und so sehr von der Ergiebigkeit bzw. vom Nährwert des Areals bestimmt, welches im territorialen Sinn kontrolliert wird.

Kondylis hat die tellurische Politik nicht ausformuliert, aber antezipiert:

> Zu den etwa 1,2 Milliarden Einwohnern des heutigen China werden bis 2030 schätzungsweise weitere 500 Millionen hinzukommen, und schon deren Ernährung wird, zumal angesichts des sich ständig hebenden Lebensstandards, die agrarischen Weltressourcen auf eine äußerst harte Probe stellen. Viele hunderte Millionen werden vor einem fast leeren immensen Raum stehen, der viel von dem bietet, was sie am meisten benötigen. Die Versuchung oder die Not wird zu groß sein, um ihr widerstehen zu können, und die weltpolitischen Konstellationen, die sich um diese Streitfrage herausbilden würden, hätten bestimmt einen maßgeblichen Einfluß auf den Verlauf planetarischer Geschichte im 21. Jahrhundert – zumal wenn China ein einheitlicher Staat bleibt und gleichzeitig asiatisch-kontinentale und pazifisch-ozeanische Ambitionen anmeldet. Sobald sich eine solche Lage abzeichnet, müßte Rußland unter Druck geraten und sich auf die Suche nach Verbündeten begeben. (Kondylis 2001, 126)

Der Handlungsdruck Russlands ergibt sich aus dem schier überwältigenden Ressourcenreichtum vor allem Sibiriens. Dass Russland seine nationalstaatlichen Hoheitsansprüche und Identität für „die Menschheit" aufgibt, sollte niemand naiv glauben; dass Putin offen verkündet hat, eine Welt ohne Russland sei eine, die nicht zu existieren bräuchte, sollte Hinweis genug sein. Dass China diese Ressourcen im Blick haben könnte, hat Kondylis ausgesprochen (ebd., 125). Würde das apokalyptische Szenario einer weitgehend unbewohnbaren Welt oder einer Ressourcenknappheit sich *sukzessive* einstellen, das nur einem geringen Teil der Menschheit ein Überleben unter den Prämissen der bisherigen territorialen Aufteilung ermöglichen würde, die Imperien würden dann über das Schicksal der anderen entscheiden, wobei China und Russland wohl kaum den aktuellen europäischen Weg dabei gehen würden.[7] Dabei würde Russland aufgrund der territorialen Größe und des tellurischen Reichtums den Gravitationspunkt des Begehrens der südlichen Erdhalbkugel bilden, vor allem auch deshalb, weil Russland eine mögliche Erderwärmung kurz- und mittelfristig weitaus weniger zu schaffen machen als vielen anderen Ländern, z.B. Prognosen zufolge im handgreiflichen Sinne unbewohnbar werdenden Ländern wie Indien oder Länder im Nahen Osten (siehe Wallace-Wels 2019, 40). Dabei könnten (Umsiedlungen und territoriale Aufteilungen betreffende) Forderungen und Konflikte entstehen, von denen sich im Moment niemand eine Vorstellung machen will und kann. Für Europa, das – wie Japan – in besonders hohem Maße importabhängig ist, wenn es um kritische Energieressourcen geht[8] und das demzufolge ein planetarischer Akteur mit geringem tellurischem Potenzial ist, hat Kondylis bereits vor mehr als 20 Jahren die Empfehlung ausgesprochen, im Sinne eines politischen Pragmatismus die Nähe zu Russland zu suchen. Inwieweit dies geschehen wird, wird jedenfalls von anderen Problemen abhängen als etwa dem der Menschenrechte oder dem eines politischen Autoritarismus in Russland. Und wer in Anbetracht des tellurischen Reichtums Russlands glaubt, das russische Bestreben, eine militärische Unangreifbarkeit im eigenen Selbsterhaltungsinteresse so weit es geht sicherzustellen, hätte etwas mit politischem Chauvinismus oder Großmannsgehabe zu tun, übersieht die so an tellurischem Potenzial reiche wie prekäre Lage Russlands.[9] Damit ist nur das Geringste angedeutet und es tun sich schon Abgründe auf.

Ein anderes und anders gelagertes, sehr aktuelles Beispiel für die Zunahme des Dichtegrads der planetarischen Politik und das Gewicht des Tellurischen in ihr ist das europäische und chinesische Interesse an Afrika, wo sich für China andere Perspektiven bieten als im militärisch aufs Schärfste verteidigten Sibirien. Diese Chancen versucht China mit einer weitreichenden Strategie zu nutzen. Der Anteil am Investitionsvolumen auswärtiger Staaten in Afrika verschiebt mit dem chinesischen Projekt der Seidenstraße und dem chinesi-

---

[7] Europa unterliegt auch hier der optischen Täuschung und kindlich naiven Hybris, es könnte die Welt retten. Es entscheidet *de facto* nur über sein Verschwinden oder seine Selbsterhaltung und über *sonst nichts*.

[8] Für das Jahr 2017 wurde der Importanteil vom niedersächsischen Landesamt für Bergbau, Energie und Geologie für Erdgas auf 93 %, für Erdöl auf 98 % beziffert. (LBEG 2018, 43 und 51.)

[9] Die folgende Überlegung sollte man auch nicht in einem naiven Selbstmissverständnis des Westens als des mit unverminderten Bindungskräften aus den Zeiten des Kalten Krieges bestehenden Blocks ausblenden: „Man würde sich auch sehr irren, wenn man Rußland politisch und militärisch bedrängen würde im Glauben, es gehöre zum christlichen Kulturkreis und könnte sich deshalb nie mit China gegen das ‚Abendland' verbünden." (Kondylis 2001, 91) Zum naiven Kulturalismus in solchen Fragen siehe auch Kondylis 2012, 416.

schen Vorhaben einer „Win-Win-Kolonisierung" Afrikas. 2016 betrug der Anteil Chinas am Neuinvestitionsvolumen in Afrika bereits 23,9 Prozent (gegenüber 3,6 Prozent zu Beginn des Jahrhunderts), der Frankreichs und Großbritanniens etwa 5 Prozent, der Deutschlands 2 Prozent (siehe Schmieg 2018, 2). China schickt sich an, Afrika infrastrukturell Perspektiven zu bieten, die Europa ihm nie geboten hat und in vergleichbarer Weise nicht wird bieten können,[10] und dadurch möglicherweise – solange China eine für Afrika erträgliche Balance zwischen wohlstandsfördernden Verheißungen und vertragsrechtlicher Knebelung einhält[11] – produktive Potenziale in Form weitreichender Beteiligung auch an Energiegewinnungsprojekten und politischem Einfluss in einem aufsteigenden Kontinent für sich selbst erschließen, von denen das demographisch verkümmernde Europa nur träumen kann. China versucht hier nicht, territoriale Macht um ihrer selbst willen auszudehnen,[12] sondern tellurische Potenziale zu erschließen, deren Erschließung anderweitig – Stichwort Sibirien – weniger einfach möglich ist, ohne dass die Augen davor verschlossen würden. Auch hier kann nur das Geringste angedeutet werden.

3 Konsum als zentrale Kategorie des Anthropozän

Der Begriff Anthropozän erzeugt einen falschen Anschein: Nicht *„der Mensch"* bemächtigt sich in Kondylis' Analyse der Erde in einer Weise, welche die Dialektik der Aufklärung im tellurischen Maßstab vollendet, sondern der Mensch

---

10 Sollte es hier zu einem resoluten Buhlen um Afrika kommen, bleibt die Frage, wieviel Wettbewerbsfreiheit China Europa gewährt, solange Europa seine Wettbewerbsposition nicht durch Einigkeit und eine nicht im Ansatz vorhandene militärische Schlagkraft (auch auf dem ständig wichtiger werdenden digitalen Kriegsfeld) abzusichern weiß. Solche Überlegungen sind im Jahr 2019 nicht akut relevant und werden es auch im Jahr 2023 nicht sein, aber sie *werden* es werden.
11 Die Knebelung ist, wo sie erfolgt, vor allem eine stellvertreterschaftliche, von den afrikanischen Staaten zur Einhaltung von Verträgen gegenüber der eigenen Bevölkerung nötige. – Hinweise darauf, dass afrikanische Staaten sich gegen die chinesische Strategie auflehnen könnten, gibt es bereits: https://www.derstandard.de/story/2000093318835/chinas-vermeintliche-geschenke-an-afrika. Felwine Sarr kommentiert das chinesische Werben in seinem jüngst erschienenen Buch *Afrotopia* äußerst kritisch und sieht in Chinas Vorgehen praktisch eine Reduplikation des westlichen Kolonialismus: „Hinzu kommt noch das Vordringen der chinesischen Wirtschaft, das für den afrikanischen Kontinent nachteilig ist: ein wenig Infrastruktur als Gegenleistung für die Plünderung der Rohstoffe Afrikas und die Kolonisierung seiner Ländereien." (Sarr 2019, 59)
12 Dass Chinas in hohem und zunehmendem Maß von Importen abhängig ist, um den eigenen Energiebedarf zu decken, ist schon länger bekannt, siehe Downs 2006, 6.

bestimmter, nationalstaatlich spezifizierter Gesellschaftsformationen, nämlich der massenhaft konsumierenden, produzierenden, Ressourcen verbrauchenden Gesellschaften, deren Zahl und Bedürfnisse sich nicht verringern, sondern insbesondere mit dem Aufstieg Indiens und Chinas in irrsinnigem Ausmaß wachsen. Eine Bezugnahme auf die Adornos/Horkheimers *Dialektik der Aufklärung* ist hier nicht manieristischer, sondern vielmehr philologischer Natur, denn in derselben heißt es: „Heute, da Bacons Utopie, daß wir ‚der Natur in der Praxis gebieten' in tellurischem Maßstab sich erfüllt, wird das Wesen des Zwanges offenbar, den er der unbeherrschten zuschrieb. Es war Herrschaft selbst." (Adorno und Horkheimer 1984, 60) Was Adorno und Horkheimer nicht zu einer politischen Theorie ausgearbeitet haben und deshalb nur abstrakt benennen konnten, hat Kondylis in Gestalt einer politischen Theorie ausgeführt.

Was mit der bei Adorno und Horkheimer zentralen Kategorie der Naturbeherrschung oder der sozialen Herrschaft allerdings nicht erfasst wird, gleichwohl das Phänomen in ihrem philosophischen Denken im Ganzen keineswegs übersehen wird, ist – die obigen geopolitischen Andeutungen sollten diesen Übergang vorbereiten – das *Phänomen des Konsums*. Wo der entfesselte Konsumismus mit der entfesselten Naturbeherrschung sich verbündet, kippt die Dialektik der Aufklärung erst im eigentlichen Sinn ins Tellurische,[13] weil das Substrat des elementaren Konsums letztlich die Erde bleibt, deren Ressourcen ungleichmäßig verteilt und zugänglich sind bei steigender Bedarfslage durch das Bevölkerungswachstum. Die Dialektik der Aufklärung im tellurischen Sinne entfaltet sich im Konsum nämlich von einem Phänomen des Alltags und der Lebenssicherung her, nicht etwa von einem Katastrophenphänomen wie einem Atomkrieg oder einem Luxusphänomen wie der Nachfrage nach Yachten her. *Konsum strukturiert unseren Alltag und wir strukturieren ihn konsumistisch;* wir sind praktisch vom ersten bis zum letzten Atemzug unseres Daseins auf Konsum angewiesen und erhalten uns durch Konsum. Dennoch ist das prinzipiell veränderliche *konkrete* Konsumverhalten der in allzu großer Zahl vorhandenen Menschen, die sich weit mehrheitlich der Übersteigerung des prinzipiell unvermeidlichen Konsums in die eskapistisch-exzessive Konsumidiotie verschrieben zu haben scheinen, nicht auszuklammern oder zu vernachlässigen.

---

[13] Nach Kondylis kippt allerdings die Aufklärung nicht in Barbarei, sondern sie wird schlicht vernichtet und stirbt mit der europäischen Neuzeit und vor allem mit den letzten Residuen des Bürgertums. Die Barbarei, die Adorno und Horkheimer sozusagen im präsentistischen Sinne diagnostizieren, umfasst keine Betrachtung eines zum Abschluss gekommenen Epochenabschnitts und verwirft nicht prinzipiell die Möglichkeit, dass die europäische Neuzeit überleben könne.

Das Gegenteil der herrschenden Konsumidiotie hat Kondylis bereits in 1990er Jahren mit erstaunlichem Weitblick in Gestalt der in einen größeren Problemhorizont eingebettete Verflochtenheit von Migrationsdynamik und Rohstoffknappheit diskutiert, die spätestens dann höchstgradig explosiv wird, wenn im Innern insbesondere bisher reicher Staaten wie denen des Westens zu viele Menschen von zu elementarem Konsum (d.h. von lebensnotwendigen Konsumgütern) abgeschnitten werden. Kondylis' Fokus lag dabei auf den möglichen politischen Konsequenzen des Knappwerden von Ressourcen, besonders agrarischer, auf der Basis einer globalen Umverteilung knapper werdender Ressourcen. Hier gilt: Je mehr die Menschheit dem Konzept des Anthropozän Legitimität verleiht, desto knapper dürften die Ressourcen für große Teile derselben und desto härter die Verteilungskämpfe in den tellurisch nicht privilegierten Regionen werden. Doch wenn Ressourcen knapp zu werden drohen und der ihre Verteilung bestimmende Zugriff auf sie von (in diesem Fall gerade auch militärisch) privilegierten Staaten her erfolgt, werden diese privilegierten Staaten, wie wir gerade an der aktuellen magnetischen Wirkung Europas ablesen können, zur Oase in der Wüste. Hier wird eine multikulturalistische Politik der aktuellen europäischen Art tellurisch relevant: Eine solche Oase können Staaten innerhalb der planetarischen Politik sein, solange erstens der territoriale Imperativ intakt bleibt und die privilegierten *Staaten des Westens* das Geschehen im Inneren *die Rahmenbedingungen einer freiheitlichen Ordnung politisch sichern können und wollen* (also ein politisch-institutionelles Komplement dessen bieten, was gemäß dem Böckenförde-Diktum nicht durch sie garantierbar ist) – das Komplementärkriterium für die *autoritären Staaten* ist, dass sie die ideologische Kontrolle über die Gesellschaft bewahren können – und solange zweitens die internen und externen Quellen nicht versiegen, auf welche sie bei der inneren Versorgung angewiesen sind. Damit sind zugleich die Kriterien benannt, denen zufolge Europas Ausscheiden aus dem Club der Privilegierten durch die Erosion seiner politischen Handlungsfähigkeit absehbar ist (maßgeblich auch dadurch, dass die Verwandtschaft von politischer und militärischer Handlungsfähigkeit ideologisch invisibilisiert wird).

Je mehr Gewicht die tellurische Qualität von Territorien innerhalb der planetarischen Politik einnimmt, desto größer wird die Abhängigkeit eines rohstoffarmen Kontinents wie Europa von tellurischen Mächten, die ihre Ressourcen wiederum gemäß den Gesetzen der planetarischen Politik und ihren eigenen Interessen mit anderen Akteuren teilen. Entgegen dem populären, pathosgeschwängerten und normativ beschwörenden *One-World*-Bild, wonach wir alle in einem Boot sitzen, ist es wohl *analytisch* und *deskriptiv* eher so, dass unser aller Boote, bei denen es sich zudem um teilweise qualitativ sehr verschiedenartige handelt, auf demselben Ozean treiben. Jedenfalls für Europa gilt, dass es sich dabei in einer besonders intrikaten Lage befindet: Von seiner demographischen

Schwäche bedroht, würde allerdings eine Art demographischer Frühling den Bedarf an Rohstoffen wiederum steigern (ohne dass automatisch die Potenz, sich ihrer zu bemächtigen, zunähme, weil die Etablierung einer solchen Potenz eine politische und keine demographische Angelegenheit ist).

Und im Hinblick auf den Planeten insgesamt ist unter dem Aspekt des Anthropozän demographisches Wachstum ein *per se* dialektischer Faktor: *Je mehr Menschen, desto mehr Konsumbedürfnisse*. Konsum ist hier die entscheidende Kategorie, denn sie bildet in diesem Zusammenhang primär eine tellurische Kategorie, nicht primär eine ökonomische Kategorie. *Das Anthropozän ist kein „Kapitalozän",*[14] weil die Generierung und industriell basierte Befriedigung von Bedürfnissen prinzipiell nicht-kapitalistisch möglich wäre und *nicht im transzendentalen Sinn an den Kapitalismus gebunden ist*. Randers unterscheidet im neuen Bericht für den *Club of Rome* grundsätzlich zwischen Investition und Konsum als den beiden Determinanten des Bruttoinlandprodukts: „Im Durchschnitt verbraucht die Menschheit 75 Prozent dessen, was sie innerhalb eines Jahres produziert, während 25 Prozent in Investitionen bestehen." (Randers 2012, 106) Obwohl selbst Investition keine spezifisch kapitalistische, sondern eine allgemein ökonomische Kategorie ist, so ist sie doch eine für den westlichen Kapitalismus axiologisch und operational fundamentale Kategorie, während Konsum eine für die Selbsterhaltung von Menschen fundamentale Kategorie ist, in der sich die Grundfunktionen des Metabolismus und sämtliche Manifestationen von Eskapismus zusammenschließen lassen. *Insofern* gilt nicht nur „Je mehr Menschen, desto mehr Konsumbedürfnisse", sondern auch: *Je mehr Menschen, desto mehr faktischer Konsum*. Auch hier lassen sich Prognosen von möglicherweise tellurischer Relevanz anführen, die nicht aus der Luft gegriffen sind: Die geschätzte Verdoppelung des Passagieraufkommens im zivilen Flugverkehr in den nächsten 20 Jahren von rund 4 auf über 8 Milliarden mit China als Nummer 1 und Indien auf Platz 3 der „Beiträger"[15] ebenso wie der Anstieg der Privatautos auf die vierfache Zahl von 2012[16] sind Widerspiegelungen ansteigenden Wohlstands, aber

---

[14] Jason Moore (2016) hat diesen Ausdruck, dessen Prägung in allzu trivialer Weise vorhersehbar war, sobald der Begriff „Anthropozän" unter die Leute gebracht worden ist, zu popularisieren versucht. Mit dem Kapitalismus würden weder Flugzeuge noch Industriezweige etc. abgeschafft werden, noch würden wir in vorindustrielle Lebensweisen zurückgehen. Selbst wenn die diesem Schlagwort inhärierende These historisch-genetisch richtig wäre, die technischen Errungenschaften und die an sie geketteten (und sie an sich kettenden) Bedürfnisse verschwänden damit nicht.

[15] Die mit Vorsicht zu genießenden Schätzungen stammen von der Internationalen Flugverkehrsvereinigung IATA: https://www.iata.org/pressroom/pr/Pages/2018-10-24-02.aspx

[16] „Wenn China, Indien und andere asiatische Länder beim Autobesitz das gleiche Niveau an-

während die Gleichsetzung von Wohlstand mit Kapitalismus immerhin ambivalent ist, sind Wohlstand und Konsum geradezu siamesische Zwillinge.

Wie das Anthropozän kein „Kapitalozän" ist, so ist es auch nicht schlicht die Folge der Industrialisierung, sondern die Folge der den Konsum vervielfachenden Globalisierung des Modells der auf von Industrie und Technik getragenen und durch Massenkonsum gekennzeichneten Zivilisation, wie sie sich in der westlichen Welt zuerst und „schulbildend" entwickelt hat. Die Globalisierung dieses Modells hat unter den Vorzeichen einer Übervölkerung des Planeten stattgefunden, die die Konflikte des einundzwanzigsten Jahrhunderts massiv verschärfen wird. Insofern ist die Konsequenz der hier angedeuteten Entwicklung nicht ein weiteres Kapitel der Dialektik der Aufklärung, sondern eine qualitativ transformierte Globalisierung der Ursachen und Grundlagen der Dialektik der Aufklärung – wenn auch weithin ohne Aufklärung im historischen und substanziellen Sinn. „Ohne Aufklärung" deshalb, weil – wie längst gemeinhin bekannt ist – die Adaptation der westlichen Industrialisierung und Technisierung, die eine Voraussetzung von deren dialektischem Umschlag sind, nicht an die Aufklärung im historischen Sinn gebunden sind. Die westlichen Errungenschaften im Gefolge der Aufklärung sind adaptierbar, ohne dass andere Gesellschaften oder Kulturen eine Aufklärung westlichen Schlags zu durchlaufen hätten und haben werden.

4 Schlussbetrachtung

Von entscheidender Bedeutung in dieser Betrachtung waren die folgenden Punkte, die hier nicht wiederholt, sondern synoptisch zugespitzt und in Ansätzen weitergedacht werden:

(1) Das Anthropozän-Konzept ist kein geschichtsphilosophisches *labeling* dessen, was man auch „Philosophie des Klimawandels" nennen könnte, weil die transformative Potenz, die der Mensch im Ökosystem entfaltet hat und vor allem fortgesetzt entfalten wird und künftig in potenzierterer Weise wird entfalten können, ihn weit über Klimafragen hinaus zu einem ökologischen Faktor macht (und z.B. durch die Atombombe vor den jüngeren Klimadiskursen gemacht hat).

(2) Nicht *der Mensch* ist die entscheidende Variable des Anthropozän, sondern die planetarischen Mächte, die nicht als Menschheitsvertreter, sondern als Nati-

---

streben wie in den reichen industrialisierten Ländern, was, so wird den Bürgerinnen und Bürgern gesagt, ihr gutes Recht sei, dann wird es im Jahr 2050 nicht weniger als drei Milliarden Autos geben, fast vier Mal so viele wie heute." (Randers 2012, 47)

onalstaaten auftreten, die also *im System der internationalen Politik* über eine blockbildende Potenz auf der Basis einer Menge von Eigeninteressen verfügen. Nationalstaatliche Politik ist im Falle solcher Mächte immer zugleich Geopolitik; im Anthropozän ist die geologisch entscheidende Politik Geopolitik. Analysen, die sich diesem Zusammenhang nicht stellen, übergehen die tatsächlich maßgeblichen Akteure des Geschehens. Den Abgesang auf die identitätsstiftende Kategorie der Nation zu feiern, wie es in Westeuropa, nur weil sie daselbst erodiert, gerne getan wird, heißt, die eigene Provinz zur politischen Realität an sich zu verklären und gar nicht mehr sehen zu können, was zu denken wäre.[17] Hannah Arendt sagt bereits in *Vita activa*: „[D]ie gesamte Erdoberfläche ist an die Stelle der national begrenzten Territorien getreten" (Arendt 2007, 328), und ergänzt diese treffende Diagnose kantianisch um die irrige These, dass „sich heute das Menschengeschlecht, die Menschengesellschaft im Ganzen, an die Stelle national organisierter Gesellschaften gesetzt" (ebd.) habe. Europa nicht weiterhin mit der Menschheit zu verwechseln und internationale Verlautbarungen nicht für staatliches Handeln kategorisch bestimmende Gesetze zu halten, hilft einem, von dieser in den letzten Jahrzehnten zum Basisdogma politischer Evolution erhobenen Illusion wertfrei und sichterweiternd loszukommen.

(3) Die Geopolitik des Anthropozän ist nicht vorrangig eine Politik der „Größe" oder der „Würde *qua* Macht", sondern eine Politik der tellurischen *Privilegien- und Ressourcen(zugangs)sicherung* (durch welche der Unterschied zwischen einer würdevollen und einer würdeberaubten Existenz sich „bestens" erzeugen lässt), die durchaus die Gestalt einer neuen und wesentlich größer angelegten Okkupation, hochgradig restriktiven Auf- und Zuteilung und im Sinne spezifischer Interessen politisch und digital gelenkten Gestaltung von „fruchtbaren" und daher unter Gesichtspunkten einer tellurischen Politik „wertvollen Lebensräumen" annehmen kann. Die vornehmlichen Akteure einer solchen tellurischen Politik, die Entscheider und Platzanweiser, werden Staaten wie China, die USA und Russland sein, die – anders als Europa – allesamt verstehen, wie eng politische und militärische Selbstbehauptung miteinander verwandt sind.

---

17 Zu erwähnen wäre noch, dass das innergesellschaftliche Phänomen existierender Parallelgesellschaften sich auf der europäischen Staatenebene abbildet, wo ebenfalls Parallelgesellschaften im Staatenformat existieren und die Diversität der Haltungen die Gestalt einer Divergenz der Marschrichtungen annimmt, die Europa sich politisch nicht leisten kann. Im einundzwanzigsten Jahrhundert zeigt sich bisher klar, dass Nationalität sich mehr durch Fragen und Interessen der *national security* als durch ein positives nationalstaatliches Fundament konstituiert, doch ein böses Erwachen könnte denjenigen bevorstehen, die meinen, dass Fragen nationaler Identität unser Jahrhundert nicht weit über den Funktionalismus der Sicherheitsgewährleistung hinaus ereilen könnten.

(4) Wenn Nationalstaaten die maßgeblichen Akteure der internationalen Politik als der Politik des Anthropozän sind, ist die interne Verfasstheit dieser Staaten selbst ein indirekter anthropozänischer Faktor. Dieser Zusammenhang, der den Übergangspunkt von der Politik in die Soziologie markiert, kann nur äußerst knapp angedeutet werden; entscheidend ist hier das Verhältnis von Staat und Gesellschaft. Der im Text berührte Unterschied zwischen einem massendemokratischen (westlichen) und einem autoritären (etwa chinesischen und russischen) Kapitalismus lässt sich in einer beispielhaften Gegenüberstellung der USA und Chinas auch so fassen: Während in China der Staat die Gesellschaft beherrscht und dadurch die Einheit der Nation sichert, festschreibt und vertieft, fallen in den USA Staat und Gesellschaft auseinander, wodurch kulturkriegartige Konflikte wie die aktuell sich entfaltenden möglich sind. Staat, Gesellschaft und Nation bilden keine Einheit, sondern werden von Antagonismen durchzogen, deren soziologisches Substrat (aktuell vorrangig identitätspolitisch auftretender) Interessengruppen bilden, deren Interessen allerdings nicht in der Durchsetzung spezifischer Forderungen (z.B. der Abschaffung von Paragraph 218a) besteht, sondern darin, sich selbst und die eigene Identität normativ durchzusetzen (wovon die erwähnte Rechtsreform ein ihrer Anspruchsreichweite noch unbewusster Teil mit für die initiatorischen Akteure selbst unabsehbarer Selbstverstärkungsdynamik sein kann). Von ihrer demographischen Verfasstheit her werden die USA mit einem tiefgreifenden Dissens innerhalb des eigenen Landes noch länger zu kämpfen haben; China wird sich umso mehr hüten, die Stärken (Diversität),[18] die einen Kulturkrieg evozieren können, gar nicht erst aufkommen zu lassen. Aufgrund seiner zentralistisch-einheitlichen Verfasstheit wird China über eine deutlich größere und effektivere Handlungsfähigkeit verfügen als die USA. Was die anthropozänische Qualität des Handelns Chinas angeht, so besteht der praktische Vorteil des Zentralismus darin, dass eine ökologisch nachhaltige Politik, wenn sie vom Staat gewollt wird, durchsetzbar ist, weil keine konkurrenzfähigen Interessenakteure und staatliches Handeln zu unterwandern fähigen Lobbys existieren. In der neuen Konkurrenz von Systemmodellen verbindet sich die Frage, inwieweit die Menschheit technisch und politisch das Ökosystem in grundsätzlicher Weise beeinflusst und welche Politik unter welchen ökologischen Umständen die beste ist, mit der Frage danach, wer unter der hypothetischen Voraussetzung einer „richtigen Orientierung" dazu in der Lage ist, „das Richtige" zu

---

18 Guo (2019, 1) weist darauf hin, dass China ein multiethnischer Staat ist, in dem 56 Ethnien koexistieren. Mit zentralistisch-einheitlicher Verfasstheit ist hier gemeint, dass die Art und Weise, wie diese Ethnien koexistieren werden, sich nicht aus dem Spiel freier Kräfte auf kontingente Weise ergeben wird, sondern auf der Basis einer rigorosen staatlichen Lenkung.

tun: ein Staat, der die national weithin homogene Gesellschaft beherrscht oder ein Staat, der sich im Konflikt befindet mit einer in sich von Konflikten aufgezehrt werdenden Gesellschaft ohne tragfähige nationale Einheit?

Literatur

Adorno, Theodor W., und Max Horkheimer. *Dialektik der Aufklärung*. In Theodor W. Adorno: *Gesammelte Schriften*, Bd. 3. Frankfurt am Main: Suhrkamp, 1984.

Arendt, Hannah. *The Origins of Totalitarianism*. New York u.a.: Harcourt Brace & Company, 1976.

Arendt, Hannah. *Fernsehgespräch mit Roger Errera* (Oktober 1973). In *Ich will verstehen. Selbstauskünfte zu Leben und Werk*. 2. Aufl. München/Zürich: Pieper, 1997. 114–131.

Arendt, Hannah. *Vita activa oder Vom tätigen Leben*. 6. Aufl. München/Zürich: Pieper, 2007.

Bandeira, Luiz Alberto Moniz. *The World Disorder. US Hegemony, Proxy Wars, Terrorism and Humanitarian Catastrophes*. Cham: Springer Nature, 2019.

Berners-Lee, Mike. *There Is No Planet B. A Handbook for the Make or Break Years*. Cambridge: Cambridge University Press, 2019.

Crutzen, Paul J. und Eugene F. Stoermer. „The ‚Anthropocene'". *Global Change Newsletter* 41 (2000): 17–18.

Deppe, Frank. *Autoritärer Kapitalismus. Demokratie auf dem Prüfstand*. Hamburg: VSA Verlag, 2013.

Downs, Erica Strecker. *China's Quest for Energy Security*. Santa Monica: Rand, 2006.

Edinger, Sebastian. „Planetarische Politik im Spannungsfeld von Macht und Norm. Zum Verhältnis von dezisionistischer Machttheorie und politischer Analyse bei Panajotis Kondylis". *Panajotis Kondylis und die Metamorphosen der Gesellschaft*. Hg. Falk Horst. Berlin: Duncker & Humblot, 2019. 231–260.

Foster, John Bellamy et al. *Der ökologische Bruch. Der Krieg des Kapitals gegen den Planeten*. Hamburg: Laika, 2011.

Giddens, Anthony. *Sociology. A Brief But Critical Introduction*. Second Edition. London u.a.: Macmillan, 1986.

Guo, Zhitian. *Changing Ethnicity. Contemporary Ethno-Politics in China*. Singapore: Palgrave Macmillan, 2019.

Ischinger, Wolfgang. *Welt in Gefahr. Deutschland und Europa in unsicheren Zeiten*. Berlin: Econ Verlag, 2018.

Jaspers, Karl. *Die Atombombe und die Zukunft des Menschen*. München: Piper, 1960.

Jongen, Marc (Hg.). *Der göttliche Kapitalismus. Ein Gespräch über Geld, Konsum, Kunst und Zerstörung mit Boris Groys, Jochen Hörisch, Thomas Macho, Peter Sloterdijk und Peter Weibel*. München: Fink, 2007.

Kondylis, Panajotis. *Der Niedergang der bürgerlichen Denk- und Lebensform*. Berlin: Akademie Verlag. 1991.

Kondylis, Panajotis. *Planetarische Politik nach dem Kalten Krieg*. Berlin: Akademie Verlag, 1992.

Kondylis, Panajotis. „Europa an der Schwelle des 21. Jahrhunderts. Eine weltgeschichtliche und geopolitische Betrachtung". *Tumult. Schriften zur Verkehrswissenschaft* 22 (1996): 7–21.

Kondylis, Panajotis. *Das Politische im 20. Jahrhundert. Von den Utopien zur Globalisierung.* Heidelberg: Manutius, 2001.

LBEG = Landesamt für Bergbau, Energie und Geologie. *Erdöl und Erdgas in der Bundesrepublik Deutschland 2017.* Hannover: LBEG, 2018.

Margolina, Sonja. *Die gemütliche Apokalypse. Unbotmäßiges zu Klimahysterie und Einwanderungsdebatte in Deutschland.* Berlin: Siedler, 1995.

Maull, Hanns W. „Der Staat". *Handbuch für internationale Politik.* Hg. Carlo Masala et al. Wiesbaden: Springer, 2010. 307–320.

Moore, Jason W. „The Rise of Cheap Nature." *Anthropocene or Capitalocene? Nature, History, and the Crisis of Capitalism.* Oakland: PM Press, 2016. 78 – 115.

Randers, Jorgen. *2052. Der neue Bericht an den Club of Rome. Eine globale Prognose für die nächsten 40 Jahre.* München: oekom Verlag, 2012.

Rode, Reinhard. „Internationale Wirtschaftsbeziehungen". *Handbuch für internationale Politik.* Hg. Carlo Masala et al. Wiesbaden: Springer, 2010. 426–441.

Roelofs, H. Mark. *The Poverty American Politics. A theoretical Interpretation.* Philadelphia: Temple University Press, 1998.

Sarr, Felwine. *Afrotopia.* Berlin: Matthes & Seitz, 2019.

Schmieg, Evita. „EU und Afrika. Investition, Handel, Entwicklung. Was ein Cotonou-Folgeabkommen mit den AKP-Staaten leisten kann". *SWP-Aktuell* 70 (Dezember 2018).

Schmitt, Carl. *Der Begriff des Politischen.* München/Leipzig: Duncker & Humblot, 1932.

Wallace-Wels, David. *The Uninhabitable Earth. Life After Warming.* New York: Tim Duggan Books, 2019.

Williams, Austin. *China's Urban Revolution. Understanding Chinese Eco-Cities.* New York, London: Bloomsbury, 2017.

de Wijk, Rob. *Power Politics.* Amsterdam: Amsterdam University Press, 2015.

Žižek, Slavoj. *First as Tragedy, Then as Farce.* London, New York: Verso, 2009.

Mariaenrica Giannuzzi
Anthropos und Mensch

Naturalismen der Nichtunterscheidung bei Tsing und Malabou

Statt lediglich das Trennende zwischen „uns" und der „Natur" zu suchen – ganz gleich, ob dieses nun in einer unbewussten geologischen Handlungsmacht (Chakrabarty 2009) oder in der traditionell-humanistischen Differenzontologie der Reiche von Tieren, Pflanzen und Mineralen bestehen soll –, hat die Philosophie jüngster Zeit zwei naturalistische Gegenmodelle aufgeboten. Diese beiden Modelle plädieren für einen Raum der *Nicht*unterscheidung von Menschlichem und Nichtmenschlichem und stützen sich auf die Begriffe der „Sympoiesis" (Anna Tsing) und der „Epigenesis" (Catherine Malabou). Im Falle der Sympoiesis ist dieser Raum einer der Übersetzung zwischen Wissenschaft, Wirtschaft und „lebendiger Arbeit" (Marx); das Nichtmenschliche ist hier ein Komplex aus ökonomischen, interspezifischen und interlingualen Beziehungen. Die Epigenesis dagegen thematisiert die Emergenz der Logik aus der nichtmenschlichen Materialität des genetischen Substrats. Ausgehend von Ian James' Definition dieses neuen Naturalismus suche ich im Folgenden die Kontinuitäten in Bezug auf die Verbindung *anthropos*/Mensch zu beleuchten, die zwischen Tsings politischer Ökologie mit Malabous Kant-Interpretation bestehen. Dabei wird das Ausloten der Grenzen zwischen Philosophie und Ethnologie zeigen, dass beide Disziplinen eine immer tiefergehende Auseinandersetzung mit menschlich-nichtmenschlichen Beziehungsformen verfolgen. Die Differenzierung nähert sich dabei an vielen Stellen stetig einer *In*differenzierung an – so wie Ware und Gehirne, soziale Gruppen und Lebensformen sich dem gemeinsamen Problem der Relationalität in Bezug auf die Herausbildung von Organismen nähern.

Worin besteht nun jener Naturalismus, um den es hier geht? Ian James beschreibt Malabous Naturalismus als postkontinentales Projekt der Überbrückung von Wissenschaft und Philosophie (James 2019, 14):

> Post-Continental naturalism allows for the phenomenal and qualitative dimensions of thought and conscious experience (known to phenomenology), and the physicalistic or quantitative dimensions of material existence (known to science) to be brought and thought together without the one seeking to eliminate or otherwise downgrade the other.

Dieses Projekt des Naturalismus reagiert auf die speziell in der englischsprachigen Wissenschaftsphilosophie erhobene Forderung nach einer theoretischen Sprache, die orientiert ist an einem „framework about public objects in Space and Time" (Sellars 1997, 116). Die Sorge um diese Öffentlichkeit der Wissenschaft prägt den Naturalismus Malabous, aber nicht nur den ihren. Ganz ähnlich geht es auch Anna Tsing – die die Funktion von Wissenschaft in der Untersuchung der einzelnen Glieder von Lieferketten sieht – um die öffentliche Dimension der Wissenschaft und um die Frage, inwiefern sie kapitalistischen oder nichtkapitalistischen Ökonomien dient.

1 Relation statt Exzeption

Die Phänomenologie des zwanzigsten Jahrhunderts hat, als wichtigste Vertreterin der „Kontinentalphilosophie", die Korrelation von „Bewusstsein" und „Welt" zum Hauptgegenstand ihrer Analyse gemacht. Diese Korrelation verlief gleichermaßen als Ausschluss und als Bestimmung dessen, was nicht menschlich ist. Das Nichtmenschliche erschien lediglich als Noch-nicht-Menschliches oder Nicht-mehr-Menschliches – als etwas nämlich, das nicht der zeitlichen Erfahrung des Subjekts gegeben ist. Man kann diese eigentümliche Tradition der Erzeugung einer ontologischen Differenz durch die Erfahrung der *Zeit* als eine der vielen kulturellen Praktiken der „Anthropogenese" (Agamben 2003, 87) verstehen. Solche Praktiken der „Menschmachung", zu der auch die Meditation über die Zeit gehört, erzeugen einen Unterschied zwischen Menschlichem und Nichtmenschlichem. Sie tun dies, indem sie ein zutiefst Menschliches isolieren, ihm eine Vorrangstellung zuweisen und es in eine Hierarchie einordnen. Kulturelle Praktiken sind historische Individuationsmodi, die, wie Giorgio Agamben in *Das Offene* (2003) argumentierte, *Animalität* als etwas vom Menschen Getrenntes konstruierten. Sie produzieren exemplarische Gräben, wie der dem Mineral unterstelle „Weltlosigkeit" und die dem Tier zugeschriebene „Weltarmut", wie sie sich durch Heideggers Vorlesungen „Die Grundbegriffe der Metaphysik" (1929–1930) ziehen (Heidegger 1983, 274). Vor einer alternativen Kluft zwischen Menschlichem und Nichtmenschlichem, die diese Hierarchie umkehrt, aber ihre Struktur bewahrt, steht man bei der Apotheose der sinnlichen Allwissenheit des Tieres, die nach Agamben Rilke in den *Duineser Elegien* (1923) realisierte (Agamben 2003, 65–67).

Zwischen diesen beiden gegensätzlichen Trends stehen Philosophien, die diese Kluft dafür kritisieren, nur auf verfügbare „Ressourcen" im „Netz des Lebens" (Moore 2019) abzuheben. Ein Beispiel dafür wäre Kathryn Yusoffs *One Billion Black Anthropocenes or None* (2019). In Yusoffs Kritik an der Grundidee des Anthropozän – dass Menschen über eine geologische Handlungsmacht verfügten – bedeutet die Untersuchung der Kluft letztlich die Untersuchung von Ereignissen und Historiografien, um zu klären, wie der (Euro-)"Mensch" innerhalb eines *anthropos* genannten, breiten Spektrums wundervoller gesellschaftlicher und kultureller Vielfalt isoliert und in einen Bürger mit Menschenrechten verwandelt worden ist. Als der andere Pol des Humanismus wäre der *anthropos* der Mensch ohne Eigentum und damit der Lieferant von Eigenschaften (körperliche Energie, die sowohl freie wie erzwungene Arbeit ausmacht).

In der Gegenwartsphilosophie haben kulturellen Praktiken der Übersetzung zwischen Wissenschaft und Philosophie den Primat der Zeit als differenzproduzierendes Dispositiv ersetzt. Stattdessen stehen nun Beziehungsmodi im Fokus des Interesses. Differenz erscheint hier als unerwartete Manifestation *verwandter Formen* – Lebensformen, Formen der Lebensführung und Verwertungsformen – in einer politischen Ökonomie, die kreisförmig zwischen formellen und informellen Wirtschaftskomplexen fließt. Diese ökonomischen Schleifen veranschaulicht Anna Tsing in *The Mushroom at the End of the World* (2015). Vormals wurde menschliche Exzeptionalität als Emergenzform aus den Reichen der Minerale, Pflanzen und Tiere konstruiert oder – wenn wir den Kritiker*innen einer latenteren Mensch/*anthropos*-Trennung Gehör schenken – als eine humanisierende Kapitalakkumulation aus der Organisationen von Bergwerken, Plantagen und Farmen. Dieser Prozess forderte ein hohen epistemischen Preis, denn stets ist er gescheitert, die Entstehung des Lebens und seine retroaktiv teleologische Zeitlichkeit zu beschreiben. Dieser Aufgabe begegnet Catherine Malabou in *Rationality and Epigenesis* (2014). Die Philosophie zog sich in die räumliche Organisation von Lebensformen im Raster der Taxonomie zurück und konzeptualisierte Leben vor allem per Subtraktion: Das Menschliche meinte hier die individuelle Ausübung kartesischer Rationalität von der Spitze der Schöpfung her, deren harmonischer Plan der Einsicht des Subjekts unterlag; die Philosophie verstand den Begriff des Lebens, indem sie von den unter dem Menschen liegenden Spezies, die als immer weniger komplexe Mechanismen gedacht wurden, subtrahierte und Schritt für Schritt bis zur Grenzform des "nackten" Lebens herabstieg. Das nackte Leben hat wenig mit den Erkenntnissen der Biologie zu tun, wie es beispielsweise bei der Problematisierung des "klinischen Tod[es]" (Agamben 2003, 25) oder der Abtreibung der Fall wäre. Sobald das Leben in bestimmten Funktionen isoliert ist, appropriiert die Staatspolitik das nutritive oder vegetative Leben – als vorher ausgeschlossener Teil – auf der Ebene der Nationalbevölkerung; und das mit vernichtenden Auswirkungen (Agamben 2003, 25). Die Zeit scheint reif zu sein, Brücken über all diese Klüfte zu bauen.

2 Pilz mit Sammler mit Patch mit Recht mit Dollar

Tsings *The Mushroom at the End of the World. On the Possibility of Life in Capitalist Ruins*, eine Studie über Manifestationen des Lebens in Oregon (USA) und Yunnan (China), verkörpert Barbara Cassins Vorstellung vom „Unübersetzbaren". Demzufolge wird ein Wort zum Titel seines Problems, statt auf eine Bedeutung zu verweisen. Mit einem so scheinbar nichtmenschlichen und exotischen Analyseobjekt wie dem Pilz wird eine Wissenschaft gemacht, die eine überlegte Bewegung in Richtung Komplexität darstelllt. Der Pilz erinnert an ein weiteres Abenteuer und eine Weggefährtin Tsings im turbulenten Land ubiquitärer Unterschiede: an *Staying with the Trouble. Making Kin in the Chthulucene* (2016), Donna Haraways Intervention in der Anthropozändebatte. In beiden Texten scheitern angesichts des neuartigen öko-politischen Raums der Sprache der Wissenschaft alle Versuche, einen Sinn für Politik als Bestimmung von Leben wiederzuerlangen. Die Fährnisse des Pilzes sind so wesentlich für die Tätigkeiten jener babylonische Vielfalt lokaler Sprachen, dass man nicht den Versuch wagen wird, in ihrem Namen eine Universalgeschichte wiederherstellen zu wollen. Haraways Text liest sich wie ein dynamisches Pangäa, selbst durchzogen von den Turbulenzen und Störungen, die er aufzeichnen will. Die Kontaktstelle zwischen den beiden Autorinnen liegt im Begriff der „Sympoiesis" (den Tsing zur „Symbiopoiesis" ausbaut, 2015, 142), der Untersuchung von Interdependenzbeziehungen zwischen Organismen. Tsing und Haraway nutzen beide sympoietische Prozesse, um etablierte Symbiosetheorien zu überdenken, die einen großzügigen (und anthropomorphen) Wirt von einem parasitären Gast trennen.

Anstatt diese Beziehung streng in Pole zu dividieren, hebt der Begriff der Sympoiesis auf Interdependenz ab, die es schwer werden lässt, eine Grenze zwischen Menschlichem und Nichtmenschlichem zu ziehen. Ich werde auf einige dieser Beispiele eingehen und beginne mit Tsings Methode, lokale Geschichten zu verweben; anschließend wende ich mich Haraways Kritik an der Kategorie des Anthropozän zu, da sie (sogar gegenläufige) Vorstellungen von menschlicher Unabhängigkeit als Spezies angreift.

Neue Habitationsformen verflechten marginalisierte Arbeit und Natur. Die Entwicklung der Umweltschutzpolitik in den USA mobilisiert das Leben (und den Tod) eines Waldes, und zwar in einer Weise, die an ähnliche Verzweigungen im chinesischen Yunnan zur Zeit des Großen Sprungs Nach Vorn erinnert, und bringt beide mit einem Pilz in Verbindung, der ohne menschliches oder staatliches Handeln gedieh. In den 1950er Jahren kam es zu Konflikten zwischen den Aktivitäten von Bauern und staatlichen Umweltschutzbemühungen um neue Gebiete in amerikanischen Nationalparks. Diese Politik wurde auch in solchen Bereichen durchgesetzt, in denen Industrie bereits abgebaut war. Diese und ähnliche Vergleiche scheinbar entfernter Phänomene beleuchten die Art und Weise, wie Verbote gegen das Pilzesammeln, das Zelten und saisonale Siedlungen sich auf die gut geölte Maschine der Enteignung von Ureinwohnern gehörendem Land stützen konnte. Zur Veranschaulichung erinnert Tsing an die 1954 erfolgte „termination" oder Beendigung aller vertraglichen Verpflichtungen gegenüber den Klamath-Stämmen, die letzte große Enteignung von Ureinwohnern in Oregon (Tsing 2015, 196–200).

Pilze stehen in unruhigen Beziehungen sowohl zu den Geschichten ihrer Erntehelfer und deren Migration als auch zur Geschichte der Ureinwohner und ihres Landes. Aber auch in den Idiomen der industriellen Produktionsweisen sind Pilze Bedeutungsträger. Letztere fungale Existenzform sagt etwas über Formen von Skalierbarkeit. Im Zentrum von Tsings politischer Ökonomie steht die Skalierbarkeit als Kriterium für die industrielle Entwicklung seit den 1950er Jahren, sie bezeichnet aber auch ein aktuelles Prinzip für die Aufgabe einer wissenschaftlich betriebenen Übersetzung:

> In the 1950s, scalability was a matter for citizenship as well as resource use. America was the melting pot, where immigrants could be homogenized to face the future as productive citizens. Homogenization allowed progress: the advance of scalability in business and in civic life. This was the climate in which legislation was passed to unilaterally abrogate US treaty obligations to selected Indian tribes. In the language of the day, members of these tribes were said to be ready to assimilate into American society without special status; their difference would be erased by law. (Tsing 2015, 197)

„Skalierbarkeit" implizierte eine allgemeine Verbreitung standardisierter Produktions- und Konsummodi, gepaart mit Ideologien der *Assimilation*. Die Ureinwohner gesellschaftlich einzuverleiben war eine politische Agenda, ebenso wie die Rhetorik des biologischen „Outsourcings" heute die wirtschaftlichen Beziehungen der Pilzsymbiose bezeichnet. Wo die Biologie Organismen im Vokabular des Marktes beschreiben kann, „fungi have always been recalcitrant to the [Weberian] iron cage of self-replication" (Tsing 2015, 143):

> Like bacteria some are given to exchanging genes in nonreproductive encounters ("horizontal gene transfer"); many also seem averse to keeping their genetic material sorted out as „individuals" and „species," not to speak of „populations." When researchers studied the fruiting bodies of what they thought of as a species, the expansive Tibetan „caterpillar fungus," they found many species entangled together. When they looked into the filaments of *Armillaria* root rot, they found genetic mosaics that confused the identification of an individual. (Tsing 2015, 143)

Die Pilze, die nun Industriewüsten bevölkern, sind promiske und ausgedehnte Subjekte. Dies wird als *Co-Development* bezeichnet. Der Biologe Scott Gilbert beobachte und theoretisierte diese „gemeinsame Entwicklung", die darauf hinausläuft, dass „nature may be selecting ‚relationships' rather than individuals or genomes." (Tsing 2015, 142) Komplexe von Organismen und ihren Symbionten, wie die unteilbaren und miteinander verbundenen Aggregate von Wald und Pilzen, pflastern den Weg zur Emergenz neuer Arten. Sammler, Verpacker, Verkäufer, Käufer, Händler und Köche, eingebunden in diese Unternehmung, sind alle Bestandteile dieser evolutionären Einheit, des „Holobionten".

Im Gegensatz zu den Begriffen „co-development" und „co-evolution" differenzierte sich die moderne Natur nach dem wissenschaftlichen Modell der Selbstreplikation mit analogen Skalen heraus, „models of the kind of nature that technical prowess can control." Die Entdeckung der Stabilität der selbstreplizierenden Eigenschaften der DNA in den 1950er Jahren war „the jewel in the crown of the modern synthesis." (Tsing 2015, 140) Im Modell der Selbstreplikation überträgt jede Skala eine in sich geschlossenes genetisches Erbe. Mit der Etablierung der evolutionären Entwicklungsbiologie änderten sich die Dinge jedoch. Insbesondere in Studien über die *Euprymna scolopes*, „a tiny Hawaiian squid", umgangssprachlich bekannt als „bob-tailed squid". Man beobachtete, dass juvenile Tintenfische ihre Organe nicht produzieren, so lange sie nicht mit einer bestimmten Bakterienart, *Vibrio fischeri*, im Meereswasser in Berührung kommen (Tsing 2015, 140). Es ist nicht das andere Geschlecht, das die Fortpflanzung in Gang setzt. Diese und andere Beispiele stellen unser Konzept der Erzeugung in Frage, das wiederum von Modellen der modernen industriellen Skalierbarkeit, etwa der Serialität geprägt ist. Die Rhetorik biologischer Serialität, die im Plantagenmodell besonders konsequent ausgeprägt ist, vereinigt den Diskurs industrieller Siedlungstätigkeit mit der Logik der DNA-Replikation.

Die artenübergreifenden Verbindungen der Pilze sind eine Herausforderung für die Serialität der Fortpflanzung, werden aber kaum zur utopischen Erzählung für Menschen. Pilze, die sich über die einzelne Wurzel hinaus bis auf den ganzen Patch und auf verschiedenen Patches im Wald erstrecken, gehören zu „mycorrhiza networks", die sich vermehren, wenn der Pilz seinen Körper in die Wurzel des Wirtes ausbreitet und dessen Kohlenhydrate mittels „specialized interface structures, made in the encounter" aufnimmt (Tsing 2015, 138). Einige Pilze dehnen sich nicht aus und bewohnen einen Wirt ohne fruchtbare Körper. Aber das Verhältnis von Pflanzen- und Pilzpartnern ist innerhalb des Patches nie dasselbe. Kein Patch ist „repräsentativ". Jeder hat seine eigene Geschichte und das macht es schwierig, das Mykorrhiza-Netzwerk als utopisches politisches Paradigma zu betrachten. Tsing definiert dieses politische Potenzial als „latent commons", als Verschränkung von nicht-repräsentativen Einheiten, die für eine gemeinsame Sache mobilisiert werden *könnten*. Dieses Potenzial beruht auf sich wandelnden Allianzen und Koalitionen, die weit über das politische Paradigma von Freund und Feind hinausgehen.

Der Matsutake-Pilz ist auch aus einem anderen Grund kein Symbol für utopische Politik, denn er durchläuft Prozesse der Kommodifizierung und Standardisierung. Wie jede andere Nahrungsquelle gehen Pilze über von Objekten einer Geschenkökonomie zur „salvage accumulation" der gegenwärtigen kapitalistischen Wirtschaft. Wir leben in der „salvage accumulation" und offensichtlich sind wir keine Pilze. Selbst in der Renaturierung der Sammlungstätigkeit, wenn Pilze wieder zu Trophäen von Jäger werden und nicht als Ware „entfremdet" sind, sucht sie die Erinnerung im Exil heim. Freiheit ist der Spuk einer Erinnerung für die Sammler. Und ihre Erzählungen werden heimgesucht vom Begriff der Arbeit, selbst wenn sie die Lohnarbeit ablehnen und behaupten, das Sammeln bedeute Freiheit (Tsing 2015, 78).

Ideologische Skalen der „Freiheit" verbinden das Menschliche und das Nicht-Menschliche in einem Kontinuum. Hier wie da erscheint Freiheit in Tsings Buch als Währung der Übersetzung. Sie wird auf mehrdeutige Weise sowohl von den Arbeitskräften in Bezug auf nicht entlohnte Arbeit als auch von Investoren und politischen Entscheidungsträgern in Anspruch genommen. An beiden Fronten wird Freiheit tendenziell mit der Universalität des Geldes identifiziert. Sie ist eine Hintertür für das Kapital. Wenn also Freiheit beansprucht und ausgeübt wird, folgt das Kapital der Zuweisung des Umtauschwerts an die Produkte der freien Arbeit auf den Fersen.

Tsing vergleicht sogar den Dollar und den Yen über den Signifikanten des Pilzes. Da der Endmarkt des Pilzes Japan ist (und japanische Küchen auf der ganzen Welt), liest sie die japanisch-amerikanische Hegemoniepolitik gegen den Strich und weist auf ihre unterschiedlichen Imperialismusformen hin. Dabei greift sie auf J. K. Gibson-Graham und Michael Hardt und Toni Negri zurück, „the most trenchant early twenty-first century anticapitalist critics". (66) Tsings Synthese lautet wie folgt: Kapitalistische und nichtkapitalistische Formen interagieren in *perikapitalistischen* Räumen (66). Der Kapitalismus ist nur eine Form unter vielen ökonomischen Modellen und Verhaltensweisen, aber er hat die Tendenz, hegemonial und allumfassend zu werden. Auf der einen Seite ist der Kapitalismus eine segregierte Wirtschaftsform, die sich wie ein Unkraut verhält (perikapitalistisch). Andererseits hängt es von nichtkapitalistischen Lebensformen ab. Nur durch diese ökonomische Vielfalt ist Akkumulation möglich. Das ist die Bedeutung der „postkapitalistischen" Politik, die sich mit der wilden Akkumulation auseinandersetzt und sie steuert: Wie ist es überhaupt möglich, „in den Ruinen des Kapitalismus" zu leben, wo ungeregelte Produktion durch einen abstrakten und intermittierenden Angebots-Nachfrage-Mechanismus in Warenketten übersetzt wird – so rigoros wie wissenschaftliche Übersetzung und sogar als Freiheit imaginiert?

Wissenschaft wird bei Tsing als eine *Übersetzungsmaschine* bestimmt, und zwar nicht nur, weil Protokolle und eifrige Techniker diejenigen Teile auswählen, die in ein einheitliches Wissenssystem integriert werden sollen. Wissenschaft übersetzt auch, weil ihre Erkenntnisse aus ganz unterschiedlichen Ökonomien gewonnen werden. Die durch die Wissenschaft realisierte Standardisierung von Lebensformen ermöglicht die Schaffung eines wirtschaftlich einheitlichen Raumes. Tsings eigene Wissenschaft ist eine qualitative politische Ökonomie, die „ecologies of encounter" untersucht (216). Diese Wissenschaft betrachtet alle Lebensform in allen Gliedern der Lieferkette. Jedes dieser Glieder ist eine Quelle von Mehrwert; und jedes wird in der Übersetzung von einer Lebensform in eine andere valorisiert. Die allgemeine Perspektive des Nichtmenschlichen ermöglicht das Auftauchen und die Beschreibung vielfältiger transformativer Kommodifizierungen und es erlaubt zu zeigen, wie eine Ware Lebenszyklen und menschliche Märkte über Speziesgrenzen hinweg organisiert und sogar menschliche Lebensformen intern differenziert. In diesem Sinne beobachtet der nicht-menschliche Protagonist verschiedene menschliche Ökonomien, ohne dass dabei eine autonome Handlung der menschlichen Spezies neben der Rolle der Wissenschaft nötig wäre. Und da die Ökonomien menschlicher Gruppen auf globaler Ebene ständig miteinander verflochten sind, beobachtet der Matsutake am Ende, wie sich menschliches und nichtmenschliches Leben auf weltgeschichtlicher Ebene um Patches lokaler Semantik organisiert.

3 Ach! Diese Menschen mit ihren Kühen und Ernten

Tsing nimmt sich der politischen Dringlichkeiten an, die in der Debatte um das Anthropozän artikuliert worden sind. In dieser Epoche ist die menschliche Spezies zur globalen Umwelt aller anderen Spezies geworden (Eldredge 1998; Giannuzzi 2016). Anna Tsing spricht vom „inflection point" zwischen Holozän und Anthropozän als „the wiping out of most of the *refugia* from which diverse species assemblages (with or without people) can be reconstituted after major events" (Haraway 2016, 160). In Haraways Lesart von Tsing verursachte eine historisch relative Assemblage aus Menschen, Pflanzen, Tieren und Maschinen – und nicht der *anthropos* als Spezies – durch besondere Produktions- und Konsumweisen ein klimawandelbedingtes Massensterben. Indem sie die hegemoniale menschliche Perspektive dezentrieren, weichen Tsing und Haraway von der Anthropozänthese ab, von der sie glauben, dass sie mehr als nur problematisierend die vollständige Anthropisierung der Erde unter formal kapitalistischen Wirtschaftssystemen voraussetzt. In Tsings Theorie scheint der Pfad zur Entdeckung alternativer Assemblagen mit der Multiplikation nichtmenschlicher Semantiken gepflastert zu sein, der menschliche *counterhistories* einschließen muss; in Haraways Bezugssystem wird auf dasselbe Ziel durch eine subkulturelle Unterwanderung der Wissenschaftssprache hingearbeitet. Haraways *Staying with the Trouble* geht weniger großzügig mit narrativem Realismus um, selbst wenn auch hier „Gegengeschichten" geschmiedet werden. Haraway hat Zweifel an der Möglichkeit, sich der aufklärerischen Dimension des *anthropos* zu erinnern, die doch Resultat einer Reihe von Expertisen ist, vom Werkzeugbau über die Bestellung von Land zur Kommunikation durch symbolische Formen. Der *anthropos* ist in Wirklichkeit der Held eines tödlichen anthropogenen Kampfes – der Hegel'schen Herr-Knecht-Dialektik, in der die Grundstruktur der menschlichen Gesellschaft eine Logik der Kriegsführung ist. Warum also sollte man die Auswirkungen der kapitalistischen Domestikation mit einer aufgeklärten Geologie und in einer einzigen Kategorie verbinden, heiße sie nun Kapitalozän oder Anthropozän? (Mitman 2018) Haraways Strategie ist ein Überquellen von Kategorien: Kapitalozän (mit Jason Moore), Plantationozän (mit Anna Tsing). Sie fügt all dem ihren eigenen feministischen Cyberpunk-Twist hinzu und eignet sich das berühmte Lovecraft-Monster „Cthulhu" an. Als hätte diese monströsen Entität alle Merkmale einer radikalen Fruchtbarkeit gezeigt, mit radialen Gliedmaßen und der Vermehrung von Organen, schreibt Haraway das Symbol (ein „h" rückwärts bewegend) im Sinne einer „chthonischen" Göttlichkeit um. Das Anagramm ist fertig; die Epoche der Unruhe ist das „Chthuluzän" — eine Epoche des Komposts und zugleich die Aussicht, das Trauma der Erzeugung in eine Chance zu verwandeln.

Auch wenn das Erbe des *anthropos* eine moralische Besorgnis zum Ausdruck zu bringen vermag, die sich durch die verschiedenen Positionen in der Anthropozändebatte zieht, so geht diese Position doch davon aus, dass die geomorphe Kapazität der menschlichen Spezies, derart universalisiert, tatsächlich einen „species act" darstellt (Haraway 2016, 37). Das ist die These, die Haraway angreift. Dass das negative Resultat standardisierter Produktion und Konsumption eigentlich die Menschheit als Spezies und nicht der „Mensch" im Sinne der Aufklärung ist (auch wenn die Menschheit auf diesem Planeten eine evolutionäre Sozialgeschichte besitzt), verschleiert doch immer noch die Zunahme seiner Population und seiner Ansprüche. Der Verweis auf eine menschliche Natur verdeckt die Tatsache, dass verschiedene nichtmenschliche Verwandte am Schaden sogar mitschuldig sind. Der Mensch ist nie allein, das ist der Generalbass in Haraways Melodie. Ihre Ernten und ihre Kühe laborieren als vollwertige Koprotagonisten am dystopischen Plot. Solche Allianzen zwischen den Arten haben Zahlen und Ansprüche wachsen lassen – und zwar nicht nur die des Menschen.

Haraway zufolge ist dieser Zuwachs beim Menschen und seiner nichtmenschlichen Verwandtschaft das Ergebnis einer bestimmten geohistorischen Konjunktion, keiner Spezieshandlung. Die atemberaubenden Data der ökologischen Krisen derart zu vereinheitlichen und sie mit der heroischen Geschichte des *anthropos* zu verweben würde nur die Illusion verstärken, es sei unvermeidlich, – wenn auch tragisch –, alles, was Erde ist, in Ressourcen für die Menschheit zu verwandeln. Aber das ist es nicht. Nimmt man die Prozesse der Kodependenz sympoietischer Lebensformen in den Blick und verabschiedet man sich vom Bezugsrahmen der Synthetischen Evolutionstheorie, die die Entwicklung von Arten als autonome Pfade betrachtet (auch wenn sie sich dabei eine bestimmte Umgebung teilen), so werden alternative Habitationsformen sichtbar. Nicht alle Verwandtschaftsverhältnisse zwischen Menschlichem und Nichtmenschlichem sind mit Ressourcentieren verbunden. Und natürlich sind nicht alle Pflanzen Lebensmittel. Es geht also darum, bei dem zu bleiben, was nicht profitabel und domestiziert ist – und was Angst auslöst.

Die natürliche Auslese der Beziehungen wird Überleben ermöglichen, vielleicht sogar das der menschlichen Spezies und ihrer sich mit ihnen entwickelnden Verwandten. Interspezifische und sympoietische Beziehungen sind das entscheidende Feld für die Definition einer „menschlichen" (also „kritischen") Expertise in Bezug auf eine sehr begrenzte Reihe von Problemen, die Haraway zufolge besonders dringend sind: 1. das Plantagensystem, das dem Agrobusiness unterliegt, welches wiederum strukturell den Genozid an nichtstandardisiertem Leben sowie gewisse Formen der Gefangenschaft und Zwangsarbeit (Menschen und Pflanzen, Tiere, Mikroben und Maschinen) erfordert; 2. die Fähigkeit zur Einbildungskraft von SF (Science Fiction, spekulativer Feminismus, Science Fantasy, spekulative Fabulation, Science Fact und String Figures); 3. die materiell-semiotischen Antworten, die wir mit der nichtanthropozentrischen Differenz inszenieren (in Kunst, Aktionsforschung, Archiven); 4. die Aufgabe, Wege aus der politischen Theologie zu finden, die menschliche Politik ohne Großzügigkeit für den Feind denkz, den *Hostis* (mit all seinen Untertönen von Gastgeber, Geisel und würdigem Feind), und mit einem Autoritätsbegriff, der auf dem Ergebnis der „Anthropogenese" beruht, dem hegelianisch-marxistischen Ergebnis eines tödlichen Kampfes um Anerkennung.

4 Sprossen und Blüten

Bisher haben wir uns mit der Frage des Menschen auf eine Weise auseinandergesetzt, die darauf tendiert, die Kluft zwischen Menschlichem und Nichtmenschlichem als Sprachtechnik zu verstehen. Die Ergebnisse lauteten bis jetzt: Es gibt keine Kluft, nur die Übersetzungsmaschine der Wissenschaft für den Markt (Tsing); es gibt keine Kluft, sondern eine Arbeitsteilung zwischen den Lebenssystemen und über die menschliche Evolutionsgeschichte hinweg (Haraway); und: sofern es eine Kluft gibt, fällt sie mit dem Geheimnis der Individuation selbst zusammen, und die historischen Wege, auf denen sie zu einer Mensch-Tier-Konjunktion wurde, sind die Effekte einer „anthropologischen Maschine" (Agamben 2003, 37).

Die erste Position besagt, dass die globalen Prozesse der gemeinsamen Entwicklung des Lebens in politische Ökonomien eingebettet sind; diese können durch eine nichtmenschliche Linse historisiert werden, da nichtmenschlich Phänomene in lokalisierte Sprachen einer ‚Wissenschaft der Begegnung' übersetzt werden. Jede Analyseeinheit – eine Reihe von Pilzen, Naturschutzgesetze, lokale Märkte, Migrationsgeschichten, industrielle und genetische Vorstellungen von „Skalierbarkeit" – ist sowohl sprachlich als auch technologisch gegliedert. Die zweite Position würde betonen, dass stattdessen eine sehr viel latentere Vielfalt von Lebensnetzwerken hinter öko-politischen Begegnungen steht, die unerlässlich ist, um Sympoiesisverhältnisse neu zu definieren, die letztlich evolutionsgeschichte Bedeutung erlangen würden. In der dritten Position wird die Frage nach dem Menschen gegenüber der Sprachtechnologie durch das Konzept der „anthropologischen Maschine" (Agamben) gestellt: eine diskursive Praxis, die den Menschen durch einen entscheidenden politischen Konflikt hervorbringt (Anthropogenese): den zwischen Animalität und Menschlichkeit *im Menschen selbst*. „Die Politik der westlichen Staaten ist deswegen gleichursprünglich mit Biopolitik." (Agamben 2003, 88) Auch wenn Agamben es im Kontext dieses Begriffs nicht weiter erläutert, stammt doch die *macchina antropologica* aus Furio Jesis ethnographischer Theorie. Ausgehend von Levi-Strauss' Analyse der festlichen Zeitlichkeit identifiziert die anthropologische Maschine einen ritualisierten kollektiven Prozess, in dem synchrone Bilder vom „Ich" und vom „Anderen" produziert und erinnert werden (Jesi 2018). Agambens Verwendung dieses Begriffs hat methodische Auswirkungen auf den Status von Philosophie: Sie wird zu einem der vielen ritualisierten Verwendungen von Sprache (nicht anders als die Lebenswissenschaften), zur Illustration von *phila* und zur theologischen Miniatur. All das sind kulturelle Praktiken.

Die poröse Textur kultureller Praktiken, die als konzeptionelle Montage heteromorpher Elemente existiert, führt uns zu einem weiteren entscheidenden Werk, das die Grenzen des Herausbildungsprozesses von Leben befragt: Cathrine Malabous *Before Tomorrow. Epigenesis and Rationality* (2014). Hier fließt die kantische Rationalität in die Schläuche der Epigenetik. Malabou lädt uns ein, eine paradigmatische Wende nach Foucaults Genealogie zu denken, und sie beginnt damit, die Historizität von Tiefenzeit in den Aufgabenkanon der Philosophie als Fortsetzung der Wissenschaft einzuführen.

Malabou untersucht die theoretische Bedeutung der Epigenesis, der Wissenschaft der Embryonenentwicklung, durch das Problem der Kategoriendeduktion. In diesem kantischen Rahmen ist es möglich, menschlichen Gene als nichtmenschlich zu betrachten – einmal, insofern DNA editing zukünftige Generationen mehr als die gegenwärtigen betrifft, und dann durch die Möglichkeit, mittels spezifischer Umweltbedingungen bestimmte morphologische Muster zu aktivieren. Gene sind die kantischen Kategorien, die Malabou als „germs of the a priori understanding" definiert (2014, 27). Die Unterscheidung zwischen Menschlichem und Nichtmenschlichem, mit ihren impliziten Dichotomien von Geist/Materie und Seele/Mechanismus, tendiert auf das Problem der Herausbildung lebender Materie. Wie können wir die leblose von lebender Materie unterscheiden? Wie können wir den Prozess der Belebung beschreiben? Sind Genotyp und Phänotyp, die Hard- und Software unserer Körper? Und wie entsteht diese maßlose relationale Komplexität des Lebens aus so einfachen Konturen?

Kants Lösung für das Problem der kategorischen Bildung ist die *acquisition originaria*: Das logische „Ich", das jedes Subjekt definiert, wird ursprünglich aus der Erfahrung erworben. Dieses „Ich" – das das Zentrum aller (Selbst-)Perzeptionen als auch Zeichen der Unabhängigkeit von den angrenzenden Körpern ist und in Kants *Kritik der reinen Vernunft* die notwendige Bedingung der Möglichkeit, das Apriori zur Formulierung einer jeden wissenschaftlichen Frage abgibt – dieses „Ich" also geht der Erfahrung so total voraus wie es die Gene tun. Stattdessen gibt es eine gemeinsame Arbeit von Genen und Erfahrungserwerb. Das Problem besteht nun darin, wie diese Verbindung beschrieben werden kann, ohne eine prästabilierte Harmonie oder die Kontingenz völligen Zufalls vorauszusetzen. Wenn das transzendente „Ich" eine universelle und notwendige Bedingung der Erkenntnis wäre, könnte man mit Recht sagen, dass es die menschliche Spezies in Bezug auf die Rationalität definiere. Nach der Lektüre von *Before Tomorrow* ist jedoch klar, dass dieses kantische Modell der Epigenesis einen Widerspruch provoziert – zwischen der Rolle des Apriori (ein individuelles Wahrnehmungszentrum, das vor jeder Kognition existiert) und der Notwendigkeit, die Individuation aus der Erfahrung (nach der Kognition) „zu erwerben". Der Widerspruch dieser *acquisitio originaria* wurde durch verschiedene Vorschläge gelöst – entweder im Sinne des Innatismus (Kategorien sind zum Zeitpunkt der Geburt für alle vollständig vorhanden) oder im Sinne eines transkategorialen Raums der radikalen Kontingenz (das „Ich" ist ein Epiphänomen, eine Art unbewusster Nachhall anderer logischer Kategorien wie Qualität, Quantität, Modalität und Beziehung). Nach Malabou entfernen diese beiden Lösungen für Kants Widerspruch das Apriori und berauben Kant damit endgültig seiner mächtigsten Waffe: der

Reduktion des (sehr obskuren) Ursprungsbegriffs auf eine Reihe von Strukturen, die von einer gezielten Spontaneität motiviert sind. Malabou definiert den entscheidenden Gewinn durch Kants Liquidation des Ursprungs als „the space of a formal reduction of beginnings [...]. It is a matter of understanding from which non-conscious, not necessarily human and not programmed formative instances thinking derives." (Malabou 2014, 14)

Kants Analogie zwischen Kategoriesystem und Epigenesis, die umrissen, aber in biologischer Hinsicht nicht detailliert ist, hatte eine lange interpretative Geschichte, zumal die Analogie durch zweideutige Definitionen gestützt wird. Der Prozess der Bildung wurde von Kant tatsächlich sowohl als „reine Arbeit" als auch als „erworbene" Apriori-Formen der Erkenntnis beschrieben, „a labor before labor, an acquisition without a process" (Malabou 2014, 17). Wie Malabou es beschreibt, liegt die Gefahr einer Epigenesis a priori in einer Präformation, die eine Rückkehr zu angeborenen Prädispositionen erfordert – "but again, how can we think a pure development without annulling the very idea of development? – or epigenesis is not pure and includes experience, that is, adventure and surprise, in its process" (Malabou 2014, 17).

Malabou wendet sich der Sprache Kants zu, die in seinem Werk nicht zweideutig ist. Kategorien zum Beispiel bleiben in allen drei Kritiken „the pure seeds of experience" (Malabou 2014, 26). Die Sprache der Epigenesis ist in Kants Texten immer kohärent. Und wie Samen stammen die Kategorien der Kognition weder aus einer vorherigen Übereinstimmung mit den umgebenden Objekten (Präformation) noch aus einer magischen Animation des Anorganischen (Spontanzeugung). Sie sind definiert als *„Keime und Anlagen"* (Malabou 2014, 27). Diese Kohärenz erlaubt es Malabou, den Erwerb der Kategorien nicht so sehr mit der modernen Wissenschaft der Embryonenentwicklung (Epigenese und ihre Topologie der Folgetransformationen) in Beziehung zu setzen, sondern mit der Relation von Oberfläche und Struktur, die zwischen Körper und DNA (Epigenetik) herrscht.

Die Paragraphen 27 in der *Kritik der reinen Vernunft* und 81 in der *Kritik der Urteilskraft* sind der Ausgangspunkt für Malabous Analyse. Die kantischen Keime, Samen und Gene sowie die einzelnen Merkmale, die sie produzieren, werden nur in der heutigen Epigenetik geklärt, als Beziehungen zwischen Genotyp und Phänotypen, Epizentrum und Hypozentrum. Diese genetischen Beziehungen finden Ausdruck in der Kausalität als Dialektik von Oberfläche und Lokalisierung. Dieses Modell ist dabei nicht nur räumlich gedacht. Epigenetische Zeitlichkeit ist so grundlegend wie die Idee des Ursprungs, die sich Zeitlichkeit als räumliche Ausbreitung aus einem punktuellen Ereignis vorstellte; ihr zeitliches Schema aber ist radikal anders. Malabous Eingriff in das Werk Kants zielt eben auf jenes „-epi" – *nach* oder *über* – als Indikator eines „surface effect". „This intrication, which starts as an analogy, ultimately becomes an intimate relation at the heart of the critical project." (Malabou 2014, 18)

Anstatt das Transzendente aufzugeben (und die Notwendigkeit eines universellen und apriorischen „Ich" für alle Perzeptionen des eigenen Körpers zu beseitigen), lohnt es sich nach Malabou zu untersuchen, wie Kant sich dieser „Intrikation" stellte. Eine synthetische Beziehung besteht nicht nur zwischen den Anschauungsformen Raum und Zeit und der synthetischen Einheit der Mannigfaltigkeit im Begriff, jenem unvergleichlichen Gewinn der kantischen Kritik. Wir müssen zudem mit Kant über die „genesis of the a priori" nachdenken, die eine andere Art von Synthese impliziert: „the in-between of experience and the given of birth" (Malabou 2014, 5). Dieses Dazwischen der Herausbildung, der Formierung, ist vielleicht die einzige angeborene kognitive Grundlage. Diejenigen, die zugunsten der Epigenese argumentieren „must demonstrate that the individual who will be born will necessarily be surprising. That this individual cannot be born before tomorrow." (Malabou 2014, 30) Dass sich das Individuum nicht „vor morgen" entwickeln kann, bedeutet, dass der Erwerb menschlicher Kognitionskategorien zu einer „*bildende[n] Kraft*" gehört, die sich nicht allein mit physischer Bewegung erklären lässt und kein sicheres Resultat besitzt (Malabou 2014, 29). Indem Malabout Kant durch die Brille der Epigenetik überprüft, bestätigen ihre Befunde, dass es keinen Beweis dafür gibt, Individualität sei die letztgültige Bedingung für Erfahrung; sie mag sich unter bestimmten natürlichen und kulturellen Umständen entwickeln.

Die systematische, gemeinsame Arbeit der Sinne, des Verstandes, der Zeit und der Vernunft waren der Grundstock der kantischen Kausalität, aber „the a priori character of causal necessity, on which Kant builds the principle of the validity of knowledge and the stability of nature" (Malabou 2014, 2), wird heute vor allem von zwei Fronten offen in Frage gestellt: von der Position Quentin Meillassoux', dessen Projekt Korrelation ohne Kausalität zu denken versucht, und durch eine vollständige Mathematisierung von Gehirnprozessen, bei der das Problem des Transzendentalen, seiner Freiheit und Grenzen letztlich über die Kompetenz der Analyse hinausreicht. Die letztgenannte Position, wie Jean-Pierre Changeux sie vertritt, betrachtet die kantischen Kategorien der reinen Vernunft als Ausdruck eines rationalistischen Innatismus und nicht als ein System des Verstandes, während Meillassoux zufolge eine Struktur der ursprünglichen Ko-Implikation von Subjekt und Objekt die strikte Gleichwertigkeit der Gesetze des Verstandes und der Naturgesetze gewährleistet und damit deren Notwendigkeit und strikte Universalität garantiert (Meillassoux 2008). Diese Weisen, das Transzendentale aufzugeben, entspringen gegensätzlichen Kräften: nicht nur der vollständigen Temporalisierung des Transzendentalen – die auch Ziel von Heideggers Interpretation der ersten Auflage der *Kritik der reinen Vernunft* ist – sondern auch der Mathematisierung des mentalen Prozesses, der sich nicht auf die kognitive Entwicklung des Gehirns, eines Organs mehr als einer Fakultät, sondern nur auf quantitative Muster des Verstandes bezieht.

Aus Malabous Sicht würden die drei Positionen von Meillassoux, Heidegger und Changeau auf ein Element hin konvergieren: dass wir, müssen wir das Transzendentale aufgeben, das (logische) Apriori in die Vergangenheit zurückschieben müssen. Wenn wir eine deduktive Solidarität zwischen Synthese und natürlicher Ordnung bewahren wollen, kann sie nicht in Kants spontaner Bildung der Kategorien liegen, der sogenannten Spontaneität der reinen Vernunft. Die drei Bewegungen – ein konservativer Verzicht (Zeit); ein Verzicht, der seine Schuld (das Gehirn) nicht erkennt; ein Verzicht als Bewusstsein seines Erbes (Kontingenz) – haben alle einen Schritt zurück in die Vergangenheit zu Folge:

> All result in the decision to drown spontaneity in a more ancient past than subjectivity. For Heidegger, it is an ontological past with no beginning; for the neuroscientists, it is the night of a biological and evolutionary past; meanwhile, Meillassoux evokes ancestrality without human ancestors. (Malabou 2014, 13)

All dies zusammengenommen stellt sich die Frage: Wie können wir die Zukunft auf der Grundlage der Kausalität zwischen Subjekt und Objekt denken, ohne der Geschichte des Objekts alle Macht zu überantworten? Malabou bringt vor, dass es keine Epigenis der Kategorien selbst gibt, sondern einen genetischen Prozess der Beziehung der Kategorien zu Objekten. Kategorien bilden sich empirisch nicht aus der Erfahrung heraus, aus der sie sich widersprüchlicherweise ableiten, und widersprechen damit Kants transzendentaler Deduktion. Vielmehr werden sie durch Erfahrung verursacht, im Sinne einer Begrenzung. Das ist ihre Formulierung von Kants minimalistischer Präformation: Die transzendentale Deduktion garantiert die (mögliche) Relation der Kausalität.

In dem, was Malabou als neues Paradigma der zeitgenössischen Philosophie definiert, ist die Kluft zwischen Menschlichem und Nichtmenschlichem der gemeinsame Nenner. So wie Erdbeben lokalisiert werden, ist jeder Moment des Formationsprozesses eine Verschränkung von Epizentrum und Hypozentrum, d.h. die Projektion einer vorhandenen Oberfläche in die hypothetische Dynamik der Tiefenzeit. Diese formativen Prozesse mobilisieren sowohl Sinne als auch den Verstand in „the unity of them" oder der *Zweckhaftigkeit* „at the intersection of the archaic and the teleological" (Malabou 2014, 158). Diese Form der teleologischen Kausalität kann nie vollständig in eine imaginäre Vergangenheit zurückgezogen werden. Trennungen im Animationsprozess, zwischen lebendig und tot, menschlich und nichtmenschlich, werden weder durch den Naturalismus von Malabou noch durch den Rahmen der zeitgenössischen Epigenetik unterstützt.

5 Schluss

Philosophie und Ethnologie wenden sich zunehmend Beziehungsformen zwischem Menschlichem und Nichtmenschlichem zu. Malabou in der Philosophie und Tsing in der Ethnologie sind zwei Beispiele dafür, wie sich diese beiden Disziplinen um Formen des Naturalismus zusammenschließen können – der Fortsetzung von Wissenschaft durch Theorie. Malabous Interpretation der kantischen *Epigenesis* offenbarte einen teleologischen Antrieb, der rückwirkend auf die Gegenwart wirkt, so wie die Oberfläche auf die Struktur bei der Zuordnung von Erdbeben und tektonischen Bewegungen. Die gleiche Zeitlichkeit der organischen Formationsprozesse zeigt sich in den von Anna Tsing beschriebenen *Sympoiesis*-Beziehungen. In beiden Modellen, beim Erwerb der Kognitionsfähigkeit und in der Geschichte der Waren, nähert sich die Unterscheidung menschlich/nichtmenschlich einer Nichtunterscheidung an, da sich Waren und Gehirne, soziale Gruppen und Lebensformen dem gemeinsamen Problem der Relationalität in Bezug auf Formationsprozesse konvergieren.

Weit davon entfernt, politische Handlungsmacht in geologischen Begriffen als unbewusste Nebenwirkung unseres Alltagslebens zu artikulieren, reagieren Tsing und Malabou auf die Dringlichkeiten des Anthropozän und erfüllen eine Aufgabe, die in der kontinentalen Philosophie häufig vernachlässigt wurde: Lebens als *Beziehungsmodalitäten* zu denken. Auf der einen Seite verfolgt Tsing die globalen Prozesse der Kommerzialisierung durch einen lebendes Unübersetzbares: den Matsutake-Pilz. Der Matsutake beinhaltet monetäre, wissenschaftliche und Erfahrungswerte, die einen Komplex naturkultureller Beziehungen zwischen Staaten, Wissenschaften und mehrsprachigen sozialen Gruppen bilden. Auf der anderen Seite kommen die Beziehungsmodalitäten ebenso bei Malabous Interpretation der kantischen Kategorien zum Tragen. Die Kategorien des Intellekts (oder des Gehirns) erlauben es, Erfahrungen im Raster der Logik zu systematisieren. Ohne sie würde kein Sinnesdatum je zu einem Begriff werden. Die Besonderheit von Malabous Lektüre liegt darin, dass ihr zufolge die apriorischen Kategorien des Verstanden ‚aus der Zukunft erworben' sind: Sie markieren die Möglichkeit der Kausalität im Spiel zwischen Genen und liminalen Umweltinteraktionen. Dieses Spiel der Epigenesis charakterisiert die Evolution jedes Organismus. Wechselwirkungen können bestimmte in den Genen eingeschriebene kategorische Beziehungen aktivieren oder nicht, die den nichtmenschlichen Grund für (mögliche) Ursachen darstellen. Nach dieser Kolektüre von Philosophie und Ethnologie scheint die *Pluralisierung des Menschlichen* das nützlichste Ergebnis der neuen Fakultät der *Environmental Humanities*.

Übersetzt von Hannes Bajohr

Literatur

Agamben, Giorgio. *Die Offene. Der Mensch und das Tier.* Suhrkamp: Frankfurt am Main, 2003.

Chakrabarty, Dipesh. „The Climate of History: Four Theses". *Critical Inquiry* 35.2 (2009): 197–222.

Eldredge, Niles. *Life in the Balance. Humanity and the Biodiversity Crisis.* Princeton: Princeton University Press, 1998.

Giannuzzi, Mariaenrica. „A Philosophical Point of View on the Theory of Anthropocene". *Visions for Sustainability* 3.5 (2016): 6–14.

Haraway, Donna J. *Staying with the Trouble. Making Kin in the Chthulucene.* Durham: Duke University Press, 2016.

Heidegger, Martin. *Die Grundbegriffe der Metaphysik. Welt – Endlichkeit – Einsamkeit.* Frankfurt am Main: Klostermann, 1983.

James, Ian. *The Technique of Thought. Nancy, Laruelle, Malabou and Stiegler after Naturalism.* Minneapolis-London: University of Minnesota Press, 2019.

Jesi, Furio. *Time and Festivity. Essays on Myth and Literature.* Chicago: University of Chicago Press, 2018.

Malabou, Catherine. *Before Tomorrow. Epigenesis and Rationality.* Cambridge, UK: Polity Press, 2016.

Mitman, Gregg, *Reflections on the Plantationocene: A Conversation with Donna Haraway and Anna Tsing.* https://edgeeffects.net/haraway-tsing-plantationocene. Weblog. 2018 (16. Oktober 2019).

Moore, Jason. *Kapitalismus im Netz des Lebens.* Berlin: Matthes und Seitz, 2019.

Sellars, Wilfrid. *Empiricism and the Philosophy of Mind.* Cambridge, MA: Harvard University Press, 1997.

Tsing, Anna Lowenhaupt. *The Mushroom at the End of the World. On the Possibility of Life in Capitalist Ruins.* Princeton: Princeton University Press, 2015.

Yusoff, Kathryn. *A Billion Black Anthropocenes or None.* Minneapolis: University of Minnesota Press, 2018.

Teil III: **Negative Anthropologien des Anthropozän**

Christian Dries, Marie-Helen Hägele
Die Stellung des Menschen im Anthropozän

Ein Brückenschlag zwischen Posthumanismus und
Philosophischer Anthropologie

> Oh Voltaire! Oh Humanität! Oh Blödsinn!
> (Nietzsche 1999 [1886], 54)

Seit ihrer umfassenden Neubestimmung in der Philosophischen Anthropologie der Neunzehnhunderzwanzigerjahre war die „Stellung des Menschen im Kosmos" (Scheler 2002 [1928]) selten so prekär wie heute, wo der Mensch zum Namensgeber einer geologischen Epoche avanciert ist. Im Anthropozän tobt vor dem Hintergrund ökologischer Katastrophenszenarien und radikaler technologischer Innovationen ein neuer diskursiver Kampf um das Humane. Auf der einen Seite befinden sich die Transhumanisten. Als Verbündete Homo fabers führen sie eine intensivierte prometheische Rhetorik ins Feld und suchen das planetarische Heil in Geoengineering und Mensch-Maschine-Fusionen. Ihnen gegenüber stehen die Kombattantinnen des Posthumanismus. Bei allen Unterschieden im Detail ist ihnen (neben der Präferenz für ein materialistisch-relationales Theoriedesign) die mehr oder weniger radikale Zurückweisung traditioneller Menschenfassungen gemeinsam. Negiert werden die humanistische Zentralperspektive, konkrete Bestimmungen, also alle Formen *positiver* Anthropologien, sowie metaphysisch fundierte Wertungen.

Davon ausgehend könnte man fragen, inwieweit jene posthumanistischen Neu- bzw. (im doppelten Wortsinn) *Um*schreibungen des Menschen sich tatsächlich von problematischen humanistisch-anthropologischen Traditionsbeständen freigemacht haben – und um welchen Preis. Stattdessen plädieren wir für gezielte Rückgriffe, das heißt in diesem Fall einen Brückenschlag zwischen Posthumanismus und Philosophischer Anthropologie: (1) Nach einer kurzen Geländevermessung des Anthropozän arbeiten wir Kernpositionen zweier Protagonistinnen der aktuellen Debatte, Rosi Braidotti und Donna Haraway, heraus. Diese kontrastieren wir anschließend (2) mit Arbeiten des jungen Günther Anders aus dem Kontext der Philosophischen Anthropologie. In seinen frühen Schriften entwirft Anders eine an Max Scheler, Helmuth Plessner, Nicolai Hartmann und Martin Heidegger anknüpfende negative Anthropologie der Weltfremdheit, die er später um eine politische Philosophie der Technik erweitert. Sein Theorieprojekt erweist sich retrospektiv nicht nur als vielfach anschlussfähig an aktuelle Diskussionen. Es lässt sich im Rahmen einer kritischen Revision posthumanistischer Positionen als Kontrastfolie oder besser als eine Art Brückentechnologie einsetzen, um damit abschließend (3) exemplarisch zu zeigen, wie diese Positionen durch konsequenten Bezug auf Denkfiguren der Philosophischen Anthropologie an Substanz gewinnen.

1 Elemente des Posthumanismus (Rosi Braidotti und Donna Haraway)

Seit seiner Ausrufung durch den Atmosphärenchemiker Paul J. Crutzen und den Biologen Eugene F. Stoermer im Jahr 2000 hat das Anthropozän rasant Karriere gemacht (siehe Crutzen und Stoermer 2000) – was sich nicht zuletzt seiner transdisziplinären Polyvalenz verdankt: „Die Attraktivität des Anthropozän-Begriffs liegt in seiner Strahlkraft als [...] Epochenbegriff, als Ontologie und Geschichtstheorie nicht weniger denn als Anthropologie" (Bajohr 2019, 63). Zudem hat er eine intensive Debatte um die Fähigkeit des Menschen „zur Täterschaft in geohistorischen Dimensionen" (Sloterdijk 2016, 8) und seine Verantwortung für die „Weiterwohnlichkeit der Welt" (Micha Brumlik) entfacht. Die neue Epochenerzählung transportiert also hochgradig moralische Anrufungen. Während sich das politische Feld historisch neu sortiert – neben nationalstaatliche Konflikte alten Typs tritt der gemeinsame Kampf gegen die außer sich geratene Natur[1] – und die fatalen Folgen industrieller Naturbeherrschung und ressourcenverschlingender Lebensführung irreversibel zu werden drohen, wächst der Bedarf an neuen Mensch-Natur-Verhältnisbestimmungen dramatisch. Ausgedient hat in der „ökologischen Endzeit" (Fuller 2018, 17), die einer gleichermaßen apokalyptischen wie präventiven Logik der Frist folgt (siehe Anders 2003b [1960]), dabei die alte „Kulissen-Ontologie", in der die Natur als „ruhende[r] Hintergrund" (Sloterdijk 2016, 20) oder bloßes „Dekor" (Serres 2015, 14) des menschlichen Theatrum mundi fungierte. Im Vordergrund stehen nun die lebensbedrohende Unberechenbarkeit ebenso wie die Einzigartigkeit und Verletzlichkeit des Planeten Erde, versinnbildlicht im extraterrestrischen Blick auf Blue Marble (siehe Anders 1994 [1970]). Endgültig passé scheint auch die neuzeitliche Zentralstellung Homo fabers, die Giovanni Pico della Mirandola in seiner *Rede über die Würde des Men-*

---

1 „Erde, Fluten und Klima, die stumme Welt, die schweigenden Dinge [...], all das, was keinen je interessierte, zieht sich von nun an brutal und ohne Vorwarnung quer durch unsere Intrigen", so Michel Serres (2015, 14), der den fundamentalen Strukturwandel des politischen Felds im Zuge dessen, was wir heute als ‚Anthropozän' bezeichnen, früh bemerkt hat.

schen 1496 begründet hatte. Im Zeithorizont permanenter Dringlichkeit wird der Mensch jetzt vom drohenden Ende her neu gedacht. Was also ist, so lautet Max Schelers berühmte Formel in aktualisierter Fassung, die Stellung des Menschen im Anthropozän?

Die Antworten aus dem Kontext des Posthumanismus fallen unterschiedlich aus und es umgibt sie nicht selten „an air of wishful thinking" (Welsch 2017, 80), was dem heterogenen Diskursfeld ebenso geschuldet ist wie dem programmatischen Charakter und dem tentativ-deklarativen Stil vieler Äußerungen. Das fängt schon bei der Frage an, ob man unter Posthumanismus – mit Akzent auf der Vorsilbe – einen radikalen Epochenbruch verstehen will, den definitiven Abschied von Humanismus und Anthropologie, oder – analog zu Wolfgang Welschs Definition der Postmoderne (siehe Welsch 1991) – ein Durcharbeiten des alten humanistischen Paradigmas im Sinne Freuds und Derridas (so Badmington 2003).[2] Dennoch lassen sich einige Kernelemente posthumanistischen bzw. postanthropozentrischen Denkens isolieren, was im Folgenden am Beispiel Rosi Braidottis und Donna Haraways geschehen soll.

Die in Utrecht lehrende Rosi Braidotti gilt seit ihrem 2013 erschienenen Buch *The Posthuman*, in dem sie einer neuen Auffassung von Subjektivität das Wort redet, als Gallionsfigur des Posthumanismus. Donna Haraway ordnet sich dieser Denkrichtung selbst nicht zu, ist aber seit ihrem Essay „A Cyborg Manifesto" von 1985 als zentrale Referenz in der Debatte etabliert.[3] Ausgangspunkt beider Denkerinnen ist eine doppelte Negation, zum einen die konsequente Zurückweisung aller positiven Menschenbestimmungen, zum anderen die radikale Kritik des biopolitischen Kapitalismus, aus der sich die Diagnose eines katastrophischen Weltzustands ableitet (siehe Haraway 2016). Diesen negativen Startpunkt nutzen Haraway und Braidotti jedoch als Sprungbrett für eine affirmative Neubestimmung der „Bezugseinheit des Humanen" (Braidotti 2014, 11)[4] mit dem erklärten Ziel, vor offenem Horizont zu navigieren. Gegen die apokalyptische Frist-Logik des Anthropozän-Narrativs arbeitet bei Braidotti und Haraway ein generisches Prinzip, das mit der Möglichkeit des kollektiven Neuanfangs rechnet.[5] Für Braidotti ist die Gegenwart ein Zeitort der Fülle virtueller Möglichkeiten, den es

---

2 Zu den einzelnen Facetten und Abzweigungen der Debatte siehe auch Ferrando 2013.
3 Braidotti (2017a, 28) spricht vom „towering work of Donna Haraway in the mid-1980s". Man könnte sagen: Wie Hannah Arendt in Bezug auf den Feminismus ist Donna Haraway für den Posthumanismus eine Mutter, die sich ihren Kindern entzieht (siehe Benhabib 2006, 21).
4 Aufgrund ihrer Affirmativität wirken aktuelle Posthumanismen weniger radikal post-humanistisch als postmoderne Theorieprogramme, so Stefan Herbrechter (2017, 64–65).
5 Gemeint ist hier kein radikaler Bruch, sondern ein Denken und Handeln „von einem Erbe her" (Haraway 2018, 183).

als „Ausgangspunkt nachhaltigen Werdens" zu begreifen gilt (Braidotti 2014, 195).[6] Analog dazu schlägt Haraway den Epochenbegriff „Chthuluzän" vor, eine Art immerwährender „Chronotopos" (Bachtin 2008) des artenübergreifenden Weltenmachens (siehe Haraway 2018, 80).[7]

Auf dem Weg zur Aktualisierung jener posthumanen Virtualität der Gegenwart sichten Braidotti und Haraway zunächst das humanistische bzw. anthropologische Theorie-Erbe, schlagen es jedoch größtenteils aus. Anknüpfend an antihumanistische und feministische Diskurse soll der Kollektivsingular ‚Mensch' „im Lichte seiner Geschichte unerfüllter Versprechen und uneingestandener Gewalt" überwunden werden. Abgelehnt wird der Humanismus als „normative Konvention" mit zentristischer (andro-, euro- und anthropozentrischer) sowie dualistischer Grundstruktur (Mensch-Natur, Vernunft-Gefühl, Mann-Frau usw.), aus der sich gemäß dem Differenzprinzip lediglich negativ bestimmte Formen fragmentierter Identität gewinnen lassen – mit einer Unzahl an Ausschlüssen als Byproduct (Braidotti 2014, 55, 31; siehe auch Haraway 1995a, 42). Demgegenüber liegt die Zukunft für Braidotti in der Herstellung eines panhumanen Bandes auf Grundlage der Neufassung des Subjekts als radikal vielfältig, das heißt nicht-einheitlich, verleiblicht und situiert.[8]

‚Der Mensch' als universale Bezugseinheit ist damit obsolet; er wird nun als „a complex singularity, an affective assemblage, and a relational vitalist entity" gedacht (Braidotti 2015, 17),[9] was die zahllosen Ausschlüsse anthropozentrisch-humanistischer Menschenfassungen – allen voran das Animalische und das Artifizielle – als Elemente neuer Subjektverhältnisse rehabilitiert und in ein

---

6 Mit Bezug auf Deleuze fasst Braidotti (2017b) die Gegenwart in ihrer Tanner Lecture auch als Gleichzeitigkeit von Virtualität und Aktualität.
7 ‚Chthulu' leitet Haraway (2018, 78) von griech. χθών (Erde) bzw. χθόνιος ab, was sie (recht frei) mit „auf, in oder unter der Erde oder dem Meer" übersetzt. Die Endsilbe -zän in Anthropozän, Kapitalozän oder Chthuluzän führt sie auf das griechische καινός zurück, von Haraway übertragen als „jetzt", „Zeit des Anfangens" bzw. „Zeit für Frische" (siehe Haraway 2018, 10). Gemeint ist damit die Gegenwart als Ko-Präsenz von Vergangenem, Gegenwärtigem und dem zukünftig Neuen (siehe Haraway 2018, 139).
8 Die Idee der Vielfältigkeit partieller Perspektiven und die daraus resultierende Situiertheit von Wissen und Verantwortung bezieht Braidotti von Haraway (1995b).
9 An anderer Stelle schreibt sie: „In meiner eigenen Arbeit begreife ich das posthumane Subjekt im Rahmen einer Ökophilosophie vielfältiger Zugehörigkeiten als ein relationales Subjekt, das in und durch Vielfältigkeit konstruiert wird, als ein Subjekt, das durch Differenzen hindurch funktioniert und auch in sich selbst differenziert ist, aber nach wie vor verantwortlich und realitätsbezogen. Posthumane Subjektivität drückt eine verleiblichte, eingebettete und damit parteiliche Form von Verantwortlichkeit aus, basierend auf einem starken Gefühl der Kollektivität, Beziehungsförmigkeit und damit Gemeinschaftsbildung." (Braidotti 2014, 54)

Natur-Kultur-Kontinuum integriert. Die so verstandene Subjektivität – ein „technologisch vermitteltes ‚Menschentier'" (Braidotti 2016, 38) – ist ‚embedded and embodied', das heißt sie existiert nur als konkrete Verkörperung je spezifischer sozialer (Macht)Verhältnisse (siehe ebd., 36).[10] Menschsein ist demzufolge ein relationaler Seinsmodus, den der Mensch sich mit technisch-vermittelten, natürlich-kulturellen Anderen teilt und der sich in Begriffspersonen wie *cyborg* oder *companion species* ausdrückt (siehe Braidotti 2017a, 40; zum Konzept der Begriffsperson siehe Deleuze und Guattari 1996, 70–96). Für Braidotti (2016, 37) bilden Menschen Teile „nomadische[r] Gefüge", Haraway zufolge sind wir „Holobionten", in beiden Fällen also Assemblagen mit anderen und durch andere Lebewesen und Technologien. Als solche befinden wir uns nach Haraway (2018, 85–86) in einem „sympoietischen" materiell-semiotischen Herstellungsprozess.

Obwohl Menschen als situierte und konkrete Akteure in diesem Prozess bedeutsam bleiben, ist die neue Hauptfigur des Anthropozän nun Gaia: „Die Ordnung wird umgestrickt: Menschliche Wesen sind mit und von der Erde, und die biotischen und abiotischen Kräfte der Erde erzählen die zentrale Geschichte." (Haraway 2018, 81)[11] In den Interdependenz-Narrativen[12] vom „Fadenspiel" (bei Haraway) oder der alles durchdringenden Lebenskraft *zoé* (bei Braidotti) nimmt der Mensch keine hervorgehobene Stellung mehr ein. Die Prozessontologie des Miteinander-Werdens, von der letztlich beide Denkerinnen ausgehen, begreift *alle* Daseinsformen als dynamisch und *a priori* unbestimmt. Als spezifische Entitäten treten sie gemäß Haraway und Braidotti erst in der Begegnung bzw. Intra-Aktion in Erscheinung.[13] Nichtmenschliche Lebewesen sind in diesem „Netz komplexer

---

10 Siehe dazu auch Braidotti (2014, 56; im englischen Original S. 51) und Haraway (1995b). Im Hintergrund steht hier die Zurückweisung des erkenntnistheoretischen Objektivismus. Demgegenüber tritt die Annahme, dass jede Form von Erkenntnis auf einen sozio-historisch eingebetteten Körper angewiesen ist. Das heißt auch, dass der Posthumanismus anders als der Transhumanismus nicht auf eine Überwindung von Körperlichkeit, Schmerz oder Sterblichkeit zugunsten einer unsterblichen Mensch-Maschine-Figuration zielt.
11 Eine ähnliche Position bezieht Latour, der das „Terrestrische" als neuen „Politik-Akteur" einführt und die Menschen als „Erdverbundene inmitten von Erdverbundenen" auffasst (2018, 51, 101).
12 Gabriele Dürbeck (2018, 13) verortet Denkerinnen wie Donna Haraway und Rosi Braidotti, aber auch Bruno Latour und Cary Wolfe, im sogenannten Interdependenz-Narrativ des Anthropozän.
13 Beide Autorinnen beziehen sich auf Karen Barads Konzept der Intra-Aktion und des agentiellen Realismus (siehe Barad 2003, 2012). Im Unterschied zu Barad verweisen sowohl Braidotti als auch Haraway in ihrer Sozialkritik stärker auf die gegenderten, rassisierten und naturalisierten Machtgefälle zwischen konkret verkörperten und verorteten Entitäten (siehe Gregor et al. 2018, 6).

Wechselbeziehungen" (Braidotti 2014, 104) nun ebenso geopolitische und ethische Akteure wie menschliche Subjekte,[14] die dadurch wiederum „an die Alterität, an die vielfältigen äußeren Anderen, die konstitutiv [für sie] sind" (Braidotti 2014, 104), rückgebunden werden. Damit verabschiedet diese ganz auf Immanenz und Welt-Verbundenheit ausgerichtete Ontologie – jedenfalls vordergründig – jede Form des menschlichen Exzeptionalismus ebenso wie die Möglichkeit, je von der Welt getrennt zu sein.

Um all diesen in vielerlei Hinsicht offenen, tastenden Überlegungen klarere Konturen zu vermitteln, bedarf es nach Braidotti nicht nur einer aktiven Distanzierung vom individualistischen Subjekt und von humanistisch grundierten Wertesystemen. Es gelte darüber hinaus, die „Lücke im sozialen Imaginären zu füllen und das Unvorstellbare zu denken" (Braidotti 2014, 163). Die Herstellungsgrundlage neuer politischer Affinitäten und ethischer Bindungen sehen Braidotti wie Haraway in einer Kultivierung der Vorstellungskraft, die Gegenerzählungen zum überkommenen Homo faber-Narrativ produziert.[15] Diese Geschichten sollen im Sinne einer posthumanistischen Technologie der Selbstüberschreitung die menschliche Fähigkeit ausbauen, sich „andere Welten vorzustellen und für sie Sorge zu tragen", das heißt auf nichtanthropomorphe Differenzen einzugehen (Haraway 2018, 73). An anderer Stelle schreibt sie: „[M]ultispecies flourishing requires a robust nonanthropomorphic sensibility that is accountable to irreducible differences." (Haraway 2008, 90) In diesem Zusammenhang formuliert Haraway einen ethischen Appell, der darauf abzielt, für die Ansprüche der naturalisierten Anderen erstens sensibel zu werden und zweitens in angemessener Weise auf sie zu antworten.[16] Braidotti setzt auf eine „Mikropolitik von Beziehun-

---

14 Braidotti (2014, 124) gründet ihre Ethik „nachhaltiger Veränderungen" auf zoé (siehe auch 2014, 143). Ihr Materialismus ist also stark vitalistisch geprägt. Haraway (2018, 122) hingegen leitet die Notwendigkeit zur Responsabilität von der grundlegend sympoietischen Struktur unseres Daseins als companion species ab, wobei sie Epistemologie und Ontologie „locker halten [will], um abenteuerlicheren, experimentelleren Naturgeschichten Raum zu geben." Eine fruchtbare Verbindung zwischen Haraways und Braidottis Ansätzen leistet Braidotti (2006).
15 Den Ansatz, aus der Perspektive des Natur-Kultur-Kontinuums verschiedene Entwicklungslinien von „Anthropo-Zoo-Genese" (Vinciane Despret) nachzuzeichnen, teilt Haraway mit der Anthropologin Anna Lowenhaupt Tsing und der Philosophin Vinciane Despret (siehe Haraway 2018, 56, 179–180). In ihrem Essay „Unruly Edges: Mushrooms as Companion Species" schlägt Tsing (2012, 144) ein dynamisches Verständnis der menschlichen Natur vor: „What if we imagined a human nature that shifted historically together with varied webs of interspecies dependence? Human nature is an interspecies relationship."
16 Haraways Ethos der Responsabilität (von engl. *responsibility* bzw. *response-ability*) umfasst im Rahmen artenübergreifender Begegnungen die Befähigung zur wechselseitigen Antwort sowie zur Übernahme von Verantwortung auch für unerwartete Ansprüche Anderer (siehe Ha-

gen [...], die Zusammenhänge zwischen materiellen und symbolischen, konkreten und diskursiven Linien oder Kräften herstellt." (Braidotti 2014, 99) Gemeint ist damit eine kollaborativ entwickelte Ethik der Interdependenz und der nachhaltigen Transformation (siehe Braidotti 2014, 193–194.). Spätestens an dieser Stelle wird der eminent pragmatische Charakter der Theorieprojekte Braidottis und Haraways deutlich. Es geht nicht allein um konzeptionelle Neu-Arrangements. Gesucht werden postanthropozentrische Praxen des verantwortungsvollen „Leben[s] auf einem beschädigten Planeten" (Haraway 2018, 96).[17]

2 Anthropologie à la Anders

Die Ansätze Rosi Braidottis und Donna Haraways zeigen exemplarisch: Was in der Anthropozän-Debatte verhandelt wird, ist nicht weniger als ein neues Bild vom Menschen, mehr noch eine neue Art ihn zu denken. Es handelt sich dabei um ein experimentelles Projekt im Sinne der dritten Feuerbachthese Marxens, der zufolge „der Erzieher selbst erzogen werden muß" (Marx 1990 [1845], 3–4), die Veränderung der Umstände also mit der menschlichen Selbstveränderung einhergeht und vice versa: „So wenig wir wissen, was posthumane Körper imstande sind zu tun, so wenig können wir ahnen, was verleibliche postanthropozentrische Gehirne ersinnen können." (Braidotti 2014, 108) Daraus folgt gleichsam notwendig der utopische Überschuss und damit auch die Unschärfe der Debatte. In solchen diskursiven Konstellationen können Rückgriffe auf wenig beachtete alternative Traditionsbestände und innovative Vorläufer weiterhelfen. Das trifft vor allem auf die „Denkrichtung"[18] der Philosophischen Anthropologie zu, ein deutscher Sonderweg, dessen Rezeptionsgeschichte aus bekannten Gründen zunächst, wenn überhaupt, nur indirekte und vermittelte Anschlüsse zuließ und im (für den Anthropozän-Diskurs maßgeblichen) englischsprachigen Raum bis heute keine vernehmbaren Resonanzen erzeugt hat. Einer seiner Pro-

---

raway 2008, 71 sowie 2018, 176, 182–183)

17 Diese Formulierung entlehnt Haraway dem Titel einer von Tsing organisierten Konferenz an der University of California, Santa Cruz („Anthropocene: Arts of Living on a damaged Planet", 8. bis 10. Mai 2014). Eine wichtige Rolle bei der praktischen Umsetzung posthumaner bzw. sympoietischer Theoriemodelle spielt bei Haraway und Braidotti die Hybridisierung der Wissenschaften. Während Haraway (2018, 96) vor allem an wissenschaftlich-künstlerische Projekte denkt, spricht Braidotti (2014, 163) den transdisziplinären Area Studies eine Vorreiterrolle zu, insbesondere den geopolitisch und technologisch informierten Geisteswissenschaften.
18 Zum „Identitätskern" der Philosophischen Anthropologie siehe ausführlich Fischer (2008, 519–526).

tagonisten war der junge Günther Anders, geb. Stern (1902–1992), der sich nach seiner Promotion bei Edmund Husserl in Freiburg und einer rasch erkalteten Faszination für Heidegger gen Köln orientierte, wo seinerzeit sowohl Scheler als auch Plessner lehrten. Letzterer war bereits früh auf den Sohn berühmter Eltern aufmerksam geworden und protegierte ihn fortan (siehe Dries 2018a, 447–448, Fußnote 49 sowie 2020 (i.V.); zur Biographie siehe Dries 2018b). 1929 legte Anders unter dem Titel „Die Weltfremdheit des Menschen" eine erste Summe seiner an Plessner ebenso wie Heidegger und Hartmann anknüpfenden Philosophischen Anthropologie vor, zu der er mehrere Vorarbeiten anfertigte und im Pariser Exil zwei Aufsätze veröffentlichte (siehe Anders [Stern] 1934/35 und 1936/37 sowie Teil I und II des 2018 publizierten Nachlassbands *Die Weltfremdheit des Menschen*). In ihrem Zentrum steht eine anti-kartesische, situationstheoretische, relationale und negative, das heißt bestimmungsoffene Definition des Menschen auf dem Weg über dessen Welt-Verhältnis.

Als Vergleichspunkt fungiert zunächst, wie in der Philosophischen Anthropologie üblich, ‚das Tier' – allerdings nicht im Sinne eines ontologisch Anderen, wie in den von Rudolf zur Lippe (1987, 17) treffend als „Subtraktionsanthropologie[n]" bezeichneten Ansätzen. Der kontrastive Tier-Mensch-Vergleich ist „eine Theorietechnik, um die Sonderstellung des menschlichen Lebewesens zu charakterisieren", so Joachim Fischer (2009, 220), bedeute aber gerade „keine Exklusion der Tiere." Vielmehr ermögliche seine vitale Sonderstellung dem Menschen, „die Verwandtschaft mit allem Leben überhaupt [...] zu fühlen, zu erkennen und zu regulieren." So sind für Anders (2018b, 14) alle Lebewesen durch einen spezifischen „*Einbettungskoeffizienten*" gekennzeichnet, das heißt, sie sind mehr oder weniger ‚in der Welt'; zudem wird der Welteinbettungskoeffizient dynamisch konzipiert. Daher verhandelt Anders (2018c) die Weltstellung des menschlichen Säuglings in einer wissensontologischen Studie aus dem Jahr 1927 unter demselben Titel wie den tierischen Instinkt (siehe dazu auch Anders 2018d, 184). Schon in seiner ersten Monographie, der 1928 unter seinem Geburtsnamen Stern publizierten Aufsatzsammlung *Über das Haben*, später dann in seinen Skizzen zu einer materialistischen Anthropologie der Bedürfnisse aus den Dreißiger- und Fünfzigerjahren, spielen zudem die Leiblichkeit und das elementare Angewiesensein auf Welt – gegen Husserls Bewusstseinsphänomenologie und Heideggers Leibvergessenheit – eine wichtige Rolle (siehe Anders [Stern] 1928, 2018e, 2018f, 2018g sowie die einschlägigen Arbeiten zu Heidegger in Anders 2001).

Die spezifische Weltstellung des (erwachsenen) Menschen fasst Anders (2018b, 16) in Absetzung von Heidegger terminologisch als „*Insein in Distanz*". Der konstitutive Abstand, den der Mensch bei Anders von der Welt hat – seine „Weltfremdheit" –, sei als „*Abstand des Menschen von der Welt in der Welt* zu verstehen." (Anders 2018b, 16) Es ist diese eigentümliche Lücke zwischen Mensch und Welt, aus der Anders (2018a, 21) zufolge die beiden „Äste der Freiheit" – Theorie und Praxis – wachsen. Denn nur weil den Menschen ein *distantes* Einbettungsverhältnis zur Welt auszeichnet, er der Welt in Distanz verbunden ist, ist er laut Anders fähig, aus eigenen Stücken, das heißt *qua Erfahrung*, nachträglich zur Welt bzw. damit auch zu sich zu kommen und sowohl Selbstreflexion als auch Selbstveränderung zu betreiben. Weltfremdheit bedingt Weltoffenheit, oder anders gesagt: Die Unfestgelegtheit des Menschen hinsichtlich möglicher Lebenswelten und Lebensstile ist der Garant seiner (Wahl-)Freiheit. Im Hinblick auf Welt bedeutet das wiederum: Die je vorgefundene Situation ist dem Menschen insuffizient, weshalb er darauf aus ist, sie nach eigenen Vorstellungen zu transzendieren, umzuformen und sich anzupassen. Paradox formuliert ist der Mensch nur auf diejenige Welt zugeschnitten „*die es nicht gibt*, zu deren nachträglicher Realisierung er aber frei ist, für die er sich einsetzt, an deren Realisierung er eminent interessiert ist." (Anders 2018a, 16; Hervorh. der Verf.) Der Mensch ist daher für Anders (2018d, 188) „ein wahrhaft *utopisches* Wesen."[19] Er kann die Welt ansprechen ‚als etwas', er kann sie machen ‚zu etwas' (siehe Anders 2018d, 188). Der Abstand zur Welt bedingt, dass die Realisierungen dieser Fähigkeiten, der Bau einer künstlichen „Welt über der Welt" (Anders 2018a, 21), nicht nur hochgradig kontingent, sondern auch zutiefst prekär ist, wie Anders (2018b, 48) in seiner „Pathologie der Freiheit" ausführt. „*Künstlichkeit ist die Natur des Menschen und sein Wesen ist Unbeständigkeit*", so bringt er seine frühe negative Anthropologie auf den Punkt.[20]

Wenig später schränkt er die Definition des Menschen qua Unfestgelegtheit jedoch ein. Sie berge nämlich „stets die Gefahr einer Fälschung in sich: ist der Mensch eo ipso ‚frei', so scheint sich jede ‚Befreiung' als überflüssige Verdoppelung zu erübrigen." (Anders 2018h, 323) Frei sei der Mensch schließlich auch dazu, andere Menschen ihrer Freiheit zu berauben. Die Weltoffenheit wird bei Anders also nicht nur anthropologisch, sondern vor dem Hintergrund ihrer konkreten Umsetzung bzw. Einschränkung stets auch soziologisch reflektiert. Das

---

19 Plessner (1975 [1928], 341–346) spricht vom utopischen Standort des Menschen.
20 Siehe analog dazu Plessners erstes anthropologisches Grundgesetz, das „Gesetz der natürlichen Künstlichkeit" (Plessner 1975 [1928], 309–321). Noch über 40 Jahre später bekräftigt Anders (2018k, 144) diesen frühen Ansatz ausdrücklich: „[S]eit einem halben Jahrhundert" habe er „*im Menschen das grundsätzlich nicht gesund sein könnende und nicht gesund sein wollende, also das nichtfestgelegte, das indefinite Wesen gesehen* […]. Ausführlich habe ich den Entwurf einer solchen ‚*negativen Anthropologie*' im Jahre 1929 dargestellt, in einem Vortrage ‚Die Weltfremdheit des Menschen', den ich damals in der ‚Kantgesellschaft' von Frankfurt gehalten habe, in dem ich, Jahre vor Sartre, *die Freiheit des Menschen als die Positivierung seiner Unfestgelegtheit behandelt* habe."

gilt insbesondere hinsichtlich des Mensch-Technik-Verhältnisses, das ab 1945 ins Zentrum des Anders'schen Spätwerks rückt: der Anthropologie der „Antiquiertheit" des Menschen (Anders 2018j, 2018k). Letzterer lebt nach Anders (2018k, 9) im modernen „Weltzustand ‚Technik'" umzingelt von artifiziellen „Pseudo-Personen" bzw. Co-Akteuren (Anders 2003a [1959], 103), deren *agency* das menschliche Handlungspotential weit übertrifft. Paradigma dafür ist bei Anders die Atombombe. An ihrem Beispiel umreißt er die Koordinaten einer neuen Zeitrechnung, der „Endzeit", die sich dadurch auszeichnet, jederzeit ins atomare Zeitenende umschlagen zu können. „Und das heißt", so Anders,

> daß wir Menschen nun in unserem (neuerworbenen) ‚Wesen' konstant bleiben werden. Ich sage: ‚neuerworben', weil diese ‚Konstanz' natürlich keine unserer menschlichen ‚Natur' ist, sondern ein künstlicher Zustand, einer, in den wir Menschen uns selbst hineinmanövriert haben – wozu wir freilich nur deshalb imstande waren, weil die Fähigkeit, unsere Welt – nein: nicht nur unsere, sondern *die* Welt – und uns selbst zu verändern, paradoxerweise zu unserer ‚Natur' gehört. (Anders 2018k, 10)

Man muss Anders nicht als Theoretiker des Anthropozän *avant la lettre* bezeichnen, um die Anschlussfähigkeit seiner Philosophie des Atomzeitalters zu unterstreichen. Lag auch sein Fokus nicht auf der anthropogenen Umweltzerstörung, so war er sich der Übertragbarkeit seiner Atom-Thesen wohl bewusst:

> Ich glaube, dass meine Analysen über die Endzeit [...] ohne weiteres anwendbar sind auch auf die anderen Gefahren. Dass wir heute viele Methoden haben, um Selbstmord zu begehen, verhindert eigentlich nicht die grundsätzlichen Dinge in meiner Analyse der atomaren Situation. Aber ich gebe zu, wir haben die Auswahl jetzt, ja. (Anders 1992, 18)

Der Clou dieser Analyse – Anders (2018k, 9) selbst stellt sie in den Kontext einer *„philosophische[n] Anthropologie im Zeitalter der Technokratie"* – liegt in der frühen Anthropologie der Weltfremdheit, das heißt im paradoxen Umstand, dass der *technogene* Verlust menschlicher Weltoffenheit ebenjener spezifisch utopischen Weltstellung des Menschen geschuldet ist, die seine *prinzipielle* Weltoffenheit verbürgt. Der Abstand zwischen Mensch und Welt, den Anders nun im Blick hat, ist nicht der genuin anthropologische seiner Frühschriften, sondern ein – allerdings der *condition humaine* geschuldeter – selbst geschaffener Abstand, Anders (2018j, 29) spricht vom „prometheischen Gefälle", einer „täglich wachsenden *A-Synchronisiertheit des Menschen mit seiner Produktewelt*". Darüber hinaus übt Anders' Spätwerk, eine anthropologisch gewendete Dialektik der Aufklärung, Fundamentalkritik am Anthropozentrismus, jedoch ohne dabei (wie

Horstmann 1993) ins Anthropofugale zu kippen.[21] Denn obwohl er dem Menschen keine höhere „metaphysische Valenz" zusprechen will als anderen Lebewesen – „Daß es Menschen gibt, ist ebenso zufällig wie daß es Spinat gibt oder daß es Flundern gibt" (Anders 1986, 10–11) –, agitiert er als philosophischer Deserteur (siehe Anders 1986, 9–10) in die Praxis der Anti-Atombewegung gegen die Vernichtung von Mensch und Welt.[22] „Heute genügt es nicht, die Welt zu verändern, es kommt darauf an, sie erst einmal zu bewahren", so Anders' ontologisch konservative Fassung der elften Feuerbachthese (Anders 1987, 46). Als „Hauptaufgabe" unserer Zeit formuliert er daher die „Ausbildung der moralischen Phantasie." (Anders 1996, 38) Solle das prometheische Gefälle zwischen Mensch und moderner Welt eingeholt oder wenigstens verringert werden, müssten wir lernen uns vorzustellen, was wir eigentlich herstellten, die Fassungskraft menschlicher Vermögen erweitern. Konkrete Anweisungen, wie seine „moralischen Streckübungen" vor sich gehen könnten, liefert Anders nicht. Er verweist lediglich auf mystische Exerzitien und die Musik als *„ein von uns selbst gemachtes Gerät, mit dessen Hilfe wir die Kapazität unserer Seele ausdehnen."* (Anders 2018j, 350) Für den nicht unwahrscheinlich Fall des Scheiterns sah Anders (2018i) schwarz: „Wenn wir uns weiter darauf beschränken, die Natur als Herrschaftsgebiet, als Arbeitsmittel oder -stoff, statt als *Partner* anzusehen, ist alles aus."

3 Die Stellung des Menschen im Anthropozän

Die „Besinnung auf das Wesen des Menschen" verlangt, so Helmuth Plessner (1983b [1969], 363), „ein Höchstmaß an Distanz zur Überlieferung." Dagegen ließe sich fragen, wie groß diese Distanz überhaupt sein kann und ob bisweilen nicht eher größere Nähe geboten wäre. Zunächst zum ersten Punkt. Die Frage nach dem Wesen des Menschen, danach, was der Mensch eigentlich ist, taucht Günther Anders zufolge vor allem in reaktionären Verhältnissen auf (siehe Anders 2018b, 81) – oder allgemein dann, wenn, wie Plessner (1983a [1937], 43) schreibt, „Menschsein als Tatsache und als Aufgabe zum Problem geworden" ist. An dieser Stelle scheiden sich die Geister. Soll man am menschlichen Maßstab festhalten (weil man bis dato keinen anderen hat) oder aber ,den Menschen' hinter sich lassen, um ihn ganz neu zu denken – und wenn ja, wird man ihn

---

[21] Horstmanns Essay verurteilte Anders (1989a, 28) als „in der Verhöhnung meiner Position gipfelnde Verherrlichung der Menschheits- und Erdvernichtung" aufs Schärfste.
[22] Das schließt auch die Biosphäre mit ein. Siehe dazu exemplarisch die naturphilosophischen Miniaturen in den *Ketzereien* (Anders 1982).

überhaupt los? Denn wie sehr sich gerade posthumanistische Ansätze auch um eine anti-normative „postanthropozentrische (Post)Anthropologie" (Herbrechter 2009, 94) bemühen, um größtmögliche Anthropologieferne also, so wenig will ‚der Mensch' zur Schießbudenfigur werden. Als nimmermüder Plagegeist kehrt er immer wieder ins Zentrum der Theoriebildung zurück. Diese erweist sich bei genauerer Betrachtung – frei nach Derrida – als eine von allerlei humanistischen und anthropologischen Gespenstern heimgesuchte *Hanthropologie*.[23] Selbst bei Braidotti und Haraway, die auch Tieren Handlungsfähigkeit zuschreiben, ja den „gesamte[n] Kosmos" als Akteur ins Spiel bringen, bleibt der Mensch schließlich in besonderer Weise verantwortlich für „den ganzen Schlammassel", den er anrichtet (Braidotti 2014, 71). Wer, wenn nicht er, wäre dazu aufgefordert, jene utopischen Welten posthumanistischen Miteinander-Werdens, von denen Braidotti und Haraway träumen, zu entwerfen? Und wer, wenn nicht er, sollte im Anthropozän die dringend erforderliche „Steuerungskunst" ausüben, um das „Raumschiff Erde" (Buckminster Fuller) aus der Gefahrenzone zu navigieren? (Sloterdijk 2016, 24)[24]

Diese und ähnliche Rückfragen an posthumanistische und postanthropozentrische Theorieprojekte führen keineswegs zum Comeback Homo fabers, vorausgesetzt, man zieht aus dem ‚hanthropologischen' Charakter aller Problematisierungen des Menschen die richtigen Schlüsse. Und damit zum zweiten Punkt, dem Beitrag der „Überlieferung", in diesem Fall: der Philosophischen Anthropologie zur gegenwärtigen Debatte um die Stellung des Menschen im Anthropozän. Wie die Evolutionsbiologie, die Wolfgang Welsch (2017, ausführlich 2012) dem Posthumanismus als tragenden Theoriebaustein empfiehlt, könnte auch die 1933 unterbrochene, international bisher kaum beachtete Tradition der Philosophischen Anthropologie dabei helfen, gewisse Ambivalenzen und Vagheiten aktueller Ansätze qua Theorietransfusion zu beseitigen. Zeigen lässt sich dies exemplarisch an der negativen Anthropologie des jungen Günther Anders. Diese geht nicht von spezifisch menschlichen Bestimmungen oder Fähigkeiten aus, sondern erhellt sie aus der spezifischen Weltstellung des Menschen, dem „Insein

---

[23] So auch Badmington (2003, 12), für den die Möglichkeit „that humanism will haunt or taint posthumanism", ein zentrales Theorieproblem darstellt.
[24] Sloterdijk empfiehlt, die neue Gaia-Kybernetik in die Hände „erfahren[r] Apokalyptiker" zu legen. Nur sie seien „mutig genug […], auch das Schlimmste als reale Möglichkeit zu bedenken". (Sloterdijk 2016, 26–27) Man kann das durchaus als versteckten Hinweis auf Günther Anders interpretieren. Andere Autoren werden inzwischen konkreter: So leiten Deborah Danowski und Eduardo Viveiros de Castro (2019) ihren Großessay zum Anthropozän mit einem expliziten Verweis auf Anders ein. Auch Michaël Fœssel (2019) bezieht sich in seinem neuen Buch direkt auf ihn, setzt sich aber dezidiert von Anders' Apokalyptik ab.

in Distanz". Im Kontext aktueller Problematisierungen kann diese Theoriefigur dreierlei leisten: *Erstens* erlaubt sie, die für posthumanistische und postanthropozentrische Theorien zentrale Weltverbundenheit in einem mit der dafür ebenso notwendigen Weltfremdheit zu denken, denn „damit etwas in der Welt eingebettet sei, muss es als ‚es selbst' eingebettet sein, d.h. eigenes Relief haben, d.h. nicht im Eingebettetsein aufgehen". (Anders 2018a, 16) Während Braidotti und Haraway Weltverbundenheit, Miteinander-Werden und kollektive Transgression betonen, hält die negative Anthropologie den ontologischen Abstand zur Welt als ihre notwendige Voraussetzung im (Faden-)Spiel.

Zweitens kann die negative Anthropologie erklären, wieso die von Haraway und Braidotti als Rüstzeug für das Anthropozän in Anschlag gebrachten Vermögen zur Imagination und Verantwortungsübernahme nur bestimmten Wesen zukommen, ohne dabei in überkommene Essentialismen zurückzufallen. Die Weltfremdheit des Menschen, die seine Bestimmungsoffenheit verbürgt, ist nicht nur der Ermöglichungsgrund humanistischer Größenphantasien und zerstörerischer Weltbemächtigung (siehe dazu die Figur des Nihilisten in Anders 2018b, 49–65). Sie erlaubt auch postanthropozentrische Entwürfe des Miteinander-Werdens und liefert dafür eine minimalanthropologische Begründung.[25] Zugleich hat sie einen scharfen, realistischeren Blick für die Grenzen der Selbstveränderung, sei es hinsichtlich der Fassungskraft menschlicher Vermögen oder der sozialen und techno-politischen Verhältnisse (Stichwort ‚prometheisches Gefälle').[26] *Drittens* – und dies ist der wichtigste Punkt – lässt sich das „Insein in Distanz" als besetzungsoffener Platzhalter begreifen, offen auch für posthumane bzw. nichtanthropomorphe Entitäten.[27] Entscheidend ist es nämlich nicht, Teil der Gattung Mensch zu sein – entscheidend ist die Stellung zur Welt, die uns der jeweilige Welteinbettungskoeffizient verrät. Davon ausgehend, das heißt ausgehend „von

---

[25] Anders hegte ungeachtet dessen wenig Hoffnung, abzulesen nicht zuletzt an seiner Neufassung der Gefällethese aus dem ersten Band der *Antiquiertheit*: Das Kennzeichen des modernen Menschen sah er kurz vor seinem Tod nicht mehr „*im Hinterherzockeln, im Zurückbleiben unserer Phantasie und unserer Emotionen hinter unseren technischen Leistungen; sondern umgekehrt in der Fähigkeit* (zu der wir sogar verurteilt sind), *unsere emotionale und imaginative ‚proportio humana' zu übersteigen*; dadurch zu übersteigen, daß wir als Techniker stets die Chance genießen, auf dem gestern Geleisteten weiterzubauen. Was dabei fortschreitet (geradezu außerstande ist, sich nicht zu steigern), ist nicht unsere geistige Kapazität. Es wäre naiv, anzunehmen, wir Heutigen seien denk-, gar fühlbegabter als es unsere Vorfahren gewesen [...] – was fortschreitet und sich steigert, ist ‚allein' die Macht unserer Produkte und dadurch *unsere Macht*." (Anders 1989b, 67)

[26] Auch Claire Colebrook (2017) sieht diesen Punkt in der Anthropozän-Debatte vernachlässigt.

[27] In diesem Sinn reformuliert Gesa Lindemann (2006, 55) Plessners philosophisch-anthropologisches Projekt.

der Präzisierung der Proportionen des ‚Mitseins' und des ‚Selbstseins' sind Bestimmungen bestimmter Wesen, so des Tieres oder des Menschen möglich" (Anders 2018a, 14) – oder eben all jener, die künftig miteinander werden.

Literatur

Anders [Stern], Günther. *Über das Haben. Sieben Kapitel zur Ontologie der Erkenntnis*. Bonn: Cohen, 1928.
Anders [Stern], Günther. „Une interpretation de l'a posteriori". *Recherches Philosophiques* 4 (1934/35): 65–80.
Anders [Stern], Günther. „Pathologie de la liberté. Essai sur la non-identification". *Recherches Philosophiques* 4 (1936/37): 22–54.
Anders, Günther. *Ketzereien*. München: Beck, 1982.
Anders, Günther. „,Brecht konnte mich nicht riechen'". ZEIT-*Gespräche 3*. Hg. Fritz J. Raddatz. Frankfurt am Main: Suhrkamp, 1986. 7–30.
Anders, Günther. „Wenn ich verzweifelt bin, was geht's mich an?". *Günther Anders antwortet. Interviews und Erklärungen*. Hg. Elke Schubert. Berlin: Edition Tiamat, 1987. 19–53.
Anders, Günther. „Sprache und Endzeit II". FORVM 426/427 (1989a): 28–30.
Anders, Günther. „Sprache und Endzeit (V). Aus dem Manuskript zum Dritten Band der ,Antiquiertheit des Menschen'". FORVM 432 (1989b): 62–67.
Anders, Günther. „Ich nehme nichts zurück!". WOZ. *Die Wochenzeitung*, 25. Dezember 1992: 17–18.
Anders, Günther. *Der Blick vom Mond. Reflexionen über Weltraumflüge* [1970]. 2. Aufl. München: Beck, 1994.
Anders, Günther. „Rückblendung 1944–1949". *Besuch im Hades. Auschwitz und Breslau 1966. Nach ‚Holocaust' 1979*. 3. Aufl. München: Beck, 1996. 37–49.
Anders, Günther. *Über Heidegger*. Hg. Gerhard Oberschlick. München: Beck, 2001.
Anders, Günther. „Thesen zum Atomzeitalter" [1959]. *Die atomare Drohung. Radikale Überlegungen zum atomaren Zeitalter*. 7. Aufl. München: Beck, 2003a. 93–105.
Anders, Günther. „Die Frist" [1960]. *Die atomare Drohung. Radikale Überlegungen zum atomaren Zeitalter*. 7. Aufl. München: Beck, 2003b. 170–221.
Anders, Günther. „Die Weltfremdheit des Menschen". *Die Weltfremdheit des Menschen. Schriften zur philosophischen Anthropologie*. Hg. Christian Dries unter Mitarbeit von Henrike Gätjens. München: Beck, 2018a. 11–47.
Anders, Günther. „Pathologie der Freiheit. Versuch über die Nicht-Identifikation" [1936]. *Die Weltfremdheit des Menschen. Schriften zur philosophischen Anthropologie*. Hg. Christian Dries unter Mitarbeit von Henrike Gätjens. München: Beck, 2018b. 48–81.
Anders, Günther. „Materiales Apriori und der sogenannte Instinkt. Ein Beitrag zur Theorie des Wissens" [1927]. *Die Weltfremdheit des Menschen. Schriften zur philosophischen Anthropologie*. Hg. Christian Dries unter Mitarbeit von Henrike Gätjens. München: Beck, 2018c. 93–117.
Anders, Günther. „Situation und Erkenntnis" [1929]. *Die Weltfremdheit des Menschen. Schriften zur philosophischen Anthropologie*. Hg. Christian Dries unter Mitarbeit von Henrike Gätjens. München: Beck, 2018d. 137–195.

Anders, Günther. „Bedürfnis und Begriff 1936–38". *Die Weltfremdheit des Menschen. Schriften zur philosophischen Anthropologie*. Hg. Christian Dries unter Mitarbeit von Henrike Gätjens. München: Beck, 2018e. 223–277.
Anders, Günther. „Bedürfnis und Begriff" [1957]. *Die Weltfremdheit des Menschen. Schriften zur philosophischen Anthropologie*. Hg. Christian Dries unter Mitarbeit von Henrike Gätjens. München: Beck, 2018f. 292–309.
Anders, Günther. „Homo animal jacens" [o.J.]. *Die Weltfremdheit des Menschen. Schriften zur philosophischen Anthropologie*. Hg. Christian Dries unter Mitarbeit von Henrike Gätjens. München: Beck, 2018g. 315–321.
Anders, Günther. „Disposition für *Die Unfertigkeit des Menschen und der Begriff ‚Fortschritt'*" [um 1940]. *Die Weltfremdheit des Menschen. Schriften zur philosophischen Anthropologie*. Hg. Christian Dries unter Mitarbeit von Henrike Gätjens. München: Beck, 2018h. 322–330.
Anders, Günther. „Die Antiquiertheit des Homo faber" [o.J.]. *Die Weltfremdheit des Menschen. Schriften zur philosophischen Anthropologie*. Hg. Christian Dries unter Mitarbeit von Henrike Gätjens. München: Beck, 2018i. 372.
Anders, Günther. *Die Antiquiertheit des Menschen, Bd. 1: Über die Seele im Zeitalter der zweiten industriellen Revolution* [1956]. 4. Aufl. München: Beck, 2018j.
Anders, Günther. *Die Antiquiertheit des Menschen, Bd. 2: Über die Zerstörung des Lebens im Zeitalter der dritten industriellen Revolution* [1980]. 4. Aufl. München: Beck, 2018k.
Bachtin, Michail M. *Chronotopos*. Frankfurt am Main: Suhrkamp, 2008.
Badmington, Neil. „Theorizing Posthumanism". *Cultural Critique* 53 (2003): 10–27.
Bajohr, Hannes. „Keine Quallen. Anthropozän und Negative Anthropologie". *Merkur* 840.5 (2019): 63–74.
Barad, Karen. *Agentieller Realismus. Über die Bedeutung materiell-diskursiver Praktiken*. Berlin: Suhrkamp, 2012.
Barad, Karen. „Posthumanist Performativity. Toward an Understanding of How Matter Comes to Matter". *Signs*, 28.3 (2003): 801–831.
Benhabib, Seyla. *Hannah Arendt. Die melancholische Denkerin der Moderne*. Frankfurt am Main: Suhrkamp, 2006.
Braidotti, Rosi. „Posthuman, All Too Human. Towards A New Process Ontology". *Theory, Culture & Society* 23.7–8 (2006): 197–208.
Braidotti, Rosi. *Posthumanismus. Leben jenseits des Menschen*. Frankfurt am Main/New York: Campus, 2014.
Braidotti, Rosi. „Yes There Is No Crisis. Working Towards the Posthumanities". *DiGeSt. Journal of Diversity and Gender Studies* 2.1–2 (2015): 9–20.
Braidotti, Rosi. „Jenseits des Menschen: Posthumanismus". *Aus Politik und Zeitgeschichte* 66.37–38 (2016): 33–38.
Braidotti, Rosi. „Four Theses on Posthuman Feminism". *Anthropocene Feminism*. Hg. Richard Grusin. Minneapolis: University of Minnesota Press, 2017a. 21–48.
Braidotti, Rosi. *Memoires of a Posthumanist. Tanner Lectures on Human Values*. https://www.youtube.com/watch?v=OjxelMWLGCo. 2017b (25. April 2019).
Colebrook, Claire „We Have Always Been Post-Anthropocene. The Anthropocene Counterfactual". *Anthropocene Feminism*. Hg. Richard Grusin. Minneapolis: University of Minnesota Press, 2017. 1–20.
Crutzen, Paul J. und Eugene F. Stoermer. „The ‚Anthropocene'". *Global Change Newsletter* 41 (2000): 17–18.

Danowski, Deborah, und Eduardo Viveiros de Castro. *In welcher Welt leben? Ein Versuch über die Angst vor dem Ende*. Berlin: Matthes und Seitz, 2019.

Deleuze, Gilles und Félix Guattari. *Was ist Philosophie?* Frankfurt am Main: Suhrkamp, 1996.

Dries, Christian. „Von der Weltfremdheit zur Antiquiertheit des Menschen. Günther Anders' negative Anthropologie". Günther Anders. *Die Weltfremdheit des Menschen. Schriften zur philosophischen Anthropologie*. Hg. Christian Dries unter Mitarbeit von Henrike Gätjens. München: Beck, 2018a. 437–535.

Dries, Christian. *Vita Günther Anders*. http://www.guenther-anders-gesellschaft.org/vita-guenther-anders/. 2018b (25. April 2019).

Dries, Christian. „Anders". *Plessner-Handbuch. Leben – Werk – Wirkung*. Hg. Joachim Fischer. Stuttgart: Metzler, 2020 (i.V.).

Dürbeck, Gabriele. „Narrative des Anthropozän – Systematisierung eines interdisziplinären Diskurses". *Kulturwissenschaftliche Zeitschrift* 3.1 (2018): 1–20.

Ferrando, Francesca. „Posthumanism, Transhumanism, Antihumanism, Metahumanism, and New Materialisms. Differences and Relations". *Existenz. An International Journal in Philosophy, Religion, Politics, and the Arts* 8.2 (2013): 26–32.

Fischer, Joachim. *Philosophische Anthropologie. Eine Denkrichtung des 20. Jahrhunderts*. Freiburg/München: Alber, 2008.

Fischer, Joachim. „Philosophische Anthropologie". *Handbuch Anthropologie. Der Mensch zwischen Natur, Kultur und Technik*. Hg. Eike Bohlken und Christian Thies. Stuttgart/Weimar: Metzler, 2009. 216–224.

Fœssel, Michaël. *Nach dem Ende der Welt. Kritik der apokalyptischen Vernunft*. Wien/Berlin: Turia + Kant, 2019.

Fuller, Gregory. *Das Ende. Von der heiteren Hoffnungslosigkeit im Angesicht der ökologischen Katastrophe*. 2. Aufl. Hamburg: Meiner, 2018.

Gregor, Joris A. Sigrid Schmitz, Bettina Wuttig und Beate Rosenzweig. „Der Ort des Politischen in den Critical Feminist Materialisms". *Freiburger Zeitschrift für GeschlechterStudien* 24.1 (2018): 5–11.

Haraway, Donna. „Manifesto for Cyborgs. Science, Technology, and Socialist Feminism in the 1980's". *Socialist Review* 80 (1985): 65–108.

Haraway, Donna. „Ein Manifest für Cyborgs. Feminismus im Streit mit den Technowissenschaften". *Die Neuerfindung der Natur. Primaten, Cyborgs und Frauen*. Frankfurt am Main/New York, 1995a. 33–7.

Haraway, Donna. „Situiertes Wissen. Die Wissenschaftsfrage im Feminismus und das Privileg einer partialen Perspektive". *Die Neuerfindung der Natur. Primaten, Cyborgs und Frauen*. Frankfurt am Main/New York, 1995b. 281–298.

Haraway, Donna. *When Species Meet*. Minneapolis: University of Minnesota Press, 2008.

Haraway, Donna. „Staying with the Trouble: Anthropocene, Capitalocene, Chthulucene". *Anthropocene or Capitalocene? Nature, History, and the Crisis of Capitalism*. Hg. Jason W. Moore. Oakland: PM Press, 2016. 34–76.

Haraway, Donna. *Unruhig bleiben. Die Verwandtschaft der Arten im Chthuluzän*. Frankfurt am Main/New York: Campus, 2018.

Herbrechter, Stefan. *Posthumanismus. Eine kritische Einführung*. Darmstadt: WBG, 2009.

Herbrechter, Stefan. „Postmodern". *The Cambridge Companion to Literature and the Posthuman*. Hg. Bruce Clarke und Manuela Rossini. Cambridge, UK: Cambridge University Press, 2017. 54–68.

Horstmann, Ulrich. *Das Untier. Konturen einer Philosophie der Menschenflucht*. 5. Aufl. Frankfurt am Main: Suhrkamp, 1993.

Latour, Bruno. *Das terrestrische Manifest*. Berlin: Suhrkamp, 2018.

Lindemann, Gesa. „Soziologie – Anthropologie und die Analyse gesellschaftlicher Grenzregime". *Philosophische Anthropologie im 21. Jahrhundert*. Hg. Hans-Peter Krüger und Gesa Lindemann. Berlin: Akademie, 2006. 42–62.

Marx, Karl. „[Thesen über Feuerbach]" [1845]. *Marx-Engels Werke* 3. Berlin: Dietz, 1990. 5–7.

Nietzsche, Friedrich. *Jenseits von Gut und Böse. Vorspiel einer Philosophie der Zukunft* [1886]. *Kritische Studienausgabe* 5. Hg. Giorgio Colli und Mazzino Montinari. München: DTV, 1999. 9–243.

Plessner, Helmuth. *Die Stufen des Organischen und der Mensch. Einleitung in die philosophische Anthropologie* [1928]. 3. Aufl. Berlin/New York: de Gruyter, 1975.

Plessner, Helmuth. „Die Aufgabe der Philosophischen Anthropologie" [1937]. *Gesammelte Schriften* 8. Hg. Günter Dux, Odo Marquard und Elisabeth Ströker unter Mitwirkung von Richard W. Schmidt, Angelika Wetterer und Michael-Joachim Zemlin. Frankfurt am Main: Suhrkamp, 1983a. 32–51.

Plessner, Helmuth. „Homo absconditus" [1969]. *Gesammelte Schriften* 8. Hg. Günter Dux, Odo Marquard und Elisabeth Ströker unter Mitwirkung von Richard W. Schmidt, Angelika Wetterer und Michael-Joachim Zemlin. Frankfurt am Main: Suhrkamp, 1983b. 353–366.

Pico della Mirandola, Giovanni. *Oratio de hominis dignitate. Rede über die Würde des Menschen* [1496]. Hg. Gerd von der Gönna. Stuttgart: Reclam, 1997.

Scheler, Max. *Die Stellung des Menschen im Kosmos* [1928]. 15. Aufl. Bonn: Bouvier, 2002.

Serres, Michel. *Der Naturvertrag* [1994]. 2. Aufl. Frankfurt am Main: Suhrkamp, 2015.

Sloterdijk, Peter. „Das Anthropozän – Ein Prozeß-Zustand am Rande der Erd-Geschichte?". *Was geschah im 20. Jahrhundert?* Berlin: Suhrkamp, 2016. 7–43.

Tsing, Anna Lowenhaupt. „Unruly Edges: Mushrooms as Companion Species". *Environmental Humanities* 1 (2012): 141–154.

Welsch, Wolfgang. *Unsere postmoderne Moderne*. 3. Aufl. Weinheim: VCH, 1991.

Welsch, Wolfgang. *Mensch und Welt. Eine evolutionäre Perspektive der Philosophie*. München: Beck, 2012.

Welsch, Wolfgang. „Postmodernism – Posthumanism – Evolutionary Anthropology". *Journal of Posthuman Studies: Philosophy, Technology, Media* 1.1 (2017): 75–86.

zur Lippe, Rudolf. *Sinnenbewußtsein. Grundlegung einer anthropologischen Ästhetik*. Reinbek bei Hamburg: Rowohlt, 1987.

Arantzazu Saratxaga Arregi
Immunitas im Zeitalter des Neganthropozän

Die Kompensationslogik in der Weltoffenheit

Die Rede von der Stellung des Menschen im Kosmos hat im Zeitalter des Anthropozän eine Kehrtwende zum Menschen *ex negativo* vollzogen (Bajohr 2019, 71–74). Heute geht es nicht so sehr darum, den Begriff der Menschheit neu zu definieren, deren fragmentarische Grundannahme das Zeitalter des Anthropozän unter Beweis gestellt hat,[1] sondern vielmehr darum, den Stand- und Wohnort des Menschen neu zu bestimmen.

Sobald die „irdischen Menschen" das Haus der Erde verlassen haben[2] und das Haus des Menschen sich in einer übergroßen Krise befindet (Matts und Tynan 2012, 91–110), die dem Menschen selbst geschuldet ist, ist eine Kehrtwende nicht mehr möglich. Die Entfremdungstheorie der Nachkriegszeit – Günther Anders brachte sie ins Spiel als Diagnose eines sich selbst vernichtenden Prometheismus, der mit dem technischen Willen in Gang kam (Anders 2010, 21–97), oder als bejubelte Heldentat, sich jenseits des Himmels in die Ferne des Weltalls zu strecken, wie Hannah Arendt das wichtigste Ereignis der Moderne bezeichnete[3] – bereitet den Weg, die von uns bewohnte Erde nicht mehr mit Optimismus zu betrachten.[4]

---

1 „The strangest thing about this remarkable return of ‚humankind' into history is that the Anthropocene provides the clearest demonstration that, from an environmental point of view, humanity as a whole does not exist" (Zitat von Bonneuil und Fressoz 2013, 89 in Stiegler 2016, 9).
2 Dazu stellt Hannah Arendt die Frage: Sollte das, was die Aufklärung als die Mündigkeitserklärung des Menschen ansah und was in der Tat eine Abkehr, zwar nicht von Gott überhaupt, aber von dem Gott bedeutete, der den Menschen ein Vater im Himmel war, schließlich bei einer Emanzipation des Menschengeschlechts von der Erde enden, die, soviel wir wissen, die Mutter alles Lebendigen ist? (Arendt 2013, 9).
3 Hannah Arendt bezieht sich auf den ersten sowjetischen Erdsatelliten, mit dem das Zeitalter der Raumfahrt begann. „An Bedeutung steht das Ereignis des Jahres 1957 keinem anderen nach (...) Und so phantastisch uns die Vorstellung anmuten mag, daß die Menschen, der Erde müde, sich auf die Suche nach neuen Wohnplätzen im Universum begeben, so ist sie doch keineswegs die zufällige Entgleisung eines amerikanischen Journalisten, der sich etwas Sensationelles für eine Schlagzeile ausdenken wollte; sie sagt nur, und sicher ohne es zu wissen, was vor mehr als zwanzig Jahren als Inschrift auf dem Grabstein eines großen Wissenschaftlers in Rußland erschien: „Nicht für immer wird die Menschheit an die Erde gefesselt bleiben" (ebd., 9).
4 Die biogeologischen Wissenschaften der Neunzehnhundertsiebzigerjahre schreiben der Erde Leben zu, insofern sie ein ökologisches Habitat ist (siehe Lovelock 2000); sie biete eine Behausung für Lebewesen. Heute stellt sich die Anthropologie im Rahmen des Anthropozän die Frage, ob der Planet Erde noch ein Ort sein wird, an dem die Menschen leben können.

https://doi.org/10.1515/9783110668551-011

Heute ist es die Aufgabe und die Herausforderung der philosophischen Anthropologie, der Frage nachzugehen, wo überhaupt die Menschen ein Zuhause haben können.[5] Dazu bietet sich die Gelegenheit, den von den Geistes- und Sozialwissenschaften so stark geprägten Diskurs über die zerstörerischen Auswirkungen der Menschen auf die Umwelt umzukehren und zu fragen: In welcher Form kann die Menschheit als Gattung *fortbestehen*? Diese anti-apokalyptische Fragestellung, insofern sie die Fortexistenz der Menschheit als Gattung voraussetzt, mag in einem kanonischen Satz Bernard Stieglers eine Erläuterung finden: „Anthropologie im Anthropozän wird zu Neganthropologie." (Stiegler 2018, 34)

1 „Anthropologie im Anthropozän wird zu Neganthropologie"

Mit Neganthropologie ist nicht der Anspruch gemeint, die Menschheit im Zeitalter des Anthropozän einer universellen Gattung zuzuordnen. In der Tat ist „Anthropozän" laut Stiegler keine adäquate Bezeichnung für die heute herrschende globale, ungeregelte Krise gewaltigen Ausmaßes, da diese ökologische Krise des Planeten Erde keine unmittelbare Nachwirkung der Evolution von geologischen Sedimentationsvorgängen sei. In dieser Weise folgt das Anthropozän nicht aus den chronostatographischen Vorschriften, die den Naturgesetzen zugeordnet sind. Vielmehr ist das Anthropozän durch eine *Disruption*[6] gekennzeichnet, insofern es sich tatsächlich um eine Unterbrechung in der Ordnung der Natur handelt.

Die Anthropozän-Debatte legt den thematischen Akzent, neben anderen Themen, auf die Analyse der beteiligten Faktoren einer solchen Unterbrechung im Ablauf der geologischen Entwicklung von globalem Ausmaß. Die epistemologische Andeutung einer solchen Krise wird systemisch, sofern sie als eine aus in Wechselwirkung verkoppelten Prozessen zusammengesetzte Einheit besteht. Dementsprechend ist für eine solche Störung nicht einem Faktor, sei es der Mensch oder die Technik, die Schuld zuzuschreiben; eher scheint sie die Nach-

---

5 Das realpolitische Szenarium der Flüchtlingskrise ist beispielhaft für eine Krise, bei der über deren ökologische Bedingungen hinaus, die Unterbringung bzw. Behausung der Menschen im Vordergrund stehen.
6 „Furthermore, the so called Anthropocene, as a proposed geological epoch, is not just a question for geological science, but a challenge, even a disruption: if the established objective method for epochal division depends on the long timescales associated with stratigraphy, the rapidity of anthropized change since the advent of the industrial revolution upsets the very basis on which such determinations have hitherto been made" (ebd., 13).

wirkung eines Prozesses zu sein, der mit der anthropologischen Wende begann, insofern ihr die technische Umsetzung wissenschaftlicher Hypothesen zu verdanken ist, deren Beschleunigung im Zeitalter der Industriellen Revolution einen Höhepunkt erreichte.

Dementsprechend ersetzt Stiegler „Anthropozän" durch „Entropozän", weil die Störung durch eine gewaltig beschleunigte Produktion der Entropie als Folge der Herstellung und Anwendung von informationsbasierten Technologien verursacht wird.[7] Die Entropie ist insofern ein Faktor, der heute auch als Destruktion der Vielfältigkeit in jeder Form der Singularität auftritt, sei es ökologisch, ethnologisch, klimatisch etc.

> But it is equally true that technics is an acceleration of entropy, not just because it is a process of combustion and of the dissipation of energy, but because industrial standardization seems to be leading the contemporary Anthropocene to the possibility of the destruction of life qua the burgeoning and proliferation of difference – a destruction of biodiversity, cultural diversity and the singularity of both psychic individuations and collective individuations. (Stiegler 2016, 40)

Laut Stiegler liegt diese in einer ständig steigenden Automatisierung der Erkenntnis in einem Komplex von geschlossenen Systemen (Stiegler 2016, 53–55); ihm zufolge sind unter Entropozän die von den geschlossenen automatisierten Technologien wesentlich abhängigen Prozesse zu verstehen. Das Anthropozän als Entropozän trägt zu einem absolut unhaltbaren unausgeglichenen Verhältnis zu allen Werten bei, das am Streben nach einer Entwicklung in eine nihilistische Richtung mitwirkt (Stiegler 2016, 55). In diesem Punkt ist der Frage nachzugehen, wie der Mensch vor dem Entropozän steht. Stiegler weist auf Lévi-Strauss' Aussage am Ende seiner *Traurigen Tropen* hin, dass sich die Anthropologie in eine Entropologie verwandeln werde. Allerdings lehnt Stiegler den Nihilismus als Schlusswort zur Frage der Menschwerdung ab und stellt ihm den Vorschlag der Neganthropologie gegenüber. Hierbei erhebt Stiegler einen Einwand gegen Levi-Strauss' entropische Ansicht der Menschwerdung, der vor der Auflösung der Menschheit warnt. Lévi-Strauss vertritt am Ende seines Buches *Traurige Tropen* die Ansicht, dass der technisch ausgerüstete Mensch die ursprüngliche Ordnung der Dinge so gestört habe, dass sich die Integrität der Gattung „Menschheit" in

---

[7] „The Anthropocene is an ‚Entropocene', that is, a period in which entropy is produced on a massive scale, thanks precisely to the fact that what has been liquidated and automated is knowledge, so that in fact it is no longer knowledge at all, but rather a set of close systems, that is, entropic systems" (ebd., 51).

Gefahr befinde.[8] Die Auflösung des Menschen, so wie sich Levi-Strauss mit dem Satz „world began without man and will end without him" (Lévi-Strauss 1976, 542–543) die Zukunft vorstellt, birgt in sich einen metaphysischen Grundsatz: Es muss eine ursprüngliche Ordnung gegeben haben und dementsprechend eine einheitliche Gattung namens Mensch. Stiegler stimmt Lévi-Strauss zu, dass die technischen und organologischen Individuationsprozesse Entropie als Konsequenz einer Beschleunigung hervorbringen, aber er weicht vom enttäuschten Sophismus Lévi-Strauss' ab,[9] indem er entgegenhält, dass Entropie, als irreversible Neigung und Tendenz zum Verfall und zur Auflösung, Negentropie voraussetzt.

> By consuming and thereby disassociating what Lévi-Strauss calls ‚structures', all living things participate in a local increase of entropy while at the same time locally producing a negentropic order. (Stiegler 2018, 57)

Lévi-Strauss' Negentropologie bedarf einer Wende, die Stiegler mit den Begriffen *Neganthropologie* und ihres entsprechenden Zeitalters, *Neganthropozän*, ausdrückt.

> I argue that the Anthropocene is unliveable, insolvent and unsustainable, and that it is therefore an Entropocene, which is to say that it implies a turn, a turning point, a detour, *eine Kehre* that, as *Ereignis*, turns into what we call the Neganthropocene. (Stiegler 2018, 103)

Stiegler sieht das Bestreben, das Entropozän aus der Sicht der Anthropologie in Angriff zu nehmen. Es reicht nicht aus, das Problem Entropozän aus der Perspektive der Negentropie anzugehen; es erfordert eine neganthropologische Herangehensweise (Stiegler 2018, 133).

---

8 „the disintegration of the original order of things precipitates a powerful organization of matter towards ever greater inertia, an inertia that one day will be final" (Lévi-Strauss 1976, 542 in Stiegler 2016, 56).

9 „On the other hand, that Lévi-Strauss's bitter and disillusioned sophistry seriously neglects two points: first, life in general, as 'negative entropy', that is, as negentropy, is always produced from entropy, and invariably leads back there: it is a detour – as was said by Freud in *Beyond the Pleasure Principle* and by Blanchot in *The Infinite Conversation*; second, technical life is an amplified and hyperbolic form of negentropy, that is, of an organization that is not just organic but organological, but which produces an entropy that is equally hyperbolic, and which, like living things, returns to it, but does so by accelerating the speed of the differentiations and indifferentiations in which this detour consists, speed here constituting, then, a locally cosmic factor." (Stiegler 2016, 56–57)

Anschließend an die Kritik an der Anthropologie mit einem nihilistischen Unterton – die Anthropologie, welche mit der Auflösung der Menschheit als voraussichtlichem Verlauf der Menschwerdung rechnet – stellt Stiegler fest, dass die von den Informationstechnologien vorangetriebene Beschleunigung von Kommunikationsverhältnissen nicht nur Entropie hervorruft, sondern auch Negentropie. Dies bedeutet, dass die an der von den Kommunikationstechnologien gesteuerten Organisation des Lebens mitwirkende Entropie weitere Bifurkationen und Differenzen hervorruft, indem die Technik als Akzentuierung der Negentropie immer neue Differenz hervorbringt.[10] Die Neganthropologie beschreibt damit die Verhältnisse und Kräfte, die gegen die Drohung der Aufrechterhaltung bzw. Beständigkeit des organologischen Systems wirken und sie schafft neue Beziehungen zur Umwelt, die gegen eine hypothetische Auflösung des Menschen wirken.

In diesem Sinne ist mit Neganthropologie laut Stiegler keine negative Anthropologie gemeint, sondern die Hominisationsbedingung im Zeitalter des Anthropozän. Neganthropologie bezeichnet das noetische Leben als negentropisch (Stiegler 2018, 92) und insofern stellt Neganthropologie die *conditio humana* dar – und dies unter der Bedingung einer Kultur der Desautomatisation als Konsequenz der vom industriellen Kapitalismus in Gang gesetzten kulturellen Technik, der Automatisation.

In dieser Hinsicht ist Neganthropologie eine Ergänzung zu Stieglers technischer und organologischer Bestimmung des Vorgangs der anthropologischen Individuation. Dabei handelt es sich, wie Daniel Ross erläutert, um eine der dritten Phase Stieglers zuzuordnende Bestimmung. Die erste Etappe ist der Technologie gewidmet, wobei die Technik als eine organisierte anorganische Materie bezeichnet wird. Die zweite ist den organologischen und pharmakologischen Thesen gewidmet, bei denen es darum geht, wie die Koindividuation zwischen menschlichen, technischen und sozialen Organisationsformen zu denken ist. Die Neganthropologie fällt in die dritte Phase Stieglers.

Die Neganthropologie, als Antwort auf die Entropologie, bereitet den Weg zum Negantropozän, als Antwort auf das Entropozän. Negantropozän scheint die Antwort auf einen Ausweg aus dem Anthropozän zu sein.[11] Wenn die Neganthropologie der Rettungsweg aus den abgeschlossenen Kreisläufen ist, die den

---

10 „Technics is an accentuation of negentropy, since it brings increased differentiation" (Stiegler 2018, 41).
11 „The question of the Anthropocene is how to exit from the Anthropocene qua toxic period in order to enter into a new epoch that we are calling the Neganthropocene, as a curative, care-ful epoch" (Stiegler 2018, 47).

Automatismus zu produzieren bedeuten, und eine Art von Offenheit zu einer weiteren Organisationsstufe der Individuationsprozesse führt, wäre zu fragen, ob der neganthropologische Ansatz in sich einen Grad von Negation birgt. In Analogie zur Negentropie – die nicht die Negation der Entropie meint, sondern die Aufhebung des Verfalls: Enthält nicht auch die Aufhebung der Idee von einer Auflösung der Gattung Mensch ein wenig Negativität?

2 Von der Neganthropologie zur negativen Anthropologie

2.1 Philosophische Anthropologie

Um diese Frage zu beantworten, möchte ich ausführlich auf Argumentationslinien der philosophischen Anthropologie eingehen und untersuchen, inwiefern die Offenheit – als Ausweg aus der Geschlossenheit der Entropie – eine Negativität in sich birgt.

Bis zur Neuzeit suchte man die Differenz unter der allgemeinen Art Lebewesen (insbesondere beim Tier), die dem Menschen zuzuschreiben wäre. Man fügte dem Menschen eine Eigenschaft außerhalb des Tierreichs hinzu, eine spezifische Differenz, in der der Mensch vom Tierischen abweicht, etwa als *zoon politikon*. Eine solche Bestimmung durch Negation des Menschlichen kehrt zu einer positiven Beschreibung mit der Gründung der Anthropologie zurück, welche die Herausforderung annahm, nach einer für den Menschen ausschließlich geltenden Besonderheit zu suchen, die nur ihn betrifft und als Gattung ausmacht.

Dazu fand die philosophische Anthropologie, eine junge Fachdisziplin der ersten Hälfte des zwanzigsten Jahrhunderts, ihre Begründung in einer Aussage von Johann Gottfried Herder. Der Mensch ist laut ihm eher durch das, was ihm fehlt, gekennzeichnet, als durch das, worüber er schon verfügt.

> Mit einer so zerstreuten, geschwächten Sinnlichkeit, mit so unbestimmten, schlafenden Fähigkeiten, mit so geteilten und ermatteten Trieben geboren, offenbar auf tausend Bedürfnisse verwiesen, zu einem großen Kreise bestimmt – und doch so verwaiset und verlassen, daß es selbst [das menschliche Kind] nicht mit einer Sprache begabt ist, seine *Mängel* zu äußern – Nein! ein solcher Widerspruch ist nicht die Haushaltung der Natur. Es müssen statt der Instinkte andre verborgene Kräfte in ihm schlafen. (Herder 1993, 20)

Das Mängelwesen kehrt als anthropologische Bestimmung in einer positiven Festsetzung zurück und öffnet in der Tradition der Philosophie einen neuen Ansatz zu dem, was den Menschen ausmacht. Worin liegt aber dieses Verfehlen? Es liegt im einem Vergleich mit den übrigen Geschöpfen des Reichs des Lebendigen. Nicht umsonst war die Liaison zwischen Lebenswissenschaften und Geisteswissenschaften eine interdisziplinäre Stärke der philosophischen Anthropologie.[12] Die Anhänger der philosophischen Anthropologie betrachteten die Menschen zum großen Teil vom Standpunkt der physiologischen Bedingungen der Abstammungslehre aus. Insofern vertraten sie im Allgemeinen die Ansicht, dass der Mensch im Gegensatz zu seinen phylogenetischen Ahnen und anderen Lebewesen einen besonderen Zugang zu seiner Welt hat. Eine solche Besonderheit liegt großteils daran, dass der Bezug zur Umwelt bei Menschen vermittelt bzw. eine durch ein Medium erst gegebene Ordnung ist. Die Umwelt des Menschen wird dadurch zu einer Außenwelt.

2.1.1 Weltoffen/(um)weltgeschlossen

Dies sei nur bei der Menschwerdung der Fall, da die philosophische Anthropologie ihr eine Sonderstellung in morphologischer Hinsicht zuschreibt. Diese Sonderstellung beruht teilweise auf der *Unspezialisiertheit* der menschlichen Organe, also auf der Tatsache, dass die menschliche biologische Ausstattung, sei es ontogenetisch oder phylogenetisch, nicht so umweltspezifisch ist, um mit der Umwelt unmittelbar gekoppelt zu sein. Daraus ergibt sich für die philosophische Anthropologie, dass die biologische Sonderstellung des Menschen in seiner *Weltoffenheit* besteht, während die Grundtriebe der nicht-menschlich organisierten Materie (Tiere, Pflanzen etc.) in ein *umweltgeschlossenes* Verhältnis eingesetzt sind.

Die Sonderstellung des Menschen liegt demzufolge in einer plastischen Antriebsstruktur, wobei seine morphologische Entwicklung nicht unmittelbar von der Wechselwirkung Umwelt–Bauplan abhängt. In dieser Hinsicht widersprach Arnold Gehlen den Theorien der Grundtriebe als wesentlicher Bestimmung der morphogenetischen Menschwerdung und ersetzte die auf der klassischen Psychoanalyse beruhende Theorie der Grundtriebe durch die Plastizität der Antriebsstruktur. Demnach vollzieht sich die Menschwerdung in einer offenen Beziehung zwischen Bedürfnissen und Erfüllungen,[13] sodass der Hiatus

---

12 Der Biologe Hans Driesch hatte Anhänger und Bewunderer wie Helmuth Plessner und Arnold Gehlen, den Biologen Louis Bolk, den Zoologen Adolf Portmann sowie den Mediziner Paul Alsberg.
13 So wird die zirkuläre Geschlossenheit zwischen *Bedürfnissen* und *Handlungen* in einem *offenen Kreislauf* angesetzt: „Wir handeln nicht so oder so, weil wir bestimmte Bedürfnisse haben,

zwischen Bedürfnissen und Erfüllungen die Plastizität der Antriebstruktur des Menschen bestimmt. Diese Plastizität ist der Unspezialisiertheit der organologischen Struktur der biologischen Ausstattung zu verdanken, nämlich der Instinktreduktion des Menschen. Das bedeutet aber *vice versa* eine Entdifferenzierung der Antriebsstruktur derart, dass nun umgekehrt alle noch so hochgradig vermittelten und zufälligen Verhaltensweisen von jeglichem Inhalt der Arbeit oder des Spiels drangbesetzt werden und in Sättigungswerten auftreten können (Gehlen 2016, 390).

2.1.2 Mangel und negative Anthropologie

Das Fehlen von hochspezialisierten umweltbezogenen Organen erhält die Bedeutung eines Mangels. Der Mangel an spezifischer bioorganischer Ausstattung zur Anpassung an die Welt ist nach Arnold Gehlen die Grundstimmung der Menschheit. Die mangelnde organische Spezialisiertheit einer unmittelbaren Umweltanpassung ist ein Zeichen eines Bruches, in den Worten Arnold Gehlens ein *offener Hiatus*, zwischen Bedürfnissen und Erfüllungen bzw. eine Diskontinuität zu einer ersten Natur. Bei den übrigen Lebewesen sei die Bindung an eine solche erste Natur dagegen vorhanden.

Die philosophischen Anthropologen machen, Herders Ansicht folgend, von der „exzentrischen Position des Menschen" – die wiederum darin besteht, einen Bruch bzw. Hiatus so sehr zu artikulieren, dass der Mensch in Distanz zu sich selbst steht (siehe Esposito 2004, 134) – die Einzigartigkeit des Menschen bzw. seine äußerst optimale Anpassungsfähigkeit abhängig, da die Unspezialisiertheit des Menschen die besten Voraussetzungen zur polyvalenten Anpassung bietet (siehe Esposito 2004, 146). In dieser Weise kehrt die philosophische Anthropologie die Beziehung zwischen mangelnder organischer Spezialisierung und operativer Potenz des Menschen um, so dass die Negativität des Menschen ihn in die allerbesten Konditionen der Anpassung an seine Umwelt versetzt. In dieser Hinsicht lässt sich feststellen, dass das Projekt der philosophischen Anthropologie von der Wiederherstellung einer vorher gegebenen Ordnung handelt.

> Unabhängig vom jeweiligen Zusammenhang handelt es sich um Kompensation, wenn man die Ausgleichung eines Mangels – eines Schadens, einer Schuld, eines Fehlers – festsetzt, um das Ausgangsgleichgewicht wiederherzustellen. (Esposito 2004, 21)

---

sondern wir haben diese, weil wir selbst und die Menschen um uns so oder so handeln" (Gehlen 2016, 391).

Dadurch wird die Unspezialisiertheit des Menschen ein positives Merkmal, das ihn zu verschiedenartiger Anpassung befähigt. In diesem Sinn wird die von der Natur beschädigte Ordnung, nämlich die Negativität des Mangels, in deren positiven Aspekt, die Verfügbarkeit der Anpassung, gewendet. In dieser Hinsicht ist es plausibel, eine solche Mangelananthropologie als *negative Anthropologie* zu bezeichnen.

2.1.3 Technik: Regulator der plastischen Antriebsstruktur und Kompensationstechnik der beschädigten Ordnung

Nun bleibt es eine Herausforderung der praktischen philosophischen Anthropologie, für die dem Menschen innewohnende Umweltunspezialisiertheit eine sinnvolle Spezialisierungsordnung zu finden. Hierfür sind Regulatoren nötig, die den Bruch mit dem mit einem Überschuss an Bedürfnissen besetzten *Hiatus* ersetzen. Kultur, Institutionen und Technik sind nach Gehlen in diesem Leerraum angelegt (siehe Gehlen 2016, 397). Durch sie wird die beschädigte Ordnung der instinktiven Natur und des Naturtriebs zur Voraussetzung des Menschen (siehe Esposito 2004, 114). Helmuth Plessner verschärft diesen Punkt: „Mensch sein heißt, von Normen gehemmt, Verdränger sein. Jede Konvention, jede Sitte, jedes Recht artikuliert, kanalisiert und unterdrückt die entsprechenden Triebregungen" (Plessner 1976, 191).

Dieser Ansatz lässt sich stärker in Hinsicht auf die Techniktheorie verdeutlichen, insbesondere durch die von dem Mediziner und Anthropologen Paul Alsberg entwickelte Theorie des *Ausgleichs* der morphologischen Mangelhaftigkeit des Menschen *durch technische Medien*. Er widmet sich den Abstammungstheorien der Gattung Homo und verbindet die Kompensationstheorien des negativen anthropologischen Ansatzes zu einer Techniktheorie, indem er der biologischen Sonderstellung des Menschen eine positive anthropotechnische Lesart zuteilwerden lässt: Durch die Technik will der Mensch einen künstlichen Ausgleich für seine körperlichen Minderwertigkeiten schaffen (siehe Alsberg 1982, 95–126). Hiermit widerspricht Paul Alsberg der Theorie der Organprojektionen Ernst Kapps, die besagt, dass Technik prothesenhaft als Organverstärkung wirkt. Ganz im Gegenteil würden die Körperteile und Organe durch die technische Ausrüstung *ausgeschaltet*. Die Organausschaltung hat Alsbergs Ansicht nach dem Vorteil, die Menschen vom Anpassungszwang an die Außenwelt zu entlasten. Hier ist nicht die Rede davon, dass technische Objekte die Menschen von ihren Bedürfnissen befreien, sondern davon, dass diese mit den menschlichen Organen in einer Rückkopplungsbeziehung stehen, wobei die körperliche Minderwertigkeit künstlich kompensiert und neutralisiert wird. Die Regulation des organologischen Mangels steht aber in umgekehrter Proportionalität zur technischen Ausrüstung:

> Die biologische Sonderstellung des Menschen ist eine Schwäche funktioneller Stärke zur Stärkung einer Schwäche. [...] Sie alle gehen von demselben Kompensationsprinzip einer funktionalen Entsprechung von Schwäche und Stärke aus: wo nicht nur jede Stärke durch eine Schwäche aufgewogen wird, sondern die Schwäche als Scharfmacher und Treibstoff der Stärke wirkt. (Esposito 2004, 117–118)

2.2 Leben: Aufrechterhaltung eines offenen Systems

Aus der oben aufgestellten These der Kompensationslogik lässt sich schließen, dass Konservierung und Erhaltung des Lebens einem Ordnungsprinzip zugeordnet sind, das die Negativität des Menschen durch deren Neutralisierung aufrechterhält: Die technische Systeme, welche die Menschwerdung vom Anpassungszwang befreien, stehen für die Konservierung und Aufrechterhaltung der Mangelhaftigkeit des Menschen.

In dieser Hinsicht maximiert der Vorschlag der philosophischen Anthropologie zur Positivierung der Negation, gestützt auf die Argumentation von Roberto Esposito, in Wahrheit die Negation des Lebens und die Einschließung der Negation und Konservierung des Mangels.[14] Es werden keine Maßnahmen gegen den Mangel ergriffen, sondern es geht darum, ihn zu erhalten, im System einzuschließen und zu verinnerlichen. Die Menschwerdung setzt sich fort, wobei vorausgesetzt ist, dass der Mangel die Bedarfsquelle für Kompensation und Ordnung darstellt. In diesem Punkt stimme ich mit der These von Roberto Esposito überein, dass der Kompensationsmechanismus die Persistenz der Negation in Gestalt ihrer „Heilung" ist.

Leben heißt demzufolge, Ordnung zur Aufrechterhaltung des Systems zu bewahren. Die fortgesetzte Menschwerdung zu garantieren, ist bei den philosophischen Anthropologen somit in eine Immunitätslogik übersetzt,

> die auf eine Nicht-Negation, auf die Negation einer Negation verweist. [...] Das Leben kann durch etwas, das es negiert, nur über eine weitere Negation geschützt werden. (Esposito 2004, 15, 25)

---

14 „Die dialektische Figur, die sich so abzeichnet, ist jene einer ausschließenden Einschließung beziehungsweise einer Ausschließung durch Einschließung" (Esposito 2004, 13).

Dank der Einschließung der Negativität kann die Ordnung gegen die eingeführte Unausgewogenheit wiederhergestellt werden. „Das Leben bedeutet nicht die Vernichtung von dem, was es negiert, sondern dieses unter eine Ordnung zu bringen, die seine krankhaften Folgen erträglich macht" (Esposito 2016, 139). Leben bedeutet dann die Aufrechterhaltung und Konservierung eines Ordnungsprinzips.

3 Exkurs zur Gaia-Hypothese: Über Aufrechterhaltung und Stabilität des Lebens/eines Systems

Die Gleichsetzung der Aufrechterhaltung eines Systems und des Lebens hat mit der Gaia-Hypothese aus den Siebzigerjahren Bekanntheit erlangt. Laut dem Geochemiker und Atmosphärologen James Lovelock verfügt die Erde über einen stabilen selbstregulierenden Mechanismus, der auf der chemischen Zusammensetzung der Biosphäre in Kopplung mit der Erdatmosphäre beruht, den Planeten bewohnbar macht und Leben ermöglicht (siehe Lovelock 2000, vii, xv). Die Biologin Lynn Margulis hat zusätzlich zur Gaia-Hypothese eine adaptive Konstellation vorgeschlagen, die die Erde in Homöostase hält. Sie folgt der These Lovelocks, dass die Erde Selbstregulierung betreibe, wobei Atmosphärenchemie und Klima quasi in ihrem eigenen Interesse handelten. Die globale klimatische und chemische Selbstregulierung beschreibt Gaia als ein physiologisches System, wobei die chemisch instabile Atmosphäre in einen dynamischen Gleichgewichtszustand übergehe (siehe Lovelock 2008, 39). Diese einem homöostatischen Modell folgende Selbstregulierung gewährleistet die Aufrechterhaltung eines Systems (siehe Lovelock 2000, 10).

Das Leben und die Beständigkeit der biologischen Systeme sind der Wandlung von einem instabilen Zustand zum Gleichgewicht geschuldet. Mit diesem Ansatz des Lebens stellt sich die Gaia-Hypothese gegen einen Teil der herrschenden Idee der Evolution des neunzehnten Jahrhunderts, wonach die Entwicklung dem Prinzip der natürlichen Auslese folgt. Demgegenüber beschreibt die Homöostase das Funktionieren eines technischen Systems auf der Grundlage zirkulär gesteuerter Systeme: Die Biologie griff aufgrund physiologischer Forschungen im Bereich der Ökomedizin und Ökoanatomie die Idee auf, dass offene Systeme ihren eigenen stabilen Zustand garantieren.

Mit geschlossenen Systemen sind hingegen jene gemeint, die von ihrer Umwelt isoliert sind. Sie gehören zu physikalischen Systemen, da die konventionelle Physik isolierte Systeme zu ihrem Forschungsgegenstand hat. Kennzeichnend für geschlossene Systeme ist, dass bei ihnen das zweite Gesetz der Thermodynamik gilt. Entropie nimmt bei geschlossenen Systemen zu, d.h. die Distribution der Moleküle wird wahrscheinlicher und bringt das System in einen chaotischen Zustand. In thermodynamischer Hinsicht tendiert bei einem geschlossenen System die Entropie auf einen maximalen Zustand – Unordnung. Dementsprechend ist die Tendenz zur maximalen Unordnung, zur maximalen Entropie, nach den Gesetzen der Thermodynamik eine Eigenschaft abgeschlossener hermetischer Systeme, die theoretisch in keiner Interaktion mit ihrem Außen, ihrer Umwelt, stehen. Umgekehrt ist die Verringerung von Entropie ein Zeichen für Offenheit, also für jene Systeme, die im dynamischen Austausch mit ihrer Umwelt stehen. Entweder sinkt die Entropie bei offenen Systemen oder sie bleibt stabil; das System wird aufrechterhalten und in einen unwahrscheinlichen Zustand von Ordnung und Organisation gebracht.

Der Unterschied zwischen Offenheit und Geschlossenheit führt ein ausschlaggebendes Kriterium zur Begründung der Erhaltung des Lebens ein. Bei geschlossenen Systemen ist Entropie positiv, bei offenen Systemen hingegen negativ. Bei geschlossenen Systemen (die unumkehrbar sind) steigt die Entropie, also die Tendenz zur maximalen Unordnung (oder die Tendenz zur höchsten wahrscheinlichen Distribution). Offene Systeme sind hingegen umkehrbar, wobei die Tendenz zur absoluten Unordnung in deren Negation umschlägt – bei lebenden Systemen, weil sie umweltoffen sind, ist Entropie *Neg*entropie. Laut Shannons Informationstheorie, die die Dichotomie Ordnung/Unordnung zum höchsten Ausdruck gebracht hat, ist Entropie das Maß der Unordnung und negative Entropie (Negentropie) das Maß für Ordnung und Organisation.

Offene Systeme, wie lebendige Organismen und damit auch Menschen, besitzen die Eigenschaft, sich selbst aufrechtzuerhalten oder zumindest in einen stabilen Zustand zu gelangen.

4 Negentropie und Weltoffenheit: Nihilismus

Im Auftrag der NASA beschäftigte sich Lovelock in den Sechzigerjahren mit Instrumenten und Methoden zum Aufspüren von Leben auf dem Mars (siehe Lovelock 2008, 39). Lovelock stand vor dem Problem, dass die damaligen Ansätze Leben mit dem Leben auf der Erde gleichsetzten, obwohl Letzteres nicht unbedingt den möglichen Lebensformen auf dem Mars ähneln muss (siehe Lovelock 2000, 2). Was ist dann Leben und wie erkennt man es? Er bekam eine Eingebung durch den Physiker Erwin Schrödinger: „The idea of looking for a reduction of entropy as a sign of life" lautete der neue Ansatz (Lovelock 2000, 2).

Schrödinger ging im Jahr 1944 der Frage nach, wie Leben bestimmt werden könne. Auf der Grundlage des Entropiesatzes und seiner statistischen Basis folgerte er, dass es die natürliche Neigung der Dinge sei, in Unordnung überzugehen. Lebende Materie – Materie, der Leben zugeschrieben wird –, besteht aus einer geordneten Verbindung von Atomen. Sie, als Gefüge organisierter Materie, widerstrebt der Entropie. Laut Schrödinger besteht Leben in einer Kraft, die das stoffliche Gefüge gegen die Unordnung innerhalb bestimmter Grenzen schützt und ihr entgegenwirkt: „Die lebende Materie entzieht sich dem Abfall in den Gleichgewichtszustand" (Schrödinger 1987, 123–124); ferner durch die Funktion des Metabolismus, also des Stoffwechselmechanismus. Aus der Sicht eines Physikers des zwanzigsten Jahrhunderts strebt jedes Ereignis, jeder Vorgang, zur Produktion *positiver Entropie*. Die Materie strebt dann in Richtung Verfall, wenn es um *abgeschlossene Systeme* geht. Der lebende Organismus besitzt dagegen die Besonderheit eines *offenen Systems*; durch die Stoffwechselfunktion widerstrebt es der Entropie in Rückkoppelung mit der Umwelt. Leben entzieht seiner Umwelt also *negative Entropie*.

Durch die Entnahme von „Ordnung" aus der Umwelt werden die Ordnungsgefüge des organischen Systems aufrechterhalten. In dieser Hinsicht bezeichnet „lebender Organismus" ein geordnetes und gesetzmäßiges (oder negentropisches) Verhalten der Materie.

4.1 Negentropie im Zuge der Semantik der Selbstregulierung: Gleichgewichtsfunktion in der Weltoffenheit

Lovelock übernimmt Schrödingers Definition des Lebens. Leben findet sich dort, wo Entropie abnimmt. Die Verringerung der Entropie spielt sich wegen der Zufuhr der Energie, die das System aufrechterhält, ausschließlich in offenen Systemen ab. Die Beständigkeit des Systems hängt unmittelbar vom Gleichgewichtszustand ab, den das Systems dank seiner Offenheit erreicht.

Dieses Verfahren ist dem Modell der thermodynamischen Maschine nachgebildet. Es wurde schon dargestellt, dass das erreichte Gleichgewicht bei thermodynamischen Mechanismen den homöostatischen Regelungssystemen zugrunde liegt, wonach die innere Entropie (die steigt) auf Kosten von freier Energie abläuft. Bei dieser Wechselwirkung zwischen Innen und Außen wendet sich die Entropie in ihre negative Form und die Unordnung in Ordnung.

Der Übergang von einem unorganisierten zu einem organisierten Zustand wird als Regulierung bezeichnet (siehe Ashby 1962, 255–278). Sie beschreibt eine innere Rückkopplungsfunktion eines auf thermodynamischen Gesetzen basierenden Systems, wobei das System selbst von einem unorganisierten zu einem organisierten Zustand übergeht. In dieser Hinsicht ist die Regulierung Selbstregulierung (siehe Lovelock 2000, ix), die das Ungleichgewicht in einen Gleichgewichtszustand bringt. Das heißt, es benötigt keinen Autor zur Herstellung einer gleichgewichtigen Bilanz. Die Regulation geschieht selbsttätig.

> Die Selbstregulation bildet sich mit der Evolution des Systems heraus. Es bedarf also zu ihrer Erklärung keiner teleologischen Annahmen, keiner Mutmaßungen über Absichten und Pläne in der Natur (Lovelock 2008, 15).

Wenn man das Leben als negentropische Kraft versteht und darüber hinaus als regulatives Prinzip, das das System (den Planeten Erde) aufrechterhält und bewohnbar macht, kann man die Schlussfolgerung ziehen, dass die Negentropie eine Definition des Lebens in offenen Systemen zur Beständigkeit des Systems darstellt.[15] Das Leben ist das Versprechen, dass jede Unregelmäßigkeit, die das Leben von seiner Stabilität abbringt, in Ordnung gebracht wird.[16] Dieses Versprechen kann nur eingelöst werden, wenn die entropische Negativität aufgehoben und in das System Leben eingeschlossen wird.

4.2 Offenheit setzt die Positivierung des Negativen voraus

Hier möchte ich erneut auf die Wiederherstellungsthese der philosophischen Anthropologen zurückgreifen. Ihnen ist es gelungen, wie Roberto Esposito wunderbar gezeigt hat, die Negativität des Menschlichen in deren Positivierung umzukehren.

> Sobald von innerer Selbstregulierung des Organismus durch Funktionsaustausch zwischen gefundenen und kranken Teilen die Rede ist, steht man nicht mehr einer einfachen, von außen bewirkten Ausbalancierung eines Negativen durch ein Positives gegenüber, sondern der Positionierung des Negativen selbst [...]. In diesem Fall wird das Negative nicht einfach ausgeglichen, sondern zur Anwendung gebracht – produktiv gemacht – zum Zwecke seiner eigenen Neutralisierung. (Esposito 2004, 118)

Die positive Umwendung des Negativen ist eine Leistung der Anthropologie, die „Affirmative Negation der Negativität" (Esposito 2004, 120). Demzufolge besteht die Wiederherstellung der Ordnung in der Einbeziehung des Negativen in die

---

[15] „And the intervention of life in the regulation of the planet has been such as to promote stability and keep conditions favorable for life" (Tyrrel 2013, 4).
[16] Laut Bruno Latour liegt der Gaia-Hypothese über die Selbstregulierung ein starker theologischer Hintergrund zugrunde. Siehe: Latour 2017, 225–235 und Latour 2017.

neue Ordnung. Beispielhaft dafür ist, wie bereits erwähnt, die Positivierung der Hemmung der menschlichen Triebe nach Helmuth Plessner,

> dass das Überleben nicht spontan aus dem Leben erwächst, sondern im Gegenteil etwas ist, das dessen kontrollierte, eingeschränkte, im Zaum gehaltene Führung impliziert, die das Leben in gewisser Weise hemmt und ihm entgegensteht. (Esposito 2004, 147)

Der Gedanke, den ich hiermit ins Spiel bringen möchte, lautet, dass die Wiederherstellbarkeit des Bruches sich ausschließlich bei offenen Systemen erzielen lässt. Das Leben ist offen, da die entropische Neigung zum Verfall durch ein Organisationsprinzip kompensiert werden kann. Die Weltoffenheit setzt insofern die Positivierung des Negativen voraus.

> Bereits auf diese Weise tritt der inwendig nihilistische Grundzug der Anthropologie ans Licht: Wie für jede Kompensation typisch, eignen der Konstruktion von Ordnung, die diese bewirkt, nicht die Merkmale einer positiven Konstruktion, sondern jene der Destruktion einer Destruktion, der Negation eines Negativen. (Esposito 2004, 121)

Die Weltoffenheit hat eine nihilistische Anmutung.[17] So hat Roberto Esposito die philosophische Anthropologie als eine auf Nihilismus beruhende Philosophie bezeichnet und vor allem deren Hauptvertreter Arnold Gehlen als Person, die „diesen nihilistischen Weg zur endgültigen Vollendung brachte" (Esposito 2004, 22). Mit dieser Aussage geht man der Frage nach, ob die Negentropie eine Art von immunitärer Funktion erfüllt, nach der – wie bei deren Wirkung am Kompensationsmechanismus der philosophischen Anthropologie – sie sich durch Einschließung der Negativität im System selbst ins Positive verwandelt.

> Jedes Lebewesen ist ein Beispiel für die Anstrengung des vis natura, der Neigung der Materie zur Unordnung zu widerstehen [...]. In dieser Sicht kommt dem Immunsystem die Bedeutung eines Systems zu, das sich der Entropie entgegensetzt und die Unversehrtheit des Individuums gegen die Tendenz zur Destrukturierung seitens anderer Organismen behauptet, welcher das eigene Dasein und das ihrer Gattung auf die Kolonisierung und auf eine hohe Vermehrungsfrequenz stützen. (Biondi 1997, 1)

Die Kompensation erfolgt ausschließlich unter der Voraussetzung der Offenheit, die dem Leben attestiert wird. In diesem Zusammenhang soll es im Folgenden daraufhin untersucht werden, ob die Offenheit eine notwendige Prämisse zur Einbeziehung der Negativität darstellt und ob die Einschließung der Negativität die Konsequenzen einer Auflösung, die von selbst eintritt, trägt.

---

17 Siehe dazu Anders (2018).

5 Neganthropologie und Immunitas

5.1 Logik der Kompensation

Roberto Esposito ist die Innovation zu verdanken, das Wort „Immunitas" mit Bedeutungen von juristischer Semantik über theologische und anthropologische Interpretationen bis zur Gewinnung eines biopolitischen Begriffs aufgeladen zu haben. Immunitas bezeichnet dabei die Funktion der Wiederherstellung eines vorher geschehenen Bruches (siehe Esposito 2004, 40).

Die immunitäre Funktion besteht in der Neutralisierung eines Ungleichgewichts, der eine Kompensationslogik zugrunde liegt. Sie zeichnet, wie Esposito zeigt, den Vektor der negativen Theologie nach. Die Voraussetzung der Wiederherstellung einer abgebrochenen Ordnung ist deren Kompensation. In diesem Zusammenhang betont Esposito, dass die philosophische Anthropologie eine negative Anthropologie sei, so sie mit der negativen Theologie gleichgesetzt wird:

> Die Kategorie, die Theologie und Anthropologie in ein und derselben Sprache der Immunität miteinander verbindet, ist die Kategorie der „Kompensation". [...] [W]enn die äußerste Rechtfertigung Gottes für das Übel in der Welt schließlich irgendwann einmal in dem Umstand ausgemacht wird, daß es Gott nicht gibt, dies bedeutet, dass der Mensch sich höchstselbst mit der Dringlichkeit belädt, mit dem Negativen, das seine Erfahrung prägt, übereinzukommen. Auf genau diese Funktion des Begleichens – zwei Waagschalen wieder ins Gleichgewicht zu bringen, die von der „Last" einer Schuld, eines Fehls, eines Mangels gestört sind – weist, und zwar auch etymologisch gesehen, auf das Paradigma der Kompensation hin. (Esposito 2004, 113–114)

Damit stellt Esposito fest, dass sich Theologie und Anthropologie in ein und derselben Sprache der Immunität bewegen. Der Hintergrund der Gleichsetzung von Anthropologie und negativer Theologie besteht in dem schon von Odo Marquard aufgezeigten Theodizeemotiv, wobei die Erlösung ein diesseitiges Verfehlen voraussetzt.

> Die Gegenwartsanthropologie bestimmt den Menschen zentral als Defektflüchter, der nur durch Kompensation zu existieren vermag: als homo compensatio. Die moderne und gegenwärtige Konjunktur der philosophischen Anthropologie vollzieht sich repräsentativ im Zeichen des Kompensationsgedankens, eines Theodizeemotivs in der neuzeitlichen Philosophie. (Marquard 1987, 27)

Die Kategorie der Kompensation kehrt ins Zentrum jenes Fragens nach dem Menschen zurück (siehe Esposito 2004, 21), wenn sie als Bedingung der Menschwerdung aus evolutionsbiologischer Sicht festgestellt wird. In dieser Weise handelt die Kompensationslogik von Mechanismen, Regelungen etc., die die evolutionsbiologischen Mängel des Menschen neutralisieren sollen. Diese setzen schon voraus, dass der Mensch einem unmittelbaren Anpassungsvermögen entzogen ist und deshalb die primäre Bindung Mensch-Umwelt durch eine Kompensationslogik hergestellt werden muss.

Die Strategie der Neutralisierung zeichnet sich durch einen immunitären Schutzmechanismus aus, der das Leben durch Inklusion und Einschließung der Negativität bekämpft. Der Immunmechanismus besteht vor allem darin, jene im System vorausgesetzte Ungleichheit zu kompensieren, nämlich den Bruch eines vormals bestehenden Gleichgewichts zu beheben. Die Schutzreaktion der Immunitas handelt vom Wiederherstellungspotenzial des Systems, wobei durch die Positivierung der Negativität eine neue Ordnung zur Wahrung der Beständigkeit geschaffen wird. Wie wird nun die Negativität des Risikopotenzials in diese Schutzreaktionen einbezogen? Schließlich kann der Schutz nicht ohne Gefahr operativ wirken; er erhöht sogar das Risikopotenzial: Es wird einmal Schutz gegen ein Außen gewährt, indem den geschaffenen Immunsystemen die Gefahr ein Bedürfnis ist. Der Schutz beseitigt die Gefahr nicht, eher passt sich die Gefahrenwahrnehmung den wachsenden Schutzbedürfnissen an (siehe Esposito 2004, 25).

Man kann diese Dynamik *negentropische Bildungskraft* nennen, insofern sie die Aufrechterhaltung des Lebens auf Kosten dessen, was sie zum Verfall führt, gewährleistet. Damit setzt sich das dem Bildungstrieb innewohnende Erhaltungsprinzip gegen sich selbst in Gang.

5.2 (Auto-)Immunität und Selbstauflösungstrieb

Im Anschluss an die oben dargestellten Wiederherstellungsvorrichtungen bei einem *Bruch* – „eines vormals bestehenden Gleichgewichts" (Esposito 2004, 7) – möchte ich die immunitäre Schutzfunktion in einen neuen Zusammenhang mit dem Risikopotenzial stellen. Aus der funktionalistischen Sicht des Schutzmechanismus stehen beide Begriffe zueinander in einem umgekehrt proportionalen Verhältnis, sodass immunitäre Vorrichtungen das Risiko herabsetzen. Die Abwehrkraft der Schutzmechanismen wird deshalb umso stärker, je höher das Risikopotenzial ist. Wenn man mit Esposito die Frage stellt, was die Immunitas grundlegend ausmacht, so stehen die Schutzreaktion und das Risikopotenzial in einem gleichwertigen Verhältnis: Der Schutz setzt ein Risikopotenzial voraus, das nur er zu bekämpfen vermag. Demzufolge stehen Immunitas und Risiko nicht in einem dialektischen Verhältnis, sondern vielmehr in einer wechselseitigen Wirkung, wobei die miteinander verkoppelten Zusammenhänge sich bis ins Unendliche fortsetzen, solange diese auf eine unterbrochene Ordnung zurückgreifen, die wiederum auf ihre Wiederherstellung ausgerichtet ist.

Ein solche positive Wirkung der Immunitas ist mit dem von Stiegler angedeuteten positiven Pharmakon gleichzusetzen, wodurch die Neganthropologie des jetzigen Zeitalters gekennzeichnet ist. Als Folge der anthropotechnischen Ansätze der philosophischen Anthropologie misst Stiegler der Technik einen außerordentlichen pharmakologischen Charakter bei (Stiegler 2013, 15). Technik scheint vor allem im System der künstlichen Organe bzw. der Implantationen einen realen Platz zu finden (Esposito 2004, 203–214). Ihre Aufgabe besteht darin, wenn man die bisher erforschte Funktionsweise der Immunitas zusammenfasst, einen Bruch bzw. eine evolutionsbiologische Unangepasstheit mit der Umwelt auszugleichen. Dies bedeutet, dass der Schutz, welcher der Immunitas innewohnt, in der Schaffung eines Bezugs zur Welt besteht, der die Anpassung an die Umwelt ermöglicht. In dieser Hinsicht hat die Immunitas eine positive heilende Funktion, in den Worten Stieglers: einen positiven pharmakologischen Aspekt (Stiegler 2018, 62). Stiegler veranschaulicht die Idee des positiven Pharmakons mit dem von Daniel Winnicott geprägten Begriff „transitionales Objekt", wobei die gute Mutter einen Raum schafft, der dem Kind die Bindung an die Welt gestattet.

> Interiority is constituted through the internalization of a transitional exteriority that precedes it, and this is as true for anthropogenesis as it is for infantile psychogenesis: the transitional object constitutes the infantile stage of the pharmacology of spirit, the matrix through which transitional space is formed in transductive relation to the ‚good mother', that is to the provide of care. (Stiegler 2013, 20)

Dass die Technik eine sorgende Funktion erfüllt, lässt sich aus der Sicht der philosophischen Anthropologie nicht leugnen, da die Technik den Bezug zur Welt herstellt und insofern einen Einbezug des Menschen in die Welt ermöglicht. Hiermit wird der bisher gesponnene argumentative Faden bestätigt, dass die Schaffung von Sorgetechnologien bzw. eines positiven Pharmakons die Wiederherstellungstechniken nach einem Mangel, einem Bruch bzw. einem *default of being* zu sein scheinen. Das Negative bleibt noch konstitutiv bei der Neganthropologie des Neganthropozän. Abschließend lässt sich somit feststellen, dass das positive Pharmakon wiederum in der Logik eines *Fallens* zur Wiederherstellung eines *Defaults*, die unaufhörlich ad infinitum fortgesetzt wird, eingesetzt ist.

> In the course of this ‚perfecting' (or improvement) technics constantly compensates for a default of being (of which Valéry also speaks) by constantly bringing about a new default – always greater, always more complex and always less manageable than the one that preceded it. (Stiegler 2013, 15)

Die Regelungstechniken treiben einen Ausgleich für eine unangepasste Standposition des Anthropos voran. Dies wird ad infinitum fortgesetzt, solange sich der Mensch in einer unangemessenen Umwelt befindet, was die philosophische Anthropologie der Weltoffenheit zugeordnet hat. Diese Deregulierung wird nicht aufgehoben, weil ihre Heilung die Prämisse eines offenen Milieus voraussetzt, wobei die Differenz konstitutiv für die Sorgetechnologien bzw. das positive Pharmakon wird. Stiegler macht diesbezüglich eine Andeutung über den Terminus Canguilhelms, der die Vorstellung der Umwelt und des Menschen, als Diskurs der Wissenschaften, veranschaulicht. Er nennt den Bezug des Menschen zu seiner Umwelt „infidelity of milieu,"[18] womit er die unmittelbare Unangemessenheit bezeichnet. Die unendliche Rückkopplung zwischen Immunitas und Risiko wird im Rahmen eines verstellten Milieus bzw. einer offenen Welt durchgesetzt, es sei denn, dass die Dissonanz zur Umwelt, nämlich die Differenz Umwelt/System, vom Selbst aufgehoben wird, indem die Kompensations- und Selbstregulierungsfunktion der Immunitas diese mit Auflösung bedroht:[19]

> Ein Selbstauflösungstrieb, der mehr als nur metaphorischen Widerhall in den sogenannten Autoimmunkrankheiten findet, bei denen das kriegerische Potential des Immunsystems derart hoch ist, daß es sich irgendwann gegen sich selbst richtet, in einer so symbolischen wie realen Katastrophe, die zur Implosion des gesamten Organismus führt. (Esposito 2004, 27)

Die Selbstauflösung bedeutet dann die Auflösung bzw. Aufhebung der Differenz im Selbst der Auto-Immunitas. Die Diskrepanz von Milieu und Organismus löst sich auf, da eine vollständige Koppelung zwischen Umwelt und Anthropos erreicht wird: Erfolgt einmal eine vollständige Anpassung, wobei keine Differenz zwischen Organismus und Umwelt mehr besteht, gerät das System in Gefahr, sich selbst aufzulösen. Eine Destruktion ohne Reste[20] wäre plausibel in einem imaginären geschlossenen Lebensraum, wo die Negativität solcher Fehler nicht wiederhergestellt werden könnte, da das „absolute Pharmakon" (Stiegler 2013, 37) eine Technologie des Selbst aufbaut, wobei die Anpassung an Welt/Umwelt jenen „transitionalen Raum" beseitigt hat.

Was den Menschen betrifft, so ist die Neganthropologie eine vollständige Koppelung zwischen Umwelt und Anthropos, doch wird es sie nie geben, da die Welt in ihrer Offenheit den Anthropos stets dazu antreibt, ständig nach einem Fall wieder aufzustehen. Solche Weltoffenheit ist einem *default of being* voraus-

---

18 „(T)he environment is inconstant (*infidèle*). Its infidelity is simply its becoming, its history" (Canguilhem 1991, 198, zit. nach Stiegler 2013, 29).
19 „Einmal mehr ficht die Immunität gegen sich selbst, im Versuch, sich gegen ihre eigene Wirkung zu immunisieren" (Esposito 2004, 153).
20 „Diese selbst kündigt sich in der Grundlosigkeit einer restlosen Auto-Destruktion des autos selbst, des ‚Selbst' an. Woraufhin der Kern des Kritizismus selbst aufplatzt." (Derrida 1985, 129)

gesetzt, dann treffen sich die philosophische Anthropologie und der neganthropologische Ansatz Stieglers. Ist aber nicht die Selbstauflösung die transzendentale Bedingung jeden Diskurses über die Herausbildung der *conditio humana*?

Literatur

Alsberg, Paul. *Das Menschheitsrätsel. Versuch einer prinzipiellen Lösung*. Dresden: Sibyllen, 1922.
Anders, Günther. „Über Prometheische Scham." In *Die Antiquiertheit des Menschen*. Bd. 1. München: Beck, 2010.
Anders, Günther. *Die Weltfremdheit des Menschen. Schriften zur philosophischen Anthropologie*. Hg. Christian Dries. München: Beck, 2018.
Arendt, Hannah. *Vita activa oder Vom tätigen Leben*. München/Zürich: Piper, 2013.
Ashby, W. Ross. „Principles of the Self-Organizing System". In *Principles of Self-Organization*. Hg. H. Foerster und G.W. Zopf, Jr. London: Pergamon Press, 1969.
Bajohr, Hannes. „Keine Quallen. Anthropozän und Negative Anthropologie". *Merkur* 840.5 (2019): 63–74.
Bonneuil, Christophe und Jean-Baptiste Fressoz. *L'Événement Anthropocène. La terre, l'histoire et nous*. Paris: Le Seuil, 2013.
Canguilhem, Georges. *The Normal and the Pathological*. New York: Zoone Books, 1991.
Derrida, Jacques. *Apokalypse. Von einem neuerdings erhobenen apokalyptischen Ton in der Philosophie*. Graz/Wien: Passagen, 1985.
Derrida, Jacques. „Glaube und Wissen". In Jacques Derrida und Gianni Vattimo. *Die Religion*. Frankfurt am Main: Suhrkamp, 2001.
Esposito, Roberto. *Immunitas. Schutz und Negation des Lebens*. Berlin: Diaphanes, 2004.
Gehlen, Arnold. *Der Mensch. Seine Natur und seine Stellung in der Welt*. Frankfurt am Main: Klostermann, 2016.
Herder, Johann Gottfried. *Abhandlung über den Ursprung der Sprache*. Stuttgart: Reclam, 1993.
Latour, Bruno. *Kampf um Gaia*. Berlin: Suhrkamp, 2017.
Latour, Bruno. „Why Gaia is not a God of Totality". *Theory, Culture, Society* 34.2–3 (2017): 61–81.
Lévi-Strauss, Claude. *Tristes Tropiques*. Harmondsworth: Penguin, 1976.
Lovelock, James. *Gaia. A new Look at Life on Earth*. Oxford: Oxford University Press, 2000.
Lovelock, James. *Gaias Rache. Warum die Erde sich wehrt*. Berlin: Ullstein, 2008.
Marquard, Odo. *Apologie des Zufälligen*. Stuttgart: Reclam, 1987.
Matts, Tim und Aidan Tynan. „Geotrauma and the Eco-Clinic: Nature, Violence, Ideology". *Symploke* 20.1–2 (2012): 91–110.
Plessner, Helmuth. *Die Frage nach der Conditio Humana*. Frankfurt am Main: Suhrkamp, 1976.
Schrödinger, Erwin. *Was ist Leben?* München: Piper Verlag, 1987.
Stiegler, Bernard. *What Makes Life Worth Living. On Pharmakology*. Cambridge: Polity Press, 2013.
Stiegler, Bernard. *Automatic Society*. Bd. 1. *The Future of Work*. Cambridge: Polity Press, 2016.
Stiegler, Bernard. *The Neganthropocene*. London: Open Humanities Press, 2018.
Tyrrel, Toby. *On Gaia. A Critical Investigation of the Relationship Between Life and Earth*. Princeton/Oxford: Princeton University Press, 2013.

Stefan Färber
Dogmatische und rationale Analyse selbsterhaltender Vernunft

1 Paläonym ‚anthropos'

Paläonyme sind ein Syndrom von Brüchen und Sprüngen im ansonsten scheinbar halbwegs konsisteten Ideenhaushalt (Haverkamp 2007, 12). Als wortwörtlich ‚alten', aus einer jeweils entrückten Vorgeschichte stammenden ‚Namen', kommt Paläonymen die Funktion zu, einerseits unausdrückliche Spannungen im Diskurslage einer historischen Situation nicht nur in sich aufzunehmen und zu verdichten, sondern in gewisser Weise zugleich auch zu umgehen. Dadurch aber – indem sie ‚neue' oder jedenfalls halbwegs unvorbelastete Sagbarkeiten bereitstellen – sollen Paläonyme andererseits einen Ausblick auf andere Möglichkeiten eröffnen (Haverkamp 2001, 441) – Möglichkeiten, die ohne sie schlicht nicht ansprechbar wären. Dass sie zunächst seltsam unbestimmt oder sogar leer erscheinen mögen, gehört dabei mit zur Funktionsweise von Paläonymen: Ihr Einsatz besteht in einem *sprachlichen* Vorschuss für Orientierung auf *begrifflich* noch ungesichertem Terrain.

Vielleicht kann man den Ausdruck ‚anthropos', so wie er zur Zeit häufig gegen Begriffe wie ‚Mensch', ‚human' oder ‚homo' ausgespielt wird, als ein Paläonym in diesem Sinn verstehen. Zwar dem Namen nach mit dem Ausdruck ‚Anthropologie' verwandt, erscheint das Wort ‚anthropos' doch offenbar hinlänglich unbelastet, um vielfältige Projektionen zuzulassen: von einem Platzhalter für das kollektive Subjekt eines neuen geopolitischen Gesellschaftsvertrags, über ein Paradigma für neunaturphilosophische Tiefenoptiken, bis hin zur kritischen Zurückweisung als ein Ideologem im Dienste des neoliberalen, technokratischen, kapitalistischen *status quo*. Glaubt man dem Blick des Soziologen (siehe Luhmann 1980, 176–177), würde das alles wohl nur heißen, dass auch ‚der Anthropos' weder die Lösung noch das Problem in Person, sondern die Rede von ihm nur Index und zugleich Sublimierungssemantik für transsoziale Problembestände ist: Probleme, die eine Gesellschaft nicht klar zu fassen, geschweige denn mit den ihr zur Verfügung stehenden Mitteln anzugehen vermag.

2 The preservation of them all (Hobbes)

Dipesh Chakrabarty (2016, 158, 173–174) hat eine vergleichsweise zurückgenommene Verwendungsweise für das Wort ‚anthropos' vorgeschlagen. In der Rede vom Anthropos sollen nicht schon Verantwortlichkeiten geklärt werden; es geht weder um Rekognition des Menschen als geologischer Naturkraft, noch um eine daran anschließende Selbstdenunziation oder Selbstautorisierung. ‚Anthropos' ist zunächst nur der Deckname für die menschliche Existenz im Widerschein einer bisher unbewussten Rückseite ihrer selbst: ihr Eingebettetsein in einen größeren naturgeschichtlichen Zusammenhang, der insofern inhuman genannt werden kann, als er für einzelne Menschen oder auch einzelne Generationen von Menschen erfahrungsmäßig unzugänglich und praxeologisch unverfügbar ist (siehe dazu auch Falb 2019).

Diese terminologische Vereinbarung scheint zunächst nur eine weitere schlechte Naturalisierung und Entpolitisierung der Sachlage einzuführen, denn auch hier werden im Rekurs auf das Wort ‚anthropos' faktisch bestehende soziale Ungleichheiten und Ungleichbetroffenheiten zwischen Menschen übergangen. Was aber, wenn andersherum sie in eine Problemregion modernen politischen Denkens verweist, in dem solche kritischen Hinweise am Moment der Reklamation von Gleichheit selber eingeholt werden? Chakrabartys Vorschlag stellt sie in einen langen ideengeschichtlichen Schatten, der gerne und oft deswegen ausgeblendet wird, weil er moderne Freiheits- und Gleichheitsversprechen selber mit ihren eigenen inneren Paradoxien konfrontiert: Die Rede ist von Hobbes und seinem sogenannten Naturzustandsszenario. Bei Hobbes war es die Tatsache, dass jeder jeden töten kann, die die Menschen in eine Art natürlicher Egalität versetzt hatte (1969, 70 [I.3]; 1983, 93 [I.3]). Diese Egalität war, mit Hegel zu sprechen, auf „die gleiche Schwäche der Menschen" zurückzuführen, auf eine niemals prinzipiell auszuräumende Vulnerabilität, in der „jeder [...] ein Schwaches gegen den andern" ist (1986b, 227; siehe auch Schmitt 1982, 47). Parallel dazu bringt das Deckwort ‚anthropos' die Menschen nun auf den Nullpunkt einer planetarisch bedingten Endlichkeit und erzeugt damit eine neue Form politisch grundlegender, existenzieller Egalität. Wie bei Hobbes' die Vulnerabilität überhaupt, so tritt nun die Tatsache, dass man sich unter ein und denselben rückhaltlosen Überlebensbedingungen des Planeten Erde wiederfindet, als ‚Grund' jedes fortan ernstzunehmenden politischen Denkens aus der Latenz.

Auch wenn die theoretische Phantasie sich gern daran entzündet – der Gedanke der planetarischen Egalität entfaltet nicht erst da seine Wirkung, wo man ihn auf die Gestalt existenzieller Risiken für die Spezies Mensch an sich verlängert. Schon bei Hobbes ist die „Conditio generis Humani" (1668, 63) – viel basaler – durch *Furcht* (*fear/metus*) vor gewissen Übeln gekennzeichnet. Dabei dachte Hobbes nicht nur an eine Angst, die sich aus manifester Bedrohung von Leib und Leben speist. Gemeint ist ein sehr viel breiteres Phänomen, denn Furcht, so Hobbes (1983, 93 [I.2 Ann.]), kommt in „futuri mali prospectum quemlibet", in ‚jedweder vorauseilenden Antizipation eines zukünftigen Übels', zum Ausdruck. Fürchten tun wir laut Hobbes nicht nur Dinge, die wir auf irgendeine Weise als Übel schon kennen, sondern auch und vor allem fürchten wir Übel, die wir *nicht* kennen, oder Dinge, die wir zwar kennen, von denen wir aber nicht *wissen*, ob sie uns schaden oder nicht (siehe 1998, 34 [VI.4] / 36 [VI.16]). Sich zu fürchten, nicht zuletzt auch vor den Anderen, ist also weniger ein intrinsisches Merkmal des Menschen an und für sich. Dass das Leben der Menschen von noch so unmerklichen Antizipationen unbekannter Übel bestimmt ist, wird bei Hobbes vielmehr gedacht als etwas, das sich ergibt aus der konsequenten Veräußerung der Menschen an eine natürliche Welt, die ihnen wesensmäßig unbekannt und wesensmäßig unverfügbar ist. Diese weite, skepsisbefeuerte Idee von Furcht und Selbsterhaltung (*preservation*) bildet eine gedankliche Ausgangstellung politischen Denkens, in der sich noch heutige Diskurse zur Klimawandelresilienz und der Klimawandelanpassung (siehe Folkers 2018) bewegen.

Das Paläonym ‚anthropos' riefe damit die Debatten wieder zurück auf ein historisches Ausgangsmoment, in dem das politische Denken beginnt, eine genuin neuzeitliche Form von Rationalität anzunehmen, an jenen Punkt, an dem Hobbes das Recht (*law*) erstmals so auf das individuelle Leben der Menschen bezieht, dass die überpositive Idee des guten Lebens verworfen und das Moment der bloßen Selbsterhaltung des Lebens zu dem für das Recht entscheidenden Moment wird.[1] Mit Hobbes beginnt das Recht, sich als Vorhut einer Gesellschaftsordnung zu begreifen, die umso rationaler sein soll, als das Recht nicht mehr beansprucht, allgemein verbindlich zu bestimmen und zu regeln, was ein ‚gutes' Leben in ihr, der Gesellschaft, beinhalte und was nicht. Aus Sicht platonisch-aristotelischer Rechtsvorstellungen erscheint dies wie ein glatter Widerspruch, denn hier verstand es sich ja von selbst, dass politisch vernünftig nur das sein kann, was jede*n verbindlich an die Idee des guten Miteinander aller bindet. Hobbes, und darin wird man ihm folgen, verwirft diesen Gedanken. Das Rationale des Rechts (*law*) besteht jetzt nicht mehr in der Kultivierung von Pflichten, die jede*r im Sinne der guten Ordnung sich aneignen solle, sondern in der Zuschreibung von Rechten (*rights*), die alle so oder so haben und für sich beanspruchen können – allen voran das Recht auf Selbsterhaltung (1998, 86 [XIV.1]; 1983, 94 [I.7]).

---

[1] Siehe zum weiteren Zusammenhang zwischen neuzeitlicher Rationalität und intransitiven Selbsterhaltungsbegriffen Blumenberg (1976), zum engeren Bereich des modernen Rechts die Modellgeschichte von Menke (2015, 43–88), von der ich im Folgenden wesentlich zehre.

Hier liegt das Rationalitätsmodell eines modernen liberalen Staates vor, der sich statt mit gemeinschaftlicher Sinnstiftung mit der Aufgabe begnügt, die Bedingungen für die Selbsterhaltung des individuellen menschlichen Lebens zu gewährleisten. Insofern ist der liberale Staat, wie Böckenförde in Anspielung auf Hegel sagt, das genaue Gegenteil eines sittlichen Staates: Er ist von Grund auf „Not- und Verstandesstaat" (1973, 61). Notstaat ist er, weil die bloße Absicherung des individuellen menschlichen Lebens gegen Furcht, Gewalt und Tod von nun an das Worumwillen aller von ihm ausgehenden Gewalt ist. Verstandesstaat ist er aber deswegen, weil er sich noch eine andere Selbstbeschränkung auferlegt: Denn für ihn ist das individuelle menschliche Leben auch das, was in seinen konkreten Gehalten und Zielen unbestimmt gelassen, sich selbst überlassen wird und werden muss. Das ist der im klassischen Sinne liberale Zug dieses Rechts.

Dabei haben diese beiden Aspekte des menschlichen Lebens allerdings für das Recht nicht den selben Status, sondern bilden vielmehr eine interne Stufenordnung. Denn es ist zunächst das von Tod, Gewalt und Furcht zu schützende Leben, das als *conditio sine qua non* des im klassisch-liberalen Sinne freien Lebens begriffen wird. Erst wo Ersteres hinreichend gesichert ist, kann die Frage nach dem Zweiteren überhaupt erst gestellt werden. Diesem zweiteiligen Lebensbegriff entsprechen daher auch zwei Freiheitsbegriffe. Es gibt, mit Judith N. Shklar (2013, 58) zu sprechen, einmal das Problem der negativen Freiheit von Furcht – das ist die „primäre Freiheit". Und es gibt die von vielen Liberalismen namentlich veranschlagte, offensive Vorstellung von Freiheit als Freiheit zur Selbstentfaltung – das ist die ‚sekundäre Freiheit'.

Böckenförde (2006, 112–113) hat bekanntlich die ‚Natürlichkeit' des auf die Momente der Selbsterhaltung und der *libertas* gebrachten Lebens so erklärt, dass der liberale Staat sie sich selber ‚voraussetzen' muss. Das soll heißen, dass dieser Staat das individuelle menschliche Leben als sich, dem Staat, vorweg seiend setzt und begreift, und zwar in einem doppelten Sinn. Das individuelle Leben ist ein ‚natürliches', weil einerseits rechtlich außer Frage steht, genauer: weil es die Sinnbedingung des Rechts ist, dass jede*r ein Recht darauf hat und deshalb beanspruchen darf, vor Gewalt und Furcht geschützt zu werden. Und das Leben der Einzelnen ist ‚natürlich', weil es andererseits etwas ist, was das Recht und der Staat sich selber gegenüber unverfügbar und unergründlich halten müssen. Die *Natürlichkeit* des individuellen menschlichen Lebens und der neue Sinn von rechtlicher *Rationalität* sind konstitutiv aufeinander bezogen.

Wenn nun Böckenförde den liberalen Staat als „Verstandesstaat" bezeichnet, dann unterscheidet er damit diesen Staat und den neuen Typus von Rationalität von einem anderen, ‚echten' Vernunftstaat. In diesem Vernunftstaat würde das Leben jede*r Einzelnen nicht einfach nur ein Leben individueller Selbsterhaltung und -entfaltung sondern, wie Hegel (1986a, 399) sagt, ein „allgemeines Leben" sein. Der Vernunftsstaat wäre also ein Staat, in dem jede*r Einzelne das eigene Leben freimütig als Verantwortung für die allgemeine Verwirklichung der doppelten Freiheit übernehmen würde, das heißt, sie würde die Freiheit aller als den ‚Sinn' ihrer eigenen, zunächst nur rechtlich zugestandenen Freiheit begreifen. Kurz gesagt, Hegels Vernunftstaat wäre ein Staat mit einer *liberalen Sittlichkeit*.

Die Crux von Böckenfördes Theorem der Voraussetzungen des liberalen Staates ist nun aber bekanntlich, dass es diesem Staat gemäß seiner inneren Logik gar nicht offensteht, die Einzelnen dazu anzuhalten, ihr eigenes Leben als ein allgemeines zu leben. Der liberale Staat hat deshalb ein grundsätzliches Problem, auf das er selber keinen Zugriff hat, nämlich das „Problem politischer Subjektivierung: Wo kommen die Subjekte her, die der liberale Staat voraussetzen muss, um bestehen zu können" (Menke 2017, 54)? Die Antwort, die Böckenförde darauf gibt, lautet: aus der Kultur. In der Kultur, und nicht durch den Staat oder das Recht, entscheidet sich, ob das in formal gleicher Weise durch das Recht freigegebene Leben der Einzelnen zu ihrem allgemeinen Leben wird oder nicht. Ist das aber so, dann wird die Kultur umgekehrt zum „Schicksal" (Menke 2017, 57) des liberalen Staates und seines initialen Sinns. Sie wird das, wovon dieser Staat, soll er seinen Sinn gehabt haben, prekärerweise abhängt, das worauf er wetten muss und dem er sich, will er liberal sein und bleiben, nur ergeben kann. Das ist das allgemeine Paradox der dem liberalen Recht eigenen Rationalität, das Böckenförde ein „große[s] Wagnis" (ebd.) nennt.

Man kann sagen, dass sich vor dem Hintergrund der Szenerie der planetarischen Egalität der Menschen dieses Paradox liberaler Rationalität zwar nicht der Form nach, aber doch, was dessen Einsatz betrifft, noch einmal verschärft. Ernst Forsthoff, der Urheber des Begriffs der staatlichen Daseinsvorsorge, weist schon zu Beginn der Neunzehnhundertsiebzigerjahre auf diesen Einsatz hin: Was auf dem Spiel steht, wenn es um ökologische Risiken geht, ist nämlich genau und gerade *„mehr als die Freiheit"* (1971, 25 [meine Hervorhebung, S.F.]), das heißt, mehr als die Freiheit individueller Selbstentfaltung, die der liberale Staat sich auf die Fahnen geschrieben hat, und auch hier kann der prinzipientreue liberale Staat es nur der Kultur überlassen, eine umfassende ökologisch-politische Subjektivierung zustande zu bringen.

Aber noch etwas Anderes kommt hinzu: Entwicklungen *innerhalb* heutiger wirtschaftsliberaler Gesellschaften erzeugen fortwährend neue, nicht nur ökologische Risiken, und der Verdacht erhärtet sich, dass die einzig realistischen Ansätze, um die primäre Freiheit von Furcht, Gewalt und Tod zukünftig zu gewährleisten, wohl oder übel die sein könnten, die mit dem Kollaps der für liberale Gesellschaften grundlegenden Unterscheidung von Öffentlichem und Privatem einhergehen (siehe Bostrom 2018). Denn wenn man sich auf die Kultur und die Gesellschaft nicht verlassen will – und der liberale Staat kann es naturgemäß nicht: er verfügt über keinen Grund dazu –, dann kann es eben auch rationale Argumente für Politiken geben, die im Dienste der Wahrung des initialen Freiheitsversprechens illiberale Wirkungen zeitigen. Damit hätte die liberale Rationalität sich selber in eine Situation gebracht, die Maßnahmen rational erscheinen lässt, bei denen zwischen Liberalität und Illiberalität nicht mehr sinnvoll unterschieden werden kann.

Unter den Vorzeichen der planetarischen Endlichkeit verschärft sich damit ein weiteres bekanntes – biopolitisches oder gouvernementales – Paradox der liberalen Rationalität. Der liberale Staat hat das individuelle Leben zwar formal freigesetzt, indem er ihm einen Rechtsanspruch auf Selbsterhaltung und Selbstentfaltung zugesteht. Zugleich produziert er aber dadurch eine Lücke: Denn um nun die primäre Freiheit der Selbsterhaltung *hinreichend allgemein* sicherzustellen, bedarf es zusätzlich Techniken displizinierender, normalisierender und kontrollierender Steuerung (siehe Foucault 2004, 100–101). Im schlimmsten Fall hätte dann Carl Schmitt – in Umkehrung der von ihm beabsichtigten Stoßrichtung – Recht behalten: Weil der liberale Staat die rechtlichen Sinnbedingungen für eine Gesellschaft schafft, deren innere Kräfte ihm seinem eigenen Wesen gemäß verborgen sind und es auch bleiben sollen, kann dieser Staat im Prinzip auch eine Gesellschaft ermöglichen, gegenüber der sein allgemeines Freiheitsversprechen zu wahren unvermeidlich bedeutet, gegen dieses Versprechen zu verstoßen.[2] Der liberale Staat hätte sich dann von Anfang an den „Todeskeim" (Schmitt 1982, 86) selber eingepflanzt.

3 Selbsterhaltung und Vernunft

Mein Vorschlag ist nun, die heutige, von der Losung ‚Anthropozän' mitausgelöste Konjunktur von Anthropologisierung als Reaktion auf dieses ökologische Paradox liberaler Rationalität zu lesen. Dies hat, wie sich zeigen wird, zwei Effekte: Erstens wird die kanonische Frontstellung zwischen neohumanistischen und posthumanistischen Positionen entsubstanzialisiert. Diese Frontlinie, so zeigt sich, fußt auf der mehr oder minder beliebigen Entscheidung, ob man der ‚Formel Mensch' (Luhmann) noch historisch zutrauen oder nicht zutrauen möchte, ungeahnte Reserven aus einer vom neuzeitlichen Ideologem der Bemeisterung der Natur noch unkorrumpierten Potenz abrufen zu können, um so die

---

[2] Siehe in dieser Richtung in Bezug auf die Klimawandelproblematik Mann und Wainwright (2018).

systematische Leerstelle ‚ökologisch-politische Subjektivierung' auszufüllen. Was beide Lager dabei wiederum verbindet, ist das ‚erlösende Wort Leben' (Plessner), das sie in der ein oder anderen Weise vom Leben als ‚bloßer' Selbsterhaltung unterschieden wissen wollen. Sei es der Mensch und sein Leben, seien es posthumanistische Lebensformen oder Agenzien – beide sollen eben etwas sein, in dem das ökologische Paradox der liberalen rechtlichen Rationalität umgangen werden kann, ohne deren initiales Freiheitsversprechen aus dem Blick zu verlieren. Beide agieren damit, kurz gesagt, als Stellvertreter eines „liberale[n] Sittlichkeitskonzept[s]" (Zabel 2019, 16).

Das Modell einer Rationalität, der Selbsterhaltung rational genug ist, zu unterlaufen, gehört deswegen, wie ich zeigen werde, ebenfalls mit zum neohumanistischen als auch zum posthumanistischen Ausweg aus dem Paradox. Dabei gehen beide Positionen von mindestens zwei problematischen Annahmen aus. Erstens verengen und vereindeutigen sie ‚Selbsterhaltung' und ‚Rationalität' zu einem ideologischen Zubehör des modernen menschlichen Naturmachertums, das, im Ökomodernismus fortgeführt, sich heute offensiv noch tiefer in die gouvernementalen Paradoxien der liberalen Rationalität verstrickt. Zweitens nehmen sie an, Rationalität sei *per se*, da sie ja im Bunde mit jenem Ideologem stehe, der neuen vorpolitischen Realität der planetarischen Endlichkeit nicht mehr gewachsen. Mein Grundverdacht lautet, dass es sich hier eher um einen Fall von Ideenpolitik als von Ideengeschichte handelt, und zwar schon allein deswegen, weil es eine lange Tandemgeschichte der Begriffe ‚Selbsterhaltung' und ‚Vernunft' gibt, in der verschiedene Gestalten von ‚Selbsterhaltung' als Reflexionsbegriffe für ebenso verschiedene Verständnisse von ‚Vernunft' herangezogen wurden, und umgekehrt.[3] Berücksichtigt man außerdem, dass die älteste bekannte Ausprägung dieses Zusammenhangs der stoische Begriff der *oikeiosis* gewesen ist, könnte man sogar von einer Gegengeschichte von reflexiven ‚Ökologien' von Vernunft sprechen. Es könnte sich demnach, das ist der zweite Punkt, bei der Gegenüberstellung von Vernunft/Selbsterhaltung und Mensch/Leben zumindest in Teilen um den Fall *whig history*, also einer ideenpolitischen Fortschrittsgeschichte, handeln. Die eigentliche Frontlinie verliefe dann nicht mehr zwischen Neohumanismen und Posthumanismen, sondern – quer dazu – hindurch durch das Begriffspaar Selbsterhaltung/Vernunft und die darin eingeschriebenen Ambiguitäten.

---

3 Siehe etwa Mulsow (1998).

4 Postfundamentalistischer Konservatismus (Anders/Plessner)

Spätestens seit Feuerbach ist philosophisch vom Menschen die Rede *im Unterschied* zur Vernunft. Spricht man im philosophischen Ton vom Menschen, so ist immer auch mitgemeint die Ablösung eines überkommenen, allzu abstrakt und allzu idealisierend empfundenen Begriffs des Vernunftwesens. Im angeblichen Unterschied zu diesem meint man im Register der philosophischen Anthropologie mit ‚Mensch' immer ein in dieser Welt situiertes Wesen, zu dessen Leben es eben gehört, dass es seine Möglichkeiten an Begründungen im Denken und Handeln zwangsläufig begrenzt findet, weswegen es auf den Umgang mit den jeweiligen faktischen Ausgangsbedingungen dieses Lebens umsatteln muss. Erst diesseits der leeren Freiheit und der eitlen Selbstüberforderungen, die in seiner Ansprache als einem ‚Vernunftwesen' liegen, beginnen die genuinen „Verantwortungen" des Menschen als „eines höchst erdhaften, eines den Unvorhersehbarkeiten der Erfahrung völlig [...] ausgelieferten Weltdaseins" (Plessner 1983, 46). Das ist im Kern die Kritik, die die philosophische Anthropologie an Kants kritischer Philosophie und ihren unmittelbaren Folgen geübt hat.

An dieser Stelle gilt es, auf eine oft übersehene Ambiguität aufmerksam zu machen, die in den neuzeitlichen Verwendungsweisen der Ausdrücke ‚dogmatisch' und ‚kritisch', sowie im Begriff des ‚Rationalen' und der darin mitgedachten Form von Skepsis liegen. In ihrer genuin modernen Gestalt, die bei Descartes in groben Zügen angelegt, aber erst bei Kant die entscheidende Wendung erhält, ist Skepsis die Ausgangshaltung zu einer *Problematisierung* dessen, was jeweils als selbstverständlich gilt. Problematisierung meint dabei, dass es sich um eine vorsätzlich globale Skepsis handelt, die zumindest potenziell überhaupt all dem gelten kann, was ‚nur' *doxa* ist. Dabei wird der *doxa* eine grundsätzliche Begründung dafür abverlangt, wahr oder falsch sein zu können. Gelingt das nicht – so wie es Kant für die überlieferte Metaphysik mit ihren ‚leeren' Begriffen ‚ohne Gegenstand' zeigt –, dann ist diese *doxa* nicht etwa einfach nur falsch, sondern in gewisser Weise *weniger* als bloße Meinung: sie soll aus jeglichem Maßstab materialer Wahrheitsfähigkeit herausfallen. Für eine solche problematisierende Skepsis steht die *doxa per se* unter dem Vorverdacht, Dogma zu sein, und zwar einfach deswegen, weil hier der doxastische Zustand, dass etwas unhinterfragt für wahr gehalten wird, als unerträglich empfunden wird. Skepsis in diesem Sinn einer nach prinzipieller Begründung von Überzeugungen fragenden Skepsis ist also eine im wörtlichen Sinne *rationale Skepsis*.

Nun gibt es aber noch ein ganz anderes Modell von Skepsis, das sich aus dem antiken Pyrrhonismus herleitet und unter dem sich eine bis heute reichende, lose

Familie von Positionen zusammenfindet. Der konstitutive Grundverdacht dieser Skepsis lautet, dass nicht in der *doxa per se* sondern vielmehr in dem Modell rationaler Skepsis selber das eigentlich entscheidende Potenzial zu Dogmatik liegt. Unter ein Verdikt des Dogmatischen fällt für diese Skepsis dann gerade nicht die *doxa* als ‚bloße' unbegründete Meinung. Den Titel ‚dogmatisch' verdient im Gegenteil die rationale Skepsis selber, nämlich wegen ihres Hangs zum *Doktrinalen*: ihres Willens zu einem bis ins Letzte begründeten, oder wenigstens prinzipiell begründbaren, Bescheidwissen. Skepsis tritt dann hier gerade auf als ein – dann im veränderten Sinne – kritisches Gegengewicht aller Selbstübersteigerung ihres eigenen rationalen Zugs. Sie wird zur Verteidigerin von Figurationen des unhinterfragt Fürwahrgehaltenen, paradigmatisch des ‚naiven' Realismus des unphilosophischen ‚Normalmenschen', der davon ausgeht, in einem niemals *grundsätzlich* problematischen Verhältnis zur Welt zu stehen und deshalb, um mit und in dieser Welt zurechtzukommen, getrost auf den Maßstab absoluter Gewissheit verzichten kann. Das ist dann, könnte man sagen, eine *vernünftige* Skepsis, also eine Skepsis der Skepsis gegenüber sich selbst in ihrer rationalen Gestalt.

Wittgenstein (1984, 119–120 / 181–188) hat im Sinne dieses letzteren Skepsismodells die These formuliert, dass es in unserem doxastischen Haushalt immer und unvermeidlich Überzeugungen geben muss, die für uns nicht sinnvoll bezweifelbar – und genau in diesem minimalen, technischen Sinne *vernünftig* –, aber genau deswegen auch *auf rationale Weise nicht weiter für uns begründbar* sind (siehe Pritchard 2011). Für Wittgenstein bedeutet dies den Pyrrhussieg eines lebensweltlichen Nichtbedürfnisses an doktrinalen Letztbegründungen, das die Möglichkeit eines vernünftigen Umgangs mit den ‚mittleren' – relativ gewissen wie relativ ungewissen – Überzeugungen gewinnt, in denen man sich vorfindet. Eine solche vernünftige Skepsis mündet dann, mit Marquard (2000, 19) gesprochen, nicht in „absolute Ratlosigkeit", sondern in einen „Vielfaltsinn" für die verschiedenen „widerstreitenden Wirklichkeiten".

Es ist dieser Modus einer Orientierung durch vernünftige Skepsis, der auch die philosophische Anthropologie von Anfang an im Kern motiviert hat. Der Mensch, von dem in der philosophischen Anthropologie die Rede ist, gewinnt Orientierung dadurch, dass er sich auf die Faktizitäten oder, wie Hannah Arendt (1981, 13) sie nannte, die „Grundbedingtheiten menschlicher Existenz" besinnt. Dabei ist rationale Skepsis zwar nicht *passé*. Die philosophische Anthropologie wandelt aber das, was der rationalen Skepsis zur Enttäuschung wird – dass Letztbegründungen für diese Bedingtheiten ausbleiben –, in eine andere Form von Sinn um: in die Übernahme ihrer Faktizität als Eröffnung einer genuin menschlichen Aufgabe.

Philosophisch-anthropologische Orientierung bedeutet also, dass gewisse Fakten gerade nicht sinnvoll – genauer: nicht vernünftigerweise – in Frage stehen können. Eine vernünftige *doxa* kann nicht die heißen, die erst einer umfassenden Absicherung gegen Gründe für Zweifel bedarf. Ebenso weit entfernt von einer vernünftigen Haltung ist man aber auch, wo man – weil rationale Letztbegründung ausbleibt – in nihilistische Indifferenz verfällt. Denn auch das hieße ja, weiterhin daran festzuhalten, dass nur eine letztbegründete *doxa* Orientierung geben kann. Vernünftig zu sein meint, eine Haltung zu etwas einzunehmen, das zwar ‚nur' kontingenterweise der Fall sein und sich deshalb umfassender Begründung entziehen mag, was aber dennoch innerhalb einer bestimmten Situation in seinem Sosein Anerkennung fordert. Wenn anthropologische Grundbedingtheiten also den modalen Status von Faktizitäten haben, dann heißt das, dass es gleichermaßen irreführend ist, sie als schlechthin kontingent oder aber als schlechthin notwendig zu bezeichnen. Eine anthropologische Faktizität ist etwas, was für den Menschen *hier und jetzt*, gerade weil er als kontingente und dem Bedürfnis nach rationaler Einsicht widerstehende Tatsache einsehen kann, vernünftigerweise unmöglich nicht anzuerkennen ist.

In dem Zuschnitt der anthropologischen Rede auf Faktizitäten kommt nun, so gesehen, eine Haltung zum Ausdruck, die „ontologisch konservativ" (Anders zitiert nach Dries 2018, 491), das heißt, auf die Bewahrung des Menschen als Menschen ausgerichtet ist. Indem sie anthropologische Faktizitäten thematisiert, zeigt die philosophische Anthropologie nämlich Grenzen auf, bis zu denen der Mensch sich in einer jeweiligen Situation vernünftigerweise nicht selber rational in Frage stellen kann (siehe Plessner 1983, 45). Das heißt aber, dass der philosophisch-anthropologischen Rede ein notwendig ‚irrationales' Moment innewohnt, und zwar in einem ganz bestimmten und nicht schon pejorativ gemeinten Sinn. Die philosophische Anthropologie ist zwar auch, wie Plessner (1983, 43) schrieb, eine „Lehre vom Menschen [...] am Leitfaden seiner grundsätzlichen Bezweifelbarkeit". Genau das aber setzt schon etwas voraus: eine Vorstellung vom Menschen als einem immer schon irgendwie für Befragung und Zweifel Zugänglichem. Der Anfang aller philosophischen Anthropologie ist eine nicht sinnvoll bezweifelbare und genau insofern auch rational nicht einholbare, positive Haltung des Menschen zu sich selbst – eine Haltung, in der sich der Mensch immer schon für sich und sein Weiterbestehensollen als Mensch vorentschieden hat. Dass der Mensch weiter bestehen soll und wir weiter von ihm reden sollen, kann etwa laut Günther Anders (1961, 323)

> nur *innerhalb* eines zuvor schon bejahten Lebens begründet werden; nur dann, wenn das Leben ohnehin mit dem Leben einverstanden ist; und zwar einverstanden auf Grund außermoralischer Argumente, nein, überhaupt nicht mehr auf Grund von Argumenten. Anders ausgedrückt: *die moralische Erforderlichkeit von Welt und Mensch ist selbst moralisch nicht mehr begründbar.*

Man kann also sagen, dass in jeder philosophisch-anthropologischen Rede ein „postfundamentalistischer Konservatismus" (Dries 2018, 492) zum Ausdruck kommt. Dahinter steckt weder die Behauptung, zu wissen, dass das Wesen des Menschen definitiv unerkennbar ist, noch die Behauptung, zu wissen, dass sein Wesen darin besteht, keines zu haben. Das Erste hieße nur, in der doktrinalen Geschlossenheit eines Skeptizismus, das Zweite, in der doktrinalen Geschlossenheit einer negativen Apodiktik stehen zu bleiben – also bei den ganz profanen Enden der *rationalen*, nicht der vernünftigen, Skepsis. Aus vernünftiger Skepsis motiviert, weiß sich die philosophisch-anthropologische Rede hingegen als doktrinal unabschließbar, also als in sich selbst notwendig prekär. Sie weiß, dass die einzige Chance, den Menschen als Menschen zu bewahren, darin liegt, ihn gewissen überzogenenen Selbstanforderungen nach rationalen Begründungen zu entziehen und ihn vorbehaltlich auf gewisse Grundgegebenheiten ‚festzulegen', die er nur vernünftigerweise anerkennen kann – oder unvernünftigerweise nicht. Die Anthropologie blockiert damit beides: den Nihilismus, der aus Nichtbegründbarkeit folgert, dass alles egal ist; aber auch den Fatalismus, der aus derselben Einsicht schließt, dass alles so ist wie es ist.

Wenn man nun fragt, worin die *conditio humana* im Zeichen der Anthropozän-Hypothese aus der Sicht der philosophischen Anthropologie besteht, so könnte die Antwort versuchsweise lauten: ‚Mensch' oder ‚anthropos' ist nichts weiter als ein indefiniter Name für ein Wesen, das sich hier und jetzt auf unbestimmte Zeit in der Faktizität der ökologischen Belastungsgrenzen dieses und keines anderen Planeten einzurichten hat. Dass auch hier eine ‚grundlose' Selbstbejahung im Spiel ist, macht jedoch nicht etwa schon an und für sich einen theoretischen Bankrott aus. Hier springt dem Menschen der philosophischen Anthropologie, genauer betrachtet, sogar die Logik der Selbsterhaltung in Gestalt eines evolutionären *survival* zur Seite. Denn hier kann man sagen, dass nichts darauf hinweist, dass ein in diesem Sinne ‚irrationales' Denken und Handeln schon von sich aus mit Nachteilen im Überleben einhergehen muss. „Auch Wahrheitspraxen", schreibt Daniel Falb (2019, 233) von der Warte eines generalisierten ‚Survivalismus', „haben keinen anderen Grund [d. i. Formursache, S.F.] als ihr Überlebthaben. Das bedeutet, dass ich keine Veranlassung habe, mich von bloßen Richtigkeitsüberlegungen" von einem ‚irrationalen' Denken und Handeln „abhalten zu lassen". Die unvermeidliche ‚Irrationalität' hieße also für den der planetarischer Endlichkeit ausgesetzten Menschen lediglich das: dass die Maßstäbe absoluter Orientierung durch rationale Skepsis nicht die seinen sind – also nicht das, wodurch er sich in seiner Existenz und seiner Humanität weiter erhalten könnte. Seine „Vernunft" in Gestalt rationaler Skepsis hätte erneut aufgehört, „die einzige und durch ihre Wahrheit ausgezeichnete Möglichkeit" zu sein, „nach der das Menschsein gesichert ist" (Plessner 1983, 44).

Der anthropologische Ausweg aus dem ökologischen Paradox der liberalen Rationalität ist damit formal vorgezeichnet: Gerade indem der Mensch sich vernünftigerweise durch die Situation planetarischer Endlichkeit ‚determinieren' lässt, kann er die Möglichkeit der sekundären Freiheit offenhalten. Und umgekehrt ist es die ‚irrationale' Entscheidung für sich, eine über die bloße Selbsterhaltung hinausgehende Selbstbehauptung, durch die er hier und jetzt die Hoffnung auf die primäre Freiheit von Furcht, Gewalt und Tod sich bewahren kann. Damit aber führt der anthropologische Ausweg über den geheimen Umweg eines *anderen, durch Vernünftigkeit gefundenen status naturalis*: Im Widerschein der Situation planetarischer Endlichkeit erscheint sich der Mensch erneut als einer, der wieder einmal verkannt hat, wozu er noch fähig ist. Genau das aber war ironischerweise auch die Beschreibung, die Hobbes für die in einem ganz und gar unheroischen Sinne gefährliche Situation der *libertas naturalis* gegeben hatte, welche für ihn nur durch die blanke Projektion der unnatürlichen *persona ficta* des *State* zu vermeiden war: die Situation wesentlicher Unfestgelegtheit, in der der Mensch, weil er sich *prinzipiell alles* zutrauen kann und muss, auch zu einem Wolf für seinesgleichen werden kann.

5 Politische Oikologie (Latour)

Bruno Latour hat in seinen Gifford Lectures in Anschluss an Stephen Toulmin (1992; 2003) das Modell vernünftiger Skepsis auf das von der Losung ‚Anthropozän' eröffnete Problemfeld verlängert. Auch hier erscheint die rationale Skepsis als stiftendes Moment einer typisch modernen Form dogmatischer Realitätsferne, die sich nun, in Latours Worten, als ‚fehlender Kontakt mit dem Terrestrischen' (2017, 186 / 204) entpuppt. Latour sieht dabei die rationale Skepsis als eine Haltung an, die in der kritischen Befragung der Positivität von Tatsachen (*facts*) eine bestimmte Form von *disengagement* mit den Dingen von Belang (*matters of concern*), also den in ihrer Faktizität angehenden Dingen, eingeübt hat (siehe 2007, 21–22). Oder noch einmal mit der Unterscheidung von rationaler und vernünftiger Skepsis gesagt: „Rationality becomes a prohibition against applying reason" (2017, 189).

Was die naturphilosophischen Grundlagen seines Programms betrifft, greift Latour bekanntlich auf die Gaia-Konzeption zurück, die er als den Versuch charakterisiert, eine jeglicher Transzendenz unbedürftige irdische *physis* zu denken, an der nichts darauf hinweist, dass sie für uns, auf uns hin, noch überhaupt in irgendeinem Sinne geschaffen ist oder fremderhalten wird. Wie sich allerdings schnell zeigt, ist das neuzeitliche Dispositiv intransitiver Selbsterhaltung prinzipiell ungeeignet, Lovelocks Intuition hinter dem Gaia-Konzept unzweideutig zu erfassen. Jeder derartige Versuch handelt sich sofort widerstrebende, quasi-teleologische bzw. quasi-holistische Sinnüberreste ein (siehe Latour 2016). Für Latour ändert das allerdings nichts daran, dass das Gaia-Konzept wenigstens in dem, was es seiner Grundintuition nach besagen *wollte*, auf eine nun vollends ‚säkuläre' Konzeption einer *physis* ohne jegliche Fremderhaltung hinausläuft: „If [...] ‚secular' signifes ‚implying no external cause [...],' and thus ‚belonging wholly to this world,' then Lovelock's intuition may be called *wholly secular*" (2017, 87).

Man kann in dieser Apologie des Gaia-Konzepts als einer vollends immanentisierten Naturvorstellung den von Nietzsche am konsequentesten zuende geführten Gedanken wiedererkennen, dass jeder Begriff von Selbsterhaltung zwangsläufig immer schon das konzeptuelle Ausgangsniveau unterschritten haben muss, auf dem Leben und das, wozu es fähig ist, zu begreifen wäre. Selbsterhaltung als Überleben dessen, was bloßes Überlebthabendes ist und durch Selbsterhaltung auch bleibt; Selbsterhaltung als Elementarbegriff einer Natur als im Grunde lebloser Materie; schließlich Selbsterhaltung als Grundmetapher neuzeitlicher Rationalität – all das sind begriffliche Unterbietungen, die es sowohl für Latour als auch für Nietzsche im Sinne einer konsequenten Konzeption von Immanenz ohne versteckte teleologische Rückhalte zu vermeiden gilt. Selbsterhaltung ist, wie Nietzsche (1999, 27–28) in *Jenseits von Gut und Böse* schreibt, bestenfalls „eine der indirekten und häufigsten ‚Folgen'" im Leben des Lebendigen, jedoch ihr normalisierender Zug mit diesem Leben selber niemals zu verwechseln. „Vorsicht vor ‚überflüssigen' teleologischen Prinzipien", so dann folgerichtig die ironische Warnung gegen den evolutionstheoretischen Selbsterhaltungsbegriff, welcher das Leben auf den Grundsinn einer Aushaltung des jeweils faktisch Bestehenden vorausrichtet. Es ist so gesehen Nietzsche, der die vielleicht beste und zugleich missverständlichste Metapher für das liefert, was Lovelocks Intuition gewesen sein mag: den Begriff einer rein endogenen und von daher nicht totalisierbaren Kraft, eines gegenstandslosen und deshalb ungerichteten Willens zur Macht. Günter Abel (1982) hat das als Nietzsches „immanente Überbietung" des neuzeitlichen Komplexes von intransitiver Selbsterhaltung und Rationalität beschrieben.

Ausgehend von der Konzeption terrestrischer Immanenz wird bei Latour nun auch den Menschen erneut ein Handlungspotenzial von kosmologischer Dimension eröffnet. Freilich betont Latour (2017, 121 / 246) dabei, dass eine Projektion *des* Anthropos als eines in sich homogenen politischen Subjekts weder realistisch noch aus postkolonialistischer Perspektive wünschenswert ist. Die Latoursche sprachpolitische Alternative ist deshalb ein im biologischen Sinne unspezifisches Pluraletantum: *the Earthbound* – die Geerdeten: „[T]he former domain [...] of the ‚human' is reconfigured as being the land of the Earthlings or of the

Earthbound" (2015, 145). Meines Erachtens kommt bei Latour an dieser Stelle ein weiterer ‚ökologischer' Faden ins Spiel, der lange vor Darwin liegen geblieben war, aber durch den weitreichenden und nachhaltigen Erfolg von dessen Theorieangebot noch weiter unkenntlich gemacht wurde. Latours Konzeption terrestrisch immanenter menschlicher *agency* aktualisiert, so meine These, gewisse Komponenten des stoischen Selbsterhaltungsbegriffs der *oikeiosis*. Unter *oikeiosis* verstand man in der Stoa einen Lebewesen (*zōa*) eigenen, elementaren Hang oder Sinn (*syneidesin/sensus sui*), für das empfänglich zu sein, was ihnen ihre eigene Konstitution (*systasis/constitutio*) zu erhalten erlaubt, und umgekehrt dem zu widerstehen, was dieser Konstitution schadet (Diogenes Laertius 1925, 193; Seneca 2009, 574). *Oikeiosis* meint daher, anders als die neuzeitlichen Selbsterhaltungsformen, einen eigentümlich transitiven Vorgang, der schon grammatisch immer etwas Drittes verlangt, *dem* ein Lebewesen zugewendet sein und *wofür* es einen Sinn (*syneidesin/sensus*) haben muss, um sich zu erhalten (*oikeioun*). Der springende Punkt für den stoischen Kosmopolitismus war dabei, dass dieses Dritte – die *constitutio* oder *systasis* – nicht schon mit irgendeinem atomaren Selbst oder der bloßen physischen Existenz des Einzellebewesens ontologisch identisch ist (siehe Heller-Roazen 2007, 114–115), sondern – wenigstens ideell für den stoischen *sophos* – auf alles Lebendige und *dessen oikeiosis* ausweitbar sein musste. Nur so kann für den Weisen die *oikeiosis* des Lebenden insgesamt zum vernunft- und naturgemäßen Objekt seiner eigenen *oikeiosis* werden, also zu dem, was „near and dear to [himself]" (*oikeiothai pro heauto*) ist (Diogenes Laertius 1925, 193).

Diese ‚Hereinnahme' der *oikeiosis* des Lebenden insgesamt in die ‚eigene' unterscheidet sich radikal von neuzeitlichen Vorstellungen von Selbsterhaltung und Rationalität. Anders als etwa bei Hobbes (1983, 93 [I.4]) handelt es sich beim stoischen Weisen nicht um einen *homo modestus*, der seine natürliche Macht freimütig einschränkt, weil er die eigenen begrenzten Kräfte und Möglichkeiten realistisch einschätzen kann. Hier wird Selbstbeschränkung nur gedacht als die Folge einer intelligenten Abwägung und Berechnung (*reasoning/computatio*) eventueller negativer Folgenlasten für das eigene Leben, bei der das Selbsterhaltungstreben der Anderen also nur als eine Art kausales Hindernis für das eigene Streben betrachtet wird (1998, 87 [XIV.6]). Die *oikeiosis* des Lebenden als Teil der Konstitution in der ‚eigenen' *oikeiosis* anzuerkennen, hat für den stoischen Weisen dagegen über solche Vorstellungen hinausgehende, eben positiv kosmologische Bedeutung. Die Parallelen dieser Konzeption zu der von Latour sind unverkennbar. Denn auch bei Latour wird den Geerdeten durch eine irdische *physis* selber ermöglicht zu lernen, diese *physis* als Teil der Konstitution ihrer *oikeiosis* anzuerkennen. Wie die Weisen der Stoa sind Latours Geerdete Wesen, denen sich als eminente kosmische Aufgabe eröffnet, den *sensus sui* („self-awareness") des *oikos* Erde zu steigern (Lenton und Latour 2018).

Nun schließt die antike Konzeption der *oikeiosis* als Sinn eines Lebenswesens für die ‚Zugehörigkeit zu sich und den Seinen' (Rohs 1993, 117) aber auch die Möglichkeit ein, dass die Konstitution, also das Objekt der *oikeiosis*, durch eine fremde Existenz (*allotrion*)[4] bedroht werden kann, und zwar wiederum in einem Sinn, der in den neutralisierenden und egalisierenden Selbsterhaltungsbegriffen der Neuzeit nicht vorgesehen ist. Dadurch wird die antike Konzeption anschlussfähig an die Figur eines Krieges irdischen Ausmaßes, so wie Latour sie in seiner 7. Gifford Lecture in selektivem Anschluss an Carl Schmitt entwickelt hat. Latour geht es dort um die Frage nach einer Politik des Anthropozän und um eine fundamentale Schieflage der entsprechenden Debatte. Diese äußert sich für Latour darin, dass man in Sachen der Ökologie größtenteils weiterhin auf die typisch modernen Beschreibungslogiken von ‚Problemen', ‚Krisen' und ihren ‚Lösungen' setzt. Gerade dieses Vorverständnis von Politiken (*policies*) als vermeintlich sachneutraler Maßnahmen und Eingriffe ist aber verantwortlich dafür, dass Ökologie fast ausschließlich als eine Sache bloßen privaten Konsumverhaltens oder technokratischer *governance* behandelt wird. Solange man aber ausgeht von ‚Problemen', die es zu ‚lösen', und ‚Krisen', die es zu überwinden gilt, bleiben alle nachfolgenden Politiken nichts weiter als „Polizeioperationen" (2004, 38; siehe auch 2017, 235–236). Fein ausgeblendet wird dabei laut Latour, dass in Sachen einer Politik der Anthropozän wohl oder übel unüberbrückbare Frontlinien gezogen und politische Entscheidungen getroffen werden müssen, wohl wissend, dass Begründungen für sie *als politische* weder durch weitere wissenschaftliche noch durch theoretische Erkenntnisse zu erwarten sind.

An dieser Stelle erhält Schmitts Gedanke von der ‚Politomorphisierung' (1970, 119) der Welt durch eine Unterscheidung von Freund und Feind vorübergehende theoriestrategische Bedeutung. Schmitts Theorem eines antagonistischen Grundes des Politischen hatte nämlich alle Möglichkeit politischen Handelns auf ein minimales Ausgangsfaktum zurückgeführt: dass es einen „‚unbeteiligten' und daher ‚unparteiischen' Dritten" (1932, 15) nicht gibt, so wie ihn die Neuzeit in verschiedenen Gestalten – als Natur, Wissenschaft, Geschichte, Fortschritt oder Vernunft – sich zurechtgelegt hatte. Schmitts Gedanke hilft uns, Latour zufolge, einzusehen, dass wir uns in der Sache einer Politik des Anthropozän nicht dem Glauben hingeben können, solche geschichtsphilosophischen Automatismen könnten uns politische Entscheidungen – die immer notwendig prekär

---

[4] Pembroke (1971, 115) bemerkt zum antiken *usus* des Wortes *oikeios*: „Oikeios [...] is regularly contrasted with *allotrios*, what belongs to someone else or is in wider sense alien to oneself".

sind – abnehmen. An solche Rückhalte durch einen neutralen Arbiter zu glauben heißt nur, dass man noch nicht in der terrestrischen Immanenz angekommen ist.

Geht es nach Latour, muss man sich also angesichts des neuen *status naturalis* planetarischer Endlichkeit vernünftigerweise darauf einstellen, dass eine echte Politik des Anthropozän, anders als polizeiliche Ökopolitiken, nur dann möglich ist, wenn man sich der Gefahr eines ‚irrationalen' Rückgriffs auf eine Unterscheidung von Freund und Feind aussetzt. ‚Irrationalität' herrscht dabei nicht nur, weil diese Unterscheidungsfigur selber „nicht aus andern Kriterien" wie etwa dem Ökonomischen „ableitbar" (Schmitt 1932, 14), also auf dem Feld des Politischen das erste und letzte Faktum begrifflicher Orientierung ist. Noch wichtiger ist, dass man sich in ein Feindschaftsverhältnis gar nicht erst hineinargumentieren sondern sich darin nur *vorfinden* kann. Mit anderen Worten, ein Feindschaftsverhältnis kann nur in Bezug auf eine bestimmte ‚kosmische Position' gegeben sein. In diesem Sinne hatte Schmitt in *Der Begriff des Politischen* betont, dass „Befugnis" in Sachen einer Unterscheidung von Freund und Feind „nur durch das existenzielle Teilhaben und Teilnehmen gegeben" (1932, 15) sein kann. Eine solche „existenzielle Teilhabe" war für Schmitt dabei nicht selber noch dezionistisch herzustellen, sondern konnte nur als die Teilhabe an der urtümlich gewachsenen Einheit eines Volkes gegeben sein (1996, 53). Bei Latour nimmt die „existenzielle Teilhabe" hingegen die Form einer vernünftigerweise anzuerkennenden Zugehörigkeit zur Vielheit derer an, die auf ein „feeling of *earthboundedness*" (2017, 182) zurückgeworfen sind. Insofern gleichen Latours Geerdete eher Schmitts Partisanen in ihrem „tellurischen Charakter" und ihrer „grundsätzlich defensiven Situation" (1963, 26).

Latour entwirft also spiegelbildlich zum Radikalmoment der Neuzeit – humane Selbstbehauptung gegen eine inhumane Natur (Blumenberg 1988) – das Schmittianische Gegenszenario einer Selbstbehauptung der Geerdeten gegen den illegitimen Legalismus des modernen „State of Nature" (siehe 2017, 282–283). Dass auch dabei immer schon ein Menschenbild als „Voraussetzung jeder weiteren politischen Erwägung" (Schmitt 1932, 46) mit entworfen ist; und dass Menschenbilder zu entwerfen wiederum nicht möglich ist, ohne gewisse, nicht bis in Letzte rational einholbare und verhandelbare Voraussetzungen zu machen – darin stimmt Latours Programm einer Politischen Ökologie an einem zentralen Punkt mit der Philosophischen Anthropologie Plessners überein. Denn auch Plessner sprach von einem „rational nicht entscheidbaren Kampf der Philosophien und Anthropologien", der deswegen unumgehbar sei, weil „es keine indifferente Wesensbetrachtung des Menschen gibt, die sich nicht schon im Ansatz ihrer Frage für eine bestimmte Auffassung entschieden hätte" (1983, 221).

6 Heuristik

Ich markiere abschließend anhand von Latour einige heuristische Anhaltspunkte, um im Zeichen der Anthropozän-Hypothese zwischen dogmatischen und rationalen Analysen selbsterhaltender Vernunft zu unterscheiden.

1) Latour scheint sich zunächst von etwas überzeugt zu haben, das Foucault einmal als ein *non sequitur* ausgewiesen hat, nämlich der Schluss, dass die historische Tatsache von Pathologien der Rationalität schon von sich aus beweist, dass „es nicht möglich" ist, „eine rationale Kritik der Rationalität durchzuführen" (2005, 533). Dass eine Kritik der neuzeitlichen Rationalität, die sich selber als historisches Moment der Selbsterhaltung der Vernunft verstehen und nachvollziehen ließe, ein hölzernes Eisen ist – darin liegt gewissermaßen die ganze Wette, die Latours Programm einer Politischen Ökologie aufmacht. Nur wenn nämlich definitiv feststeht ist, dass es sie nicht gibt, bleibt als letzter Ausweg für eine Politik des Anthropozän die ‚grundlose' Setzung eines Feindschaftsverhältnisses, mit der sich die Geerdeten den Vorschuss vernünftiger Orientierung in planetarischer Endlichkeit verschaffen.

2) Für Latour steht, wie für viele andere, fest, dass die neuzeitliche Erfindung der selbsterhaltenden Vernunft unzertrennlich ist mit der Idee einer Selbstautorisierung der Menschen zu „maistres & possesseurs de la Nature" (Descartes 1902, 62). Damit wird vorausgesetzt, dass zwischen der Logik der selbsterhaltenden Vernunft und dem Moment humaner Selbstbehauptung so etwas wie ein logisches, universalhistorisches Implikationsverhältnis besteht. Es könnte aber auch so sein, wie Blumenberg in der *Legitimität der Neuzeit* an einer Stelle mit Blick auf Descartes schreibt: „Die menschliche Selbstbehauptung bestimmt", für den historischen Moment ihrer Selbstgewinnung, „die Radikalität der Vernunft, nicht ihre Logik" (1988, 108).

3) Dass Latour diese Nuance nicht sieht, liegt meines Erachtens vor allem daran, dass er als definitive Auskunft nimmt, was nur eine mögliche Ausdeutung unter anderen für den Komplex ‚Selbsterhaltung' und ‚Vernunft' in der Neuzeit gewesen war: Selbsterhaltung in ihrer darwinistischen, und Rationalität in ihrer instrumentellen Gestalt. Unter diesen Voraussetzungen ist es leicht, die eigene Position als letzten Ausweg aus den folgenden beiden falschen Alternativen zu präsentieren: menschliche Selbstbehauptung im Sinne eines *survival* der Spezies Mensch durch einen offensiven Ökomodernismus, oder, noch schlimmer, eine fideistische Wette auf die Durchsetzung von ‚Vernunft' als Eigengesetzlichkeit der Welt.

4) Damit macht sich Latour von einem Reflexionsirrtum abhängig, den Manfred Sommer (1977, 11 / 256) als „Diastase von Existenzminimum und Glücksmaximum" beschrieben hat. Hierbei handelt es sich um ein den Theorienhaus-

halt der Moderne untergründig bestimmendes Dilemma, das besagt: *Entweder* man arrangiert sich mit der profanen Logik der Selbsterhaltung; dann aber muss man zwangsläufig den eigentlich entscheidenden Maßstab des Lebens aus dem Blick verlieren. *Oder* man affirmiert die die jeweiligen Bedingungen stetig transzendierende Kraft des Lebens; dann jedoch ist man zwangsläufig immer schon jenseits aller bloße Selbsterhaltung – nicht zuletzt auch der der Vernunft.

Dass es eine Gegengeschichte zu und andere Möglichkeiten gegenüber solchen dogmatischen Analysen von ‚Selbsterhaltung' und ‚Vernunft' gibt, darauf finden sich Anhalte bei Kant. Denn Kant ist es, der einen auf den intransitiven Grundsinn gebrachten Begriff von ‚Selbsterhaltung' ausdrücklich zu einer Metapher für ein rein negatives und regulatives Prinzip der aufklärerischen Vernunft umfunktioniert hat, so dass er schließlich notieren können wird: „Grundsatz der Vernunft: ihre Selbsterhaltung" (1923b, 823). Ausführlicher heißt es dazu in einer bekannten Anmerkung in *Was heißt: Sich im Denken orientieren?* (1923a, 146–147 Anm.):

> Selbstdenken heißt den obersten Probirstein der Wahrheit in sich selbst (d. i. in seiner eigenen Vernunft) suchen; und die Maxime, jederzeit selbst zu denken, ist die Aufklärung. Dazu gehört nun eben so viel nicht, als sich diejenigen einbilden, welche die Aufklärung in Kenntnisse setzen: da sie vielmehr ein negativer Grundsatz im Gebrauche seines Erkenntnißvermögens ist […]. Die[] Probe [des Selbstdenkens] kann ein jeder mit sich selbst anstellen; und er wird Aberglauben und Schwärmerei […] alsbald verschwinden sehen, wenn er gleich bei weitem die Kenntnisse nicht hat, beide aus objectiven Gründen zu widerlegen. Denn er bedient sich blos der Maxime der Selbsterhaltung der Vernunft.

In dieser Konzeption selbsterhaltender Vernunft scheinen die Bedürfnisse der rationalen Skepsis und der vernünftigen Skepsis in Teilen aufgefangen zu werden, ohne dass die Spannung zwischen beiden schlussendlich aufgelöst wird. Kants Prinzip der selbsterhaltenden Vernunft folgt zunächst dem rational-skeptischen Impetus gegen die *doxa* als einer auf *rationes dubitandi* zu prüfenden Meinung. Während aber Descartes dabei als Ziel schon fest vor Augen hat, den Boden größtmöglicher Gewissheiten zu erreichen, betont Kants Konzeption des Selbstdenkens gerade die grundsätzliche Offenheit von dessen Ausgang. Weil sein Ende offen ist, kann Selbstdenken niemals identisch sein oder identisch werden mit einem Bestand vermeintlich rational gesicherter „Kenntnisse". Hier kommt Kants Konzeption der vernünftigen Skepsis in ihrer Kritik an der rationalen Skepsis und deren Dogmatismus doktrinaler Schließung entgegen. Andererseits deckt sie sich aber auch nicht mit dem Modell der vernünftigen Skepsis, und zwar deswegen, weil das Selbstdenken sich sozusagen nicht am situativen Ausbleiben rationaler Begründungen, also in der Anerkenntnis von Faktizität, ‚realisieren' kann. Mit anderen Worten, für die Selbstdenkende *ist* in der Tat das Ausbleiben rationaler

Begründung eine Enttäuschung – keine anderweitige Sinnstiftung oder Lizenz zur Selbstbehauptung. Das Selbstdenken ist etwas, das sich bloß in der Form einer *Möglichkeit* erhält, und zwar einer Möglichkeit, die nur durch eine zweifache Negation offen gehalten werden kann: durch die vernünftige Negation des Doktrinalen *und* durch die rationale Negation des Faktizitären. Aufklärerische Orientierung im Denken heißt also, Vernunft zu erhalten in dem, was Vernunft nicht unmöglich macht.

Wenn man nun berücksichtigt, dass bei Kant der Begriff der Selbsterhaltung *als* Metapher verstanden und stehen gelassen ist, so dass dieser nur den schwachen Stand eines „Fundament[s] des Vernunftglaubens" (1923c, 371) hat, dann lässt sich in selektivem Anschluss daran vielleicht soetwas wie eine Idee von Vernunft als *vernünftiger Rationalität* in Aussicht stellen. Dies wäre eine Vernunft, deren minimale historische Einsicht darin besteht, dass weder Rationalität noch Vernünftigkeit ausgehend von der stiftenden Logik der Neuzeit – der Logik humaner Selbstbehauptung – verstanden werden können, oder besser gesagt: *als Vehikel solcher Selbstbehauptung sich historisch unverständlich geworden sind.* Mit anderen Worten, humane als auch vitale Selbstbehauptung hat aufgehört etwas zu sein, was Vernunft nicht unmöglich macht.

Mit dieser Absage an die Logik der Selbstbehauptung läge nun nicht schon eine weitere vermeintlich definitive Verabschiedung ‚des Menschen' vor. Was das betrifft, kann hier nur mit der schwachen These aufgewartet werden: dass von ihm *so* – unter den Vorzeichen einer Logik der Selbstbehauptung – die Rede nicht mehr sein kann. Auch das wäre, wenn man so will, eine ‚negative Anthropologie' – allerdings nicht, weil hier vom Menschen nur noch ausgehend von realen Gefahren seines Nichtmehrseins die Rede sein kann. Es geht eher um jene Art ‚historisch-kritischer Ontologie unserer selbst', von der Foucault (2005, 687–707) in *Was ist Aufklärung?* gesprochen hat. Eine historisch-kritische Ontologie unserer selbst unterscheidet sich von jeder philosophischen Anthropologie, denn sie operiert unter genau umgekehrten Vorzeichen. Die philosophische Anthropologie ist auch eine Kritik – aber eine Kritik *als* Anthropologie. Sie ist kritisch dadurch, dass sie gegen eine Missachtung oder eine Verabsolutierung von anthropologischen Faktizitäten – vernünftigerweise – Einspruch erhebt. In diesem minimalen Sinne zielt sie, auch als negative, auf Selbstbehauptung. Über eine historisch-kritische Ontologie unserer selbst ließe sich umgekehrt sagen: Sie ist auch eine Anthropologie – aber eine Anthropologie *als* Kritik. Sie ist kritisch darin, dass sie Einspruch erhebt gegen Projekte von Selbstbehauptung, seien diese nun rational oder vernünftig motiviert.

Literatur

Abel, Günter. „Nietzsche contra ‚Selbsterhaltung'. Steigerung der Macht und Ewige Wiederkehr". *Internationales Jahrbuch für die Nietzsche-Forschung* 10.1 (1982): 367–384.

Anders, Günther. *Die Antiquiertheit des Menschen: Über die Seele im Zeitalter der zweiten industriellen Revolution*. München: C.H. Beck, 1961.

Anders, Günther. *Die Weltfremdheit des Menschen: Schriften zur philosophischen Anthropologie*. Hg. Christian Dries. München: C.H. Beck, 2018.

Arendt, Hannah. *Vita activa oder: Vom tätigen Leben*, München und Zürich: Piper, 1981.

Blumenberg, Hans. „Selbsterhaltung und Beharrung: Zur Konstitution neuzeitlicher Rationalität". In *Subjektivität und Selbsterhaltung: Beiträge zur Diagnose der Moderne*. Hg. Hans Ebeling. Frankfurt am Main: Suhrkamp, 1976. 144–207.

Blumenberg, Hans. *Die Legitimität der Neuzeit. Erneuerte Ausgabe*. Frankfurt am Main: Suhrkamp, 1988.

Böckenförde, Ernst-Wolfgang. *Die verfassungstheoretische Unterscheidung von Staat und Gesellschaft als Bedingung der individuellen Freiheit*. Opladen: Westdeutscher Verlag, 1973.

Böckenförde, Ernst-Wolfgang. „Die Entstehung des Staates als Vorgang der Säkularisation". In *Recht, Staat, Freiheit: Studien zur Rechtsphilosophie, Staatstheorie und Verfassungsgeschichte. Erweiterte Ausgabe*. Frankfurt am Main: Suhrkamp, 2006. 92–114.

Bostrom, Nick. „The Vulnerable World Hypothesis". https://nickbostrom.com/papers/vulnerable.pdf (31. Juli 2019).

Chakrabarty, Dipesh. „The Human Condition in the Anthropocene". In *The Tanner Lectures on Human Values* 35 (2016): 137–188.

Descartes, René. *Discours de la méthode & Essais (Œuvres VI)*. Hg. Charles Adam und Paul Tannery, Paris: Leopold Cérf, 1902.

Diogenes Laertius, *Lives of Eminent Philosophers (Vol. II)*. London/New York: William Heinemann und G. P. Putnam's Sons, 1925.

Dries, Christian. „Nachwort: Von der Weltfremdheit zur Antiquiertheit des Menschen. Günther Anders' negative Anthropologie". In Günther Anders. *Die Weltfremdheit des Menschen: Schriften zur philosophischen Anthropologie*. Hg. Christian Dries. München: C.H. Beck, 2018. 437–535.

Falb, Daniel. *Geospekulationen: Metaphysik für die Erde im Anthropozän*. Berlin: Merve, 2019.

Folkers, Andreas. *Das Sicherheitsdispositiv der Resilienz: Katastrophische Risiken und die Biopolitik vitaler Systeme*. Frankfurt am Main/New York: Campus, 2018.

Forsthoff, Ernst. *Der Staat der Industriegesellschaft: Dargestellt am Beispiel der Bundesrepublik Deutschland*. München: C. H. Beck, 1971.

Foucault, Michel. *Geschichte der Gouvernementalität II: Die Geburt der Biopolitik (Vorlesung am Collège de France 1978–1979)*. Hg. Michael Sennelart. Frankfurt am Main: Suhrkamp, 2004.

Foucault, Michel. *Schriften in vier Bänden / Dits et Ecrits Band IV: 1980 – 1988*. Hg. Daniel Defert und François Ewald, Frankfurt am Main: Suhrkamp, 2005.

Haverkamp, Anselm. *Metapher: Die Ästhetik in der Rhetorik*. München: Wilhelm Fink, 2007.

Haverkamp, Anselm. „Die Technik der Rhetorik: Blumenbergs Projekt". In Hans Blumenberg, *Ästhetische und metaphorologische Schriften*. Hg. Anselm Haverkamp. Frankfurt am Main: Suhrkamp, 2001. 435–454.

Hegel, Georg Wilhelm Friedrich. *Grundlinien der Philosophie des Rechts (Werke Bd. 7)*. Hg. Eva Moldenhauer und Karl Markus Michel. Frankfurt am Main: Suhrkamp, 1986a.
Hegel, Georg Wilhelm Friedrich. *Vorlesungen über die Geschichte der Philosophie III (Werke Bd. 20)*. Hg. Eva Moldenhauer und Karl Markus Michel. Frankfurt am Main: Suhrkamp, 1986b.
Heller-Roazen, Daniel. *The Inner Touch: Archaelogy of Sensation*, Cambridge, MA und London: Zone Books, 2007.
Hobbes, Thomas. *Leviathan, sive De Materia, Forma, & Potestate Civitatis Ecclesiasticae et Civilis*. https://archive.org/details/leviathansivedem00hobb/page/n4. Amsterdam: Joan Blaeu, 1668 (31. Juli 2019).
Hobbes, Thomas. *The Elements of Law, Natural and Politic*. Hg. Ferdinand Tönnies. London: Barnes & Noble, 1969.
Hobbes, Thomas. *De Cive: The Latin Version*, Hg. Howard Warrender. Oxford: Claredon, 1983.
Hobbes, Thomas, *Leviathan, or The Matter, Forme & Power of a Common-Wealth Ecclesiasticall and Civill*. Hg. J. C. A. Gaskin. Oxford/New York: Oxford University Press, 1998.
Kant, Immanuel. *Kants gesammelte Schriften Band VIII: Abhandlungen nach 1781*. Hg. Königlich Preußische Akademie der Wissenschaften. Leipzig: Walter de Gruyter, 1923a.
Kant, Immanuel. *Kants gesammelte Schriften Band XV: Handschriftlicher Nachlaß: Anthropologie*. Hg. Königlich Preußische Akademie der Wissenschaften. Leipzig: Walter de Gruyter, 1923b.
Kant, Immanuel. *Kants gesammelte Schriften Band XVI: Handschriftlicher Nachlaß: Logik*. Hg. Königlich Preußische Akademie der Wissenschaften. Leipzig: Walter de Gruyter, 1923c.
Latour, Bruno. *Krieg der Welten – wie wäre es mit Frieden?*. Berlin: Merve, 2004.
Latour, Bruno. *Elend der Kritik: Vom Krieg um Fakten zu Dingen von Belang*. Zürich und Berlin: diaphanes, 2007.
Latour, Bruno. „Telling friends from foes in the time of the Anthropocene". In *The Anthropocene and the Global Environmental Crisis: Rethinking Modernity in a New Epoch*. Hg. Clive Hamilton, Christophe Bonneuil und François Gemenne. Abingdon/New York: Routledge, 2015. 145–155.
Latour, Bruno. „Why Gaia is not a God of Totality". *Theory, Culture & Society* 32.2–3 (2016): 61–81.
Latour, Bruno. *Facing Gaia: Eight Lectures on the New Climate Regime*. Cambridge/Medford, MA: Polity Press, 2017.
Latour, Bruno. *Das terrestrische Manifest*. Berlin: Suhrkamp, 2018.
Lenton, Timothy M. und Bruno Latour (2018) „Gaia 2.0. Could humans add some level of self-awareness to Earth's self-regulation?". *Science* 361.6407 (2018): 1066–1068.
Luhmann, Niklas. „Frühneuzeitliche Anthropologie: Theorietechnische Lösungen für ein Evolutionsproblem der Gesellschaft". *Gesellschaftsstruktur und Semantik Bd. 1*, Frankfurt am Main: Suhrkamp, 1980. 162–234.
Mann, Geoff und Joel Wainwright. *Climate Leviathan: A Political Theory of Our Planetary Future*. London/New York: Verso, 2018.
Marquard, Odo. *Abschied vom Prinzipiellen: Philosophische Studien*. Stuttgart: Reclam, 2000.
Menke, Christoph. *Kritik der Rechte*. Berlin: Suhrkamp, 2015.
Menke, Christoph. „Am Tag der Krise". *Merkur* 820 (2017): 49–57.
Mulsow, Martin. *Frühneuzeitliche Selbsterhaltung: Telesio und die Naturphilosophie der Renaissance*. Tübingen: Max Niemeyer, 1998.

Nietzsche, Friedrich. *Jenseits von Gut und Böse – Zur Genealogie der Moral (Kritische Studienausgabe Bd. 5)*. Hg. Giorgio Colli und Mazzino Montinari. München: Deutscher Taschenbuch Verlag, 1999.
Pembroke, S. G. „Oikeiosis". In *Problems in Stoicism*. Hg. Anthony A. Long. London: Athlone Press, 1971. 114–159.
Plessner, Helmuth. *Macht und menschliche Natur (Gesammelte Schriften Bd. V)*. Hg. Günter Dux, Odo Marquard und Elisabeth Ströker. Frankfurt am Main: Suhrkamp, 1981.
Plessner, Helmuth, *Conditio humana (Gesammelte Schriften Bd. VIII)*. Hg. Günter Dux, Odo Marquard und Elisabeth Ströker. Frankfurt am Main: Suhrkamp, 1983.
Pritchard, Duncan. „Wittgensteinean Pyrrhonism". *Pyrrhonism in Ancient, Early Modern, and Contemporary Philosophy*. Hg. Diego E. Machuca. Dorchrecht: Springer, 2011. 193–202.
Rohs, Peter. „Oikelosis: Jenseits von Herder und Darwin". *Zeitschrift für Philosophische Forschung* 47.1 (1993): 113–117.
Schmitt, Carl. *Der Begriff des Politischen*. München und Leipzig: Duncker & Humblot, 1932.
Schmitt, Carl. *Theorie des Partisanen: Zwischenbemerkung zum Begriff des Politischen*. Berlin: Duncker & Humblot, 1963.
Schmitt, Carl. *Politische Theologie II: Die Legende von der Erledigung jeder politischen Theologie*. Berlin: Duncker & Humblot, 1970.
Schmitt, Carl. *Der Leviathan in der Staatslehre des Thomas Hobbes: Sinn und Fehlschlag eines politischen Symbols*. Köln: Hohenheim, 1982.
Schmitt, Carl, *Politische Theologie: Vier Kapitel zur Lehre von der Souveränität*. Berlin: Duncker & Humblot, 1996.
Seneca, L. Annaeus. *Epistulae morales ad Lucilium – Briefe an Lucilius: Band II*. Hg. Rainer Nickel, Düsseldorf: Patmos, 2009.
Shklar, Judith N. *Der Liberalismus der Furcht*. Hg. Hannes Bajohr. Berlin: Matthes & Seitz, 2013.
Sommer, Manfred. *Die Selbsterhaltung der Vernunft*. Stuttgart: frommann holzboog, 1977.
Toulmin, Stephen. *Cosmopolis: The Hidden Agenda of Modernity*. Chicago: The University of Chicago Press, 1992.
Toulmin, Stephen. *Return to Reason*. Cambridge, MA und London: Harvard University Press, 2003.
Wittgenstein, Ludwig. „Über Gewißheit". *Werkausgabe Bd. 8*. Frankfurt am Main: Suhrkamp, 1984. 119–257.
Zabel, Benno. „Hat die Idee der Sittlichkeit noch eine Zukunft?". *Sittlichkeit: Eine Kategorie moderner Staatlichkeit?* Hg. Benno Zabel, Michael Spieker und Sebastian Schwenzfeuer. Baden-Baden: Nomos, 2019. 15–45.

Dipesh Chakrabarty
Die Zukunft der Geisteswissenschaften im Zeitalter des Menschen: Eine Notiz

Lässt man die Wirtschaftswissenschaftler einmal beiseite – viele verstehen sich ohnehin eher als „harte Wissenschaftler" denn als Sozialwissenschaftler –, dann haben die interpretierenden Sozial- und Geisteswissenschaften nur langsam auf die Krise des Klimawandels reagiert. Warum das so ist, ist vielleicht nicht schwer zu erklären. Erstens dauerte es lange, bis die Klimawissenschaftler selbst bei Politikern und Entscheidungsträgern Gehör fanden. Erst mit dem vierten *Assessment Report of the Intergovernmental Panel on Climate Change* 2007 hat die Medienwelt aufgehorcht, als nämlich die beteiligten Forscher erhebliche Anstrengungen aufwandten, um ihren (statistischen) „Konsens" publik zu machen und zu betonen, dass der gegenwärtige Fortgang des Klimawandels tatsächlich anthropogenen Ursprungs und die Hauptschuld bei der fast zweihundertjährigen menschlichen Nutzung fossiler Brennstoffe zu suchen ist. Die unmittelbare Aufgabe von Politikern und Technologen in einer solchen Situation, meinte man allgemein, bestehe darin, einen weltweiten Übergang zu erneuerbaren Energien zu unterstützen und Maßnahmen zur Minderung der Auswirkungen des Klimawandels zu ergreifen.

Hier haben vor allem Ökonomen, Wissenschaftler und Technologen Beiträge geleistet. In diesen Diskussionen traten zwei Gerechtigkeitsprobleme hervor. Eines davon war die so genannten Klimagerechtigkeit zwischen entwickelten und weniger entwickelten Nationen. Aktivisten (vor allem aus den weniger entwickelten Ländern) stellten früh die Frage, wie der verbleibende „Kohlenstoffraum" (*carbon space*) zwischen Industrie- und Entwicklungsländern verteilt werden sollte. Annahme war dabei, dass die Emission von Kohlendioxid und anderen Treibhausgasen ein notwendiges Übel sei, würde eine Nation ihre Bürger damit aus der Armut heben. Ein Ergebnis dieser Diskussion war das breit akzeptierte Prinzip der „gemeinsamen, aber differenzierten Verantwortung" der Nationen bei der Bekämpfung des Klimawandels. Ein zweites, das in diesen Diskussionen angesprochen wurde, war die Frage, was die Lebenden den noch Ungeborenen schulden. Aber die Ungeborenen sind nicht hier, um ihren Standpunkt zu vertreten, so dass die Frage, ob die gegenwärtige Generation der von fossilen Brennstof-

---

Dieser Essay erschien zuerst als: Chakrabarty (2017). Mit freundlicher Genehmigung des Autors und Sage Publications.

https://doi.org/10.1515/9783110668551-013

fen abhängigen Menschen das Problem einfach an künftige Generationen weitergibt, zwar gemeinhin erkannt, aber praktisch nicht diskutiert wird.

Doch während sich die interpretativen Sozialwissenschaften erst spät in die Debatte über den Klimawandel einbringen konnten – ich kann vielleicht bescheiden behaupten, dass mein Essay „The Climate of History. Four Theses" (Chakrabarty 2009) eine der ersten Bemühungen war, einige Implikationen der Krise für die Geisteswissenschaften herauszuarbeiten – ist nun klar, dass ganz gleich, wie geophysikalisch das Phänomen „Klimawandel" auch sein mag, die Idee eines „gefährlichen" Klimawandels Fragen beinhaltet, die wirklich in die Kompetenz der Geisteswissenschaften fallen. Denn wer definiert „gefährlich"? Wie die amerikanische Historikerin Julia Adeney Thomas in einem Essay im *American Historical Review* betonte, kann das Wort „gefährlich" hier keine wissenschaftliches Bedeutung haben. „Gefährlich" bezieht sich auf Werte, Skalen und andere menschliche Prioritäten, die natürlich ihrem ganzen Wesen nach offen für weitere Anfechtungen sind. (Thomas 2014)

Man könnte also argumentieren, dass geisteswissenschaftliche Fragen von Anfang an zur Diskussion über die Erderwärmung gehörten, obwohl Geisteswissenschaftler in den Debatten relativ abwesend waren. Aber jetzt hat sich die Szenerie verändert. Es gibt unzählige Bücher und Artikel, die von interpretierenden Sozialwissenschaftlern über das Problem des Klimawandels geschrieben werden. Verständlicherweise kommt jedoch umso mehr die zänkische Natur der Geisteswissenschaften ins Blickfeld, je mehr Geisteswissenschaftler sich tatsächlich an den Debatten über den Klimawandel beteiligen. So spiegelt die globale Diskussion über den Klimawandel das alte Problem der „beiden Kulturen" auf neue und interessante Weise wider. Um skeptischen Schlussfolgerungen über ihre Ergebnisse entgegenzutreten, betonen Klimawissenschaftler „Konsens", indem sie die Sprache der Statistik verwenden. Daher ihre Reden über „so und so viel Prozent der Wissenschaftler" und „mit x oder y Grad an Gewissheit", wenn sie den wissenschaftlichen Charakter ihrer Schlussfolgerung unterstreichen müssen, dass der gegenwärtige Klimawandel anthropogen ist. Wären sie zu solchen Aussagen nicht in der Lage, würden die Skeptiker sagen, die Wissenschaft sei tatsächlich noch „ungewiss und unabgeschlossen".

Geistes- und Sozialwissenschaftler fürchten solche Skepsis nicht (auch weil sie nicht mit Regierungen oder Politikern reden). Ihre Disziplinen sind ohnehin stets „ungewiss und unabgeschlossen", immer im Fluss, wobei sich diese Wissenschaftler stark zu bestimmten Standpunkten bekennen und eine radikal andere Weltsicht entweder als fehlgeleitet oder bösartig oder einfach weniger intelligent betrachten. Wenn wir also fragen, welche Auswirkungen die Klimakrise auf die Sozial- und Geisteswissenschaften hat, während wir die Krise verhandeln, dann sind einige der möglichen Reaktionen bereits sichtbar. Die Antworten der Marxisten und die Enzyklika des Papstes können als die beiden Pole eines Spektrums angesehen werden. Marxisten verschiedener Couleur – mit internen Differenzen, die sie selbst für bedeutsam halten würden – haben versucht zu zeigen, dass die Ursprünge der Klimakrise auf das zurückgehen, was sie stets als Wurzel allen Übels angesehen haben: die kapitalistische Produktionsweise. Natürlich versuchen die umweltbewussteren Marxisten, ihre marxistischen Analysen mit einem Umweltbewusstsein zu durchdringen, aber die Wissenschaftler auf der Linken sind im Allgemeinen sehr misstrauisch gegenüber allen Äußerungen, die auf die Mitschuld aller Menschen an den übermäßigen Emissionen von Treibhausgasen hindeuten, dem Hauptschuldigen in der Epoche globaler Erwärmung. Stattdessen betonen sie die nach *class*, *race* und *gender* differenzierte Natur menschlicher Prozesse und Institutionen und versuchen, diese Tatsache einer differenzierten Menschheit mit den beobachtbaren Fakten der Erderwärmung und ihren möglichen Folgen in Einklang zu bringen. Es nimmt also kaum Wunder, dass Ausdrücke und Namen, die das Wort „Anthropos" für den Menschen verwenden – wie das Anthropozän oder die „anthropogene Erderwärmung" – Gegenstand wütender Kritik von links waren. Einige Linke behaupten in der Tat, die Bekämpfung des Kapitalismus sei nach wie vor die dringendste Aufgabe, denn ohne diese revolutionäre Maßnahme könne es keine Auseinandersetzung mit dem Klimawandel geben, da letzterer nur ein Effekt jener Ursache sei, die der Ausdruck „die kapitalistische Produktionsweise" bezeichnet.

Am anderen, humanistischen Ende dieses Spektrums von Ansichten steht die jüngste Enzyklika von Papst Franziskus. Er liefert eine christliche Kritik des konsumistischen Kapitalismus im Kontext der Diskussion über den Klimawandel und seinen Auswirkungen auf die bestehenden Ungleichheiten der Welt. Aber er betont auch einen Faktor, den Marxisten von Natur aus nicht diskutieren können: die Frage des Anthropozentrismus. Franziskus liest die biblische Geschichte der Genesis erneut, um zu sagen, dass wir im Großen und Ganzen missverstanden haben, was in dieser Geschichte mit „Herrschaft des Menschen über die Natur" gemeint war. Die Menschen haben „Souveränität" zumeist als „Herrschaft" verstanden, während Gott uns nur dazu bestimmt habe, seinen Garten zu bestellen, so wie es ein Gärtner tun würde, ohne das alleinige Eigentum daran zu beanspruchen. So entwickelt der Papst die Idee eines „verantwortungsvollen Verwalters" (*responsible stewardship*) des Planeten – ganz anders als jene, die die Menschheit heute als *god species* betrachten – und setzt sich für eine Art „aufgeklärten Anthropozentrismus" ein. Ein solcher „aufgeklärter Anthropozentrismus" würde Franziskus zufolge nicht zu aktuellen kapitalistischen Praktiken passen, die die menschliche Arbeit abwerten (Papst Franziskus 2015, 78–79, 109, 127–131).

Was wäre „aufgeklärter Anthropozentrismus"? Eine Vielzahl von geisteswissenschaftlichen Interventionen, die heute unter den Namen Neuer Materialismus, Posthumanismus und Bruno Latours Akteur-Netzwerk-Theorie firmieren, hätten hier Einiges zu bieten. Aufgeklärt oder nicht, es wird deutlich, dass ein rein menschlicher, wohlfahrtsorientierter Zugang zur Welt – in dem der Mensch annimmt, dass der gesamte Planet nur geschaffen wurde, um die Bedürfnisse seines Gedeihens und seines Gedeihens allein zu befriedigen – am Ende nur eine selbstschädigende Haltung sein kann. Wir müssen den Menschen im Kontext von planetarischen Prozessen sehen, die das Leben im Allgemeinen seit Hunderten von Millionen von Jahren unterstützen. Marxisten wie Jason Moore versuchen, die Geschichte des Kapitals in den Kontext des „Lebensnetzes" zu stellen (Moore 2019). Andere beginnen, die Arbeit des Planeten bei der Produktion fossiler Brennstoffe zu betonen. Wieder andere in den Geisteswissenschaften hören aufmerksam zu, was Erdsystemwissenschaftler zu sagen haben, um ihre Thesen über „die große Beschleunigung" der Welt nach 1950 und die neun „planetarischen Grenzen" zu erklären, die der Mensch nur auf eigene Gefahr überschreiten kann.

Ich sehe also hier ein sich abzeichnendes Terrain – nicht ganz im Konsens, denn den wir können von den Geisteswissenschaften nicht erwarten, sondern eher als Reihe von Punkten, denen wir zuzustimmen geneigt sein werden, auch wenn wir weiterhin unsere Differenzen austragen. Es ist ein Terrain, auf dem sich immer weitere Streitigkeiten zwischen Geisteswissenschaftlern über die Rolle der Menschen bei der Entstehung der aktuellen Krise des Klimawandels ausbreiten werden. Ein klares Hauptaugenmerk auf das Wohlergehen der Menschen und die intrahumane Gerechtigkeit zu richten, wird höchstwahrscheinlich unzureichend erscheinen. Philosophen, die sich für Tierrechte oder *animal liberation* einsetzen, haben den Bereich der menschlichen Gerechtigkeit bereits auf Tiere ausgedehnt (wenn auch nur auf einige Tiere, da diese Philosophien in der Regel eine Empfindungsschwelle postulieren). Aber dieser besondere Fall der Erweiterung unserer moralischen Gemeinschaft ist für die Gegenwart eindeutig unzureichend, denn er umfasste nicht viele Spezies, ganz zu schweigen von Insekten, Bäumen, Pflanzen und natürlich Bakterien und Viren. Während uns die Wissenschaften beibringen, dass diese verschiedenen Lebensformen alle miteinander verbunden sind – manchmal über räuberische Beziehungen –, wissen wir noch nicht, was Nichtanthropozentrismus in Zeiten einer enormen ökologischen Überdehnung durch die Menschheit praktisch bedeuten soll. Aber die wissenschaftliche Literatur zum Klimawandel, vor allem die von Geologen, Biologen und Erdsystemwissenschaftlern, betont die tiefenzeitliche Verbindungen von Geologie und Biologie auf diesem Planeten. Das Bewusstsein für diese Zusammenhänge wird meiner Meinung nach zunehmend den Hintergrund abgeben, vor dem sich die zukünftigen Interpretationen der Menschheitsgeschichte herausbilden werden.

Ganz simpel formuliert: Was die Sozialwissenschaften in Zukunft prägen wird, ist ein Bewusstsein für Tiefenzeit (*deep time*). Der Mensch muss in den größeren

Kontext der tieferen Geschichte des Lebens auf diesem Planeten gestellt werden. Das bedeutet nicht, dass unsere üblichen Disputationen über die zwischen Menschen herrschende (Un-)Gerechtigkeit, Ungleichheit und Unterdrückung nicht fortgeführt werden; das werden sie. Aber die Klimakrise macht uns die zwanghaft menschenzentrierte Natur der Sozialwissenschaften stärker bewusst. Ein solcher Anthropozentrismus mag notwendig sein, wird aber immer unzulänglicher erscheinen, wenn man die Auswirkungen des ökologischen Fußabdrucks des Menschen auf andere Lebensformen und den Planeten selbst betrachtet. So muss unser unvermeidlicher Anthropozentrismus durch Tiefenzeitperspektiven ergänzt – nicht ersetzt – werden, die zwangsläufig dem menschlichen Standpunkt entraten. Papst Franziskus sieht, verständlich und durchaus umsichtig, in die Bibel, um eine nichtanthropozentrische Perspektive zu entwickeln. Aber ich bin kein religiöser Mensch. Nichtanthropozentrische Perspektiven finde ich eher in zwei Zweigen der modernen Wissenschaft: in der Geologie und in der Biologie (insbesondere in der Evolutionsgeschichte des Lebens). Die damit verbundenen Geschichten über die Evolution dieses Planeten, sein Klima und das Leben auf ihm lassen sich aus keiner anthropozentrischen Perspektive erzählen. Das sind notwendigerweise Tiefenzeitgeschichten und sie machen uns bewusst, dass die Menschen sehr spät in der Geschichte dieses Planeten auftauchen und dass der Planet nie damit beschäftigt war, sich auf unsere Ankunft vorzubereiten. Wir stellen keinen Kulminationspunkt in der Geschichte des Planeten dar.

Wenn Geistes- und Sozialwissenschaftler, ohne ihre legitimen Anliegen aufzugeben, einen Geist des Gesprächs mit Geologen und Biologen entwickeln könnten – diesen beiden die Tiefenzeit verkörpernden Fächern –, sähen wir eine Dialektik anthropozentrischer und nichtanthropozentrischer Perspektiven, die sich im Feld der Geisteswissenschaften ausbildet. Das ist es meiner Meinung nach, was die Krise erfordert und was wahrscheinlich auch aus ihr hervorgehen wird.

Übersetzt von Hannes Bajohr

Literatur

Chakrabarty, Dipesh. „The Climate of History: Four Theses." *Critical Inquiry* 35.2 (2009): 197–222.
Chakrabarty, Dipesh. „The Future of the Human Sciences in the Age of Humans: A Note."
 European Journal of Social Theory 20.1 (2017): 39–43.
Papst Franziskus. *Laudato si. Die Umwelt-Enzyklika des Papstes*. Freiburg: Herder, 2015.
Moore, Jason. *Kapitalismus im Lebensnetz*. Berlin: Matthes & Seitz, 2019.
Thomas, Julia Adeney. „History and Biology in the Anthropocene. Problems of Scale, Problems
 of Value". *American Historical Review* 119.5 (2014): 1587–1607.

Autoreninformationen

Arantzazu Saratxaga Arregi ist Post-Doc an der Akademie der bildenden Künste Wien und Univ.-Lektorin an der Universität für angewandte Kunst Wien. Zuletzt erschienen: *Matrixiale Philosophie. Mutter – Welt – Gebärmutter. Zu einer mehrwertigen Ontologie*. Bielefeld: Transcript, 2019. arantzan@gmail.com

Hannes Bajohr ist wissenschaftlicher Mitarbeiter am Seminar für Medienwissenschaft der Universität Basel. Zuletzt erschienen: *Hans Blumenberg, History, Metaphors, Fables. A Hans Blumenberg Reader* (hg. zusammen mit Florian Fuchs und Joe Paul Kroll). Ithaca, NY: Cornell University Press, 2020. hannes.bajohr@unibas.ch

Katharina Block ist Juniorprofessorin für Sozialtheorie an der Carl von Ossietzky Universität Oldenburg. Zuletzt erschienen: *Von der Umwelt zur Welt. Der Weltbegriff in der Umweltsoziologie*. Bielefeld: Transcript, 2016. katharina.block@uol.de

Dipesh Chakrabarty ist Lawrence A. Kimpton Distinguished Service Professor of History an der University of Chicago. Demnächst erscheint: *The Planet and the Human. The Anthropocene as Present*. Chicago: University of Chicago Press. dchakrab@uchicago.edu

Daniel Chernilo ist Professor für Social and Policy Studies an der Loughborough University, UK. Zuletzt erschienen: *Debating Humanity. Towards a Philosophical Sociology*. Cambridge: Cambridge University Press, 2017. d.chernilo@lboro.ac.uk

Christian Dries ist wissenschaftlicher Mitarbeiter am Institut für Soziologie der Albert-Ludwigs-Universität Freiburg. Zuletzt erschienen: Günther Anders, *Die Weltfremdheit des Menschen. Schriften zur philosophischen Anthropologie*. Hg. v. Christian Dries unter Mitarbeit von Henrike Gätjens. München: Beck, 2018. christian.dries@soziologie.uni-freiburg.de

Sebastian Edinger ist wissenschaftlicher Mitarbeiter an der Universität Potsdam (DFG-Modul Eigene Stelle). Zuletzt erschienen: *Das Politische in der Ontologie der Person. Helmuth Plessners Philosophische Anthropologie im Verhältnis zu den Substanzontologien von Aristoteles und Edith Stein*. Berlin/Boston: de Gruyter, 2017. edinger@uni-potsdam.de

Stefan Färber studierte Kulturwissenschaften an der Europa-Universität Viadrina Frankfurt (Oder) und Philosophie an der Freien Universität Berlin. Er war Forschungsstudent am DFG-Graduiertenkolleg „Lebensformen + Lebenswissen" sowie Lehrbeauftragter am Lehrstuhl für Westeuropäische Literaturen an der Europa-Universität Viadrina Frankfurt (Oder). stefan.faerber@posteo.net

Frederike Felcht ist Juniorprofessorin für Skandinavistik an der Goethe-Universität Frankfurt am Main. Zuletzt erschienen: *Jenseits des Geldes. Aporien der Rationierung*. Mit Hendrik Blumentrath, Anna Echterhölter und Karin Harrasser. Leipzig: Spector Books, 2019. felcht@em.uni-frankfurt.de

Joachim Fischer ist Honorarprofessor für Soziologie an der Technischen Universität Dresden. Zuletzt erschienen: *Soziologische Denkschulen in der Bundesrepublik Deutschland*. Hg. mit Stephan Moebius. Wiesbaden: Springer, 2019. joachim.fischer@mailbox.tu-dresden.de

Mariaenrica Giannuzzi ist Doktorandin am Department of German Studies der Cornell University. Zuletzt erschienen: *Bodymetrics. La misura dei corpi* (hg. als Teil von EcoPol). Rome: IAPh, 2018. mg2294@cornell.edu

Marie-Helen Hägele studierte Liberal Arts and Sciences am University College Freiburg (UCF) und ist Masterstudentin am Institut für Soziologie der Universität Freiburg. marie-helen.haegele@soziologie.uni-freiburg.de

Philip Hüpkes ist wissenschaftlicher Mitarbeiter an der Universität Vechta, wo er zur Darstellung von anthropozänen Skalierungsproblemen promoviert. Demnächst erscheint: *The Anthropocenic Turn. The Interplay Between Disciplinary and Interdisciplinary Responses to a New Age*. Hg. mit Gabriele Dürbeck. London: Routledge. philip.huepkes@uni-vechta.de

Marc Rölli ist Professor für Philosophie an der Hochschule für Grafik und Buchkunst (HGB) in Leipzig. Zuletz erschien: *Macht der Wiederholung. Deleuze – Kant – Nietzsche*. Wien: Turia + Kant, 2019. roelli@hgb-leipzig.de

Index

Abel, Günter 223
Adorno, Theodor W. 2, 7, 10, 66, 132, 144
Agamben, Giorgio 154–155, 163
Alldred, Palm 85
Alsberg, Paul 197, 199
Althusser, Louis 2, 67
Anders, Günther 11, 13, 21, 25, 29, 173–174, 179–186, 191, 205, 218, 220
Archer, Margaret S. 68
Arendt, Hannah 9, 33, 69, 133–134, 139, 140, 148, 175, 191, 219
Ashby, W. Ross 203
Aubrey, Marie-Pierre 122

Bachelard, Gaston 67
Bachofen, Johan Jakob 41
Bachtin, Michail M. 176
Badmington, Neil 87, 175, 184
Bajohr, Hannes 11, 19–20, 32, 79, 104, 117, 168, 174, 191
Bandeira, Luiz Alberto Moniz 137
Barad, Karen 20, 83–85, 87, 177
Bateson, Gregory 47
Beck, Ulrich 56, 79
Bell, Daniel 61
Benhabib, Seyla 175
Benk, Andreas 29
Bennett, Jane 83–85
Bergson, Henri 22
Bergthaller, Hannes 3, 10, 20, 119
Berners-Lee, Mike 131
Bernoulli, Daniel 122
Block, Katharina 21, 88
Blumenberg, Hans 4, 12, 31–32, 63, 69, 213, 226–227
Böckenförde, Ernst-Wolfgang 145, 214–215
Boggs, Carol 98
Bonner, John Tyler 120
Bonneuil, Christophe 8, 80, 118, 191
Bostrom, Nick 215
Bourdieu, Pierre 69
Braidotti, Rosi 3, 6, 10, 20–21, 34, 83–86, 173–179, 184–185
Brumlik, Micha 174

Buffon, Georges-Louis-Leclerc 122
Burchfield, Joe D. 123
Burnet, Thomas 122
Buytendijk, Frederik J.J. 22

Camper, Peter 52
Canguilhem, Georges 209
Cassirer, Ernst 21–22, 29, 65
Castells, Manuel 61
Certini, Giacomo 57
Chakrabarty, Dipesh 1–2, 8–10, 51, 56–57, 78–79, 97–99, 102, 115–116, 121, 123–126, 153, 212, 234
Chernilo, Daniel 56, 58, 61, 65–66, 69–70, 90
Childe, V. Gordon 62
Clark, Bruce 131
Clark, Nigel 68, 126
Clark, Timothy 121
Colebrook, Claire 6, 7, 10, 126, 185
Crutzen, Paul J. 3–4, 19, 55, 58–59, 61, 78, 80, 115, 117, 132, 137, 174
Cunha, Daniel 117
Cutler, Alan H. 122

Danowski, Deborah 184
Darwin, Charles 4, 22, 105–106, 122, 224
De Landa, Manuel 127–128
de Wijk, Rob 137
Deleuze, Gilles 2, 6, 84–86, 176, 177
Delitz, Heike 22
Deppe, Frank 135
Derrida, Jacques 2, 67, 175, 184, 209
Descartes, René 218, 227–228
Despret, Vinciane 178
Downs, Erica Strecker 143
Dries, Christian 11, 21, 180, 220–221
Dürbeck, Gabriele 8, 20, 79–80, 82, 87, 177
Durkin, Kieran 66

Ebke, Thomas 23, 30
Edinger, Sebastian 11, 133
Eisenstein, Charles 31
Elder-Vass, Dave 55
Eldredge, Niles 160

Ellis, Erle C. 4, 12
Emmet, Robert 79
Esposito, Roberto 198–201, 204–209

Falb, Daniel 212, 221
Fechner, Gustav Theodor 13, 42–47
Ferrando, Francesca 20, 175
Fine, Robert 55
Fischer, Joachim 19, 20–23, 25–26, 28, 30, 179, 180
Fludd, Robert 44
Fœssel, Michaël 184
Folkers, Andreas 86, 213
Forsthoff, Ernst 215
Foster, John Bellamy 131–132
Foucault, Michel 2, 6, 13, 49–50, 67, 99–105, 112, 163, 216, 227, 229
Fox, Nick J. 85
Fraser, Mariam 84
Fressoz, Jean-Baptiste 8, 118, 191
Fuller, Gregory 174, 184

Gehlen, Arnold 13, 21–22, 24–26, 29, 66, 197–199, 205
Gehring, Petra 2
Gerhardt, Volker 21, 23
Giannuzzi, Mariaenrica 8, 160
Giddens, Anthony 140
Goergen, Jeanpaul 23
Goethe, Johann Wolfgang 41
Gould, Stephen J. 122–123
Gramsci, Antonio 8
Gregor, Joris A. 177
Grene, Marjorie 23
Grinevald, Jacques 57, 59, 125
Guattari, Félix 2, 48, 84–86, 177
Gugutzer, Robert 25
Guo, Zhitian 149

Habermas, Jürgen 69
Hamilton, Clive 5, 10, 41, 48, 57, 59–61, 98, 102, 104, 125
Hansen, James 132
Haraway, Donna J. 7–8, 13, 20–21, 34, 80, 87–88, 99, 100–104, 107–112, 117, 156, 160–163, 173–179, 184–185
Hartmann, Nicolai 29, 31, 173, 180

Haverkamp, Anselm 211
Hegel, Georg Wilhelm Friedrich 46, 161, 212, 214, 215
Heidegger, Martin 2, 11, 66–67, 154, 166–167, 173, 180
Heidelberger, Michael 42, 46
Henkel, Anna 21
Herbrechter, Stefan 175, 184
Herder, Johann Gottfried 196, 198
Heringman, Noah 122
Hobbes, Thomas 212–213, 222, 224
Honneth, Axel 66
Horkheimer, Max 66, 132, 144
Hörl, Erich 82
Horn, Eva 3, 10, 20, 119
Hornborg, Alf 8, 57, 68, 117–118
Horstmann, Ulrich 183
Hüpkes, Philip 9, 19, 124, 126–127

Ingensiep, Hans Werner 23
Irvine, Richard 124
Ischinger, Wolfgang 136

Jahn, Thomas 78, 79
James, Ian 153
James, William 42
Jaspers, Karl 131
Jesi, Furio 163
Joas, Hans 66
Jonas, Hans 5, 21, 23, 63, 70–73
Jongen, Marc 135

Kant, Immanuel 153, 164–167, 218, 228–229
Kapp, Ernst 48, 51, 199
Kember, Sarah 84
Kepler, Johannes 44
Kittler, Friedrich A. 2
Köchy, Kristian 22
Kolbert, Kathryn 109
Kondylis, Panajotis 13, 132–138, 141–145

Lacan, Jacques 2
Landmann, Michael 44
Latour, Bruno 4, 12, 31, 41, 48, 56, 80–82, 86–87, 118–119, 122, 128, 177, 204, 222–227, 236
Leinfelder, Reinhold 1

Lekan, Thomas 79
Lemke, Thomas 85
Lenton, Timothy M. 225
Leroi-Gourhan, André 13, 42, 49–53
Levin, Simon A. 121
Lewis, Simon L. 4, 12, 55, 57, 59–60, 62
Lindemann, Gesa 24, 83, 89–90, 185
Loh, Janina 3, 87
Lorimer, Jamie 80
Lövbrand, Eva 57
Lovelock, James 31, 41, 81, 191, 201–204, 223
Löwith, Karl 13, 65
Lübbe, Hermann 12
Luhmann, Niklas 2, 24, 26, 67, 211, 216
Luke, Timothy W. 60
Lury, Celia 84
Lyotard, Jean-François 56

Mahli, Yadvinder 78
Malabou, Catherine 13, 153–155, 163–168
Maldonado, Arias 56, 63
Malm, Andreas 8, 57, 68, 117–118
Malthus, Robert Thomas 105
Manemann, Jürgen 5, 80, 88
Mann, Geoff 8, 216
Margolina, Sonja 131
Marquard, Odo 206, 219
Marx, Karl 2, 8, 65, 153, 179
Maslin, Mark A. 4, 12, 55, 57, 59, 61–62
Matts, Tim 191
Maull, Hanns W. 139–140
Maye, Harun 48
McPhee, John A. 123–125
Meinberg, Eckhard 21
Menke, Christoph 213–215
Meyer, Robinson 1
Michelini, Francesca 21–22
Mitman, Gregg 161
Moore, Jason W. 8, 146, 154, 161, 236
Morgan, Marcus 66
Morton, Timothy 6–10, 80, 120–122
Mulsow, Martin 217

Nietzsche, Friedrich 42, 173, 223
Northcott, Michael 125

Oken, Lorenz 43, 45

Papst Franziskus 235, 237
Parsons, Talcott 69
Pembroke, S. G. 225
Peters, John Durham 124
Peterson, Keith R. 21, 26
Pico della Mirandola, Giovanni 174
Plessner, Helmuth 3, 21–30, 44, 66, 77–78, 88–91, 173, 180–181, 183, 185, 197, 199, 205, 217–218, 220–221, 226
Polanyi, Karl 80
Portmann, Adolf 21–22, 27, 28–29, 197
Pritchard, Duncan 219

Rainer, Bettina 99, 105–107
Randers, Jorgen 131, 146–147
Recki, Birgit 21, 23
Redeker, Hans 23
Renn, Jürgen 80
Reznick, David N. 126
Rockström, Johan 59, 132
Rode, Reinhard 139
Roelofs, H. Mark 139
Rohs, Peter 225
Rölli, Marc 2, 49
Ropohl, Günther 118

Sarr, Felwine 143
Sartre, Jean-Paul 66–67, 181
Scalenghe, Riccardo 57
Scheffer, Thomas 83
Scheler, Max 20–27, 29, 65, 173, 175, 180
Scherer, Bernd 80
Schmieder, Falko 8
Schmieg, Evita 143
Schmitt, Carl 212, 216, 225–226
Scholz, Leander 48
Schrödinger, Erwin 202–203
Schwägerl, Christian 4
Scranton, Roy 5
Sellars, Wilfrid 154
Sen, Amartya 109
Seneca, L. Annaeus 224
Serres, Michel 174
Shklar, Judith N. 214
Simondon, Gilbert 49
Skillington, Tracey 56
Sloterdijk, Peter 67, 80, 118, 135, 174, 184

Sonnemann, Ulrich 11
Soper, Kate 3
Sotirakopoulos, Nikos 55, 57
Spreen, Dierk 25
Steffen, Will 41, 55, 57–59, 61–63, 80, 115, 118
Stengers, Isabelle 47, 80
Stiegler, Bernard 13, 191–195, 208–210
Stoermer, Eugene F. 3, 78, 115, 174
Susen, Simon 55, 66
Szerszynski, Bronislaw 124, 126

Tavel Clarke, Michael 116
Thomas, Julia Adeney 234
Toepfer, Georg 22
Toulmin, Stephen 222
Townsend, Joseph 105
Trachtenberg, Zev 56
Trischler, Helmuth 78
Tsing, Anna L. 13, 80, 153–161, 163, 168, 178–179

Tynan, Aidan 191
Tyrrel, Toby 204

Viveiros de Castro, Eduardo 184
Voegelin, Eric 63
Voltaire 173

Wainwright, Joel 8, 216
Waters, Colin N. 1
Weisman, Alan 128
Welsch, Wolfgang 175, 184
Williams, Austin 140
Wittenberg, David 116
Wittgenstein, Ludwig 219
Woods, David 117

Yusoff, Kathryn 125, 127, 154

Zabel, Benno 217
Zalasiewicz, Jan 1, 55, 57, 59, 62, 78, 126
zur Lippe, Rudolf 180

www.ingramcontent.com/pod-product-compliance
Lightning Source LLC
Chambersburg PA
CBHW030539230426
43665CB00010B/954